普通高等教育"十一五"国家级规划教材
普通高等教育"十三五"汽车类规划教材

专用汽车结构与设计

第2版

主编 刘 茜 卞学良
参编 胡顺堂 王 刚 陈 光
主审 陈 弘

机械工业出版社

本书共 8 章，主要内容包括专用汽车总体设计和厢式汽车、罐式汽车、专用自卸汽车、起重举升汽车、仓栅式汽车、特种结构汽车等六大类专用汽车及汽车列车的结构与设计。本书力求阐明现代专用汽车区别于普通汽车的规律性内容，反映专用汽车的先进技术和发展趋势，针对每一类专用汽车，均以典型车型为例，在讲述整车结构特点、工作原理及整车参数的基础上，重点剖析了专用工作装置和典型零部件的设计原则、计算方法及主要技术参数的选择与确定。全书图例详尽，内容丰富。

本书既可作为普通高等院校车辆工程、汽车服务工程、汽车运用工程专业教材，也可作为汽车设计、制造及使用维修工程技术人员的参考读物。

本书配有 PPT 课件，采用本书作为教材的教师，可登录 www.cmpedu.com 注册下载，或联系编辑（tian.lee9913@163.com）索取。

图书在版编目（CIP）数据

专用汽车结构与设计/刘茜，卞学良主编．—2 版．—北京：机械工业出版社，2019.6（2023.2 重印）

普通高等教育"十一五"国家级规划教材　普通高等教育"十三五"汽车类规划教材

ISBN 978-7-111-62770-8

Ⅰ.①专…　Ⅱ.①刘…②卞…　Ⅲ.①汽车—结构—高等学校—教材②汽车—设计—高等学校—教材　Ⅳ.①U469.6

中国版本图书馆 CIP 数据核字（2019）第 095129 号

机械工业出版社（北京市百万庄大街 22 号　邮政编码 100037）
策划编辑：宋学敏　责任编辑：宋学敏　赵　帅
责任校对：张晓蓉　封面设计：张　静
责任印制：郜　敏
北京富资园科技发展有限公司印刷
2023 年 2 月第 2 版第 4 次印刷
184mm×260mm・22 印张・516 千字
标准书号：ISBN 978-7-111-62770-8
定价：56.00 元

电话服务　　　　　　　　　网络服务
客服电话：010-88361066　　机 工 官 网：www.cmpbook.com
　　　　　010-88379833　　机 工 官 博：weibo.com/cmp1952
　　　　　010-68326294　　金 书 网：www.golden-book.com
封底无防伪标均为盗版　　　机工教育服务网：www.cmpedu.com

第2版前言

本书为普通高等教育"十一五"国家级规划教材、普通高等教育"十三五"汽车类规划教材。

本书第1版于2007年7月出版。十余年来，专用汽车技术不断发展进步，国家标准也在随之更新。在修订过程中，编者根据新的国家或行业标准、法规、条例等有关的专用汽车的设计规范，更新了原书的相关内容。针对近年来我国专用汽车的发展趋势和特点，对第1版的章节设置进行了如下变更：第二章厢式汽车的结构与设计中增加了翼开启厢式车的结构与设计；第四章专用自卸汽车的结构与设计中增加了自装卸式垃圾车的结构与设计；第五章起重举升汽车的结构与设计中增加了汽车起重机的结构与设计，删除了栏板起重运输车的相关内容；第八章汽车列车的结构与设计中增加了总体设计和挂车制动系统的结构与设计等内容。编者查阅了大量的相关教材、研究文献和专利，并对部分专用汽车企业进行了调研。以此为基础，修订后的教材内容更加详实，体系也更趋完整。修订后，内容上重视理论与实际的紧密结合，在阐述各类专用汽车的结构、工作原理和计算方法的同时，以典型车型为例，重点剖析了专用工作装置及其零部件的结构特点、设计原则、计算过程及主要技术参数的选择与确定。

本书由河北工业大学刘茜编写第二章和第五章，河北工业大学卞学良编写第三章，天津中德应用技术大学胡顺堂编写第一章，河北工业大学王刚编写第四章和第八章，河北工业大学陈光编写第六章和第七章。全书由刘茜和卞学良任主编。

本书由中国汽车技术研究中心陈弘高级工程师主审，他对本书内容进行了认真仔细的审阅，提出了许多宝贵意见，编者在此表示诚挚的谢意。

由于编者的学识有限，书中错误和疏漏之处在所难免，恳请读者批评指正。

编　者

第1版前言

本书为普通高等教育"十一五"国家级规划教材。

本书把专用汽车结构与设计融为一体，对厢式汽车、罐式汽车、自卸汽车、起重举升汽车、仓栅汽车、特种结构汽车等六大类专用汽车及汽车列车结构与设计做了论述。按国家标准 GB/T 17350—1998 对专用汽车进行分类编写，并以典型车型为例，在介绍其整车结构特点、工作原理以及整车参数的基础之上，重点解剖分析了专用工作装置和典型零部件的设计原则、计算方法及主要技术参数的选择。全书图例详尽，内容丰富。

本书可作为大专院校培养汽车、专用汽车设计人才的教科书，亦可作为汽车运用工程专业教材以及汽车设计、制造及使用维修工程技术人员的参考书。

本书由河北工业大学卞学良编写第三章，天津工业大学郑清平编写第四章和第八章，河北工业大学刘茜编写第二章和第五章，烟台大学马国清编写第六章和第七章，中国人民解放军军事交通学院胡顺堂编写第一章。全书由卞学良任主编，郑清平和刘茜任副主编。

本书由清华大学汽车系袁兆祥教授和中国汽车技术中心陈弘高级工程师任主审。主审对本书内容进行了认真仔细的审阅，提出了许多宝贵意见，编者在此表示诚挚的谢意。

由于编者学识有限，书中错误和疏漏之处在所难免，恳请读者批评指正。

编　者

目 录

第2版前言
第1版前言
第一章　专用汽车总体设计 …………… 1
　第一节　专用汽车分类与编号 …………… 1
　　一、专用汽车的概念及分类 ……………… 1
　　二、我国专用汽车型号的编制规则 ……… 3
　第二节　专用汽车总体设计概述 ………… 4
　　一、专用汽车设计的特点和要求 ………… 4
　　二、专用汽车底盘的选型 ………………… 6
　　三、专用汽车的功率平衡和比功率 ……… 7
　第三节　专用汽车的总体布置 …………… 8
　　一、总体布置的原则 ……………………… 8
　　二、整车主要参数的选取 ……………… 10
　　三、底盘改装部件的布置 ……………… 12
　　四、取力器的布置 ……………………… 15
　第四节　专用汽车主要性能参数的计算 … 20
　　一、动力性计算 ………………………… 20
　　二、燃油经济性计算 …………………… 26
　　三、静态稳定性计算 …………………… 27
第二章　厢式汽车的结构与设计 ……… 30
　第一节　概述 ……………………………… 30
　　一、厢式汽车的分类 …………………… 30
　　二、厢式汽车底盘、车厢的选择 ……… 30
　第二节　厢式专用运输汽车的结构
　　　　　与设计 ………………………… 31
　　一、总体结构与设计 …………………… 31
　　二、车厢结构与设计 …………………… 33
　第三节　冷藏保温汽车的结构与设计 …… 38
　　一、冷藏保温汽车的分类 ……………… 38
　　二、冷藏保温汽车的制冷装置 ………… 39
　　三、冷藏保温汽车隔热车厢的结构
　　　　与设计 …………………………… 48

　　四、制冷（加热）装置的制冷（加
　　　　热）量 …………………………… 60
　第四节　翼开启厢式车的结构与设计 …… 62
　　一、车厢结构与设计 …………………… 63
　　二、液压系统设计 ……………………… 67
第三章　罐式汽车的结构与设计 ……… 69
　第一节　概述 ……………………………… 69
　　一、罐式汽车的定义及其特点 ………… 69
　　二、罐式汽车分类 ……………………… 69
　　三、罐体支承座 ………………………… 72
　第二节　液罐汽车的结构与设计 ………… 74
　　一、油罐汽车 …………………………… 74
　　二、化工液体运输车 …………………… 90
　第三节　液化气体运输车的结构
　　　　　与设计 ………………………… 95
　　一、液化石油气运输车总体结构与
　　　　设计 ……………………………… 95
　　二、罐体的结构与设计 ………………… 97
　　三、管道系统和主要部件的选择 …… 101
　第四节　粉粒物料运输车的结构与
　　　　　设计 …………………………… 105
　　一、概述 ……………………………… 105
　　二、气卸散装粉粒物料运输车总体结构
　　　　与设计 …………………………… 110
　　三、粉粒物料运输车罐体总成结构与
　　　　设计 ……………………………… 113
　　四、气力输送系统结构与设计 ……… 126
　　五、粉料运输车的发展趋势 ………… 129
　第五节　混凝土搅拌运输车的结构与
　　　　　设计 …………………………… 130
　　一、整体结构 ………………………… 130
　　二、搅拌筒结构与设计 ……………… 131
　　三、供水系统 ………………………… 137

四、搅拌筒的驱动形式 …………… 138

第四章 专用自卸汽车的结构与设计 …………… 142
第一节 概述 …………… 142
第二节 常用自卸汽车的结构与设计 …………… 143
一、自卸汽车的总体结构与设计 …… 143
二、自卸汽车举升机构的结构与设计 … 147
三、自卸汽车车厢的结构与设计 …… 155
四、自卸汽车液压系统的设计 …… 158
第三节 压缩式垃圾车的结构与设计 …… 160
一、压缩式垃圾车的结构组成及总体布置 …………… 160
二、主要工作部件的结构与设计 …… 161
三、液压系统的设计 …………… 165
第四节 摆臂式垃圾车的结构与设计 …… 166
一、摆臂式垃圾车的结构特点 …… 167
二、摆臂式垃圾车的设计 …………… 169
三、摆臂式垃圾车液压系统设计 …… 172
第五节 自装卸式垃圾车的结构与设计 …………… 173
一、自装卸式垃圾车的总体结构与设计 …………… 173
二、主要工作部件的结构与设计 …… 174
三、液压系统的设计 …………… 177

第五章 起重举升汽车的结构与设计 …………… 180
第一节 概述 …………… 180
第二节 随车起重运输车的结构与设计 …………… 181
一、随车起重运输车的结构 …… 181
二、整车总体设计 …………… 186
三、起重装置的参数选择与设计 …… 187
四、稳定性校核 …………… 189
第三节 汽车起重机的结构与设计 …… 190
一、汽车起重机的结构 …………… 190
二、稳定性因素分析 …………… 197
三、主要参数的确定 …………… 199
第四节 高空作业车的结构与设计 …… 200
一、高空作业车的结构 …………… 200
二、高空作业车的主要性能指标 …… 204
三、高空作业车典型工作部件设计 …… 205
四、整车稳定性校核 …………… 220

第六章 仓栅式汽车的结构与设计 …… 222
第一节 概述 …………… 222
第二节 散装饲料运输车的结构与设计 …………… 222
一、散装饲料运输车的分类与设计要求 …………… 222
二、机械式螺旋输送散装饲料运输车 … 222
三、液压式螺旋输送散装饲料运输车 … 229
四、增压式螺旋输送散装饲料运输车 … 231
第三节 散装粮食运输车的结构与设计 …………… 233
一、散装粮食运输车概述 …………… 233
二、自卸式散装粮食运输车车厢结构与设计 …………… 233
三、自卸机构 …………… 236
第四节 畜禽运输车 …………… 236
一、畜禽运输车的特点 …………… 236
二、栅栏双层汽车的第二层甲板结构 … 237
三、栅栏式畜禽运输车的基本参数 …… 238
四、液压升降式活动甲板结构 …… 239
五、液压折叠式活动甲板 …………… 243
六、几种畜禽运输车结构 …………… 244

第七章 特种结构汽车的结构与设计 …… 246
第一节 概述 …………… 246
第二节 集装箱运输车的结构与设计 …… 247
一、集装箱运输车类型和总体结构 …… 247
二、集装箱结构与设计 …………… 249
三、集装箱锁固装置 …………… 258
四、自装卸集装箱运输车 …………… 259
第三节 混凝土泵车的结构与设计 …… 260
一、混凝土泵车分类 …………… 261
二、混凝土泵车的总体结构与设计 …… 262
三、混凝土泵送装置的结构与设计 …… 275
四、布料装置设计 …………… 280
五、混凝土泵车其他系统简介 …… 283

第八章 汽车列车的结构与设计 …………… 290
第一节 概述 …………… 290

一、汽车列车的组成与分类 …………… 290
二、牵引车的分类和结构特点 ………… 290
三、挂车的分类 ………………………… 292
第二节 汽车列车设计 ……………………… 295
　一、汽车列车的运行特性 ……………… 295
　二、汽车列车总体参数及主要尺寸
　　　确定 ………………………………… 300
第三节 半挂车的结构与设计 ……………… 303
　一、半挂车的总体结构与设计 ………… 303
　二、半挂车支承装置的结构与设计 …… 306
　三、半挂车牵引连接装置的结构与
　　　设计 ………………………………… 309
　四、半挂车车架设计 …………………… 313
第四节 全挂车的结构与设计 ……………… 317

一、全挂车的总体结构与设计 ………… 317
二、全挂车的转向装置 ………………… 318
三、全挂车的牵引连接装置 …………… 320
四、全挂车车架设计 …………………… 321
第五节 挂车制动系统的结构与设计 ……… 326
　一、挂车制动系统的要求和工作原理 … 326
　二、制动系统的阀 ……………………… 327
　三、制动系统的其他元件 ……………… 329
　四、气压制动系统的驱动机构设计 …… 332
第六节 挂车悬架的结构与设计 …………… 334
　一、挂车悬架的结构 …………………… 334
　二、挂车车轴 …………………………… 338

参考文献 ………………………………………… 343

第一章

专用汽车总体设计

第一节 专用汽车分类与编号

一、专用汽车的概念及分类

专用汽车一词在国外大致起始于20世纪50年代。二战结束后，欧美各国经济逐步发展，为了缩短作业时间，提高作业效率，实现各类专项作业的机械化和单机化，出现了各类专项作业车辆。首先出现的是环卫作业车辆，如洒水车、清扫车、垃圾集运车，然后出现了路灯维修车、高空作业车、自装卸压缩式垃圾车等，逐步形成了庞大的专用汽车家族。由此，相对于普通货车来说，把以普通货车底盘为基础，加装专用装备，使其具有专项作业功能的汽车，通称为专用汽车。

随着汽车工业的发展和交通、物流业的发展，社会对汽车的运输效率、经济性提出了越来越高的要求，汽车的专用化趋势也越来越明显。到20世纪70~80年代，主要发达国家的专用汽车保有量占载货汽车保有量的50%左右，现在已经增加到80%以上。截至2017年年底，我国专用汽车产量达160万辆，截止到2018年3月，我国专用汽车生产企业已有1300余家。

在我国，根据GB/T 17350—2009中的规定，专用汽车是指"装备有专用设备，具备专用功能，用于承担专门运输任务或专项作业以及其他专项用途的汽车"。

GB/T 17350—2009标准还把国产专用汽车分为厢式汽车、罐式汽车、专用自卸汽车、起重举升汽车、仓栅式汽车和特种结构汽车六大类。

厢式汽车：装备有专用设备，具有独立的封闭结构车厢（可与驾驶室联成一体）的专用汽车。厢式汽车分为厢式专用运输汽车、厢式专用作业汽车。

罐式汽车：装备有罐状容器，用于运输或完成特定作业任务的专用汽车。

专用自卸汽车：装备有液压举升机构，能将车厢（罐体）卸下或使车厢（罐体）倾斜一定角度，货物依靠自重能自行卸下或者水平推挤卸料的专用汽车。

起重举升汽车：装备有起重设备或可升降作业台（斗）的专用汽车。

仓栅式汽车：装备有专用装置，具有仓笼式或栅栏式结构车厢的专用汽车。

特种结构汽车：装备有专用装置，具有桁架形结构、平板结构等各种特殊结构，用于承担专项运输或专项作业的专用汽车。

以上每一类专用汽车都由许多功能不同、结构不同的专用汽车组成，表1-1所示为专用汽车分类表。

表 1-1 专用汽车分类表

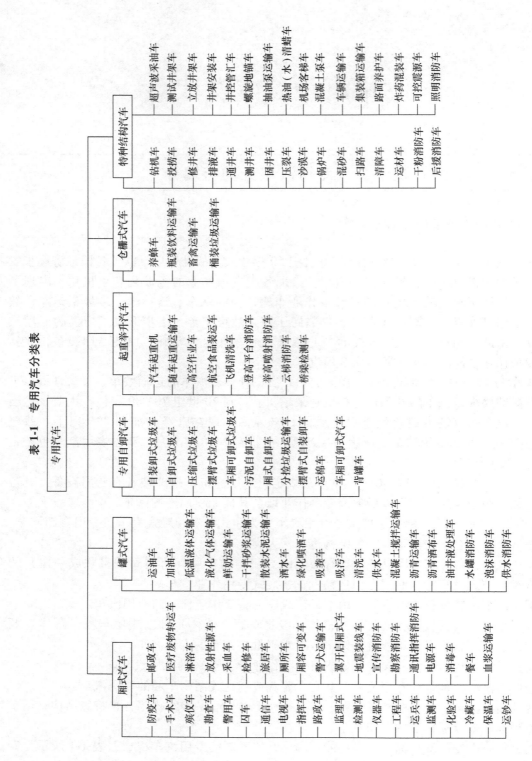

注：表中每一大类名下所列只是具体结构种类的一部分。

二、我国专用汽车型号的编制规则

为了便于识别不同的汽车,每种汽车都有型号,用于表明其厂牌、类型和主要特征参数等。国家标准 GB/T 9417—1988 和 GB/T 17350—2009 规定了国产汽车型号的编制规则。

国产汽车的型号由拼音字母和阿拉伯数字组成,包括首部、中部和尾部三部分,如图 1-1 所示。

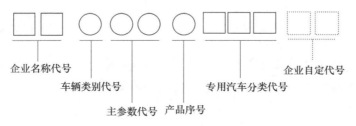

图 1-1 专用汽车产品型号构成

首部:由 2 个或 3 个拼音字母组成,是企业名称代号。如 CA 代表一汽,EQ 代表二汽,HY 代表汉阳特种汽车制造厂等。

中部:由 4 位阿拉伯数字组成,分为首位、中间两位和末位三部分,其具体含义如表 1-2 所示。

表 1-2 汽车型号中部 4 位数字的含义

首位(1~9)表示车辆类别		中间两位数字表示汽车的主要特征参数	末位数字
1	载货汽车	数字表示汽车的总质量(t) 注:总质量超过 100t,允许用三位数字。	表示企业自定产品序号
2	越野汽车		
3	自卸汽车		
4	牵引汽车		
5	专用汽车		
6	客车	数字×0.1m 表示车辆总长度①	
7	轿车	数字×0.1L 表示发动机排量	
8	(暂缺)		
9	半挂车或专用半挂车	数字表示汽车的总质量(t)	

① 总长超过 10m,数字×1m 表示车辆总长度。

尾部:由拼音字母或加上阿拉伯数字组成,可以表示变型车与基本型的区别或专用汽车的结构特征和用途特征等。专用汽车结构特征代号如表 1-3 所示。

表 1-3 专用汽车结构特征代号

厢式汽车	罐式汽车	专用自卸汽车	特种结构汽车	起重举升汽车	仓栅式汽车
X	G	Z	T	J	C

专用汽车用途特征代号的确定,根据术语的汉字缩写,取其汉语拼音的第 1 位大写字母组合,对于重复的依次取第二位、第三位,但不应采用 I 和 O。如 BW(保温车)、LC

（冷藏车）、JB（混凝土搅拌车）、JY（加油车）、GK（高空作业车）等，具体可见 GB/T 17350—2009 中的规定。

企业自定代号：

企业自定代号按照企业的需要编制，可用汉语拼音字母和阿拉伯数字表示，位数由企业自定。对于新能源汽车的企业自定代号规定如下：

HEV——混合动力电动汽车/底盘　　SHEV——串联式混合动力电动汽车/底盘
PHEV——并联式混合动力电动汽车/底盘　　CHEV——混联式混合动力电动汽车/底盘
BEV/EV——纯电动汽车/底盘　　FCEV——燃料电池电动汽车/底盘
DMEV——二甲醚汽车/底盘

举例：以湖北三环汉阳特种汽车有限公司生产的总质量为 24.5t 的 HY5253GJBM 汉阳混凝土搅拌运输车型号为例，其产品型号及含义如图 1-2 所示。

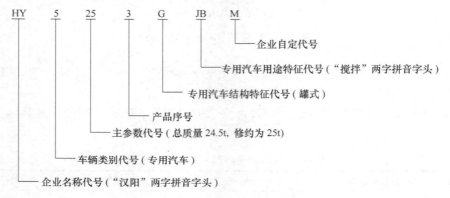

图 1-2　专用汽车产品型号含义举例

其他举例：

型号 CLW5310ZSLB5：程力威生产的第一代总质量为 31t 的专用自卸式散装饲料运输车。

型号 JG5100XLC：济南考格尔公司生产的第一代总质量为 10t 的厢式专用冷藏车。

型号 AH5250GJB1：安徽星马汽车公司生产的第一代总质量为 24.8t 的罐式混凝土搅拌运输车。

型号 ZLJ5030TSLZL1BEV：中联重科生产的总质量为 3t 的专用特种结构纯电动扫路车。

第二节　专用汽车总体设计概述

一、专用汽车设计的特点和要求

某厂牵引车、半挂车和全挂车系列型谱如图 1-3 所示。与普通汽车相比，专用汽车是装置有专用设备，具备专用功能，用于承担专门运输任务或专项作业任务的汽车。因此，设计上在满足普通基本型汽车性能要求的基础上，还要满足专用功能的要求，这就形成了其自身特点和特殊要求。这些特点和特殊要求概括如下：

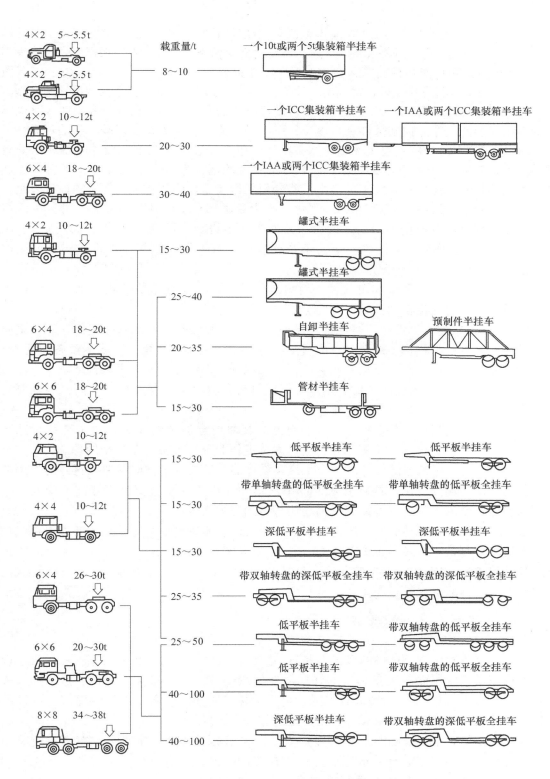

图 1-3　某厂牵引车、半挂车和全挂车系列型谱

1) 专用汽车设计常选用定型的基本型汽车底盘进行改装设计。设计中要首先了解商用车产品的生产情况、底盘规格、供货渠道、销售价格及相关资料等。然后根据所设计的专用汽车的特殊功能和性能指标要求，在功率匹配、动力输出、传动方式、外形尺寸、轴载质量、成本等方面进行分析比较，优选出一种基本型汽车底盘作为专用汽车改装设计的底盘。

对于不能直接采用二类底盘或三类底盘进行改装的专用汽车，在设计专用底盘时也要尽量选用定型的汽车总成和部件进行设计，以缩短产品的研发周期，提高产品的可靠性。

2) 专用汽车设计的主要工作是总体布置和专用工作装置的匹配。设计时既要保证专用功能满足其性能要求，又要尽量不影响汽车底盘的基本性能。在必要时，可适当降低汽车底盘的某些性能指标，以满足实现某些专用工作装置性能的要求，但必须保证安全。

3) 专用汽车设计应考虑产品的系列化。由于专用汽车生产具有品种多、批量少的特点，产品系列化可以根据不同用户的特殊需要很快地进行产品变型，缩短生产周期。图1-3 所示为某厂牵引车、半挂车和全挂车系列型谱。对于专用汽车零部件的设计，应按"三化"的要求进行，最大限度地选用标准件，或选用已经定型产品的零部件，尽量减少自制件，提高设计生产效率和可靠性。对自制件的设计，应遵循单件或小批量的生产特点，要更多考虑通用设备加工的可能性。

4) 工作装置核心部件应严格优选，保证质量。专用汽车专项作业性能的好坏，主要取决于工作装置中某些核心部件和总成（如各种水泵、油泵、气泵、空压机及各种阀等）的性能。因此这些核心部件要从专业生产厂家中优选，以满足性能和可靠性要求。

5) 在普通汽车底盘上改装的专用汽车，底盘受载情况可能与原设计不同，因此要对一些重要的总成结构件进行强度校核。

6) 专用汽车设计应满足有关机动车辆公路交通安全法规的要求。对于某些特殊车辆，如重型半挂车、机场宽体客车等，应作为特定作业环境的特种车辆来处理。

综上所述，专用汽车的设计既要满足汽车设计的一般要求，同时又要获得好的专用性能，满足专用功能的要求。这就要求设计中汽车和专用工作装置应合理匹配，构成一个协调的整体，使汽车的基本性能和专用功能都得到充分发挥。

由于专用汽车具有种类多、结构复杂、使用面广、研发周期短等特点，所以专用汽车设计人员既要具备汽车设计的知识和能力，又要掌握专用汽车各种不同工作装置的原理与设计计算方法。同时专用汽车设计人员还要对用户的要求、市场动态有充分的了解，以保证产品在性能上先进，在市场上有竞争力，满足用户的要求。

二、专用汽车底盘的选型

目前，改装专用汽车选用的底盘主要是二类或三类汽车底盘，也有为某些专用汽车设计的专用底盘。专用汽车底盘选型的好坏对专用汽车性能影响很大。汽车底盘的选择或设计专用底盘主要根据专用汽车的类型、用途、装载质量、使用条件、专用汽车的性能指标、专用设备或装置的外形尺寸、动力匹配等来决定。

目前，我国对于常规的厢式车、罐式车、自卸车等通常是采用二类汽车底盘改装设计，这是目前专用汽车设计中选用底盘型式最多的一种。所谓二类汽车底盘，是指在基本型整车的基础上去掉货厢。进行改装设计的总体布置时，在没有货厢的汽车底盘上，加装所需的工作装置或特种车身。采用二类汽车底盘进行改装设计工作的重点是整车总体布置和工作装置设计。设计时，如果严格控制了整车总质量、轴荷分配、质心高度位置等，则基本上能保持原车型的主要性能。但是，还要对改装后的整车重新进行性能分析和计算。

对客车、客货两用车、厢式货车等则通常采用三类汽车底盘改装设计。所谓三类汽车底盘，是指在基本型整车的基础上去掉货厢和驾驶室。近年来，我国乘用车发展很快，对乘用车使用性能的要求也在不断提高，再用原来的三类汽车底盘改装的客车已越来越不受欢迎。因此，各类专用客车底盘应运而生。这些专用客车底盘的基本特点是利用基本型总成，按客车性能要求更新进行整车布置，更新设计悬架系统。这种底盘不仅在质心位置、整车性能特别是平顺性方面有很大的变化，而且在传动系统和动力匹配，制动系统等总成方面也有较大的改装设计。

目前在用普通汽车底盘进行改装设计时，把更换了发动机的底盘（如将汽油发动机更换成柴油发动机），也当作三类底盘处理。

无论选用二类还是三类汽车底盘，很难完全满足某些专用汽车的性能要求。例如用普通汽车底盘改装厢式货车，存在质心过高、轴荷分配不合理的问题；改装消防车，首先是底盘车速达不到要求；改装客厢式专用车，存在平顺性差的问题。因此，若要使我国的专用汽车质量好、档次高，一定要研发出一些具有特点的专用汽车底盘。

在专用汽车底盘或总成选型方面，一般应满足以下要求：

（1）**适用性** 对货运车用的总成要适应货运要求，保证货运安全无损；对乘用车用的总成要适于乘客的需要，达到乘坐安全舒适；对各种专用改装车的总成应适于专用汽车特殊功能的要求，并以此为主要目标进行改装选型设计，例如各种取力器的输出接口等。

（2）**可靠性** 所选用的各总成工作应可靠，出现故障的几率少，零部件要有足够的强度和寿命，同一车型各总成零部件的寿命应趋于均衡。

（3）**先进性** 所选用的底盘或总成，应使整车在动力性、经济性、制动性、操纵平顺性以及通过性等基本性能指标和功能方面达到同类车型的先进水平，而且在专用性能上要满足国家或行业标准的要求。

（4）**方便性** 所选用的各总成要便于安装、检查、保养和维修。处理好结构紧凑与装配调试空间合理之间的矛盾。

在选用专用汽车底盘时，除了上述因素外，还有以下两个很重要的方面：一是汽车底盘价格，它在专用汽车购置成本中占很大的部分，一定要使用户可以接受，这也涉及专用汽车产品能否很快地占有市场、企业能否增加效益等问题。二是汽车底盘供货要有可靠来源，要同生产汽车底盘的主机厂有明确的协议或合同，无论汽车底盘滞销或紧俏，一定要按时供货。

三、专用汽车的功率平衡和比功率

1. 专用汽车的功率平衡计算

专用汽车在行驶过程中所需的驱动功率即发动机发出的功率 $P_t(kW)$，恒等于用于克服行驶阻力与驱动专用工作装置运转消耗功率以及机械传动损失功率之和。按下式计算

$$P_t = \frac{1}{\eta}\left(\frac{m_a g f}{3600} v_{max} + \frac{C_D A_D}{76140} v_{max}^3\right) + \frac{P_0}{\eta_0} \tag{1-1}$$

式中 m_a——整车总质量（kg）；

f——滚动阻力系数；

η——汽车底盘传动系统的机械效率；

C_D——空气阻力系数；

A_D——整车迎风面积（m²）；

v_{max}——最高车速（km/h）；

P_0——专用工作装置在车辆行驶中从汽车底盘所取的功率（kW）；

η_0——专用工作装置的机械效率。

考虑到发动机功率有一定的储备，因此需要给发动机确定一定的负荷率，其范围一般为75%～90%。当外载负荷变化大，或车辆行驶所需的功率估算不准确时，应取下限值75%；当外载负荷变化小，或所需的功率估算较准确时，取上限值90%，一般负荷率不大于90%。

这样可计算出专用汽车发动机所需要的总功率 P（kW）为

$$P = \frac{P_t}{(0.75 \sim 0.90)} \tag{1-2}$$

2. 比功率计算

汽车的比功率 P_d（kW/kg）是指单位汽车总质量的发动机功率，若不计风阻，其计算式为

$$P_d = \frac{P}{m_a} \tag{1-3}$$

专用汽车（含汽车列车）比功率的大致范围是：

$$m_a < 5 \times 10^3 \text{kg} \quad P_d = 0.015 \sim 0.021 \text{kW/kg}$$
$$m_a \geq 5 \times 10^3 \text{kg} \quad P_d = 0.0075 \sim 0.011 \text{kW/kg}$$
$$m_a > 19 \times 10^3 \text{kg} \quad P_d = 0.00478 \sim 0.007 \text{kW/kg}$$

目前，随着公路运输条件的改善，车辆运输速度的提高，比功率有增加的趋势。例如有的国家规定，对于大客车、货车（专用车）及汽车列车，其比功率不能低于0.006kW/kg，以防止车辆的动力性不足，阻碍车流。

第三节 专用汽车的总体布置

一、总体布置的原则

专用汽车总体布置的任务是正确选取整车主要参数，合理布置工作装置和附件，达到设计任务书所提出的整车基本性能和专用性能的要求。在进行总体布置时应遵循以下原则：

(1) 尽量避免变动汽车底盘各总成位置 总成部件位置的变动，不仅会增加成本，还会影响到整车性能。但有时为了满足专用工作装置的特殊性能要求，也需要做一些改动，如

截短原汽车底盘的后悬,燃油箱和备胎架的位置作适当调整等。但改变的原则必须是不影响整车性能。

(2) 尽量满足专用工作装置性能的要求,充分发挥专用功能 例如气卸散装水泥罐式汽车的专用功能是利用压缩空气使水泥流态化后,通过管道将水泥输送到具有一定高度和水平距离的水泥库中。气卸水泥的主要性能指标是水泥剩余率或剩灰率,为了降低这一指标,可将罐体布置成与水平线成一定角度,如图1-4所示。但这样布置会使整车质心提高,减小了侧倾稳定角,因此也可以水平布置,如图1-5所示。所以在进行总体布置时,要从多方面综合考虑。

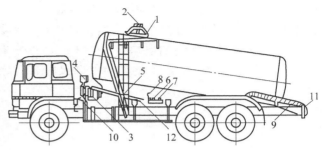

图1-4 斜卧式粉罐汽车总体布置

1—装料口 2—排气阀 3—空气压缩机 4—滤气器 5—安全阀
6—进气阀 7—二次喷嘴阀 8—压力表 9—卸料口
10—调速器操纵杆 11—卸料软管 12—进气管道

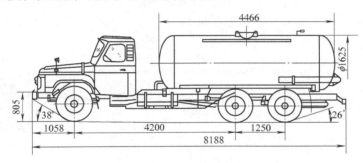

图1-5 平卧式粉罐汽车总体布置

(3) 必须对装载质量、轴荷分配等参数进行估算和校核 为满足汽车底盘或总成件的承载能力和整车性能要求,在总体布置初步完成后应对某些参数进行必要的估算和校核,其中最主要的是装载质量的确定和轴荷分配。因为这些参数对整车性能有很大影响,如果不满足要求,就应修改总体布置方案。

(4) 应避免工作装置的布置对车架造成集中载荷 例如在图1-6所示混凝土搅拌运输车的布置方案中,图1-6a的布置形成了明显的集中载荷,而在图1-6b的布置中,由于采用了具有足够刚度的副车架,因此可以将这种集中载荷转化成均布载荷,有利于提高主车架纵梁的强度和寿命。

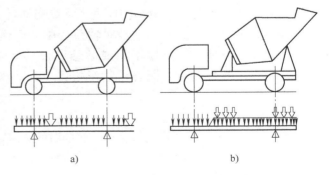

图1-6 主车架纵梁载荷状态比较

a) 集中载荷 b) 均布载荷

（5）应尽量减小专用汽车的整车整备质量　由于专用汽车增加了工作装置，使得其整备质量比同类底盘的普通货车要增加，影响装载质量。据统计，一般自卸车要增加耗材5%～10%，一般罐式车要增加耗材15%～25%，因此，减小整备质量，可以充分利用底盘的装载质量，增大质量利用系数，这是专用汽车改装设计过程中要追求的主要指标之一。

（6）应符合有关法规的要求　例如 GB 1589—2016《汽车、挂车及汽车列车外廓尺寸、轴荷及质量限值》规定了整车的外廓尺寸、后悬等尺寸，以及轴荷限值，设计时一定要符合标准的要求，不能超出。

二、整车主要参数的选取

（一）整车主要尺寸参数的确定

1. 外廓尺寸

外廓尺寸即指整车的长、宽、高，由所选的汽车底盘及工作装置确定，但最大尺寸要满足法规要求。GB 1589—2016《汽车、挂车及汽车列车外廓尺寸、轴荷及质量限值》明确规定：普通车辆车高不超过 4m，车宽（不包括后视镜）不超过 2.55m，货车车长不超过 12m，汽车列车车长不超过 20m。对于货厢整体密闭式厢式货车，车长限值增加 1m，车宽最大限值为 2.55m。图 1-7 所示为奔驰 1838/4×2 牵引车带厢式半挂车外廓尺寸。

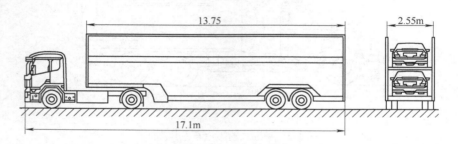

图 1-7　奔驰 1838/4×2 牵引车带厢式半挂车外廓尺寸

2. 轴距

轴距对专用汽车总长、最小转向直径、纵向通过半径、装备质量等都有影响，轴距短时，上述各指标减小。此外，轴距对轴荷分配、车辆的操纵稳定性和行驶平顺性都有影响。轴距过短，会使车厢长度不足或后悬过长，上坡或制动时轴荷转移过大，制动性、操纵稳定性和平顺性变差。同普通货车相比，自卸汽车要求轴距变短，而轻泡货物运输车则要求轴距加长。

3. 轮距

轮距影响车辆总宽、横向通过半径、转向时的通道宽度以及车轴的横向稳定性。受汽车总宽限制，轮距要与车宽相适应，不宜过大。对汽车列车，要求挂车轮距和牵引车轮距一致。

4. 前、后悬

汽车的前、后悬直接限制汽车的接近角和离去角，影响通过性能。前悬应满足车辆接近角和轴荷分配的要求。前悬长度与驾驶室、发动机、转向器、前保险杠等总成布置有关。后悬应满足车辆离去角和轴荷分配的要求，同时还要满足有关标准的规定，即对于客车和封闭式车厢的汽车及挂车，后悬不得超出轴距的 0.65 倍；专用作业车在保证安全的情况下，后悬可按客车要求核算；对于其他车辆，后悬不得超出轴距的 0.55 倍，绝对值不大于 3.5m。

在实际改装过程中，后悬变动比较多。例如对于自卸车后悬变短，而对于有些罐式和厢式汽车，则要将后悬加长。

（二）整车主要质量参数

1. 整车整备质量 m_0

整车整备质量是指专用汽车带有全部工作装置及底盘所有的附属设备，加满燃料和水，但没有装货和载人时的整车质量。整备质量是一个重要的设计指标，对运输型专用汽车的动力性和经济性有很大影响，整备质量减小，可以增加装载量，节约燃料。据估计，载重汽车整备质量减小 10%，可使经济性提高 8.5%。因此减小整车整备质量，是汽车设计工作中必须遵守的一项重要原则。可以采取的措施包括：采用强度足够的轻质金属材料和非金属材料，合理优化车型结构等。

2. 装载质量 m_e

汽车的装载质量是指在硬质良好路面上行驶时所允许的额定装载量。对装载质量的确定，首先要考虑车辆的用途和使用条件，原则上对于货流大、运距长的运输，宜采用大吨位车辆，以便于提高生产率、降低运输成本；而对于货流多变、运距短的运输，采用中、小吨位车辆比较经济。其次，装载质量的确定要和行业产品规划的系列相符合，做到在装载吨位级别上分布合理，以利于专用车产品的系列化、通用化和标准化。对于同一底盘，在设计时应尽量提高装载质量。

3. 轴荷分配

汽车的轴荷分配是指汽车在空载或满载状态下，各车轴对支承平面的垂直载荷，可以用载荷的绝对数值表示（单位：kg），也可以用占空载或满载总质量的百分比来表示。

轴荷分配直接影响轮胎寿命和汽车的使用性能。而汽车的发动机布置位置和驱动形式对轴荷分配有显著影响。影响和决定轴荷分配的因素主要包括以下几个方面：①设计轴荷必须符合国家标准规定的车辆最大允许轴荷限值；②从轮胎磨损均匀和使用寿命相近考虑，每个车轮的载荷应相差不大；③为了保证汽车有良好的动力性和通过性，希望驱动桥应有足够大的载荷，从动轴载荷可以适当减小；④为了保证汽车的操纵稳定性，希望转向轴的载荷不要太小。

GB 1589—2016《汽车、挂车及汽车列车外廓尺寸、轴荷及质量限值》中对不同类型汽车的最大允许轴荷限值见表 1-4。

表 1-4　汽车及挂车单轴、二轴组及三轴组的最大允许轴荷限值　　（单位：kg）

类	型	最大允许轴荷限值
单轴	每侧单轮胎	7000[①]
	每侧双轮胎 非驱动轴	10000[②]
	每侧双轮胎 驱动轴	11500

（续）

类型		最大允许轴荷限值
二轴组	轴距<1000mm	11500③
	轴距≥1000mm，且<1300mm	16000
	轴距≥1300mm，且<1800mm	18000④
	轴距≥1800mm（仅挂车）	18000
三轴组	相邻两轮之间距离≤1300mm	21000
	相邻两轮之间距离>1300mm，且≤1400mm	24000

① 安装名义断面宽度不小于425mm轮胎的车轴，最大允许轴荷限值为10000kg；驱动轴安装名义断面宽度不小于445mm轮胎，则最大允许轴荷限值为11500kg。
② 装备空气悬架时最大允许轴荷的最大限值为11500kg。
③ 二轴挂车最大允许轴荷限值为11000kg。
④ 汽车驱动轴为每轴每侧双轮胎且装备空气悬架时，最大允许轴荷的最大限值为19000kg。

举例：图1-8所示为总质量为38t的厢式半挂汽车列车的轴荷分配。

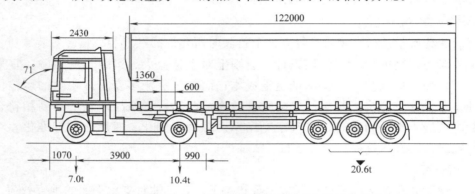

图1-8 总质量为38t的厢式半挂汽车列车的轴荷分配

4. 汽车总质量 m_a

汽车总质量是指专用汽车装备完好齐全，满载（规定值）货物及乘员时的质量。除包括整车整备质量和装载质量外，还要加上乘员质量。

对于作业型专用汽车，如起重举升车、高空作业车等，总质量主要由改装后的汽车底盘质量和专用工作装置质量确定，无需考虑装载质量。

GB 1589—2016《汽车、挂车及汽车列车外廓尺寸、轴荷及质量限值》中对不同类型汽车的最大允许总质量作了规定。汽车最大允许总质量不应超过各车轴最大允许轴荷之和，而且不应超过标准规定限值，如二轴客车、货车及半挂牵引车的最大允许总质量为18000kg，三轴客车、货车及半挂牵引车的最大允许总质量为25000kg。

三、底盘改装部件的布置

为了满足专用汽车特殊的要求，有时要对汽车底盘进行改装，一般主要涉及发动机的布置、传动轴的布置、制动系统的布置、电器装置的布置和其他附件的布置。在总布置图上进行底盘改装部件布置之前，要确定基准线，一般以底盘车架的上平面线作为高度基准，以前轮中心线作为纵向基准，以汽车中心线（纵向对称平面）作为横向基准。

（一）发动机的布置

布置原则为：

1）应使整车质心在横向尽量落在纵向对称垂直平面内，即汽车中心线上。

2）在保证适当的离地间隙和转向拉杆等杆件间的运动间隙的条件下，尽量降低发动机的位置高度，以便于传动系统的布置和降低整车的质心高度。

3）发动机曲轴中心线可以与车架上平面有一定的倾角，以减小万向节传动夹角。

4）发动机布置要保证维修保养方便。

（二）传动轴的布置

对于需要变动轴距的车辆，要对传动轴重新布置，布置时要注意以下两点：

1）满载静止时，两传动轴的夹角不大于3°～4°。传动轴夹角过大，会使传动效率下降，磨损加剧。

2）传动轴加长后，重新计算传动轴的临界转速 n_K(r/min)。临界转速是指当传动轴的工作转速接近于其弯曲固有振动频率时，即出现共振现象，引起振幅急剧增加而导致传动轴折断时的转速。它取决于传动轴结构、尺寸和支承情况。

$$n_K = 1.2 \times 10^8 \frac{\sqrt{D_c^2 + d_c^2}}{L_c^2} \tag{1-4}$$

式中　L_c——传动轴的支承长度，取两个万向节的中心距（mm）；

D_c、d_c——传动轴的外径和内径（mm）。

传动轴设计时一般取安全系数 $K = n_K/n_{\max} = 1.2 \sim 2.0$，$n_{\max}$ 为传动轴最高安全工作转速。

传动轴过长时，为提高传动轴的临界转速，可以把传动轴分成两根或三根，同时注意在中间传动轴上设置中间支承。

此外，当轴距改变后，专用汽车的转向性能也会受到影响，其理论转向梯形特性曲线（理论的内、外轮转角关系）与实际转向梯形特性曲线（实际的内、外轮转角关系）会产生较大偏差，因此，也应进行校核，必要时对转向梯形的结构参数作相应调整。

（三）制动系统的布置

制动系统用来制约专用汽车运动，直接影响专用汽车的安全性，因此在对汽车底盘的行车制动、驻车制动和辅助制动系统进行改装时，应注意以下事项：

（1）管路的布置　在增加制动管路时，要采用与底盘相同的制动管或软管、管夹等连接件。制动管与其他运动件之间要留有足够大的自由运动空间，避免因为运动干涉引起制动管路摩擦损坏，影响制动能力，必要时应附加防护装置。

（2）储气筒和附加耗气装置的布置　储气筒的布置要方便检查和排水。当专用工作装置或其操纵控制机构需要气源时，可以从底盘制动系统的储气筒或气路中直接取气，但要对耗气量进行计算。一般允许一次取1～1.5L的压缩空气，如果附加耗气装置在汽车非行驶状态下使用，则允许耗气量提高到2L。对于耗气量大、工作压力高的耗气装置，则需要附加辅助储气筒，其容量根据需要确定。辅助储气筒与底盘行车制动系统的储气筒相连接，通常用一个单向溢流阀与前桥制动回路连接，保证辅助储气筒失效产生压降时，可以使行车制动系统储气筒内的压力仍保持尽可能高的数值。

（四）电器装置的布置

1. 附加耗电装置的电源

如果专用工作装置的驱动系统或控制系统需要电源，一是可直接接上底盘电路，但首先要校核底盘所装用的发电机、蓄电池的功率和容量是否足够，必要时应相应地增大功率和容量；二是附加专用蓄电池。例如当栏板起重运输车采用电动起重栏板时，需选用功率较大的发电机和容量较大的蓄电池，或附加专用蓄电池。

2. 电器装置的接地

专用汽车所用电器均是负极接地（搭铁）。对于加油或运油的油罐车，必须采取措施对静电进行疏导。一般在加油或供油的专用工作装置如油罐、管路、附件等与车架及地面管道之间都要有导线或导体相连，并通过金属链条或专用导电橡胶板条接地。

3. 导线的布置

延长或加装的导线，应尽量与底盘上导线的型号、颜色相同，并通过插接件或接线柱相连。当导线需要穿过车架纵横梁时，应有保护装置，防止刮破甚至刮断。导线固定管夹的间距应在200~800mm之间。

（五）其他附件的布置

1. 消声器

专用汽车消声器进行重新布置时要考虑其安全性，例如油罐车，必须将消声器及排气口安放在前保险杠的下面，且排气口不得指向右侧，禁止将它们安放到车厢下部。同时还要注意消声器对车辆接近角的影响。

2. 燃油箱

在专用汽车改装中，燃油箱位置会经常被移动或对燃油箱进行改装，还有需要加装副油箱。改装过程中，需要加装副油箱时，应尽量使用车架上已有的安装孔位。布置时应使主、副油箱的底部处于同一水平面，并且安装位置尽可能靠近主油箱，同时还要注意避免偏载。燃油箱和燃油管的布置尽可能避开排气管，距排气管的距离应在300mm以上。如果布置有困难，则必须在燃油箱和排气管之间加装隔热板。

3. 备胎架

备胎架也是底盘中经常改装的部件，在布置时要注意以下事项：

1）只设置单个备胎架时，将备胎架布置在车辆前进方向的右侧。

2）汽车列车一般应设2个备胎架。

4. 后保险杠

对某些专用车，如油罐车、液化气罐车等，必须要设置后保险杠。设置时要满足以下要求：

1）后保险杠以车辆中心的对称平面对称安装，其长度略小于车辆总宽，但不能小于罐体的外径，一般取后保险杠的长度（在车辆的宽度方向）$b(\text{mm})$为

$$b \geq (0.8 \sim 0.85)B \tag{1-5}$$

式中　B——车辆总宽（mm）。

2）后保险杠伸出罐体后端的水平距离应不小于100mm。

3）在车辆空载状态下，后保险杠下缘的离地高度应不大于700mm。

4）保险杠布置不能影响灯光及牌照显示，同时应尽量保证车辆最大离去角。在对后

保险杠的强度或其断面的几何尺寸作计算时，其计算载荷 F 为

$$F = 5m_a g \tag{1-6}$$

式中　m_a——整车总质量（kg）；

　　g——重力加速度。

5. 防护装置

专用汽车的防护装置又称为护栏，包括侧面防护装置和后下部防护装置，是一种人身安全防护装置。其作用是有效保护无防御行人，避免其跌于车侧而被卷入车轮下面，以及防止小型车辆从后部嵌入大车的下方。我国分别从 1989 年开始制定汽车防护要求标准，1994 年、2001 年和 2017 年进行了三次修订，GB 11567—2017《汽车及挂车侧面和后下部防护要求》对侧面防护的技术要求和后下部防护的技术要求和试验方法进行了强制规定。

防护装置一般都用圆形管材制作，防护装置的设计和安装尺寸要符合上述标准规定要求，同时在安装时，要注意排气管口不要对准侧护栏管口。

6. 阀门箱及泵箱

专用汽车上所用到的阀门箱及泵箱一般设置在车辆前、后轴之间，布置时，要考虑对车辆最小离地间隙及纵向通过角的影响。

四、取力器的布置

目前，绝大多数专用汽车上的工作装置都是以汽车底盘自身的发动机为动力源。发动机输出动力经过取力器，来驱动齿轮液压泵、真空泵、柱塞泵、轻质油液压泵、自吸液压泵、水泵、空气压缩机等，从而为自卸车、加油车、牛奶车、垃圾车、吸污车、随车起重车、高空作业车、散装水泥车、栏板起重运输车等专用汽车的工作装置提供动力。只有少量专用汽车的工作装置因为要考虑工作可靠性和特殊的要求需要配备专门动力驱动，例如部分冷藏车的机械制冷系统。因此，取力器的设计和布置在专用汽车的设计和制造方面十分重要。

根据取力器相对于汽车底盘变速器的位置不同，取力器的取力方式可分为前置式、中置式和后置式三种基本型式，每一种基本形式又包括不同的具体结构类型，如图 1-9 所示。

- 取力器取力方式
  - 前置式
    - 发动机前端取力
    - 发动机后端取力
    - 夹钳式取力
  - 中置式
    - 变速器上盖取力
    - 变速器侧盖取力
    - 变速器后端盖取力
  - 后置式
    - 分动器取力
    - 传动轴取力

图 1-9　取力器取力方式

（一）前置式

1. 发动机前端取力

发动机前端取力是一种最常用的取力型式，动力一般都是由发动机前端的正时齿轮室或由风扇、水泵的带轮输出到专用工作装置，例如气刹制动系统中的气泵、某些专用工作装置所用的液压马达等。由于这种方式的取力器到专用装置的距离较长，且需要转换传动方向，若采用机械传动，其结构就很复杂，因此一般采用液压传动。

2. 发动机后端取力

发动机后端取力一般都是在发动机后端的飞轮处。图 1-10 所示为一种飞轮取力的布置方案，在飞轮前端的齿轮，通过中间轴齿轮带动取力器齿轮，从而驱动取力器的输出

轴。这种取力方式的优点是工作装置不受主离合器控制，但由于改变了曲轴末端的结构，对于内燃机平衡会有一些影响。

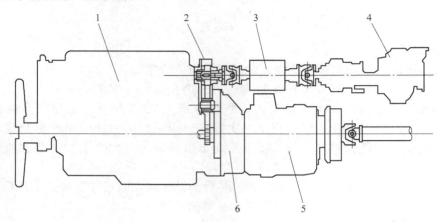

图 1-10　飞轮取力装置

1—发动机　2—取力器　3—水泵离合器　4—水泵　5—变速器　6—主离合器

3. 夹钳式取力器

夹钳式取力器一般安装在主离合器和变速器之间。图 1-11 所示为夹钳式取力器独立

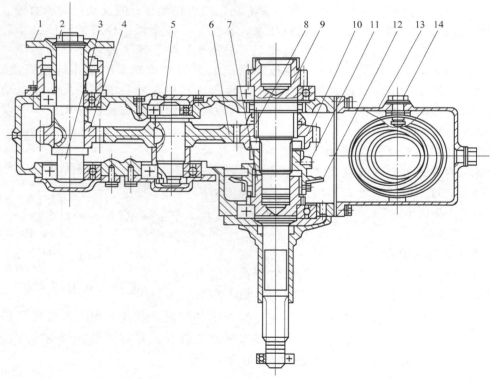

图 1-11　夹钳式取力器

1—法兰　2—转速表蜗轮　3—输出轴　4、6—齿轮　5—中间轴　7—长柄齿轮　8—滚针轴承
9—连齿轴　10—主动齿轮　11—离合套　12—甩油盘　13—油底壳　14—冷却管固定螺栓

总成结构图，原变速器中的第一轴被取力器中的长柄齿轮轴和连齿轴取代。安装时，长柄齿轮 7 支承在发动机飞轮中心，而连齿轴 9 则作为改装后的变速器第一轴。这种取力方式在消防车上应用较多。

（二）中置式

1. 变速器上盖取力

这种布置方案通过改制原变速器的上盖，将取力器叠置于变速器上，用一个惰轮和变速器的第一轴输入齿轮常啮合，再由该惰轮将动力传给取力器的输出轴，如图 1-12 所示。这种取力器同样有与发动机同转速输出的特点，因此适用于需要有高转速输入的工作装置。

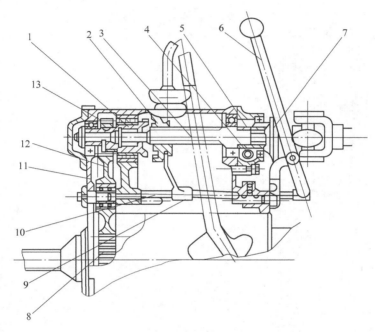

图 1-12 变速器上盖取力器
1—齿轮轴 2—离合齿套 3—花键轴 4—蜗杆 5—蜗轮 6—离合手柄 7—法兰
8—变速器第一轴 9—拨叉 10—拉杆 11—取力器壳体 12—惰轮 13—小齿轮

2. 变速器侧盖取力

根据具体位置的不同，变速器侧盖取力又可分为左侧盖取力和右侧盖取力。由于在变速器设计时已考虑了动力输出，因而一般在变速器左侧和右侧都留有标准的取力接口，也有专门生产与之配套的取力器厂家，因此这种取力器比较常用。但这种取力形式一般都是从变速器的中间轴上的齿轮取力，由于经过了变速器一对常啮合齿轮的减速，取力器输出轴的转速总是低于发动机转速。

图 1-13 所示为某变速器左侧盖取力器，它由取力器齿轮箱、操纵机构、传动轴、泵架等组成。取力器壳体 14 由定位销 15 定位，用螺栓紧固在汽车变速器的左下方。

3. 变速器后端盖取力

图 1-14 所示为某种变速器后端盖取力器，其动力由变速器输出轴输出。

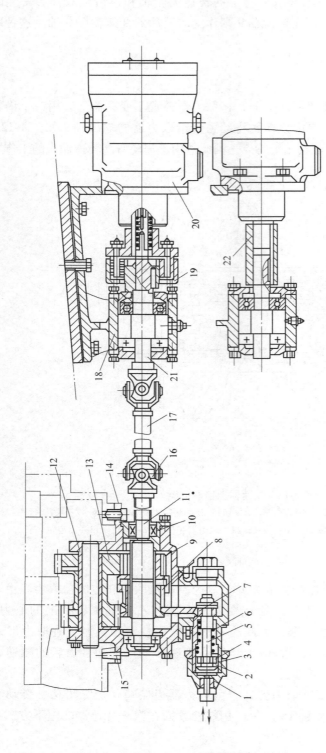

图 1-13 变速器侧盖取力器

1—气缸 2—活塞 3,4—O形密封圈 5—活塞杆 6—弹簧 7—拨叉 8—滑动齿轮 9—接合齿轮 10—油封 11—输出轴 12—滚针轴承 13—中间齿轮 14—取力器壳体 15—定位销 16—十字轴 17,21—传动轴 18—泵架 19—弹性柱销联轴器 20—液压泵 22—连接套筒

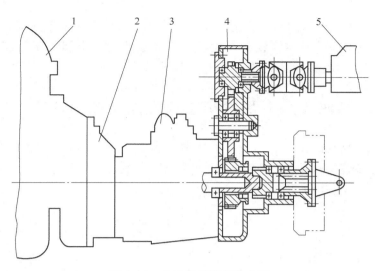

图 1-14 变速器后端盖取力器
1—发动机 2—主离合器 3—变速器 4—取力器 5—水泵

（三）后置式

1. 分动器取力

这种取力方式，适用于有分动器的汽车底盘，如混凝土搅拌运输车。

从取力器到专用工作装置之间的动力传递可由机械传动或液力传动完成。机械传动主要采用万向节和传动轴等部件，结构简单，传动可靠，制造和使用成本低，使用和维修方便。设计时要保证传动轴两端万向节的夹角相等，并尽量减小夹角，提高传动效率。液力传动则主要采用液压泵和液压马达等部件，具有动力传递布置容易，操纵方便，可实现无级变速和长距离传递，而且能吸收冲击载荷等特点。

2. 传动轴取力

传动轴取力是把取力器做成独立总成，设置在传动轴之间。图 1-15 所示为一种传动轴取力器。

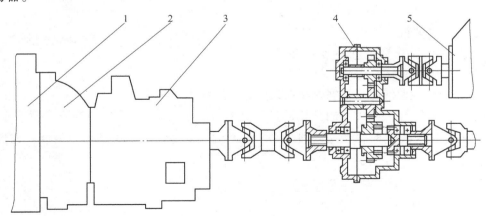

图 1-15 传动轴取力器
1—发动机 2—主离合器 3—变速器 4—取力器 5—水泵

对于以上各种型式的取力器，其传动比应由专用工作装置所需的转速、功率和发动机的外特性决定。应遵循的基本原则是在满足工作装置所需功率和转速的前提下，尽量选择较低的发动机转速和较高的发动机负荷率，以改善经济性。

第四节　专用汽车主要性能参数的计算

专用汽车性能参数计算是总体设计的主要内容之一，目的是检验整车参数选择是否合理，使用性能参数能否满足要求。主要性能参数包括整车的动力性、经济性和稳定性等。

一、动力性计算

（一）发动机的外特性

发动机的动力性一般用外特性来描述。外特性是指发动机节气门全开时的速度特性，即节气门全开时发动机功率、转矩和有效燃油消耗率随转速的变化关系，它代表了一台发动机所能发出的最大动力，是进行车辆动力性计算的主要依据。外特性一般有三种获得的方法：一是由发动机厂家或汽车底盘制造厂家提供；二是直接由发动机台架试验测出；三是由经验公式拟合得到。

图 1-16 所示为某牵引车的外特性曲线。从图上可以看出，发动机的输出转矩和输出功率随发动机转速变化的特性曲线为非线性曲线。工程实践表明，可用二次三项式来描述汽车发动机的外特性，即

$$T_{tq} = an_e^2 + bn_e + c \quad (1-7)$$

式中　T_{tq}——发动机输出转矩（N·m）；

n_e——发动机输出转速（r/min）；

a、b、c——待定系数，由具体的外特性曲线决定。

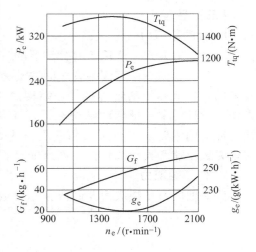

图 1-16　某牵引车的外特性曲线

1. 已知外特性曲线时，根据外特性数值建立外特性方程式

如果已知外特性，则可利用拉格朗日三点插值法求出式（1-7）中的三个待定系数 a、b、c。在外特性曲线上取三个点，即 T_{tq1}、n_{e1}，T_{tq2}、n_{e2} 及 T_{tq3}、n_{e3} 依据拉格朗日插值三项式有

$$T_{tq} = T_{tq1}\frac{(n_e - n_{e2})(n_e - n_{e3})}{(n_{e1} - n_{e2})(n_{e1} - n_{e3})} + T_{tq2}\frac{(n_e - n_{e3})(n_e - n_{e1})}{(n_{e2} - n_{e3})(n_{e2} - n_{e1})} +$$
$$T_{tq3}\frac{(n_e - n_{e1})(n_e - n_{e2})}{(n_{e3} - n_{e1})(n_{e3} - n_{e2})} \quad (1-8)$$

将上式展开，按幂次高低合并，然后和式（1-7）比较系数，即可得三个待定系数为

$$\left.\begin{aligned}a &= \frac{T_{tq1}}{(n_{e1}-n_{e2})(n_{e1}-n_{e3})} + \frac{T_{tq2}}{(n_{e2}-n_{e3})(n_{e2}-n_{e1})} + \frac{T_{tq3}}{(n_{e3}-n_{e1})(n_{e3}-n_{e2})} \\ b &= \frac{(n_{e2}+n_{e3})T_{tq1}}{(n_{e1}-n_{e2})(n_{e1}-n_{e3})} + \frac{(n_{e1}+n_{e3})T_{tq2}}{(n_{e2}-n_{e1})(n_{e2}-n_{e3})} + \frac{(n_{e1}+n_{e2})T_{tq3}}{(n_{e3}-n_{e1})(n_{e3}-n_{e2})} \\ c &= \frac{n_{e2}n_{e3}T_{tq1}}{(n_{e1}-n_{e2})(n_{e1}-n_{e3})} + \frac{n_{e1}n_{e3}T_{tq2}}{(n_{e2}-n_{e1})(n_{e2}-n_{e3})} + \frac{n_{e1}n_{e2}T_{tq3}}{(n_{e3}-n_{e1})(n_{e3}-n_{e2})}\end{aligned}\right\} \quad (1\text{-}9)$$

2. 无外特性曲线时，按经验公式拟合外特性方程式

如果没有所要的发动机外特性曲线，但从发动机铭牌上可以知道该发动机的最大输出功率 P_{em} 及相应转速和该发动机的最大转矩及相应转速时，可用下列经验公式来描述发动机的外特性

$$T_{tq} = T_{tqm} - \frac{T_{tqm} - T_P}{(n_t - n_P)^2}(n_t - n_e)^2 \quad (1\text{-}10)$$

式中　T_{tqm}——发动机最大输出转矩（N·m）；

　　　n_t——发动机最大输出转矩时的转速（r/min）；

　　　n_P——发动机最大输出功率时的转速（r/min）；

　　　T_P——发动机最大输出功率时的转矩（N·m），$T_P = 9549\dfrac{P_{em}}{n_P}$。

由式（1-7）和式（1-10），可得

$$\left.\begin{aligned}a &= \frac{-T_{tqm} + T_P}{(n_t - n_P)^2} \\ b &= \frac{2n_t(T_{tqm} - T_P)}{(n_t - n_P)^2} \\ c &= T_{tqm} - \frac{(T_{tqm} - T_P)n_t^2}{(n_t - n_P)^2}\end{aligned}\right\} \quad (1\text{-}11)$$

注意：发动机外特性曲线是在室内试验台架上测量出来的，而台架试验时发动机并未带空气滤清器、水泵、风扇、消声器、发电机等附件，而且试验工况相对稳定，能保持试验时发动机的冷却水温、机油温度在规定的数值内。带上全部附件设备时的发动机外特性曲线称为使用外特性曲线。显然使用外特性的功率小于外特性的功率。因此要对台架试验数据用修正系数 μ 进行修正，才能得到发动机的使用外特性。

由于各国发动机台架试验所执行的标准不同，故修正系数 μ 的取值也不同，如下所列：

按 SAE 标准试验（美、法、意）　　　　$\mu = 0.81 \sim 0.84$

按 DIN 标准试验（德）　　　　　　　　$\mu = 0.90 \sim 0.92$

按 BS 标准试验（英）　　　　　　　　　$\mu = 0.83 \sim 0.85$

按 JIS 标准试验（日）　　　　　　　　　$\mu = 0.88 \sim 0.91$

按 GB 标准试验（中）　　　　　　　　　$\mu = 0.85 \sim 0.91$

（二）汽车的行驶方程式

汽车动力性计算的主要依据是汽车行驶方程式，其计算公式为

$$F_t = F_f + F_w + F_i + F_j \tag{1-12}$$

式中 F_t——驱动力（N）；

F_f——滚动阻力（N）；

F_w——空气阻力（N）；

F_i——坡道阻力（N）；

F_j——加速阻力（N）。

1. 驱动力 F_t

专用汽车在地面行驶时所能产生的驱动力 F_t 与发动机输出转矩 T_{tq} 的关系为

$$F_t = \frac{T_{tq} i_g i_o \eta \mu}{r_d} \tag{1-13}$$

式中 i_g——变速器某一档的传动比；

i_o——主减速器速比；

η——传动系统某一档的机械效率；

r_d——驱动轮的动力半径（m）；

μ——发动机外特性修正系数。

2. 滚动阻力 F_f

专用汽车的滚动阻力 F_f 由下式计算：

$$F_f = m_a g f \cos\alpha \tag{1-14}$$

式中 m_a——专用汽车的总质量（kg）；

α——道路坡度角（°）；

f——滚动阻力系数。

滚动阻力系数 f 取决于轮胎的结构形式及气压、车辆的行驶速度、路面条件等因素，当车速在 50km/h 以下时，f 可取为常数。表 1-5 所示为部分路面条件下 f 的测量结果。

表 1-5 部分路面条件的滚动阻力系数 f

路面类型	f
良好的沥青或水泥路面	0.010~0.018
一般的沥青或水泥路面	0.018~0.020
碎石路面	0.020~0.025

当车速大于 50km/h 时，f 可表示成车速 v 的线性函数，有

$$f = f_0 + kv \tag{1-15}$$

式中 v——专用汽车的行驶速度（km/h）；

f_0——滚动阻力系数中的常数项；

k——比例系数。

部分轮胎 f_0、k 的试验测量结果见表 1-6。

表 1-6 f_0、k 值的试验结果

轮胎尺寸	载荷/kN	f_0	k
9.00—20	22.5	0.0086	0.000148
260—508	22.5	0.007	0.000166
300—508	25.0	0.013	0.00026

(续)

轮胎尺寸	载荷/kN	f_0	k
320—508	25.0	0.011	0.00022
360—508	25.8	0.0128	0.00023

3. 坡道阻力 F_i

坡道阻力是指专用汽车上坡行驶时，整车重力沿着坡道的分力，其计算公式为

$$F_i = m_a g \sin\alpha \tag{1-16}$$

4. 空气阻力 F_w

空气阻力是指汽车直线行驶时受到的空气作用力在行驶方向上的分力。大量试验结果表明，汽车的空气阻力与车速 v 的平方成正比，即

$$F_w = 0.047 C_D A_D v^2 \tag{1-17}$$

式中 C_D——空气阻力系数，专用汽车的 C_D 可取为 $0.5 \sim 0.9$，汽车列车每节全挂车 C_D 增加 25%，每节半挂车 C_D 增加 10%；

A_D——迎风面积（m^2），可按 $A_D = BH$ 估算，B 为轮距（m），H 为整车高度（m）。

5. 加速阻力 F_j

加速阻力是汽车加速行驶时所需克服的惯性阻力，计算式为

$$F_j = \delta m_a j \tag{1-18}$$

式中 j——汽车加速度（m/s^2）；

δ——汽车旋转质量换算系数 $\delta > 1$；

m_a——汽车的总质量（kg）。

δ 的计算式为

$$\delta = 1 + \frac{\sum I_w}{m_a r^2} + \frac{I_f i_o^2 i_g^2 \eta}{m_a r^2} \tag{1-19}$$

式中 I_w——车轮的转动惯量（$kg \cdot m^2$）；

I_f——发动机飞轮的转动惯量（$kg \cdot m^2$）；

r——车轮的滚动半径（m）。

进行动力性计算时，如果不知道 I_w、I_f 的值，可按下述经验公式估算 δ 值：

$$\delta = 1 + \delta_1 + \delta_2 i_g^2 \tag{1-20}$$

式中 $\delta_1 \approx \delta_2 = 0.03 \sim 0.05$。低档时取上限，高档时取下限。

将式（1-7）、式（1-13）、式（1-14）、式（1-16）、式（1-17）及式（1-18）代入式（1-12），可得

$$(a n_e^2 + b n_e + c) \frac{i_o i_g \mu \eta}{r_d} = m_a g (f \cos\alpha + \sin\alpha) + 0.047 C_D A_D v^2 + \delta m_a j \tag{1-21}$$

又因

$$n_e = \frac{i_o i_g v}{0.337 r} \tag{1-22}$$

将式（1-22）代入式（1-21）整理后得

$$\delta m_a j = A v^2 + B v + C_1 + C_2 (f \cos\alpha + \sin\alpha) \tag{1-23}$$

式中

$$\begin{rcases} A = \dfrac{i_g^3 i_o^3 \mu \eta a}{0.142 r^2 r_d} - 0.047 C_D A_D \\ B = \dfrac{i_g^2 i_o^2 \mu \eta b}{0.377 r r_d} \\ C_1 = \dfrac{i_g i_o \mu \eta c}{r_d} \\ C_2 = -m_a g \end{rcases} \qquad (1\text{-}24)$$

式（1-21）是汽车直线行驶时的驱动力和行驶阻力的平衡方程式，式（1-23）则反映了汽车在克服了外界其他阻力之后所具有的加速能力，由此可计算出评价车辆的动力性指标。

（三）动力性评价指标的计算

汽车的动力性一般由最高车速、最大爬坡度和加速时间三个指标来评价。

1. 最高车速 v_{amax}

按照汽车最高车速的定义，有 $\alpha=0$，$j=0$，代入式（1-23）可得

$$Av^2 + Bv + C_1 + C_2 f = 0$$

将式（1-15）代入上式，有

$$Av^2 + (B + kC_2)v + (C_1 + f_0 C_2) = 0$$

因

$$(B + kC_2)^2 - 4A(C_1 + f_0 C_2) > 0$$

则令

$$D = \sqrt{(B + kC_2)^2 - 4A(C_1 + f_0 C_2)} \qquad (1\text{-}25)$$

又因通常 $A < 0$，$D > 0$，所以方程的第二个根即是所求专用汽车的最高车速 v_{amax}，有

$$v_{amax} = \dfrac{-(B + kC_2) - D}{2A} \qquad (1\text{-}26)$$

2. 最大爬坡度 i_{max}

按照汽车以最低档稳定速度爬坡，有 $j=0$，为了简化，设 $f \approx f_0$，由式（1-23）可得

$$Av^2 + Bv + C_1 + C_2(f_0 \cos\alpha + \sin\alpha) = 0 \qquad (1\text{-}27)$$

对上式两边分别以 v 为自变量求导，可得

$$2Av + B + C_2(-f_0 \sin\alpha + \cos\alpha)\dfrac{d\alpha}{dv} = 0 \qquad (1\text{-}28)$$

当 $\dfrac{d\alpha}{dv} = 0$ 时，则 α 得到最大值，此时有

$$v = \dfrac{-B}{2A}$$

将上式代入式（1-27），可得

$$f_0 \cos\alpha + \sin\alpha = \dfrac{B^2 - 4AC_1}{4AC_2}$$

令

$$E = \frac{B^2 - 4AC_1}{4AC_2} \quad (1\text{-}29)$$

则
$$f_0 \cos\alpha + \sin\alpha = E$$

对上式进行整理后可得

$$(1 + f_0^2)\sin^2\alpha - 2E\sin\alpha + (E^2 - f_0^2) = 0$$

$$\sin\alpha = \frac{E \pm f_0\sqrt{1 + f_0^2 - E^2}}{1 + f_0^2}$$

当 $f_0 = 0$ 时，$\sin\alpha = E$，但实际上滚动阻力总是存在的，并且滚动阻力系数越大，汽车的爬坡能力越小。因此对上式中取负号，就得到专用汽车的最大爬坡角，即

$$\alpha_{\max} = \arcsin\frac{E - f_0\sqrt{1 + f_0^2 - E^2}}{1 + f_0^2} \quad (1\text{-}30)$$

因 $f_0 \ll 1$，$1 + f_0^2 \approx 1$，则上式可简化成

$$\alpha_{\max} = \arcsin(E - f_0\sqrt{1 - E^2}) \quad (1\text{-}31)$$

由此可得到专用汽车的最大爬坡度 $i_{\max}$ 为

$$i_{\max} = \tan\alpha_{\max} \quad (1\text{-}32)$$

3. 最大加速度 $j_{\max}$

专用汽车在水平地面的加速度计算公式可由式（1-23）变化而得，有

$$j = \frac{1}{\delta m_a}[Av^2 + Bv + C_1 + C_2(f_0 + kv)] \quad (1\text{-}33)$$

专用汽车在某一档位加速过程中的最大加速度可由 $j = f(v)$ 的极值点求出，令

$$\frac{\mathrm{d}j}{\mathrm{d}v} = \frac{1}{\delta m_a}(2Av + B + kC_2) = 0$$

得到极值点的车速 v_0 为

$$v_0 = -\frac{B + kC_2}{2A} \quad (1\text{-}34)$$

以式（1-34）代入式（1-33），可得专用汽车在该档时的最大加速度为

$$j_{\max} = \frac{1}{\delta m_a}\left[C_1 + C_2 f_0 - \frac{(B + kC)^2}{4A}\right] = -\frac{D^2}{4A\delta m_a} \quad (1\text{-}35)$$

专用汽车在该档从车速 v_1 加速到 v_2 的平均加速度 j_e 可由下式计算

$$j_e = \frac{1}{\delta m_a(v_2 - v_1)}\int_{v_1}^{v_2}[Av^2 + Bv + C_1 + C_2(f_0 + kv_0)]\mathrm{d}v$$

$$= \frac{1}{\delta m_a}\left[\frac{A}{3}(v_2^2 + v_1 v_2 + v_1^2) + \frac{1}{2}(B + kC_2)(v_2 + v_1) + (C_1 + f_0 C_2)\right] \quad (1\text{-}36)$$

4. 加速时间 t 和加速行程 s

由式（1-33）可得

$$\mathrm{d}t = \frac{\delta m_a \mathrm{d}v}{Av^2 + Bv + C_1 + C_2(f_0 + kv)}$$

对上式两边积分,可得到专用汽车在水平地面从 $v_1(\text{m/s})$ 加速到 $v_2(\text{m/s})$ 的时间 $t(\text{s})$ 为

$$t = \int_{v_1}^{v_2} \frac{\delta m_a}{Av^2 + Bv + C_1 + C_2(f_0 + kv)} dv \tag{1-37}$$

如前所述,因

$$D^2 = (B + kC_2)^2 - 4A(C_1 + C_2 f_0) > 0$$

则有

$$t = \frac{\delta m_a}{D} \left(\ln \frac{2Av_2 + B + kC_2 - D}{2Av_2 + B + kC_2 + D} - \ln \frac{2Av_1 + B + kC_2 - D}{2Av_1 + B + kC_2 + D} \right) \tag{1-38}$$

求加速行程,因

$$j = \frac{dv}{dt} = \frac{dv}{ds}\frac{ds}{dt} = v\frac{dv}{ds} \tag{1-39}$$

式中 s——车辆行驶的路程(m)。

所以有

$$ds = \frac{\delta m_a v dv}{Av^2 + Bv + C_1 + C_2(f_0 + kv)}$$

对上式两边积分,可求得专用汽车在水平地面从 $v_1(\text{m/s})$ 加速到 $v_2(\text{m/s})$ 的行程 $s(\text{m})$

$$s = \int_{v_1}^{v_2} \frac{\delta m_a v dv}{Av^2 + Bv + C_1 + C_2(f_0 + kv)}$$

$$= \frac{\delta m_a}{2A} \ln \left| \frac{Av_2^2 + (B+kC_2)v_2 + C_1 + C_2 f_0}{Av_1^2 + (B+kC_2)v_1 + C_1 + C_2 f_0} \right| - \frac{B+kC_2}{2A} t \tag{1-40}$$

二、燃油经济性计算

专用汽车的燃油经济性通常用专用汽车在水平的水泥或沥青路面上,以经济车速或多工况满载行驶百公里的燃油消耗量来评价,前者也称为等速百公里油耗 $Q(\text{L/100km})$,其计算公式为

$$Q = \frac{P_e g_e}{1.02 v \gamma} \tag{1-41}$$

式中 P_e——发动机的有效输出功率(kW);

g_e——发动机的有效燃油消耗量(g/kW·h);

γ——燃油的重度,汽油可取 $\gamma = 6.96 \sim 7.15\text{N/L}$;柴油可取 $\gamma = 7.94 \sim 8.13\text{N/L}$。

由式(1-41)可知,随着车速的不同,等速百公里油耗也不相同。因此任意一档都有一条等速百公里油耗曲线。

下面以直接档为例,介绍求作等速百公里油耗曲线的步骤。

首先,应知道该发动机的负荷特性或万有特性规律,并确定以下参数,即 m_a、f、

C_D、η、i_o、r 等。

1）首先从专用汽车直接档行驶的某一初速 v_a 开始，计算出相应的发动机转速 n_e(r/min)

$$n_e = \frac{i_o v_a}{0.377r} \tag{1-42}$$

2）然后由式（1-1）计算出该车速下的整车驱动功率或发动机的有效输出功率 P_e。

3）根据 P_e、n_e 在发动机的万有特性或负荷特性上查找相应工况点，得到该工况时的有效燃油消耗率 g_e。

4）由式（1-41），可计算出该车速时的百公里油耗 Q。

5）再以 v_a 加上一定增量的车速取值（例如以 10km/h 为间隔），按照上面的步骤，重新计算新增车速工况时的百公里油耗，依次类推，直至最高车速。最后将所求的对应各车速油耗的点连成光滑曲线，即为直接档在一定路面条件下等速行驶的百公里油耗曲线。图 1-17 所示为某货车装用不同轮胎时的等速百公里油耗曲线。

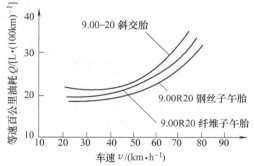

图 1-17 某货车装用不同轮胎时的等速百公里油耗曲线

三、静态稳定性计算

根据普通汽车底盘改装成的专用汽车，由于副车架或工作装置的布置，使装载部分如厢体、罐体的位置提高，因此其质心位置均比普通货车高，影响汽车稳定性。设计时应对整车的静态稳定性进行计算。

对有些专用汽车，除了要对运输状态进行稳定性计算外，还要对作业状态的稳定性进行计算，如自卸汽车在举升卸货时，就有纵向或侧向失稳的可能性。

专用汽车的静态稳定性分析，首先应计算出整车的质心位置。当专用汽车的总布置基本完成后，即可对该车的质心位置进行计算（图 1-18）。

计算时可根据已有的资料，或利用试验结果，也可用计算方法来确定专用汽车各总成的质量及其质心位置坐标，然后按照力矩平衡方程式，求出整车的质心位置。对图 1-18 所示的某厢式货车纵向和高度的质心坐标计算，有

$$\left. \begin{array}{l} a = \dfrac{\sum\limits_{i=1}^{n} m_i x_i}{\sum m_i} \\ b = L - a \end{array} \right\} \tag{1-43}$$

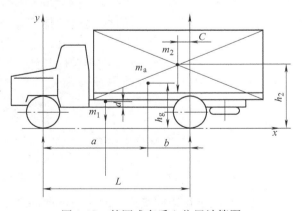

图 1-18 某厢式车质心位置计算图

$$h_g = \frac{\sum_{i=1}^{n} m_i y_i}{\sum m_i} \tag{1-44}$$

式中 m_i——第 i 个总成的质量（kg）；
x_i——第 i 个总成的质心至前轴中心的水平距离（m）；
y_i——第 i 个总成的质心至地面的高度（m）；
a——整车质心至前轴中心的水平距离（m）；
b——整车质心至后轴中心的水平距离（m）；
h_g——整车质心至地面的高度（m）；
L——轴距（m）。

汽车的静态稳定性是指汽车停放或等速行驶在坡道上，如果整车的重力作用线越过车轮的支承点（接地点），汽车就会发生倾翻。若整车的重力作用线正好通过支承点，则汽车处于临界的倾翻状态，此时的坡度角称为最大倾翻稳定角 β_{max}。

再有，当汽车停放在坡道或沿坡道行驶时，如果坡道阻力大于附着力，则汽车由于附着力不足而向下滑移，同样也会出现失稳，其最大滑移角 α_{max} 仅取决于车轮和路面间的附着系数 φ，有

$$\tan\alpha_{max} = \varphi \tag{1-45}$$

图 1-19 所示为某厢式货车侧向稳定性的临界状态，有

$$\tan\beta_{max} = \frac{B}{2h_g} \tag{1-46}$$

式中 B——轮距（m）。

由于侧翻是一种非常危险的失稳工况，因此，为避免侧翻，依据侧滑先于侧翻的条件有

$$\frac{B}{2h_g} \geq \varphi \tag{1-47}$$

若取专用汽车轮胎和普通混凝土路面间的横向附着系数 $\varphi = 0.7$，则专用汽车的最大侧倾稳定角不小于 35°。

同理，可以推出专用汽车纵向稳定性条件：
1）若 $a>b$，则上坡时易于后翻，有

$$\frac{b}{h_g} \geq \varphi \tag{1-48}$$

2）若 $a<b$，则下坡时易于前翻，有

$$\frac{a}{h_g} \geq \varphi \tag{1-49}$$

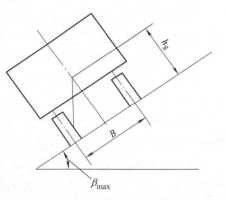

图 1-19 某厢式货车侧向稳定性计算图

对于自卸汽车在横向坡道上卸货时的侧向稳定性，可按下式计算

$$\beta_{max} = \arctan\left[\frac{Bm_a}{2(h'_g m' + h''_g m'')}\right] \tag{1-50}$$

式中　h'_g——自卸车底盘加货厢的质心高度（m）；
　　　h''_g——自卸车货物举升后的质心高度（m）；
　　　m'——自卸车底盘加货厢及货物的质量（kg）；
　　　m''——自卸车加货物的质量（kg）；
　　　m_a——自卸车的总质量（kg）。

对于举升高度，满载时可以按货物下滑的临界角度计算，空载时则按最大举升角计算。

第二章

厢式汽车的结构与设计

第一节 概　　述

厢式汽车是指装备有专用设备，具有独立的封闭结构车厢（可与驾驶室联成一体）的专用汽车。与普通汽车相比，厢式汽车由于具备独立的封闭结构车厢，因而运输条件、卫生条件以及货物的安全性、完好性等得以保障。近年来，物流、电商行业的快速发展对货物运输效率及运输质量提出了更高的要求，从而促进了厢式汽车得到更广泛的应用。然而厢式汽车在运输中也存在一些问题，例如，运输价格较高，有效装载量较少，箱体及专用装置的维修量较大，空载行程较多等。

一、厢式汽车的分类

厢式汽车按照功能用途的不同分为厢式专用运输汽车和厢式专用作业汽车两大类。其中，厢式专用运输汽车是指用于运输货物、特定人员和特殊物品的厢式汽车；厢式专用作业汽车是指用于完成特定作业任务或特殊服务的厢式汽车。再根据具体用途细分，厢式专用运输汽车又可分为厢式运输车、警用车、运钞车等 29 种类型，而厢式专用作业汽车又分为电视车、化验车、防疫车等 71 种类型。国家标准 GB/T 17350—2009《专用汽车和专用挂车术语、代号和编制方法》规定了各种厢式汽车的名称和定义。

厢式汽车按照车厢结构的不同可分为客厢式和货（车）厢式。客厢式的车厢与驾驶室一般为整体式结构，如救护车、房车、环境监测车、餐车、电视转播车等。货（车）厢式的车厢与驾驶室一般为分体式结构，如厢式运输车、冷藏保温车等。车厢的具体结构形式会因功能而异。如冷藏保温车的车厢除了具有一般车厢的功能以外，还具有隔热、保温的功能；活顶式车厢的顶盖可以垂直升降，以改变车厢容积，满足不同货物的装卸要求；翼开启式车厢通过手动或液压装置可开启车厢两侧翼板，便于货物的灵活装卸，提高了装卸效率。

厢式汽车按照驱动源类型的不同可分为常规能源的柴油车和汽油车及新能源厢式汽车。据数据统计，2017 年新能源厢式运输车（基本全部为纯电动）占厢式汽车整体销量比重的 15.2%，虽与燃油类占比 83% 的销量相比还有不小的差距，但相较于 2016 年已经提升了 9.8% 的数字看来，新能源厢式汽车今后还有巨大的发展空间。

二、厢式汽车底盘、车厢的选择

厢式汽车大都直接选用定型的汽车底盘进行改装，这将直接影响厢式汽车的总体布置及车厢的结构形式,因此底盘的选择在设计中非常重要。

厢式汽车的车厢结构形式因用途不同,可分为客厢式和货(车)厢式两类,因而所选用的底盘也不相同。客厢式汽车通常选用客车专用底盘,因为这类车多数用于载人,或提供服务或完成专门作业等,车厢与驾驶室一般为整体式结构,便于专用设施的布置,通常是在客车车身的基础上改装而成。而货(车)厢式汽车主要用于载货,车厢与驾驶室一般为分体式结构,通常选用货车的二类底盘改装而成。为了提高行驶的安全性和运输效率,货厢式汽车底盘选择除必须考虑动力性、经济性等指标外,通常要求选用长轴距、低质心。货厢式车厢的外形目前多采用直角长方形,其优点是制造工艺简单、生产方便,但其空气动力性能较差。对于行驶速度要求较高的长途货厢式汽车,可以将四角改为圆角,把前围表面做成曲率较小的曲面。试验表明与直角长方形车厢相比,改后车厢的气动阻力明显降低。为了进一步降低整备质量,提高运输效率和效益,厢式汽车厢体的材料选择及结构设计显得非常重要。厢体的材料主要有钢质板、复合板、铝板、玻璃钢板和帘布等。钢质板又分成波纹板、平板和盲波板;复合板又分木夹层复合板、塑料蜂窝夹层复合板和塑料泡沫夹层复合板。在结构方面,有些厢式挂车和厢式半挂车的车架设计为无纵梁结构,车厢为无骨架结构,车厢板为预制的轻质材料,车厢门只在车厢的后部开设,使车厢形成一个箱式通体,在保证厢体强度的前提下可大幅度提高车厢容积的利用率。

总之,厢式汽车的车厢结构形式繁多、结构各异。本章着重介绍有关厢式专用运输汽车的一般性结构特点和设计原则,并以冷藏保温厢式汽车和翼开启厢式车为例进行详述。

第二节 厢式专用运输汽车的结构与设计

一、总体结构与设计

厢式专用运输汽车中用于载运货物的专用汽车,根据结构形式可分为两种:一种是在二类货车底盘基础上,安装一个独立封闭的车厢,大多数的厢式运输车属于这种类型;还有一种是专门设计制造的厢式运输半挂车,如图2-1所示,车厢采用全封闭结构。车厢设置有后门或侧门,厢内装有通风、采光设施,具有良好的防雨、防晒、防尘、防盗等功能。

按驾驶室的形式不同,厢式运输车可分为长头驾驶室式和平头驾驶室式两种。前者车厢相对长度较小、车厢容积利用率较低、空气阻力较大;后者车厢相对长度较前者有明显提高,外形较协调。装有导流罩的平头驾驶室式厢式运输车的空气阻力小,适于高速行驶。

厢式汽车的厢体一般是由顶盖、底架(包括副车架纵梁、横梁)、前围、后围(后门框)及左、右侧围六部分组焊而成。厢体布置应遵循以下几点原则:

1)根据 GB 7258—2017《机动车运行安全技术条件》的规定,除消防车外的其他机动车在空载、静态状态下，向左侧和右侧倾斜的侧倾稳定角应大于等于：

    总质量为整备质量的 1.2 倍以下的机动车：28°；

    总质量不小于整备质量的 1.2 倍的专项作业车：32°。

2) 根据 GB 1589—2016《汽车、挂车及汽车列车外廓尺寸、轴荷及质量限值》的规定，车宽限值由 2500mm 修订为 2550mm（冷藏车车宽限值为 2600mm），车高限值为 4000mm，不同类型的车辆应符合车长限值的要求，同时要满足最大允许总质量限值的要求。

3) 厢式货车的货厢顶部应封闭、不可开启（翼开启式车辆除外），其与侧面的连接应采用焊接等永久固定的方式；货厢的后面或侧面应设有固定位置的车门。

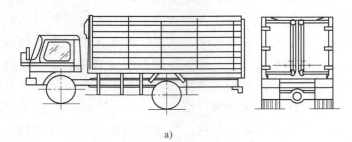

a)

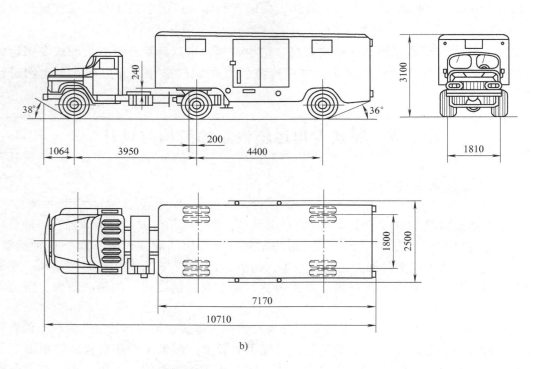

b)

图 2-1　厢式货车整体布置图
a) 厢式货车　b) 厢式货运半挂车

厢体通过其底架（副车架）纵梁紧固在汽车底盘的纵梁上。一般同时采用角铁连接与 U 形螺栓连接。角铁连接如图 2-2 所示。为避免装配后连接面产生间隙（图 2-2c），紧固前上下角铁间的间隙（图 2-2a）应适当；紧固后保证连接面紧密贴合（图 2-2b）。

当采用 U 形螺栓固定时，为防止车架纵梁翼面变形，防止紧固松动，需要在 U 形螺栓连接部位处的车架纵梁槽形断面内衬入一垫木或型钢，但在靠近消声器处因温度较高，为安全起见，必须使用钢内衬垫板，如图 2-3 所示。U 形螺栓的直径 $D \geq 16\text{mm}$，螺栓安装间距以 1000~1500mm 为宜。U 形螺栓的长度由底盘纵梁、车厢纵梁和中间缓冲垫三者高度之和确定。

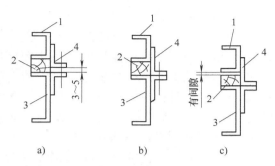

图 2-2　车厢底架与纵梁连接角铁及装配
a）紧固前　b）紧固后　c）不当装配
1—厢体底架　2—缓冲垫　3—底盘纵梁　4—角铁

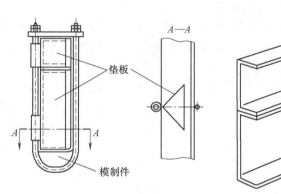

图 2-3　连接用内衬垫板形式与安装

二、车厢结构与设计

（一）车厢尺寸参数的确定

1. 车厢外廓尺寸（长×宽×高）

车厢外廓尺寸应在厢式汽车总体设计阶段予以确定。其中，厢体长度主要由前后轴荷分配系数决定，应接近原车厢长度，以便保持原底盘性能；厢体宽度主要由底盘轮距、使用要求及法规限宽等因素决定；厢体高度由改装后的质心高度（影响汽车的行驶稳定性）决定，在满足装载容积及装卸方便的情况下，应尽量减小厢体高度，以降低质心，提高汽车行驶的稳定性。

2. 车厢内框尺寸（长×宽×高）

车厢内框尺寸是指车厢内有效的长、宽、高，三者乘积确定了车厢容积的大小，并直接影响汽车的运输效率、运输成本及使用方便性。设计时应考虑车辆用途、装载质量、货物密度以及包装方式、尺寸规格等多方面因素。车厢容积计算公式为

$$V = l_{X1} b_{X1} h_{X1} \times 10^{-9} \tag{2-1}$$

式中　　V——车厢容积（m³）；

l_{X1}、b_{X1}、h_{X1}——车厢内有效的长度、宽度、高度（mm）。

3. 车厢地板高度

车厢地板高度直接影响货物装卸的方便性和汽车质心的高度。地板离地过高，会导致汽车质心位置升高，对行驶稳定性及装卸货物的方便性都会产生不利影响；地板离地过低，则轮胎与地板下平面易发生运动干涉，严重影响轮胎使用。制约车厢地板高度的主要因素有：轮胎直径、道路条件、悬架动挠度以及车辆空载时轮胎与地板下平面之间预留的空间等。设计时该预留空间一般取230mm左右。

4. 整车整备质量与最大装载质量

厢式汽车的整车整备质量 m_0 是指除去货物和人员之外而保证汽车正常行驶和完成使用功能所需要的全部装备质量之和。当底盘选定之后，专用设施和车厢的结构是影响整备质量的主要因素。

底盘和专用设施的质量一般由主机厂提供或直接测量获得，车厢质量只能从所使用的材料估算或用类比法求得。减小车厢质量是提高汽车动力性、经济性和生产效益最有效的方法之一。因此，设计时应在保证车厢具有足够强度和刚度的前提下，尽量减少质量。整备质量是评价和比较不同车型设计、制造及材料利用水平的重要指标，也是研究车辆轻量化的方向。

最大装载质量 m_c 是厢式运输车的基本使用参数之一，它直接关系到汽车的运输效率与成本。最大装载质量的计算公式为

$$m_c = m - m_0 \tag{2-2}$$

式中　m_c——最大装载质量（kg）；

　　　m——最大总质量（kg）；

　　　m_0——整车整备质量（kg）。

（二）车厢的结构设计

车厢是厢式汽车的主要改装部分，其设计应最大限度地利用汽车的使用面积和载货量，确保货物运输的安全性，提高装卸货物的方便性，同时在保证车厢具有足够强度和刚度的前提下，尽量减小车厢质量，以满足汽车轻量化的发展要求。此外，还要具备良好的制造和装配工艺性。车厢的结构形式有三种：整体骨架式、整体聚氨酯注入发泡式以及分片组装式。其中广泛应用的分片组装式的特点是：车厢由顶盖、地板、左右侧围、前围与后围及后门框几大块组成，而各块又分别由骨架、内外蒙皮和隔热层组成，并通过黏结剂黏结成一体，然后再将各块拼装成整个车厢。这种结构的隔热性能好，厢壁强度高，车厢自身质量小，加工工艺简单且易于形成生产流水线，因而得到广泛应用。

1. 车厢的骨架结构设计

骨架结构形式既要满足车厢强度和刚度要求，又应尽量减小车厢自重。在材料相同、截面积相等及壁厚不变的条件下，管形截面的抗扭刚度最佳，箱形截面次之，开口截面最差。在抗弯性能方面，开口截面稍优于闭口截面。从提高整个厢体的刚度出发，宜采用闭口截面。此外，骨架结构设计还要考虑内外蒙皮装配的工艺性要求及内外蒙皮、底架、门框等零部件的通用化程度，以缩短设计和制造周期，降低生产成本。

车厢骨架一般都设计成"井"字形的矩形框架结构，为了节约材料、减轻自重，对于受力较小的顶盖也可设计成"米"字形框架结构。在制造工序上，首先将组成车厢的顶盖、地板（包括副车架的纵梁、横梁）、前围、后围、左、右侧围六大块，分别加工为

骨架分总成，然后将这六大块骨架分总成焊接成一个完整的车厢骨架。骨架构件一般选用 1.2~2.5mm 厚的钢板制成。

地板是整个车厢的安装及承载基础，受力情况最复杂，因此其纵梁和横梁均采用槽形截面纵横搭接的结构（图2-4），以提高强度和刚度。设计时，纵梁间距应与所选底盘车架的纵梁间距相等，以便安装。各横梁的纵向位置应根据汽车后轴轴线位置确定。与后轴轴线相邻的两横梁要避免因轮胎跳动而产生运动干涉，因此间距要比其他横梁间距大，一般取 1000mm 左右，其他横梁间距取 500~700mm。为了减轻自重，一般将横梁两端的截面做成变截面，即由两端小过渡到中间大。在与纵梁连接处，有的结构采用局部加强措施，变槽形截面为箱形截面。

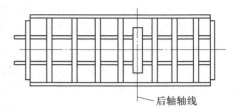

图 2-4　车厢地板骨架结构图

此外，还出现了框式骨架、宽瓦楞略厚钢板外蒙皮式结构和无骨架式结构的车厢。框式骨架、宽瓦楞略厚钢板外蒙皮式结构车厢的特点是省去了传统的骨架，一般也无内蒙皮。首先用异形钢管焊接成框形骨架，将约 1.6mm 厚压制成较宽、较深梯形形状的钢板，装入框形骨架内，四边与框架焊接连成一体，使各板成为单一的总成，再在车上拼装焊接成厢体。由于车厢蒙皮采用较厚钢板压成凹凸较大的瓦楞板，去除了各板中间的支持骨架，仅靠周边框架状骨架即可满足强度、刚度要求。无骨架式结构车厢是采用高强度的"钢塑夹层板"作为车厢的壁板，即由层压板和薄钢板复合而成，内部为木材层压板（或者为聚氨酯发泡材料、低发泡 PVC 板等），外表采用薄钢板（或者为玻璃钢板），该结构同时兼有骨架和蒙皮的作用，从而大大减轻了车厢的自重，简化了制造工艺。

2. 车厢蒙皮的设计

蒙皮是薄壁板件。通过一定的连接方式（如铆接、焊接、黏结等）覆盖在骨架上，成为车厢的内外表面。蒙皮通常采用 0.8~1.5mm 厚的薄钢板，也有的采用合金铝板、复塑钢板、强化纤维塑料板或玻璃钢板等。非金属蒙皮厚度为 2~3mm。为了提高蒙皮的刚度，在薄板上压制成各种截面形状的加强筋（图2-5）。其中弧形截面的刚度最佳，其次是三角形和矩形。每块蒙皮的形状、大小应根据骨架的结构和板料的尺寸规格确定。蒙皮之间应留有 15mm 左右的搭接量，这既是结构上的需要，也可借此补偿骨架间隔和蒙皮本身的尺寸误差。

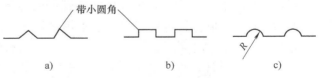

图 2-5　外蒙皮的截面形状
a）三角形断面　b）矩形断面　c）弧形断面

车厢内饰多采用人造夹层板制作。人造夹层板较厚，不能搭接，只能对接，并采用装饰压条进行封口（图2-6）。由于压条较宽，故对接缝的要求不高，允许有小于 3mm 的间隙存在。内饰的外表面覆盖一层压制有加强筋的内蒙皮。为减轻质量，可将内蒙皮制成条状，从下至上间断布置。这样既可以保护内饰件，又可使货物直接与内蒙皮接触。

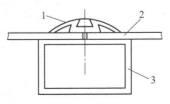

图 2-6　装饰压条的密封结构
1—装饰压条　2—夹层板　3—骨架

(三) 车厢附件的设计

1. 车厢门、窗的设计

车厢一般设置后门，有利于货物的装卸和行车安全，对于较长车厢还可增设侧门，且侧门的数目可以是一个或多个，此优势在于减少了货物的搬运距离、缩短了装卸时间，提高了工作效率。

车厢门采用矩形平面结构。后厢门及门框占据了整个车厢后围，车厢门应能转过270°与车厢外侧壁相叠，这样开门不占空间，方便装卸，尤其有利于在狭窄作业地点工作。后门开启方式分为单开式、对开式和上掀式三种。单开式开启时扫过的空间大、操作不安全，门框受力集中，结构不合理，但厢门的开启、关闭机构简单、可靠。左右对开式设计较合理，克服了单开式的缺点，得到了广泛应用。上掀式车门适用于容积尤其是高度相对较小的车厢。侧门的开启方式分为单开式、对开式和推拉式三种，其开启角度均为180°。推拉式侧门启闭不占外部空间，方便装卸作业。在我国，侧门一律布置在车厢右侧。如果只设置一个侧门，则其中心线与车厢前端的距离应为车厢总长的1/2左右，若有两个侧门则应合理均匀布置。

有些运输货物的厢式车的车厢前围会开设固定式的玻璃窗，位置正好与驾驶室后窗相对应，便于驾驶人观察车厢内的情况。窗内应设置防护装置，以免货物撞坏玻璃。车厢的顶部还应设置供厢内空气循环的通气孔，该孔应具有良好的防雨、防淋、防尘等功能。

2. 门梯的设计

由于车厢地板距离地面约1000mm，为便于装卸，通常在车厢门的下部装有门梯。门梯有两种：一种为活动式，是由普通钢管焊接而成的，平时放置于车厢下部的滑槽内，使用时拉出，下端支承在地上；另一种为固定式，是将门梯固连在厢门的下部，其结构简单、使用方便，不受地面情况的影响，故应用较普遍。

3. 密封条的设计

车厢应具有良好的密封性，以防止灰尘和雨水渗入车厢。

车厢顶板的结构形式决定了车厢防雨性能的优劣。车顶骨架与外蒙皮的传统连接结构如图2-7所示，车顶骨架与外蒙皮一般采用铆钉连接，铆钉头部周围再涂密封胶。该结构有可能因铆接不实、涂胶不严、铆接凹坑、密封胶老化等原因而出现漏雨。对此传统连接结构进行改进设计，如图2-8所示，在车顶骨架上的胶槽内涂密封胶，外蒙皮再通过密封胶粘在车顶骨架上。由于外蒙皮不受任何形式的破坏，从而杜绝了一切进水的可能性。

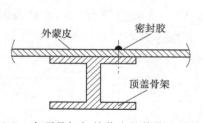

图2-7 车顶骨架与外蒙皮的传统连接结构

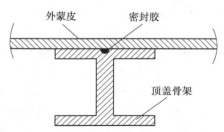

图2-8 改进后车顶骨架与外蒙皮的连接

另外，车厢各部分分片组装时的连接方式也决定了厢体的防雨密封性能。图2-9所示为车厢顶板与侧板、前板的连接。顶板外蒙皮是整张的铝板，中间不打任何孔，只是在四周通过铆钉与其他部件相连，从铆钉孔渗漏的雨水仍在厢体外侧。同时顶板骨架做成稍稍向上凸起的弧形，这样可减小骨架的下沉，从而避免积水，减少渗漏。

为了保证整车的密封效果，设计时对门框、车厢厢门骨架、密封挡板、密封胶支承板、密封胶结构形式进行如下设计：车门与车门中缝，车门与门框周边的密封，采用加芯黑橡胶成形密封胶条，外密封结构采用"L"形密封胶条，内密

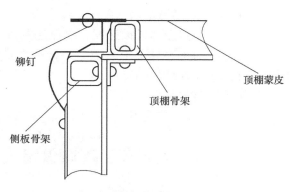

图 2-9　车厢顶板与侧板、前板连接

封结构采用"Б"形密封胶条，外密封胶条通过内密封胶条支承板铆接在车门周边，内密封胶条通过内密封胶条支承板与焊装在门框周边及另一扇车门上的密封胶挡板构成双级密封系统，如图 2-10、图 2-11 所示。

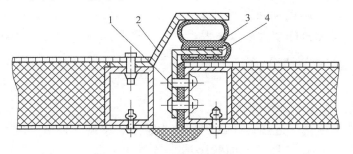

图 2-10　后门密封结构
1—外密封胶　2—密封胶挡板　3—内密封胶　4—密封胶支承板

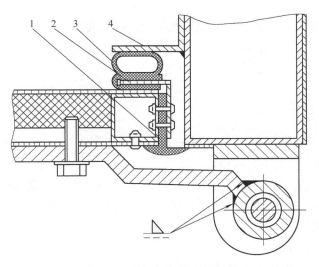

图 2-11　后门与门框密封结构
1—外密封胶　2—密封胶支承板　3—内密封胶　4—密封胶挡板

车厢用密封条应满足以下要求：
1）有良好的弹性和机械强度，以保证密封可靠。
2）有良好的耐磨性，不易老化，使用寿命长，耐候性好，即在-40～50℃的温度范围内均保持良好的使用性能。
3）便于成形和装配。

根据以上要求，常选用 VAG4-543-67 型黑色橡胶作为密封条。

第三节　冷藏保温汽车的结构与设计

冷藏保温汽车是指装有冷冻或保温设备的厢式汽车，用来运输对温度有特定要求的货物，如易腐变质的食品或生物制品等。在我国，习惯将冷藏汽车和保温汽车统称为冷藏车。其中，保温汽车是仅仅装有隔热车厢，用于短途保温运输的专用汽车，而冷藏汽车既装有隔热车厢，又配有制冷装置以保证有特定要求的货物在运输过程中始终处于保质所需的温度环境。有些冷藏汽车还装有加热循环系统，以便在外界环境温度低于运输货物所要求的温度时，可利用加热装置使车厢内温度维持在指定的范围内。冷藏汽车适于长距离、环境温度变化范围较大以及适温范围较窄的易腐货物的冷藏运输。

一、冷藏保温汽车的分类

（一）按选用汽车底盘吨位分类

冷藏保温汽车按所选用底盘吨位的不同分为重型、中型、轻型、微型以及挂车等。国外一般按照整车总质量吨位划分，而我国通常按汽车的装载质量进行划分。冷藏保温汽车的装载质量为所用汽车二类底盘的装载质量减去车厢及制冷加热装置的质量，具体数值参见表 2-1。

表 2-1　冷藏保温汽车按底盘吨位分类　　　　　　　　　　（单位：t）

底盘吨位类型	微型	轻型	中型	重型
整车总质量	<2.4	2.4～6.2	6.2～15	>15
同底盘货车装载质量	<1	1～3	3～8	>8
改装冷藏车装载质量	<0.5	0.5～2	2～6	>6
改装保温车装载质量	<0.75	0.75～2.5	2.5～6.5	>6.5

（二）按制冷装置的制冷方式分类

冷藏汽车按制冷装置制冷方式的不同可分为机械冷藏汽车、液氮冷藏汽车、冷板冷藏汽车以及干冰冷藏汽车等。加含盐水冰的冷藏汽车已基本上被淘汰。保温汽车则可看作是无制冷装置的冷藏汽车。

（三）按专用设备功能分类

1. 装有制冷装置的机械冷藏汽车

在环境温度为30℃时，按车厢内平均温度保持的温度范围，将运输易腐食品的冷藏车分为 6 类，见表 2-2。

表 2-2　运输易腐食品的冷藏车分类　　　　　　　　　　（单位：℃）

冷藏车类型	A	B	C	D	E	F
车厢内平均温度	12~0	12~-10	12~-20	≤0	≤-10	≤-20

经常运输的易腐食品有冷冻食品、冷藏食品、蔬菜水果等。冷冻食品如冷冻肉类、水产类、速冻食品等一般要求储存温度在-18℃以下，可以储存几个月到十几个月，这类食品应采用F级冷藏车运输。冷藏食品如冷鲜肉、水产品、禽蛋等的运输温度要求是在保证食品不冻结的前提下，温度越低越好，即接近0℃或更低一些。这类食品要求用A、B、C等级的冷藏车运输。一些罐头食品要求的运输温度在-5℃左右，用B、C、D级冷藏车运输。各种蔬菜或水果的温度要求不一样，对温度的恒定性要求比较高，不可偏离设定温度很多，且由于在采摘后还会因呼吸而产生呼吸热，因此要求冷藏车制冷机组提供更多的冷量，另外这类食品对相对湿度也有要求。所以，虽然从A到F各级冷藏车原则上都可以用于蔬菜水果运输，但承运人的技术和经验也是非常重要的。

装有制冷装置的机械冷藏汽车在环境温度为30℃时，按车厢内平均温度的保持范围，将运输生物制品的冷藏车分为G、H两类，见表2-3。

表 2-3　运输生物制品的冷藏车分类　　　　　　　　　　（单位：℃）

冷藏车类型	G	H
车厢内平均温度	8~2	≤-20

生物制品主要用于医疗，按存储温度的不同基本分为两大类。一类要求温度为2~8℃，如血液和一些疫苗等。这类货物对温度波动的精度要求也很高。另一类要求温度为-20℃，如血浆等。

2. 按隔热车厢的总传热系数 K 分类

总传热系数 K 指在稳定传热条件下，冷藏车车厢内外平均温差为1开尔文（K），单位时间内在单位面积传递的能量。K 是评价车厢隔热性能的综合性指标。按其值的大小分为Ⅰ、Ⅱ两类，即强化隔热型和普通隔热型，具体数值见表2-4。

表 2-4　车厢隔热性能限值分类　　　　　　　　（单位：W/(m²·K)）

类别	Ⅰ	Ⅱ
总传热系数 K	≤0.4	>0.4~0.7

注：Ⅱ类不得用于B、C、E、F、G、H类冷藏车。

二、冷藏保温汽车的制冷装置

在运输过程中，制冷装置的制冷量用来平衡通过车厢壁的传热、车厢门等处缝隙的漏热、太阳光的辐射热、开门时的换热以及货物的发热（如食品的呼吸热）等。当运输环境温度低于货物运输温度时，则需使用加热装置来对车厢加热。但是，通常环境温度总是高于易腐货物运输的适宜温度的，因而在运输过程中主要是需对车厢内进行冷却。制冷方式有多种，用得最多的是机械制冷。这里对所采用的几种制冷方式做简单的介绍和比较，重点叙述机械制冷的原理和装置。

（一）机械制冷

1. 机械制冷装置的特点

冷藏汽车上广泛采用机械制冷装置，大约占80%以上。最重要的原因是有的制冷机组既能制冷又能加热，容易实现车厢内温度的自动控制，不但调温可靠，而且调温范围较大，能运输需要各种不同温度冷藏的货物。尽管机械制冷装置结构复杂，成本较高，操作、维修不易，运转噪声及质量较大，但仍不失为最可靠、有效的制冷方式。

2. 机械制冷装置的结构及工作原理

机械制冷形式有蒸气压缩式、吸收式、蒸气喷射式等多种，而目前冷藏汽车多采用蒸气压缩式。图2-12所示为蒸气压缩式制冷装置工作原理。它主要由压缩机、冷凝器、蒸发器、膨胀阀等组成。低温雾状的制冷剂在蒸发器8中吸收周围介质的热量制冷，同时因吸热变成气态制冷剂。这些低温低压的气态制冷剂经热交换器6和气液分离器9被压缩机1吸入，压缩成温度、压力都较高的气态制冷剂，进入冷凝器3。高温高压的气态制冷剂通过冷凝器3时，被环境介质（空气或水）以及风扇2的强制通风冷却降温成液态。经过冷凝器3和热交换器6的液态制冷剂的温度仍高于环境温度。制冷工作时，温度和压力较高的液态制冷剂经过开启的膨胀阀7的节流降温降压作用后，以雾状喷入蒸发器8，吸收汽化潜热而制冷。通过强制通风装置（风扇）将蒸发器8周围的冷气吹入车厢，从而使车厢内的温度下降。然后，从蒸发器8中吸收了汽化潜热而变成低温低压的气态制冷剂又被压缩机1吸入压缩。制冷剂在制冷系统中进行周而复始的循环，每个循环包括压缩、冷却、节流、蒸发四个过程。压缩机所做的机械功，则是实现制冷循环的动力。

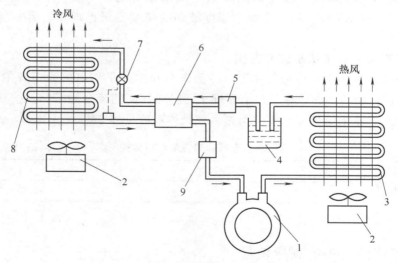

图2-12 蒸气压缩式制冷装置工作原理

1—压缩机 2—风扇 3—冷凝器 4—贮液罐 5—过滤器 6—热交换器
7—膨胀阀 8—蒸发器 9—气液分离器

下面以美国冷王 THERMO KING NWD 型制冷装置（图2-13）为例，来进一步说明制冷工作过程及主要部件的结构与作用。

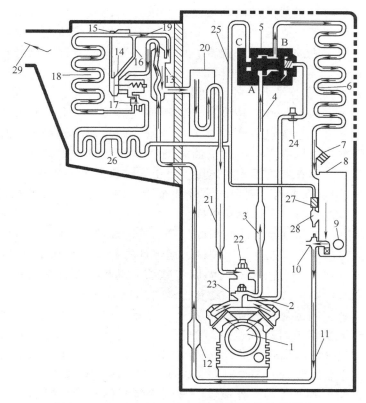

图 2-13 THERMO KING NWD 型制冷机结构原理

1—压缩机 2—排气阀 3—排气胶管 4—排气管 5—三通阀 6—冷凝器 7—单向阀 8—贮液罐
9—窥测镜 10—贮液罐出口阀 11—液管 12—干燥过滤器 13—热交换器 14—膨胀阀
15—膨胀阀温度传感器 16—膨胀阀感温毛细管 17—膨胀阀分配管 18—蒸发器 19—气管
20—气液分离器 21—压缩机吸管 22—吸气管 23—调压阀 24—电磁阀 25—热气管
26—融霜加热盘管 27—溢流控制管 28—溢流阀 29—蒸发器风门

(1) 制冷装置组成部件功能原理 压缩机 1 是将机械能转化为制冷剂内能的装置，多为往复活塞式压缩机。它从蒸发器端吸入低压过热制冷剂蒸气，压缩成高压高温蒸气送入冷凝器。为避免压缩机工作时吸气压力过高或过低而造成起动或运转困难，及制冷效率降低甚至损坏的发生，压缩机的吸气阀上装有调压阀 23，可及时关断其控制电路，使其停止运转，予以保护。

冷凝器 6 是将高压高温的制冷剂蒸气冷却成液体的热交换装置。一般为翅片盘管式以增大热交换面积，并装有轴流风扇，强制通风冷却以提高换热效率。

蒸发器 18 是通过液态制冷剂吸收周围环境介质的热量而汽化，同时降低环境温度的换热装置。与冷凝器一样，一般也是翅片盘管式，轴流风扇将冷风送至车厢内各处。蒸发器下装有贮水盘，并连接胶管将融霜的水引至车下。

膨胀阀 14 实质为节流阀，常采用外平衡式热力膨胀阀。阀体内分为高、低压腔，其间有毛细管相连，制冷工况停止时，少量的液体可由此泄入蒸发器。

热交换器 13 为套管状结构。外管为圆筒形，内管为螺旋形，有的为了增加散热面积还焊有翅片。来自干燥过滤器的高温高压制冷剂液体从内螺旋管中流过，而从蒸发器出来的低温低压制冷剂蒸气在外管中流过。经过热交换，即将被压缩机吸入的制冷剂蒸气过热度提高，使得压缩机的制冷效率提高，而流向膨胀阀的制冷剂液体的温度下降，便于膨胀阀节流。

气液分离器 20 也是套管结构。外管为圆筒形，内管为 U 形，下部弯头处有小孔。蒸发器流出的低压蒸气进入后，气流速度由于容积增大而下降，混在蒸气中的制冷剂液滴和压缩机油滴沉淀下来，避免进入压缩机造成液击。制冷剂液滴经分离器外壁的加热装置被加热成气体而被压缩机吸入；压缩机油滴则从 U 形管弯头处的小孔泄出，被压缩机吸回曲轴箱。分离器外套有加热管或加热块，可由发动机的废气加热。

干燥过滤器 12 用以除去制冷剂中的水分和杂质，内装过滤网和干燥剂。当过滤网被堵或干燥剂吸水达到饱和时，予以拆除更换。

三通阀 5 是具有制冷和融霜功能的制冷装置的关键部件，用以改变制冷剂的流向。

此外，还包括恒温器、温度计、压差计、运转计时器等控制和显示仪表。恒温器用来调定和控制车厢内的温度，可由车厢内温度传感器自动控制制冷装置的开停，也可以手动控制。恒温器旁有融霜开关，分为手动和自动（由压差计控制）、连续和断续等几个动作。温度计装在驾驶室内或制冷机组仪表盘上，显示车厢内的温度。压差计用于自动融霜控制，能够监测蒸发器出风口和进风口的压力差，当蒸发器盘管霜层增厚时，压差增大到限定值后，压差计发出信号，通过电磁阀 24 使三通阀 5 动作，制冷机转入融霜工况。运转计时器用来记录制冷装置的工作时间，以便确定何时检修和保养。

（2）制冷、融霜、加热工况工作原理　该制冷装置的制冷工况如图 2-13 所示。三通阀 5 的阀芯在弹簧力的作用下处于图示左端位置，阀口 A、B 相通，溢流控制阀 27 和电磁阀 24 关闭，压缩机 1 排出的高温高压蒸气进入冷凝器 6，冷却成液体（尚存有蒸气），经单向阀 7 进入贮液罐 8。积聚的液体经干燥过滤器 12 和热交换器 13 进入膨胀阀 14，经膨胀阀节流膨胀后的低温低压液体（含有蒸气）进入蒸发器 18，吸热蒸发成气体。再经热交换器 13 和气液分离器 20，经压缩机吸气管 21 被压缩机吸入。制冷时，蒸发器风门 29 打开，冷空气由蒸发器轴流风扇送入车厢内。

蒸发器盘管表面结霜会影响换热效率，结霜达到一定厚度时，应进行融霜。自动融霜由监测蒸发器出、进风口的压差计发出信号，电磁阀 24 动作，三通阀 5 的阀芯处于图示右侧位置，即阀口 A、C 相通。手动融霜可通过开关直接操纵电磁阀 24。融霜时单向阀 7 关闭，溢流控制阀 27 打开。高温高压的制冷剂蒸气经排气管 4 和三通阀 5，一部分进入融霜加热盘管 26，对盘管加热后再经热交换器 13 和气液分离器 20 被压缩机吸入；另一部分则经溢流控制阀 27 进入贮液罐 8。贮液罐 8 内的液体经干燥过滤器 12 和热交换器 13 进入膨胀阀后被堵住。当融霜完毕，一旦转入制冷工况时，被堵住的制冷剂液体可立即由膨胀阀 14 进行节流膨胀，再送入蒸发器。融霜时，蒸发器风门 29 关闭，轴流风扇停止运转。

加热工况，制冷剂的循环过程和融霜工况时的相同，但蒸发器风门 29 打开，轴流风扇强制通风，将热空气吹入车厢内以提高车厢内温度。

3. 机械制冷装置的布置

机械制冷装置在冷藏车上的布置形式由车型和制冷装置的结构形式决定。机械制冷装置按是否带有动力源而分为独立式和非独立式。独立式制冷装置本身带有内燃机（柴油机或汽油机）或电动机。其中，有的制冷装置仅有一种动力源；有的则既有内燃机又有电动机，一主一辅，以提高制冷装置的工作可靠性。非独立式制冷装置的压缩机由汽车发动机来驱动，通过汽车发动机或变速器等动力输出装置取力。按制冷装置各组成部件，如动力源、压缩机、冷凝器和蒸发器四大部件安装位置的不同，制冷装置又可分为整体式和分体式两种。四大部件组装成一体，则称为整体式；四大部件按其需要分别安装在冷藏车的不同部位，彼此用管道连接，则称为分体式。

(1) 整体式 均为独立式制冷装置，一般装在车厢的前壁上部，如图 2-14 所示。若制冷装置的动力源、压缩机和冷凝器成横向布置，称为横式或卧式；若制冷装置的冷凝器装在上而动力源和压缩机装在下，则称为竖式或立式。一般情况下，卧式制冷装置的制冷量小于 5000W（厢内温度为 0℃，厢外温度为 38℃ 时），适于中、轻型冷藏汽车；立式制冷装置的制冷量大于 6000W（厢内温度为 0℃，厢外温度为 38℃），适于重型冷藏汽车或冷藏挂车、冷藏半挂车。

(2) 分体式非独立式 这种制冷装置本身不带动力，需依靠汽车发动机来驱动压缩机，其组成部件中的压缩机、蒸发器、冷凝器在结构形式上表现为分体式。分体式制冷

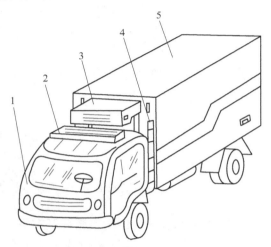

图 2-14 整体式机械冷藏汽车
1—汽车底盘 2—工作平台 3—制冷机组
4—工作梯 5—隔热车厢

装置的压缩机一般靠近汽车驱动动力源或设置在车身下面，冷凝器装在通风比较好的地方，如车厢底部或车厢前上部，也有的与蒸发器一起装在车厢的前壁上部。按冷凝器布置位置的不同分为顶置式、前置式和下置式三种，如图 2-15 所示。蒸发器一般布置在车厢内前壁中上方，但也有根据需要布置在车厢左（右）上方的。分体式制冷装置比整体式制冷装置的制冷量小，主要用于轻型或微型冷藏汽车。

(二) 液化气体制冷

液化气体制冷是利用液化气体汽化时吸收汽化潜热来制冷的，常用的液化气体有液氮、液氨及液态天然气等。液化气体制冷具有降温快、无噪声及结构简单等优点。由于氮是无色无嗅的气体，在空气中含量约占 78%，不会对大气形成污染，在大气压下液氮沸点低（约 -196℃），汽化潜热大，且是制氧的副产品，因而液氮制冷得到了广泛的应用。

1. 液氮制冷装置的特点

液氮制冷装置结构简单，维修方便，运行时没有噪声和污染。液氮制冷可迅速降低车厢内温度，便于速冻；液氮汽化不会使车厢内货物受潮，氮气对食品保鲜和防止干耗都有利；液氮制冷控温精确，可使车厢内温度控制在 ±2℃ 范围内。但是，液氮的价格较高，氮气太多也不利于水果蔬菜的正常呼吸，使其应用受到限制。所以，液氮制冷适用于易腐食品产地运输和需速冻而不必预冷的冷藏运输。

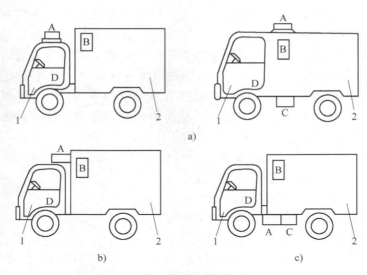

图 2-15 分体式机械冷藏汽车布置
a) 顶置式 b) 前置式 c) 下置式
1—汽车底盘 2—隔热车厢
A—冷凝器 B—蒸发器 C—电动机及备用压缩机 D—压缩机

2. 液氮制冷装置的结构、原理及布置

液氮冷藏汽车的总体布置方式主要取决于液氮罐的大小和安装位置。轻型液氮冷藏汽车的液氮罐较小，因此，液氮罐往往安装在厢内；竖装液氮罐多装在厢内前侧，如图 2-16a 所示；横装液氮罐多装在厢内前壁上方，如图 2-16b 所示。液氮罐布置在厢内，优点是结构紧凑、安装方便。但是，罐体占用了一部分厢体装载容积。中、重型液氮冷藏汽车的液氮罐尺寸较大，通常安装在车厢下面的汽车纵梁上，液氮罐在纵梁上的布置又可分为纵置式和横置式两种，如图 2-16c、d 所示。

图 2-17 所示为液氮罐厢外纵置制冷装置示意图。它由液氮罐 5、控制阀 3、喷液管 7、温度传感器 6 等组成。液氮罐 5 卧装在底盘左侧。温度控制箱 2 和控制阀 3 安装在液氮容器正前方。温度调节器 1 装在驾驶室内，因此，操作者可在驾驶室内直接控制液氮系统的工作。温度传感器 6 装于厢内顶部。液氮喷淋部件由喷液管 7、溢流阀 4 与紧急停止开关 9 组成。紧急停止开关装于厢门旁侧，与厢门联动。当厢门打开时，通过紧急停止开关使溢流阀 4 关闭，整个系统的制冷暂时停止。安全通气窗应装于车厢后门，以保证车厢内气压不超过规定值。液氮经控制阀由喷液管呈雾状喷出，氮雾喷出时便吸收大量的汽化潜热，可使车厢内的温度迅速降至常温至-30℃之间的任意值。

液氮罐 5 为贮存液氮的容器。罐体为真空绝热的双层结构，罐顶装有输出管、控制阀 3、溢流阀 4 和加液口等。罐内压力通常保持在 0.12~0.15MPa 范围内。

控制阀 3 用来调节单位时间的液氮喷射量，由恒温器来控制。当车厢内温度高于设定值时，恒温器使控制阀打开，喷氮制冷；当车厢内温度低于设定值时，装在车厢内的温度传感器 6 将信号传给恒温器，恒温器发出指令使液氮控制阀关闭。恒温器可装在图 2-17 所示车厢外下侧或车厢外顶部。喷液管 7 装在车厢内顶部，一般用钢管制作，管上开

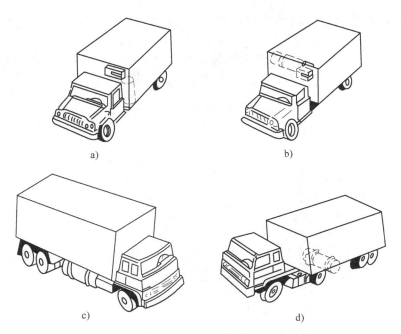

图 2-16 液氮冷藏汽车液氮罐的布置方式
a) 液氮罐厢内竖置 b) 液氮罐厢内横置 c) 液氮罐厢外纵置 d) 液氮罐厢外横置

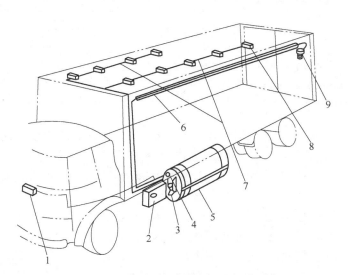

图 2-17 液氮罐厢外纵置制冷装置示意图
1—温度调节器 2—温度控制箱 3—控制阀 4—溢流阀 5—液氮罐
6—温度传感器 7—喷液管 8—喷液管支架 9—紧急停止开关

有许多喷雾孔，以便液氮以雾状喷出。紧急停止开关9常装在车厢门口或驾驶室内，在紧急情况下，可操纵该开关停止喷液氮。

以液控式液氮气体制冷装置（图 2-18）为例，其工作过程如下：首先通过温度调节器14将车厢内温度调节到运输货物所要求的适温范围。当车厢内温度高于调定的适温时，温度传感器16将此信号经温度调节器14传递到液氮供给自动调节阀18，并使它开启。于是，液氮罐1中的液氮经液氮供给自动调节阀18进入喷液管17喷淋到车厢内，汽化吸热。当车厢内的温度下降到适温范围时，温度传感器16再次发出信号，经温度调节器14传递至液氮供给自动调节阀18，切断液氮喷淋。依此不断循环，始终保持车厢内温度在所要求的范围内。

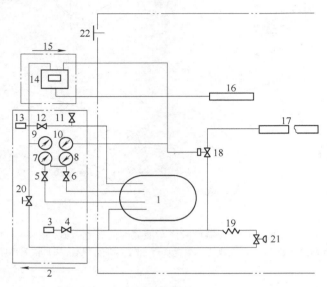

图 2-18　液控式液氮制冷装置工作原理图

1—液氮罐　2—气体控制箱　3—液氮注入口　4—液氮填充阀　5—液面计上部阀　6—液面计下部阀
7—液面计　8—容器压力计　9—控制压力计　10—工作压力计　11—安全阀　12—气体排出阀
13—气体排出口　14—温度调节器　15—温度控制板　16—温度传感器　17—喷液管
18—液氮供给自动调节阀　19—蒸发器　20—控制压力调节阀　21—紧急关闭阀　22—安全通气窗

紧急关闭阀21与车门联动，车门开启卸货时，阀门关闭并切断喷液管，同时使温度传感器16失效，停止喷淋氮气工作以保证工作人员安全。蒸发器19与控制压力调节阀20共同维持液氮压力的稳定，并作为开启液氮供给自动调节阀18的动力。

（三）冷板制冷

冷板也称为蓄冷板或冷冻板。冷板制冷的原理是将共晶溶液——蓄冷剂装入特制的冷板中，通过蓄冷和放冷过程实现温度调节。运输前将冷板中的蓄冷剂冻结蓄冷，运输过程中，冷板中的蓄冷剂融化而持续吸热制冷，使车厢内的温度保持在适温范围内。

冷板结构示意图如图 2-19 所示。图中冷板为板状金属密封容器1，其内装有供蒸发用的金属盘管3，盘管和板的内壁之间充满了蓄冷剂2（蓄冷剂为低熔点共晶溶液）。"充冷"时，制冷机压缩金属盘管3内的制冷剂4循环制冷，使蓄冷剂2冻结而蓄存一定"冷量"，然后在运输途中，依靠冷板中的蓄冷剂不断融化释放"冷量"，以保持车厢内温度一定。

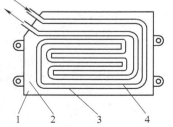

图 2-19　冷板结构示意图

1—冷板容器　2—蓄冷剂
3—金属盘管　4—制冷剂

冷板的数量和布置主要取决于车厢容积的大小。微型冷藏汽车一般仅在车厢内前壁安装一块冷板；轻型冷藏汽车需装2~3块；中型冷藏汽车需装3~5块；重型冷藏汽车则不少于6块。当厢内采用2块以上冷板时，厢内两侧壁安装的冷板应该对称布置。图2-20所示为采用两块冷板的冷藏汽车。

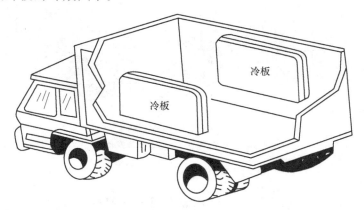

图2-20 采用两块冷板的冷藏汽车

冷板冷藏汽车按其是否自带制冷装置，可分为独立式和非独立式两种。

1. 独立式冷板冷藏汽车

独立式冷板冷藏汽车如图2-21所示。在车厢内除装有冷板4外，还装有对冷板进行"充冷"的制冷机组3。制冷机组3的外接电源接线箱5布置在车架纵梁外侧。需要时，仅需接通地面上的电源，即可自行对冷板进行充冷。若纵梁外侧不便布置，也可将制冷机组布置在车厢前壁外上方。为了改善冷却效果，通常还采用强制通风装置6。

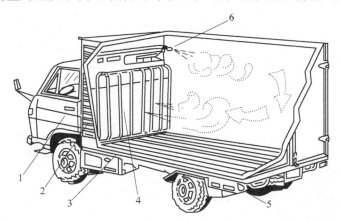

图2-21 独立式冷板冷藏汽车
1—汽车底盘 2—隔热车厢 3—制冷机组 4—冷板 5—电源接线箱 6—通风装置

2. 非独立式冷板冷藏汽车

非独立式冷板冷藏汽车本身不带制冷机组，需依靠地面制冷机组向冷板充冷，如图2-22所示。冷板4在车厢内竖直放置，有的可将冷板和支架取下作为保温汽车使用。

综上所述可知：对于运距较长、地面配套服务设施不全者，宜采用独立式；反之，宜

图 2-22 非独立式冷板冷藏汽车
1—汽车底盘 2—隔热车厢与连接装置 3—冷板蒸发器盘管接口盒 4—冷板

采用非独立式。

冷板冷藏汽车按其车厢内空气流动方式的不同可分为自然对流式和强制通风式两种。自然对流式是依靠车厢内空气的温差形成自然对流促使车厢内温度逐渐趋于均匀；强制通风式是冷板一端装有风机，强制车厢内空气流动，加速车厢内温度趋于均匀。图 2-21 所示的冷藏汽车即为强制通风式。

要求冷板提供的制冷量取决于厢体的传热系数、厢体容积、厢内所需冷藏温度、环境温度以及保温时间等因素。冷板设计应考虑其搬运和装卸的方便性，每块冷板最大质量最好在 100kg 左右，厚 50~70mm。对于竖直放置的冷板，因充冷时下部先冻结，故设计的冷板长度应大于高度。冷板结构在其长度和宽度一定的前提下，厚度越大，其内部的共晶冰越难融化；而冷板的厚度越小，则冷板的体积越小，整个冷板的蓄冷量就越少。冷板制冷适于中、轻型冷藏汽车的中、短途运输。冷板冷藏汽车的制冷费用低，节约能源，无盐水腐蚀，不会造成环境污染。近几年来，冷板制冷的应用发展较快，已成为仅次于机械制冷的制冷方式。

三、冷藏保温汽车隔热车厢的结构与设计

冷藏保温汽车隔热车厢（以下简称车厢）是冷藏保温汽车的重要组成部分。作为车厢，它既应具备厢式汽车车厢的共性，又要具有良好的隔热保温性能。

车厢由顶板、地板、左右侧壁、前壁、后壁（后门框）和门组成。由于具有隔热保温的要求，因此车厢的骨架应具有承载与断热的双重功能。其中以承载为目的的主骨架（与一般车厢的骨架作用相同）一般选用强度和刚度较高的金属（钢、铝型材或板材冲压件等）结构，常见的截面形状如图 2-23 所示。而以断热为目的的辅助骨架（即"断热桥"），一般选用木材、胶合板、玻璃钢、工程塑料等非金属材料。主骨架多与外蒙皮连接，辅助骨架则与内蒙皮连接。主、辅骨架固连，共同完成骨架的全部功能。外蒙皮多为平板形，但左、右侧壁外蒙皮常压成瓦楞形或半圆形，既可增加厢壁强度和刚度，又可使其美观。内蒙皮均为平板形，为了防止被整块冻猪、牛、羊肉等货物撞坏，在金属内蒙皮内表面可装上木夹板内蒙皮。内外蒙皮的常用材料有钢板、铝合金板、不锈钢板、

玻璃钢板等。一般金属蒙皮厚度为 0.8~1.5mm，非金属蒙皮厚度为 2~3mm。蒙皮与骨架的连接方式通常采用拉铆连接（即单向膨胀的抽芯铆钉连接）。内外蒙皮之间的无骨架空间为隔热层，其间应填充隔热材料。

图 2-23 主骨架常见截面形状

（一）隔热车厢的结构形式

隔热车厢的结构形式有整体结构和分片拼装结构。

1. 整体结构隔热车厢

整体结构隔热车厢是在一般车厢的基础上发展而成的传统结构，其骨架如图 2-24 所示。在骨架交汇处，一般焊接加强板，以增加整体强度和刚度。

车厢加工工艺流程大致如下：零部件制作→各片金属骨架总成→车厢金属骨架总成→铆接外蒙皮→安装辅助骨架→安装辅助骨架内蒙皮→注入发泡材料→装厢内附件→装后门总成。

整体结构车厢形式又可分为以硬聚苯乙烯泡沫块为隔热材料的填嵌式车厢和以硬聚氨酯注入发泡而形成的整体隔热层式车厢。前者形式虽简单，但工艺繁琐，且硬聚苯乙烯泡沫材料的导热系数较大，因此多用于保温性能要求不高的保温汽车上。而后者不但具有完整的隔热层，而且硬聚氨酯的导热系数比硬聚苯乙烯的低，故车厢的隔热性能较好。图 2-25 所示为采用整体骨架注入发泡式车厢结构图。

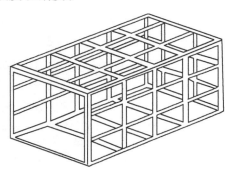

图 2-24 整体车厢骨架示意图

2. 分片拼装结构隔热车厢

分片拼装结构隔热车厢结构的特点是：将车厢的六大组成部分（顶板、地板、左右侧壁、前壁、后壁）和门分别采用聚氨酯或聚苯乙烯泡沫材料制成各自独立的厢壁隔热层，然后利用合适的连接方式（如铆接、黏结、螺纹连接或嵌合连接加铆接等），将各片拼装成完整的车厢。分片拼装隔热车厢根据加工工艺的不同，可分为分片拼装硬聚氨酯注入发泡式和"三明治"板预制黏结式两种。

（1）分片拼装硬聚氨酯注入发泡式 在结构上，该形式车厢要求各分片的拼接方式合理、连接可靠、装配方便、嵌合型材的种类尽可能少；在工艺上，不仅要保证硬聚氨酯与内外蒙皮、骨架等黏结可靠，还要求其密度均匀。与整体式相比，分片拼装式隔热车厢的均匀性和拼接方式的简便性都更好，其结构如图 2-26 所示。该车厢各片拼装的嵌合连接铝型材端面形状如图 2-27 所示。装配时，车厢地板装在车厢底架（副车架）上，前壁、左右侧壁立在地板上并用铝型材与车厢底架横梁螺栓固连，地板后端与后门框采用嵌合紧固。顶板放在前壁和左右侧壁上并采用铆接紧固，顶板后端也采用嵌合方式与后门框紧固。车厢内各厢壁之间连接处均采用角形铝材铆接，如图 2-27d 所示，并涂以密

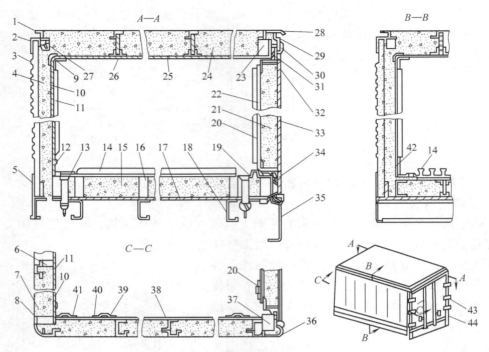

图 2-25 整体骨架注入发泡式车厢结构图

1—顶板外蒙皮 2—上檐铝型材 3—前壁外蒙皮 4—前壁隔热层 5—下裙铝型材 6—前壁中骨架 7—前、侧壁骨架 8—前、侧壁铝型材 9—顶、前壁铝型材 10—前壁导风条 11—前壁内蒙皮 12—前、底铝型材 13—漏水管 14—铝型材地板 15—地板隔热层 16—地板骨架 17—地板外蒙皮 18—地板横梁 19—地板后部铝型材 20—后门导风条 21—后门隔热层 22—后门内蒙皮 23—顶板后骨架 24—顶板隔热层 25—顶板内蒙皮 26—顶板中骨架 27—顶、前骨架 28—后门铝檐板 29—门上檐铝型材 30—"I"形密封条 31—"△"形密封条 32—顶、后铝木板 33—后门外蒙皮 34—地板后骨架 35—后门下尾灯板 36—后门框 37—侧、后壁骨架 38—侧壁骨架 39—侧壁隔热层 40—侧壁外蒙皮 41—侧壁导风条 42—侧、底壁铝板材 43—门铰链 44—门杠、门锁机构

封胶带等密封材料。车厢内装有"T"字形铝材地板或花纹铝材地板，以及挂钩、挂轨、导风条、排水管、照明和报警装置等。车厢装配后，还需在其拼缝处注入聚氨酯泡沫材料，以增加密封性，减少热传导。

分片拼装式聚氨酯注入发泡隔热车厢的工艺流程大致是：零部件制作→各片骨架焊接成形→铆接内外蒙皮→各片单独注入聚氨酯发泡材料形成隔热层→各片拼装成车厢（包括后门框）→拼缝注入发泡材料→安装厢内连接件和附件。

（2）"三明治"板预制黏结式 "三明治"板拼装结构被国内越来越多的冷藏保温汽车生产企业所采用。它不但在冷藏保温汽车上得到迅速发展，而且在冷藏集装箱上也被广泛采用。

"三明治"板又称为复合板或夹层板。它由上、下蒙皮和夹在中间的隔热材料板组成。蒙皮材料多为铝板、不锈钢板等金属板以及玻璃纤维类的工程塑料板。隔热材料一般选用性能优良的硬聚氨酯泡沫，也可选用硬聚苯乙烯泡沫，还可选用硬聚苯乙烯泡沫与硬聚氨酯泡沫组合而成的隔热层。

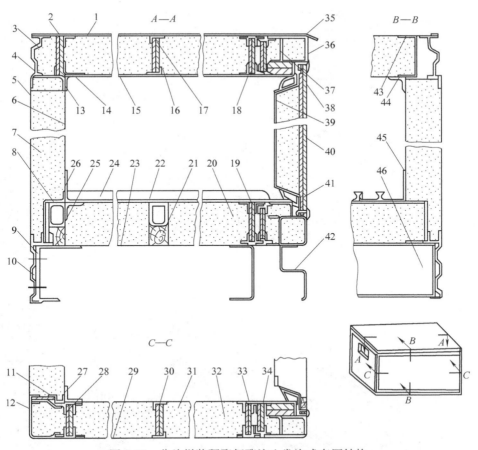

图 2-26 分片拼装硬聚氨酯注入发泡式车厢结构

1—顶板外蒙皮 2—顶板前骨架 3—前、顶壁铝型材 4—安装制冷机木框 5—前壁外蒙皮 6—前壁内蒙皮
7—前壁隔热层 8—"一"形玻璃钢 9—底架前横梁 10—前壁下铝型材 11—凸缘铝型材 12—前、侧壁外连
铝型材 13—"⌐"形玻璃钢 14—前、顶壁内铝角板 15—顶板内蒙皮 16—顶板隔热层 17—顶板中骨架
18—顶板后骨架 19—地板后骨架 20—地板隔热层 21—地板中骨架 22—地板铝型材 23—地板外蒙皮
24—地板内蒙皮 25—地板前骨架 26—前壁、地板连接铝型材 27—前、侧壁内铝角板 28—前、侧壁骨架
29—侧壁外蒙皮 30—侧壁中骨架 31—侧壁内蒙皮 32—侧壁隔热层 33—侧壁后骨架 34—后门框嵌合型材
35—后檐条 36—后门框 37—加强角铁 38—后门外蒙皮 39—后门内蒙皮 40—后门胶合板
41—后门密封条 42—后尾板 43—"["形玻璃钢 44、45—地板铝型材（边） 46—底架横梁

由于"三明治"板中没有骨架，因此要求隔热材料具有一定的强度。"三明治"板预制黏结式隔热车厢结构如图 2-28 所示。各片"三明治"板预制成形后，先用黏结剂将其拼装成车厢，然后车厢内外拼缝处采用铝型材将其铆接成整体。铆接前应在铝型材和铆接的厢壁接合面处涂刷丁基橡胶密封。后门框与后壁的连接除采用铆接方法以外，还可采用焊接、螺栓连接等方法。图 2-29 所示为"三明治"板黏结拼装车厢过程示意图。试验证明：采用"三明治"板黏结拼装的隔热车厢总传热系数 K 值和漏气倍数 L 值，均比采用分片拼装硬聚氨酯注入发泡结构的车厢低，隔热、密封性能好。此外，该型车厢还具备质量小、结构简单、工序简便、外表平整、美观等优点。但是它也存在黏结强度及车厢强度稍差的问题。

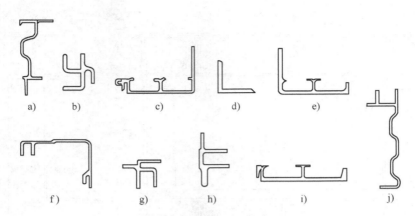

图 2-27 分片拼装式车厢型材断面

a)、b)、f)、g)、h)、j) 嵌合型材　c)、e)、i) 异形地板型材　d) 直角型材

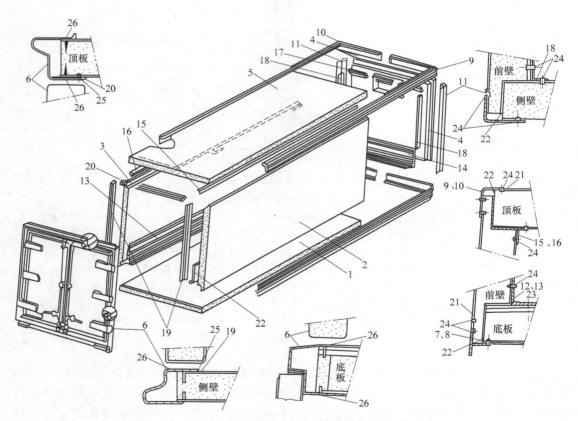

图 2-28 "三明治"板预制黏结式隔热车厢结构

1—地板　2—右侧壁　3—左侧壁　4—前壁　5—顶板　6—后门框　7—右下侧铝型材　8—左下侧铝型材　9—右上侧铝型材　10—左上侧铝型材　11—左前铝型材　12—右侧内铝型材　13—左侧内铝型材　14—前部内铝型材　15—右顶侧内铝型材　16—左顶侧内铝型材　17—前侧内横置铝型材　18—前侧内竖置铝型材　19—聚氨乙烯板（侧）　20—聚氨乙烯板（顶）　21—硅橡胶　22—聚氨塑料　23—不锈钢螺钉　24、25—铝铆钉　26—沉头不锈钢螺钉

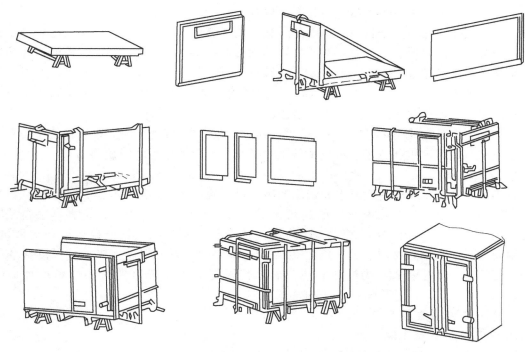

图 2-29 "三明治"板黏结拼装车厢过程示意图

(二) 隔热层

车厢厢体内外蒙皮之间无骨架的空间均需填充隔热材料，称为隔热层。车厢的隔热性能主要取决于隔热层的导热性能及厚度。

1. 对隔热层材料的要求

1）采用发泡均匀、密度一致且无腐蚀性的微孔蜂窝结构的泡沫材料，密度越小、自重越轻、车厢的利用系数也越高。

2）导热系数（即物体的导热能力，其值大小与材料的种类有关）越小越好，一般控制在 0.045W/（m·K）以下。

3）具有良好的热稳定性，在 -40~70℃ 的温度范围内，使用性能要满足规定的要求。如在 -30℃ 的低温下放置 24 小时后，其尺寸变化率最大不超过 ±1%。

4）具有一定的机械强度，能承受各种路面条件下的振动、冲击而不受损或变形。隔热材料的机械强度在很大程度上决定了隔热层的耐久性及可靠性。

5）吸水性和吸湿性低，抗冻性和抗生物性好，耐腐蚀。

6）无毒无味，透气性小，隔热材料使用和燃烧时，不得分解出有毒和有害的气体。

7）价格低、易成形，可采用充填、浇注、喷涂等工艺形成车厢隔热层。

2. 隔热层材料的种类

目前，普遍应用的隔热材料主要有聚苯乙烯泡沫和聚氨酯泡沫两种。

聚苯乙烯泡沫是以含低沸点液体发泡剂的可发性聚苯乙烯颗粒，经加热预发泡后，在模具中加热成形而得微孔型蜂窝结构的泡沫材料。用作车厢的隔热材料时只能选用填嵌工艺，各泡沫块之间的拼缝必定影响车厢的隔热性能。因此常在填充和修补聚苯乙烯泡沫块之后，在缝隙处喷涂聚氨酯泡沫材料予以补充处理。

聚氨酯泡沫隔热材料是目前应用十分广泛的优良隔热材料，可采取现场发泡成型工艺制成车厢整体的隔热层，其导热系数较聚苯乙烯的低约 1/3。它具有一定的强度，现场发泡的聚氨酯材料与蒙皮和骨架之间黏结性能好，隔热层内基本无缝隙。因此，采用聚氨酯泡沫材料能提高车厢的承载能力，简化骨架结构，节约金属材料、减轻车厢质量，保证车厢的隔热性能，提高隔热层抗老化能力。

冷藏保温汽车在使用过程中，隔热层材料会发生老化，因此，隔热车厢在使用约 6 年时就应该按有关规定重新测定总传热系数值，不符合规定的则应降级使用。

3. 隔热层厚度

隔热层厚度由车厢的使用要求和选用的隔热材料确定。增加隔热层厚度可以降低传热系数，但隔热层过厚又会影响车厢的装载容积和质量。对于冷藏汽车，应根据底盘载货吨位的大小、隔热车厢的外形尺寸、厢内调温范围和车厢的隔热性能确定隔热层厚度。若选用聚氨酯泡沫隔热材料，其厚度在 50~120mm 之间；对于保温汽车，其厚度在 30~70mm 之间。若选用聚苯乙烯泡沫隔热材料，其厚度一般比聚氨酯泡沫材料增加 20% 左右。

在设计车厢隔热层厚度时，应尽量采用均匀隔热壁厚车厢。意大利帕多瓦国家研究院和制冷技术研究所的资料（图 2-30）表明，当隔热车厢容积相同时，均匀隔热壁厚车厢比非均匀隔热壁厚车厢的传热系数要小。因此，车厢隔热厢壁最小厚度与最大厚度之比应大于 0.7。通常车厢的顶板和地板比其他板厚一些。图 2-31 所示为聚氨酯、聚苯乙烯泡沫隔热材料的厚度比与车厢传热系数 K 值之间的关系，在设计时按图示尺寸选择，然后根据传热系数公式进行校核。

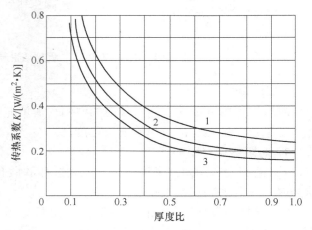

图 2-30 传热系数与隔热层厚度比的关系图
1—最大厚度 80mm 2—最大厚度 100mm 3—最大厚度 120mm

（三）断热桥

由低热阻材料相连的车厢内外蒙皮所构成的热流区称为"热桥"，而降低热桥传热系数的连接结构称为断热桥。尽管热桥面积只占车厢面积的 2%~5%，但对车厢总传热系数的影响却很大，可增大传热系数达 10%~25%。

设计断热桥的目的就是阻断热桥、防止车厢内外蒙皮直接与金属零件相连，以提高车厢的隔热性能。为此，将骨架分为两类，即以承载为目的的主骨架和以断热为目的的辅助骨架。

图 2-32 所示为几种断热桥的结构。其中图 2-32a 所示为分片拼装式车厢断热桥结构，它采用金属主骨架与内外蒙皮连接，利用辅助骨架将内外主骨架连接成一整体；图 2-32b 所示为整体骨架式车厢断热桥结构，它采用主骨架与外蒙皮连接，辅助骨架与内蒙皮连接，而主、辅骨架彼此相连，为提高车厢隔热层的强度，防止货物撞坏内蒙皮，通常在

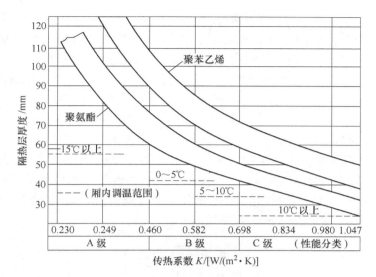

图 2-31 不同材料厚度与传热系数的关系图

内表面上固结一层厚 5~15mm 的胶合板；图 2-32c 所示为"三明治"预制复合板式车厢断热桥结构，它采用内蒙皮与主骨架连接，外蒙皮与辅助骨架相连，而主、辅骨架采用双组分低泡聚氨酯胶黏结。

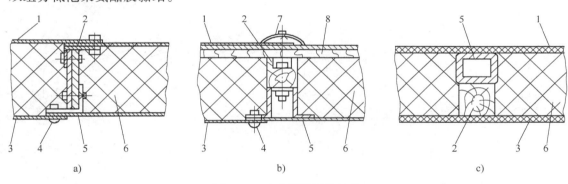

图 2-32 几种断热桥的结构
a) 分片拼装式 b) 整体骨架式 c) 复合板式
1—内蒙皮 2—辅骨架 3—外蒙皮 4—抽芯铆钉 5—主骨架 6—隔热材料 7—压条 8—胶合板

（四）车厢门及附件

隔热车厢门在装卸作业时，是冷藏货物的进出通道，而在运输途中它又是厢壁的一部分。因此，车厢门应满足以下要求：开启自如、装卸方便、关闭可靠、密封良好，具有适度的强度、刚度和预期的使用寿命。此外，车厢门的开启度还应符合交通法规要求。

车厢门的结构形式很多，可以从不同角度进行分类。按其安装位置分为后门、侧门或顶门；按车厢门开启角度分为 90° 小开门、180° 中开门、270° 大开门；按开启的车厢门数分单门式、双门式；按车厢门开启方式分铰链式、折叠式、卷帘式、拉移式和反冲式。还包括由几种不同形式的车门组合而成的复合式车厢门。

图 2-33 所示为车厢门的几种特殊形式：图 2-33a 所示为上门卷帘式，下门反冲式的复

合门。下门的开启和关闭采用空气弹簧进行。图 2-33b 所示为两扇铰链后门外装自动起重的尾门。装卸货物时,尾门起重;运输时,两扇门关紧,尾门则竖贴在后门的下半部。图 2-33c 所示为在后门框上装有悬臂式起重机构,运输时,后门关紧,吊杆横放在车厢内的后门中部。图 2-33d 所示为顶开式厢门,其优点是便于使用吊装机械装卸货物,而且厢门可自动开启,并可保持不同的开度。图 2-33e 所示为后大门上装有后小门结构,其优点是大门便于集中装卸较大货物;小门则利于分散零星装卸货物,以减少车厢内外的热交换。图 2-33f 所示为车厢两侧壁和后壁均具有向上打开机构,它们既是车厢壁又是车厢门,其优点是厢门打开时,便于集中、快速装卸。图 2-33g 所示为单开铰链式后门,它能根据货物装卸情况,决定后门的开度。图 2-33h 所示为铰链、折叠式后门。它比图 2-33g 所示后门的开启程度更大、更灵活,而且开启时所占空间更小,有利于装卸安全。图 2-33i 所示为拉移式侧开双门,其特点是车厢门开度可调,且车厢门开启不占空间位置。

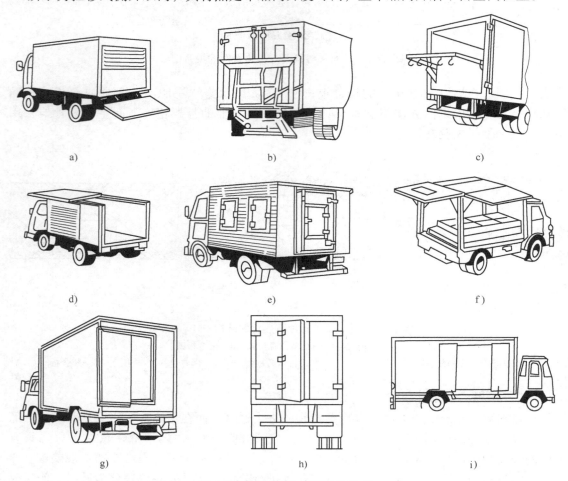

图 2-33 车厢门的几种特殊形式
a) 上卷帘下反冲式复合门 b) 后门外装起重尾门 c) 附装起重挂钩机构 d) 顶开式自动车门 e) 大门套小门
f) 后侧三向开车门 g) 单开铰链式后门 h) 铰链、折叠式后门 i) 拉移式侧开双门

车厢门的宽度和高度尺寸主要取决于门框的结构尺寸、门与门框的配合间隙、门的数

量和门的结构形式等。门的厚度应与厢壁厚度一致。门与门框配合间隙应根据门的结构和密封条断面形状进行选择。对于铰链式结构厢门，其配合间隙为 10～20mm。

隔热车厢橡胶密封条是保证车厢密封性，减少车厢漏热的重要措施。它装在车厢门边框与门框结合处或两扇门的结合处。隔热车厢门与门框的配合处设计成斜面状或阶梯形密封等形式，提高密封效果。密封条的选用对车厢气密性影响较大，由于气密性差造成漏热而增大车厢的传热系数，大约在 5%～30% 的范围内。常采用多层迷宫式橡胶密封条，以增强车厢的密封性。密封条的截面形状如图 2-34 所示，其中以多层密封结构（图 2-34c、d 较好。

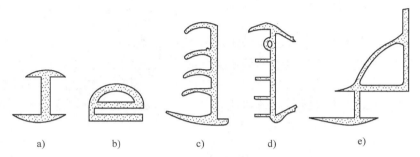

图 2-34　密封条的截面形状
a）工字型　b）e 型　c）多层迷宫型　d）多层异型　e）p 型

车厢门附件还包括门铰链和门锁机构，具体布置如图 2-35 所示。门铰链的形式较多，铰链座和铰链板常用 3～5mm 厚的钢板冲压成形，也有采用锻（铸）钢件、铝合金铸件等。

设计时可根据车厢门质量、密封锁紧力、供应材料及工厂的工装设备等情况选取。门锁机构的形式也较多，常用的两种门锁机构如图 2-36 所示。门锁杆一般采用直径为 20～30mm 的镀锌钢管或不锈钢管，两端焊接锁扣。锁扣形状有凸轮形、偏心圆柱形或小块平板形。锁扣座固定在上下门框上，其形状、大小要根据所选用的锁扣确定。门把手一般采用金属压型件，长度多为 300～500mm，厚度为 8～12mm。

车厢外附件主要包括门梯（或称脚踏板）和工作梯。由于车厢地板距

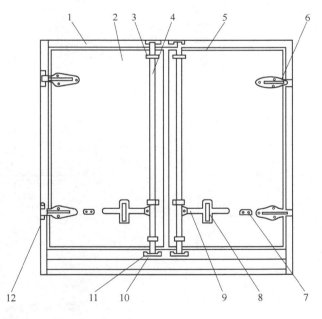

图 2-35　车厢门及其附件
1—后门框　2—后门蒙皮　3—门锁杆支座
4—门锁杆　5—门密封条　6—门铰链板
7—缓冲板　8—门锁　9—门把手　10—门锁凸轮
11—锁杆凸轮座　12—门链链座

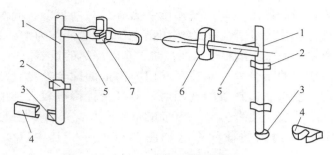

图 2-36 常用的两种门锁机构
1—门锁杆 2—锁杆支座 3—锁扣 4—锁扣座 5—门把手 6—把手锁紧上板 7—把手锁紧下板

离地面高度为 1000mm 左右，因此，在车厢门下面设置门梯可以方便人员上下和货物装卸。对于机械冷藏汽车，还需在车厢前壁与侧壁结合部位附近安装工作梯并在驾驶室上方空间处安装踏板，以便对制冷机组进行检修。门梯和工作梯分为固定式和活动式两种结构形式，如图 2-37 所示。活动式灵活方便，但结构比较复杂；固定式简单、可靠，但它占据的空间较大。

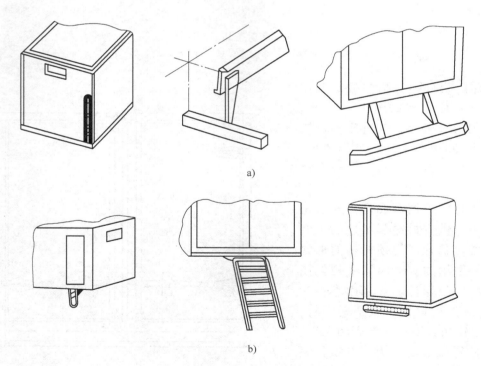

图 2-37 门梯与工作梯的结构形式
a) 固定式 b) 活动式

车厢内附件主要有挂钩和挂轨等。为保证运输食品不变质，装运肉类胴体时，将胴体挂置在厢内，利于空气流通。为此，在车厢内顶板上装置了挂轨，挂轨上安装了挂钩。挂钩可在挂轨上固定或沿挂轨移动。图 2-38 所示为几种挂钩和挂轨的形式。为防止胴体因其惯性力作用而发生摆动和滑动，一般在车厢内两侧壁之间连有栏索，将胴体沿车厢纵向分成几个区域。

为了引导车厢内空气沿正确方向流动，使车厢内温度趋于均匀，通常在车厢内前壁、侧壁和后门内板上装有导风条。其截面一般为矩形和梯形。四壁导风条还起保护厢壁不被货物撞伤的作用。车厢地板上面通常铺装一层异形铝合金，它具有防滑、干燥、清洁贮水和排水等作用。导风条和异形地板结构如图 2-39 所示。当清洗车厢地板、冷冻食品融解和制冷装置除霜时，车厢内地板经常积水。除了使用异形地板起临时贮水作用外，还必须设置漏水管（排水管）以便将积水及时排除干净。此外，漏水管在不排水时，应能自动密封，以保证隔热车厢的隔热性能。图 2-40 所示为一种常见的漏水管结构，其出口处装有一截橡胶管。平时橡胶管收缩封闭，当积水积聚到一定程度时，依靠积水的重力将橡胶管撑开排水。另一种漏水管为塑料管，通到车厢外的一端用塞子封死，需放水时，打开塞子即可。漏水管的布置与数量应根据车厢总布置确定。

为防止运输或装卸货物时不慎撞坏制冷装置的蒸发器，一般在车厢内安装有保护架，如图 2-41 所示。

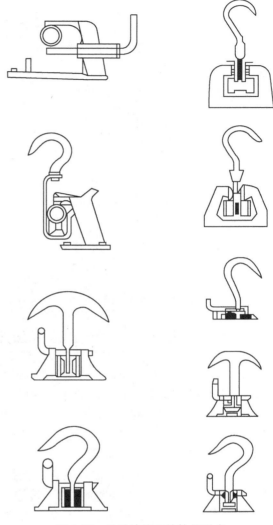

图 2-38 几种挂钩和挂轨的形式

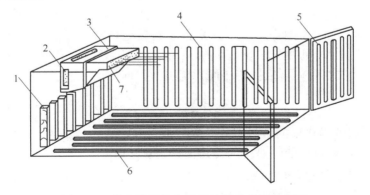

图 2-39 装有导风条和异形地板的车厢内视图
1—前导风条 2—回风口 3—制冷装置 4—侧导风条
5—门导风条 6—地板 7—送风口

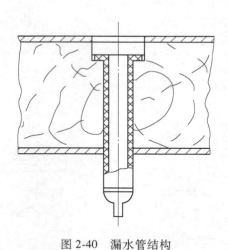

图 2-40 漏水管结构 图 2-41 蒸发器保护架

四、制冷（加热）装置的制冷（加热）量

冷藏保温汽车制冷（加热）装置的制冷（加热）量是指制冷（加热）装置正常工作时，单位时间内所摄取（供给）的车厢内的热量。制冷（加热）量与运行工况有关，可根据传热系数、传热面积、厢内调控温度等因素由类比方法确定，较精确的还需通过计算获得。制冷（加热）量确定后，则可依据运输条件选用制冷（加热）方式及设备装置。

1. 隔热车厢传热系数的计算

冷藏保温汽车隔热车厢总传热系数，是指在稳定传热条件下，车厢内外平均温差为1开尔文（K），单位时间内在单位面积上传递的能量。它是衡量车厢隔热性能的综合指标。隔热车厢总传热系数主要取决于：车厢各壁板（隔热壁）的结构、车厢的密封性能、车厢外表的色调等诸多因素。车厢传热系数越小，越能保证运输质量和降低冷藏汽车的运输成本、节约能源。自冷藏保温汽车问世以来，人们在降低车厢传热系数上花了不少的精力，隔热材料也得到了快速的发展。车厢的密封性能也得到了较大的提高。

车厢总传热系数 K_Σ 是在先求出车厢隔热壁（前壁、后壁、后门、左右侧壁、顶板、地板等）的传热系数以后，再根据传热面积求出的，即

$$K_\Sigma = \sum_{i=1}^{n} K_i F_i / F \tag{2-3}$$

式中 K_i——车厢各隔热壁的传热系数 [W/(m²·K)]；

F_i——与 K_i 相对应的隔热壁的传热面积（m²）；

F——隔热壁的总传热面积（m²），$F = \sqrt{F_w F_n}$，F_w、F_n 分别为隔热壁外、内侧面积。

2. 隔热车厢的热负荷计算

冷藏保温汽车隔热车厢热负荷的计算是设计、选用制冷装置和加温设备的依据。隔热

车厢热负荷计算分别如下：

（1）从车厢外经隔热壁传入车厢内的热量 Q_1

$$Q_1 = K_\Sigma F(T_w - T_n) \tag{2-4}$$

式中　T_w——隔热车厢外的空气温度（K）；

　　　T_n——隔热车厢内的空气温度（K）。

（2）车厢的漏热量 Q_2

$$Q_2 = \frac{1}{3600} L\rho V[c_p(T_w - T_n) + \gamma(\varphi_w x_w + \varphi_n x_n)] \tag{2-5}$$

式中　L——车厢的漏气倍数（h^{-1}），指车厢内外试验压差为100Pa时，标准状态下的漏气量（m^3/h）与车厢容积（m^3）的比值；

　　　ρ——车厢内的空气密度（kg/m^3）；

　　　V——车厢内容积（m^3）；

　　　γ——水蒸气的凝固热（J/kg）；

　　　c_p——空气的比定压热容[J/(kg·K)]；

　　　φ_w、φ_n——车厢外、内空气的相对湿度（%）；

　　　x_w、x_n——车厢外、内饱和空气的相对湿度（kg/kg干空气）。

实际计算时一般采用下面的经验公式：

$$Q_2 = (0.1 \sim 0.2)Q_1 \tag{2-6}$$

（3）太阳辐射的热流量 Q_3

$$Q_3 = KF_y(T_y - T_w)t/24 \tag{2-7}$$

式中　F_y——车厢受太阳辐射的面积（m^2），一般取车厢传热面积的35%~50%；

　　　T_y——车厢受太阳辐射表面的平均温度（K），一般取 $T_y = T_w + 20K$；

　　　t——车厢每天受太阳辐射的时间，一般取 $t = 12 \sim 14h$。

（4）装卸货物时开门传入的热量 Q_4

$$Q_4 = f(Q_1 + Q_3) \tag{2-8}$$

式中　f——开门频度系数。运输途中不开门，取 $f = 0.25$；开门1~5次，取 $f = 0.5$；开门6~10次，取 $f = 0.75$；开门11~15次，取 $f = 1$。

（5）车厢内装载货物的发热量 Q_5

$$Q_5 = \sum m_i q_i \tag{2-9}$$

式中　m_i——车厢内某种货物的质量（kg）；

　　　q_i——车厢内某种货物的发热量（W/kg）。

（6）车厢内风机和照明灯的热流量 Q_6

$$Q_6 = \frac{1}{24}(P_d t_d + P_j t_j) \tag{2-10}$$

式中　P_d——照明灯的功率（W）；

　　　P_j——风机的功率（W）；

　　　t_d——平均每天照明的时间（h）；

　　　t_j——风机每天使用的时间（h）。

(7) 车厢厢体预冷时消耗的热量 Q_7

$$Q_7 = m_x c_x \Delta T / (2t) \tag{2-11}$$

式中　m_x——车厢需要冷却部分的质量（kg）；

　　　c_x——车厢需要冷却部分的平均比热容 [J/(kg·K)]；

　　　ΔT——厢外气温和厢内温度之差（K）；

　　　t——预冷时间（h）。

(8) 车厢货物预冷时摄取的热流量 Q_8

$$Q_8 = (m_h c_h + m_b c_b) \Delta T / t \tag{2-12}$$

式中　m_h——厢内货物的质量（kg）；

　　　m_b——厢内包装容器的质量（kg）；

　　　c_h——货物的比热容 [J/(kg·K)]；

　　　c_b——包装容器的比热容 [J/(kg·K)]。

对于保温汽车，通常装运冷冻货物，其热负荷按下式计算：

$$Q = Q_1 + Q_2 + Q_3 + Q_4 + Q_7 \tag{2-13}$$

3. 制冷装置制冷量的计算

冷藏保温汽车欲维持车厢内外的一定温差，必须利用制冷装置的制冷才能使厢内温度保持在一定范围内。

(1) 运送冷冻货物　冷藏汽车运送冷冻货物时，只需保持厢内温度在所要求的范围内，而不需要对货物进行预冷，货物呼吸热为零，故制冷量为

$$Q = Q_1 + Q_2 + Q_4 + Q_6 + Q_7 \tag{2-14}$$

当车厢已冷却到要求的温度时，Q_7 也可以不计。

(2) 运送水果、蔬菜和鲜蛋　当冷藏汽车运送水果、蔬菜和鲜蛋时，要求制冷装置同时预冷厢体和货物，此时制冷量为

$$Q = \sum_{i=1}^{8} Q_i \tag{2-15}$$

因为制冷装置不能连续工作，故在设计和选择制冷量时应考虑安全系数 n，即制冷量为 nQ，一般冷藏汽车取 $n = 1.3 \sim 1.5$。

4. 加热装置加热量的计算

在寒冷地区运送保鲜货物时，要求厢内温度高于外界环境温度，因此需要加热装置对车厢进行加热。由于太阳的辐射热、货物的呼吸热以及风机工作时的发热等均已构成热源，故加热装置的加热量为

$$Q = Q_1 + Q_2 + Q_4 + Q_7 + Q_8 - Q_3 - Q_5 - Q_6 \tag{2-16}$$

若太阳辐射热和货物呼吸热忽略不计，则上式简化为

$$Q = Q_1 + Q_2 + Q_4 - Q_6 \tag{2-17}$$

第四节　翼开启厢式车的结构与设计

翼开启厢式车，也称为翼开车、翼展车，是以动力装置驱动货厢顶翼或侧翼自行开启和关闭，便于装卸设备从两侧面对货物进行装卸作业的厢式专用车。相比于普通厢式车，

翼开启厢式车实现了两侧厢板开闭，大幅度缩短了货物装卸时间，提高了物流效率。翼开启厢式车发源于日本，目前在日本、韩国等国家的厢式车中所占比重比较大，品种类型繁多，尤其是厢门可设计成推拉式、卷闸门式、两翼式、全开式等多种形式，为用户提供了广阔的选择空间。在国内，随着物流业的迅速发展，为了实现机械集装化装卸作业，降低工人的劳动强度，提高装卸效率，翼开启厢式车的设计与制造也已大量推广，并在物流运输业中有相当广阔的市场和良好的发展前景。图 2-42 所示为翼开启厢式车展开简图。

图 2-42　翼开启厢式车展开简图

翼开启厢式车有侧翼与顶翼共同开启和侧翼开启两种方式。翼开也有单侧开启、双侧开启之分。侧门有下部带栏板、上部翼板不到车架边梁和下部没有栏板、上部翼板直接到车架边梁两种结构。所用举升装置有手摇开启式、气弹簧开启式和液压开启式等多种形式，其中液压开启式最为常用。

一、车厢结构与设计

翼开启厢式车主要由原车底盘、副车架总成、前围板总成、后门总成、厢顶纵梁总成、车厢翼顶总成、下部栏板总成、动力举升装置等组成。图 2-43 所示为翼开启厢式车结构图。

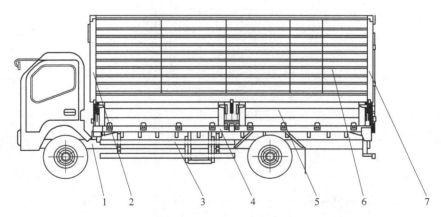

图 2-43　翼开启厢式车结构图
1—底盘　2—车厢前围板　3—防护栏　4—副车架　5—栏板　6—车厢翼顶　7—车厢后门

1. 车厢骨架结构设计

为进一步体现车厢的结构关系，在隐藏车厢蒙皮、车厢后门和其他车厢非骨架结构的基础上，得到车厢骨架结构，如图 2-44 所示。

（1）**副车架**　翼开启厢式车副车架是整车车厢的安装基础，需支撑厢体并承载货物，受力比较大，因此副车架的主纵梁采用内卷边槽钢，边纵梁采用槽钢，如图 2-45 所示。

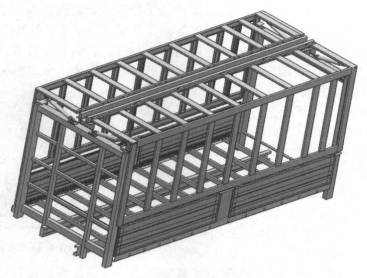

图 2-44 车厢骨架结构

横梁采用异形钢管,并且采用纵横搭接的结构,提高副车架的强度和刚度,这样才能保证承载和开翼时不会引起车架和厢体的变形。副车架总成结构如图 2-46 所示。地板一般采用耐磨硬木地板,对于运输对潮气敏感的商品,为防止潮气通过木板缝隙透入厢内,在地板下部垫一层耐腐蚀的镀锌板。

(2) 前、后围骨架 前壁总成一般为钢骨架结构,内侧蒙钢板,能够阻挡货物冲击。前围骨架由外支撑架、内骨架和液压缸支架组成,其骨架结构如图 2-47 所示。后围由支撑框架和后门组成,框架由异形钢管焊接而成,框架内部为对开后门,后门可 270°开启与车厢外壁相叠,后围结构如图 2-48 所示。

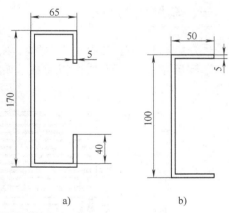

图 2-45 副车架槽钢截面
a) 主纵梁截面 b) 边纵梁截面

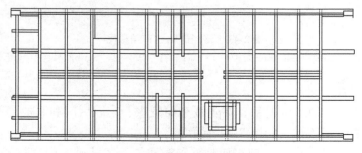

图 2-46 副车架总成结构

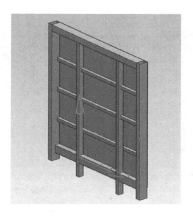

图 2-47 前围骨架结构

图 2-48 后围结构

(3) 顶梁 前壁框、后门框是厢顶纵梁的前后支承，为了不占空间，厢体内部一般无其他辅助支撑，厢顶纵梁前后支点跨度大，刚性差，在自身和开翼的重力作用下容易产生弯曲变形，对车厢的结构和性能会造成较大的影响，这就要求纵梁截面有足够的惯性矩，厢顶纵梁可以采用箱形梁或工字梁结构，制造时要对纵梁进行上拱处理。顶梁为两条纵梁焊接在一连接板上，连接板与前围和后围的上梁采用的是螺栓连接，其结构如图 2-49 所示。

(4) 展翼 展翼设计中，应该尽量减小开启关闭所占用的三维空间，以利于在狭窄空间装卸货物。一般在车厢两侧增加栏板，能在很大程度上减小展翼的尺寸，使开启时占用的空间小，也更加方便。展翼分为三个部分，侧翼、顶翼、铰链连接总成。

1）侧翼。为了使整车的总质量尽可能小，侧翼的设计采用全铝合金材料，这对提高整车的运载能力以及节能减排都有重要的意义。

侧翼骨架选为铝合金型材 5A06（GB/T 3190—2008），其截面形状为 C 形，如图 2-50 所示。

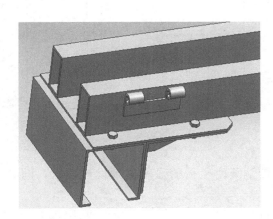

图 2-49 顶梁结构

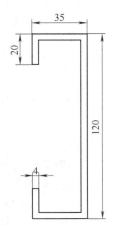

图 2-50 铝合金型材截面

此种型材强度高，稳定性好，抗腐蚀性能好，焊接性能优良。设计的侧翼骨架结构如

图 2-51 所示。

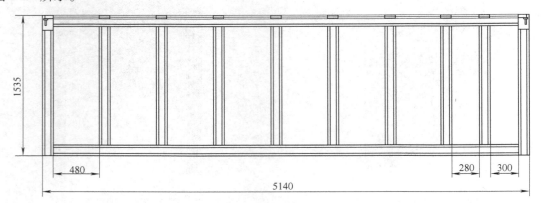

图 2-51 侧翼骨架结构

2）顶翼。为了增强材料的通用性，便于制造，顶翼骨架选择的型材与侧翼相同。这里不再赘述。顶翼骨架结构如图 2-52 所示。

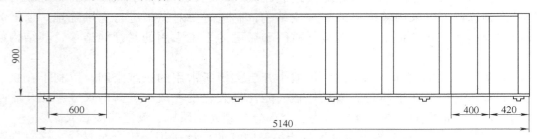

图 2-52 顶翼骨架结构

3）铰链连接总成。铰链是连接和保证展翼旋转的关键部位，由两块合页板及销轴组成，其中一块合页板焊接在顶梁上，另一块合页板与顶翼边梁通过螺栓固定。其结构如图 2-53 所示。

4）栏板与中立柱。由于厢体较长，一般设计时采用两块栏板，中间加一个中立柱的设计形式。

栏板的主体结构由三部分铝合金

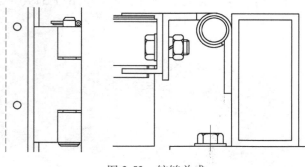

图 2-53 铰链总成

型材连接，两边用铝合金包裹。再通过铆钉铆接，既使栏板的强度达到设计要求，同时又因采用了铝合金而减轻了整车的质量。

由于中间三部分铝合金采用榫卯连接，又可以使得栏板的密封性较好，在栏板下部加入密封部件可以密封栏板和副车架之间的缝隙。栏板结构如图 2-54 所示。

与一般货车一样，中立柱在上面有两个栏板搭扣和一个翼顶搭扣，栏板和中立柱通过栏板搭扣和栏板板钩锁紧到一起，当翼顶放下以后可以通过翼顶搭扣和上垫板把翼顶锁

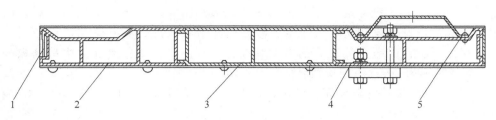

图 2-54 栏板结构

1—栏板下侧密封 2—栏板下部 3—栏板中部 4—栏板上部 5—货厢支撑肋

止,防止汽车行驶时货物晃动可能撞开翼顶。中立柱体的两个边正好与栏板包边中的密封垫压紧,保证车厢的密封性,下垫板上的插板上座与焊接在副车架边梁上的插板下座及插板共同固定中立柱,当需要放下中立柱的时候把插板取出,中立柱就可以放下,这样可以方便装卸货物。中立柱结构如图 2-55 所示。

2. 蒙皮的选择

侧翼外蒙皮通常采用的是 1mm 厚的型材——波纹铝板,其强度较高,并且质量较轻,蒙皮与骨架之间采用铆钉连接,并可现场打孔铆接,易保证铆接的准确性。

车厢内蒙皮可采用 5mm 厚的普通胶合板。该板材比较常见,性能也十分优良。由于胶合板较厚,不能搭接,只能对接,并采用装饰压条进行封口。由于压条较宽,故对接缝要求不高,允许有小于 3mm 的间隙存在,内蒙皮与骨架也可现场铆接。

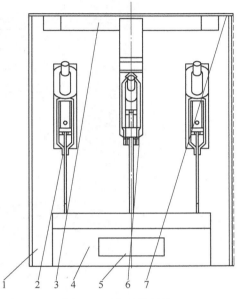

图 2-55 中立柱结构

1—中立柱体 2—栏板搭扣 3—上垫板 4—下垫板
5—插板上座 6—翼顶搭扣 7—中立柱顶

前围内蒙皮常选用 0.8mm 厚的薄钢板,车厢地板选用的是 5mm 厚的花纹铝板。

3. 后门、门锁结构及选择

后门总成采用对开门结构,门板为复合板材,中间为木材,两面是很薄的镀锌钢板。门可以转过 270°与车厢的外侧厢壁相叠,使得开门后车门不占空间,有利于在狭窄的空间装卸货物。门锁机构为栓杆凸轮式,有上下两个锁定点,门关上后,转动栓杆手柄,使凸轮卡入栓座,将手柄在锁座内卡死,由于凸轮的偏心及自锁作用,可产生较大的压力将门压紧在门框上。

二、液压系统设计

翼开启厢式车上部翼板一般是通过液压缸驱动而开启和关闭的,厢体前后端顶部各装一对液压缸,液压缸支座位于前壁框和后门框顶部,举升装置一般以车载蓄电池为动力源，通过驱动直流电动机带动液压泵，从而驱动液压缸，将上部翼板顶起；翼开液压系统多采用一体化设计，电动机、液压泵、液压阀集成在一起，翼开驱动机构布置时液压缸的摆角尽量要小，以减小液压管的弯曲和摩擦，提高液压管的寿命。上部翼板一般翻转 90°，翻转时间为 20s；由于车载蓄电池电压小，电动机电流大，直流电动机连续工作时间超过 3min 时，容易发热损坏，所以每次开启或开闭翼板的时间需控制在 30s 内。关闭厢体侧门时，先翻上栏板，然后放下翼板，翼板关闭后触动行程开关后自动停止电动机工作，最后扣上前壁框、后门框和栏板上的压紧机构将翼板固定好。图 2-56 所示为翼开启厢式车典型液压原理图。

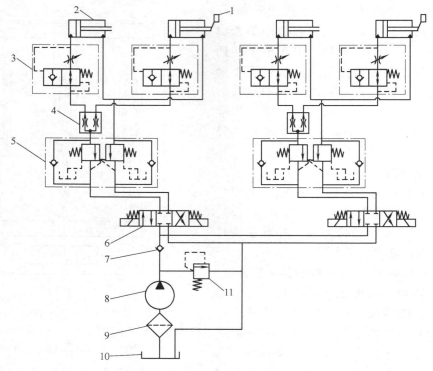

图 2-56　翼开启厢式车典型液压原理图
1—行程开关　2—举升缸　3—防爆阀　4—分流集流阀　5—平衡阀
6—换向阀　7—单向阀　8—液压泵　9—过滤器　10—油箱　11—溢流阀

翼开启厢式车极大方便了货物装卸，其适用于叉车装卸托盘类、包装箱类等轻泡货物的作业，翼开启厢式车已经是现代物流配送的主导趋势，广泛应用在货运公司、食品配送、金融、邮政、百货等物流行业，具有广阔的发展前景。

第三章

罐式汽车的结构与设计

第一节 概 述

一、罐式汽车的定义及其特点

罐式汽车是指装备有罐状容器，用于运输或完成特定作业任务的专用汽车。罐式汽车分为罐式专用运输汽车、罐式专用作业汽车。

罐式专用运输汽车在汽车运输中发挥了重要作用，归纳起来有如下优点：

(1) 运输效率高 由于罐体是装载物料的容器，可以采用机械化装卸方式，大大地缩短了装卸时间，加快了车辆周转速度，提高了运输效率。

(2) 运输物料不易变质 罐体通常是个密封容器，罐内物料不受气候条件影响，若物料对温度有要求，还可做成隔热罐体和加热罐体等特殊结构的罐体来保护物料。所以，物料不易变质，也不易污染和泄漏。

(3) 工作条件优 罐式汽车运输可实现装、运、卸机械化，且都在封闭状态下进行。大大地减少了装卸工人人数，减轻了劳动强度，减少了粉尘飞扬和异味的散发。

(4) 运输成本低 物料散装运输，节省了包装材料，增加了装载质量，使运输成本下降。

(5) 运输安全 由于是密封运输，物料不会泄漏，即使是有毒物质，也不会污染环境。对于易爆、易燃物品及危险化学物品，也不易产生意外事故。

但是，罐式专用运输汽车也有一些不足之处。因罐体是专用设备，只能装载规定的物料，往往在返程时是空车；装卸货物需要相应的装料设备和接收设备。

罐式专用作业汽车根据作业功能或装备有贮运罐、真空泵等装置以吸除污浊物；或装备有喷洒系统、清洗装置用来绿化园林、喷洒路面而起到除尘和降温作用；或装备有消防泵、水罐（泡沫液罐）及水枪等灭火装置用于扑灭火灾。

二、罐式汽车分类

(一) 按主要功能分类

罐式汽车的类型及特点见表3-1。

表 3-1 罐式汽车的类型及特点

罐式专用运输汽车		罐式专用作业汽车	
车型名称	特点	车型名称	特点
低温液体运输车	低温	吸污车、飞机吸污车、清洗吸污车、吸粪车	利用真空泵将污浊物吸进罐体
液化气体运输车	高压		
二氧化碳运输车	低温高压	加油车、飞机加油车	消除静电、装备灭火装置、泵油和计量设备
沥青运输车	带沥青加温设备		
运油车	装备消除静电、灭火装置	绿化喷洒车、洒水车、清洗洒水车	装备泵、喷洒系统
鲜奶运输车	符合卫生安全要求		
散装水泥运输车，高、中、低密度粉粒物料运输车，干拌砂浆运输车，下灰车	卸料时压缩空气使运输的粉粒态物料流态化	清洗车、下水道疏通清洗车、护栏清洗车	装备泵、疏通装置、清洗装置
		水罐消防车、泡沫消防车、供水消防车、供液消防车、机场消防车	装备水罐、消防泵、水枪、水炮、泡沫罐、泡沫泵、泡沫混合装置、泡沫喷射装置
活鱼运送车	装备供氧装置		
供水车、飞机供水车	装备供水系统	沥青洒布车	装备保温容器、沥青泵、加热器、喷洒系统
混凝土搅拌运输车	运输和卸料过程中驱动罐体转动，保障品质并自动卸料	防暴水罐车	装备高压水泵、高压水枪
爆炸品、易燃气体、毒性气体、易燃液体、易燃固体、氧化性物品、毒性和感染性物品、放射性物品、腐蚀性物品、杂项危险物品罐式运输车	装备防护装置、监控装置、安全装置，控制系统、灭火装置、防静电	吸引压送车	装备真空泵、空压机、除尘过滤和真空吸引装载系统
		油井液处理车	装备油井液处理装置

（二）按罐体装载物料的种类分类

1. 液罐汽车

液罐汽车是用于装运液体物质的罐式汽车，如装运水、轻质燃油、润滑油、酸类、饮料、牛奶、酒类等的罐式汽车。图 3-1 所示为轻质燃油加油车外形图。

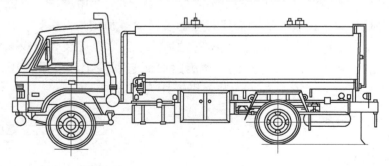

图 3-1 轻质燃油加油车外形图

第三章 罐式汽车的结构与设计

2. 粉罐汽车

粉罐汽车是用于装运散装粉粒状物料的罐式汽车，如装运水泥、面粉、滑石粉、粉煤灰等的罐式汽车。图3-2所示为气卸散装电石粉罐式汽车外形图。

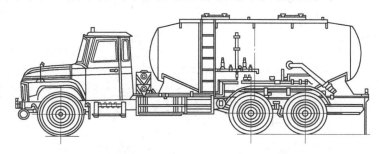

图 3-2 气卸散装电石粉罐式汽车外形图

3. 颗粒罐汽车

颗粒罐汽车是用于装运散装颗粒状物料的罐式汽车，如装运谷物、豆类、颗粒盐、粒状塑料等的罐式汽车。其结构与气卸散装粉粒物料运输车基本相似。

4. 气罐汽车

气罐汽车是用于装运液化气体的罐式汽车，如装运液化石油气、液氮、液氧等的罐式汽车。图3-3所示为液化石油气罐式汽车。

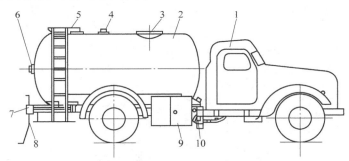

图 3-3 液化石油气罐式汽车
1—汽车底盘 2—罐体 3—人孔 4—安全阀接管 5—扶梯及平台 6—液位指示器接管
7—后保险杠 8—接地链 9—阀门箱 10—液泵

5. 其他专用罐式汽车

能完成某种作业的罐式汽车，如混凝土搅拌运输车、洒水车、沥青洒布车等。图3-4所示为混凝土搅拌运输车。

（三）按罐体与汽车或挂车的连接方式分类

1. 半承载式罐车

半承载式罐车的罐体刚性固定在汽车或挂车的车架上，载荷主要由车架承受，罐体只承受部分载荷。如图3-5a所示。罐体容积不太大

图 3-4 混凝土搅拌运输车

71

的罐车多采用半承载式结构。

2. 承载式罐车

承载式罐车的罐体除作为容器外，还起车架作用，为无车架结构，全部载荷由罐体承受，如图3-5b所示。由于省去了车架部分质量，所以在总质量一定的情况下，装载质量要比半承载式罐车大一些，这对提高运输效率是有利的。但对罐体设计和制造要求也相应提高。

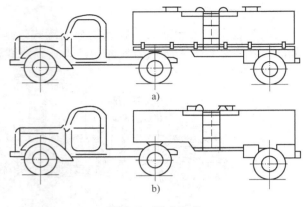

图 3-5 罐式汽车
a）半承载式 b）承载式

三、罐体支承座

罐体与汽车车架的连接通过罐体底部的支承座和固定装置来完成。支承座有整体式和分置式两类。分置式又分纵梁分置式、横梁分置式和纵横梁分置式三种。它们都焊接在罐体的底部，与罐体连成一体。通常在焊接处加有补强钢板。

（一）整体式支承座

整体式支承座的纵梁和横梁焊成一体，再与罐体焊在一起，如图3-6所示。纵梁截面有L形或与上部零件的连接面组成长方形、梯形、直角梯形等，上部形状视罐体外形而定。横梁截面多为L形。支承座与汽车之间用固定装置联锁。

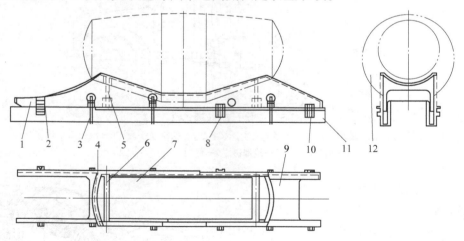

图 3-6 整体式支承座示意图

1—支承座纵梁 2—弹性连接块 3—U形连接螺栓 4—封板上托板 5—支承座横梁 6—横梁上托板
7—纵梁上托板 8—止推板 9—封板 10—刚性连接块 11—汽车车架 12—罐体

（二）分置式支承座

1. 纵梁分置式支承座

它由左、右两根纵梁分别焊于罐体底部两侧。相互不直接连接而成。与整体式支承座一样，需用固定装置和止推板等与汽车车架连接。

2. 横梁分置式支承座

横梁常与罐体连接成长方形封闭截面，用 U 形螺栓和联锁装置与车架连接。这种支承座常采用前、后横梁支承于立式罐体下部。

3. 纵横梁分置式支承座

由两根纵梁和一根横梁组成，用 U 形螺栓和联锁装置与车架连接，也常用于立式罐体上。

（三）罐体支承座固定装置

图 3-7 所示为常用的固定装置。图 3-7a 所示为刚性联锁，连接块分别装在支承座和车架上，然后用螺栓、螺母将两者刚性地连接起来。图 3-7b 为 U 形螺栓联锁，直接将支承座和车架连接在一起，是普遍采用的一种固定装置。

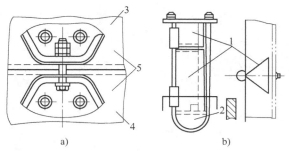

图 3-7　刚性固定装置
a）刚性联锁　b）U 形螺栓联锁
1—衬架　2—垫块　3—支承座　4—车架　5—连接块

图 3-8 所示为弹性固定装置。图 3-8a 所示为弹性垫板联锁，在支承座和车架之间垫上具有弹性的软垫（如硬橡胶、软塑料或木块），再用螺栓或 U 形螺栓联锁。这种弹性垫能缓冲罐体支承座的动载荷。若在螺栓两端装上弹性垫圈，缓冲效果更好。图 3-8b 为弹簧联锁，连接块通过弹簧、螺栓、螺母组成弹性联锁。这种联锁不单独使用，常与刚性联锁配合使用。

图 3-8c 所示为弹性铰接式联锁，弹性胶轴套 10 衬在轴套座 9 与铰轴 8 之间，轴套座两端固定在车架 2 或副车架 11 上，罐体支承座 5 与铰轴 8 铰接。在受外力作用或汽车底盘受到扭矩作用时，由于铰轴 8 在弹性胶轴套 10 中有一定的自由度，因此罐体不会承受扭矩。若罐体支承座前部采用弹性铰接式联锁，且置于车架中间，支承座后部采用两组其他的固定形式，使支承座形成三点支承，效果更佳。图 3-8d 所示为球面铰接式连锁，装在车架上的球面铰座 12 与焊在罐体支承座 5 上的球形钢套 13 套合着一个弹性橡胶块 14，用螺母锁定。中轴螺栓能做多向活动，起缓冲作用。这种联锁方式常用于重型液罐车、越野液罐车上。图 3-8e 所示为全浮动式联锁，中间有带孔隔板的胶芯 19 安装在座套 18 内，用上、下罩盖 21 和 20 及中轴螺栓 15 固定。当中轴螺栓受力时，胶芯 19 可起缓冲、吸振作用。

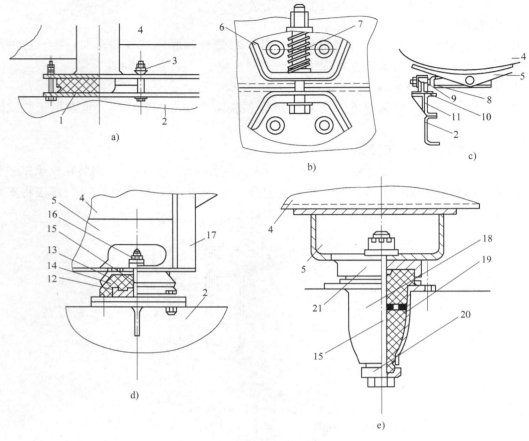

图 3-8 弹性固定装置

a）弹性垫板联锁 b）弹性联锁 c）弹性铰接式联锁 d）球面铰接式联锁 e）全浮动式联锁

1—橡胶弹性块 2—车架 3—弹性胶垫 4—罐体 5—罐体支承座 6—连接块 7—弹簧 8—铰轴 9—轴套座 10—弹性胶轴套 11—副车架 12—球面铰座 13—球形钢套 14—弹性橡胶块 15—中轴螺栓 16—弹性垫圈 17—前立板 18—座套 19—胶芯 20—下罩盖 21—上罩盖

第二节 液罐汽车的结构与设计

液罐汽车是指装运液态物品的罐式汽车。它主要用于装运油类、化工液体以及食用液体等多种液态物质。

一、油罐汽车

油罐汽车按其功能不同可以分为运油车和加油车两种。运油车一般指运输轻质燃油、重油、润滑油、植物油等的罐式汽车，也可作贮存油料用。加油车除能运油外，还设置有泵油系统、控制系统，用于将油库中的油料吸入本车油罐并可对用油和储油设备加注油料。

（一）运油车

1. 总体结构

轻质燃油半挂运油车列车如图 3-9 所示，其主要装置有油箱、油管、呼吸阀、放油阀、液位指示器、静电消除装置及灭火器等。图 3-10 所示为该车油罐结构示意图，罐体分隔成前后互不相通的两个舱，每个舱各有一个人孔，每个人孔盖上都有一个加油口，而呼吸阀只装在前舱的人孔盖上，用连通气管在罐体外将两舱连通，共用一个呼吸阀。尾部的接地链条用来将运油车在行驶中产生的静电导入大地。输油软管处安装接地导线，其末端装有接地棒。放油时将接地棒插入地下，以便将放油时产生的静电导入大地。灭火器通常配置两个，安装于汽车驾驶室后部的两侧。排气管和消声器不能接近油罐，要移至汽车前保险杠下，以免引起火灾。

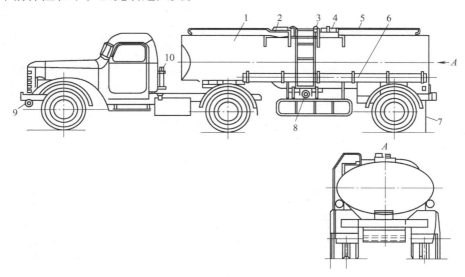

图 3-9 轻质燃油半挂运油车列车
1—油箱 2、4—加油口 3—扶梯 5—连通气管 6—输油软管 7—接地链条
8—放油阀 9—排气管及消声器 10—灭火器

2. 罐体结构与设计

非承载式罐车罐体的典型结构如图 3-11 所示。大型罐体多为承载式，且分隔成几个互不相通的舱（图 3-10）。罐内设有若干块横向防波板，以加强罐体刚度及减弱车辆行驶中油料对罐壁的冲击。防波板可直接焊在罐体内，也可做成可拆卸的。罐体上部的人孔直径不小于 500mm，便于工作人员出入检查和维修。人孔盖上的加油孔盖和呼吸阀如图 3-12 所示。加油孔盖 7 采用橡胶密封垫密封，并用压杆 8 压紧。罐体底部的最低处应设沉淀槽和放出管（图 3-11），以便收集水分和杂

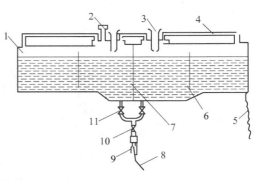

图 3-10 半挂运油车列车油罐结构示意图
1—罐体 2—呼吸阀 3—加油口 4—连通气管
5—接地链条 6—防波板 7—隔板 8—接地导线
9—放油软管 10—放油阀 11—底阀

质,并定时从放出管排出。放油阀一般设在罐体尾部,便于放油。若是多舱罐体,每舱下部有一个底阀,再与放油阀相通,可以各舱单独放油,也可同时放油。罐体内表面的防腐蚀处理方法通常是经过喷砂处理后再进行涂锌。

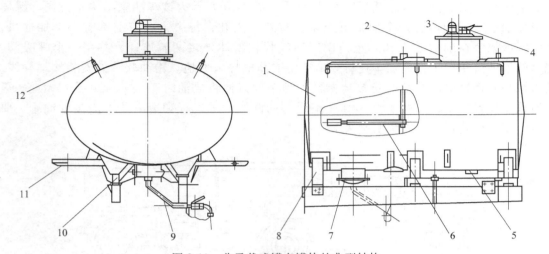

图 3-11　非承载式罐车罐体的典型结构

1—罐体　2—人孔　3—呼吸阀　4—液位报警器　5—底阀及导静电导线　6—液位器
7—沉淀槽　8—支承座　9—放出管　10—垫木　11—走台　12—扶手

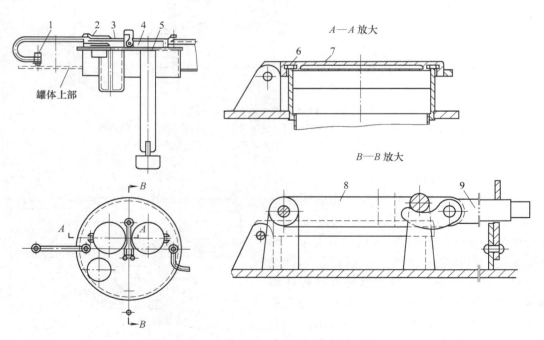

图 3-12　半挂运油车人孔盖上的加油孔盖和呼吸阀

1—连通气管接头　2—呼吸阀　3—观测框　4—人孔盖　5—加油导管　6—橡胶密封垫
7—加油孔盖　8—压杆　9—锁扣柄

确定罐体形状时，应有利于降低整车质心高度，减小自身质量，增大容积效率，减小空气阻力，同时要根据整车的总体布置、装运物品的种类等因素，尽量做到与驾驶室外形相称，使整体造型美观。表3-2给出了典型罐体截面形状及其特点。

表3-2 典型罐体截面形状及其特点

形状名称	截面形状	特　点
圆形		表面积最小，材料最省，容积效率最高，容器壁中的拉应力最小，刚性好，适合高压罐体，工艺性好。但质心较高，液体对四壁的冲击力较大
椭圆形	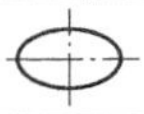	质心较低，稳定性较好。但容积效率较低，工艺性较差
腰鼓形	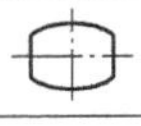	质心较低，稳定性较好。但容积效率较低，工艺性差
倒凸形		质心更低，可充分利用车架中空间，集污性好，横向稳定性好。但工艺性很差
矩形	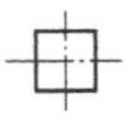	质心最低，可降低罐体及整车的高度，液体对罐壁的冲击力小，工艺性好。但表面积大，材料消耗多，容积效率低，罐体的棱角处易产生应力集中，集污性差
棱形	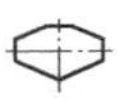	质心低，可利用车架中空间，集污性好、清污彻底，工艺性较好。但表面积较大，容积效率低

一般罐内压力小于0.1MPa时，罐体横截面取椭圆形；压力大于0.1MPa时，多用圆形横截面。

3. 其他装置的结构及工作原理

（1）呼吸阀 呼吸阀的作用是保持罐体的压力在一定范围内。根据罐内气压的大小自动调节，并与大气保持平衡，从而减少油料蒸发，防止罐体变形。调定压力（表压力）一般高压为14.7~24.5kPa，低压为-4.9~9.8kPa。

图3-13所示为呼吸阀结构图。当罐内气压超过高压调定值时，蒸气阀4连同空气阀2在蒸气压力作用下一起上升，压缩弹簧8，密封圈3离开阀体1，这样油罐内外相通，蒸气压力下降。待恢复正常时，在弹簧力作用下阀门关闭。当罐内压力低于低压调定值时，大气压力将空气阀2向下推离密封圈3，压缩弹簧7，油罐内外相通，直至内外压力平衡，阀门关闭。

呼吸阀的阀体用镍铬不锈钢制造，其他零件均用耐酸不锈钢制造，以防锈蚀。一般大型油罐单舱各装一个呼吸阀，中小型油罐可以只装一个呼吸阀。

呼吸阀的吸、排气压力分别通过调节弹簧座9、10的位置来确定。密封圈3若破损或发胀应及时更换。钢丝网5沾满油污时应清洗或更换，保证其通气。此外，还应经常检查呼吸阀的工作情况，确保其动作灵敏，工作可靠。

（2）液位报警器 液位报警器安装在人孔盖上。如图3-14所示，当油或水加入罐体内时，罐内气体经排气管2、双音哨3排出时，双音哨发出警声，表示罐内液面还未到达额定液位，可继续加液；当液面到达额定液面高度4时，浮球1随液面升起堵住排气管2的进气口，哨声停止，表示罐体已装满，应停止装液。

（3）液位指示器 液位指示器能随时测量和显示液位的高度和液量，可防止加液超

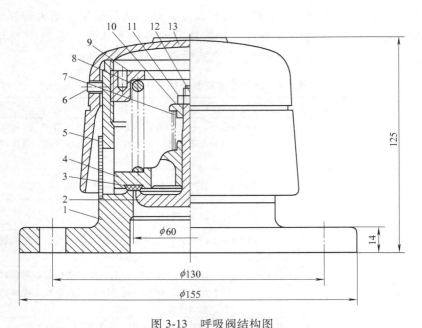

图 3-13 呼吸阀结构图
1—阀体 2—空气阀 3—密封圈 4—蒸气阀 5—钢丝网 6—固定螺钉 7、8—弹簧
9、10—弹簧座 11—缩紧螺母 12—开口销 13—防尘罩

量。常用的液位指示器有以下三种形式：

1）油量标尺。油量标尺可直接量出罐内油量的多少，其刻度可按需要确定。

2）浮球式液位计。如图 3-15 所示，浮球 1 随罐内液位高低而升降，浮球杆带动锥齿轮副 2 作相应转动，通过轴 3、∏形磁铁 4、5 的转动，与磁铁 5 同轴的指针 6 就在刻度盘上指示出罐内液位的高度。

3）油量传感器和油量指示表。油量传感器有浮子杠杆式或干簧管式，装在罐体内。油量指示表装在驾驶室的仪表板上。干簧管油量传感器为车辆油量检测模块的重要组件，如图 3-16 所示，干簧管油量传感器主要由膜片电阻、干簧管、磁浮子与密封罩组成。磁浮子跟随油面高度上下移动，磁浮子所在处对应干簧管在磁力作用下吸合，A、B 间电阻阻值随着干簧管的吸合发生变化。因此 A、B 间电阻阻值随着油面高度的变化而变化，将变化的阻值转化成电信号，传递给油量指示表，表征油箱油量。油量传感器可根据需要，反映最大或最小额定油量，并发出信号。

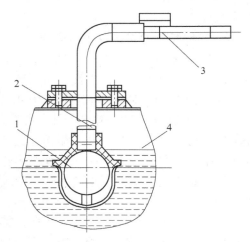

图 3-14 液位报警器
1—浮球 2—排气管 3—双音哨 4—液面

（4）静电消除措施 油罐车在自吸装油、给设备加油及运输途中都易产生静电。为防止静电引起火灾，保证安全，必须考虑疏导静电。

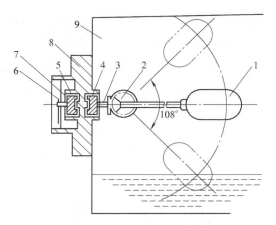

图 3-15 浮球式液位计结构原理图
1—浮球及浮球杆 2—锥齿轮副 3—轴 4、5—Π形磁铁
6—指针 7—刻度盘 8—壳体 9—罐体

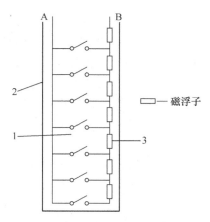

图 3-16 干簧管油量传感器原理图
1—干簧管 2—密封罩 3—膜片电阻

消除静电应从油罐车的设计和使用两方面着手,通常采取的措施有:

1)接地。油罐车上的专用设备,如油罐、管道、附件等与车架之间要用导线或导体相连,最后通过金属链条或专用导电橡胶板条与地面接触,将车体和专用设备上的静电荷导入大地。此外,有的油罐车上设有导静电连接板,在加油或装油时,将油库或加油站的地线拉出来,用其夹头夹在连接板上即可。

2)中和静电。即电离周围介质,产生极性相反的离子来中和静电。常用的有感应式静电中和器(消静电管,如图 3-17 所示)和放射性静电中和器。静电中和器一般安装在加油车过滤器的出口管路上。

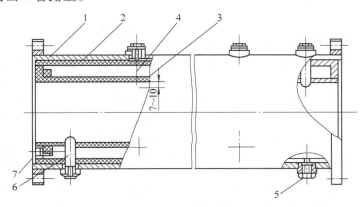

图 3-17 感应式静电中和器结构
1—管体 2—外有机玻璃管 3—内有机玻璃管 4—钨针 5—放气塞 6—定位销 7—螺钉

3)高电导涂层。罐体内壁涂附的防腐蚀涂层应是高电导率涂层,决不允许采用非金属高阻抗涂层。

4)限定油液流速。通常规定易燃性液体的进排流速不超过 4m/s。

(5)放油阀 半挂油罐车的放油阀及其操纵机构如图 3-18 所示,其安装在罐体中部的下方,在侧面进行操纵。当车辆行驶时,放油阀的弹簧 3 将阀芯 5 压紧在阀座 6 上,阀为关闭状态;当放油时,将操纵手柄15的左端向下压,使顶杆12向上顶开阀芯5,压缩弹簧3,阀门打开,油液流出进入放油软管。为使阀门开度保持不变,可将操纵手柄卡入定位板16的锁孔内。放油完毕后,撤去手柄15上的作用力,放油阀恢复到关闭状态。

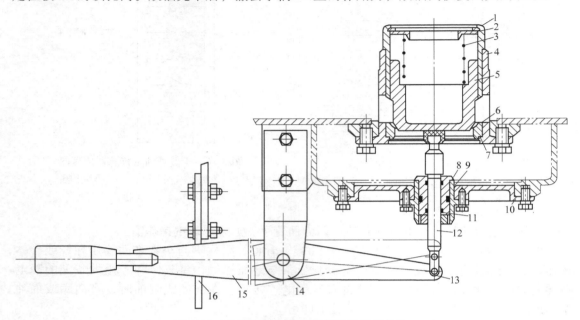

图 3-18　半挂油罐车的放油阀及其操纵机构

1—阀套　2—压圈　3—弹簧　4—支承座　5—阀芯　6—阀座　7—密封垫　8—衬套　9—套圈　10—底盖
11—O形密封圈　12—顶杆　13—连接板　14—操纵手柄支架　15—操纵手柄　16—定位板

(二) 加油车

加油车根据受油对象的不同,可分为普通加油车和飞机加油车两种。普通加油车给车辆、地面贮油罐加油。飞机加油车通常在飞机场专门为飞机加油,在性能和结构上有一些特殊要求。

轻质燃油加油车的分类及性能参数应参照 QC/T 653—2000《运油车、加油车技术条件》的规定,见表 3-3。

表 3-3　加油车的分类及性能参数表

类别	油罐额定容量/L	加油软管内径/mm	单管额定加油流量/(L/min)	吸油性能		
				吸油深度/m	自吸时间/min	吸油流量/(L/min)
小型	≤5000	25	150	≥4	≤4	30~80
		38	350			80~220
中型	>5000~≤12000	51	750			220~400
		63	1200			400~800
大型	>12000	51	750			400~600
		63	1200			400~800

注:吸油性能是指在标准大气压和环境温度 (20±5)℃ 条件下的性能。

1. 加油车结构

加油车通常由汽车底盘、罐体、油管、各种阀、各种工作仪表、过滤器、静电消除装置、软管绞盘总成、加油枪及驱动装置等组成。图 3-19 所示为普通加油车外形图。

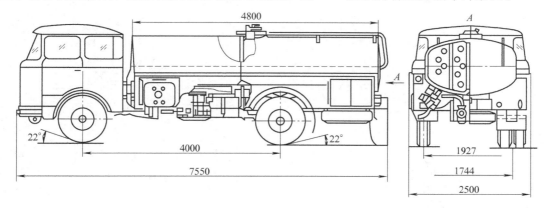

图 3-19 普通加油车外形图

加油车的罐体与运油车的罐体相似。图 3-20 所示为大型加油车罐体内部结构示意图。横向隔板 1 将罐体分成三个舱，每个舱内设有横向防波板。罐体宽度较大时，可再设纵向防波板 2。防护栏 6 和侧防护架 7 用来保护加油口、呼吸阀等不受意外碰伤，以免造成燃油外溢。大型罐体还可采用立柱 8，以提高罐体刚度。

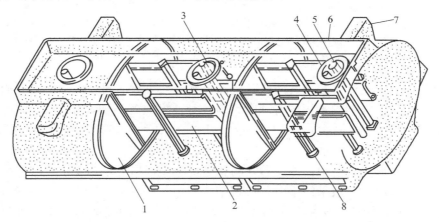

图 3-20 大型加油车罐体内部结构示意图

1—横向隔板　2—纵向防波板　3—人孔盖　4—加油口　5—呼吸阀　6—防护栏　7—侧防护架　8—立柱

底阀是液体排出或吸入罐体的控制阀，每个罐体单舱的底部都装有一个底阀装置，如图 3-21 所示，底阀阀门 6 的正常开启或关闭是由设置在罐体 2 顶部的底阀操纵手轮 1 来操纵的，由手轮带动万向节 3、丝杠 4 使阀门 6 上升或下移。液体从上阀体 5 的侧孔中，经下阀体 7 流出。若在放油过程中出现紧急情况，如发生火灾，来不及爬到罐顶去关闭底阀时，可扳动紧急阀门操纵手柄 9，迅速将紧急阀门 8 盖住下阀体出油口，使车辆快速离开现场。图 3-22 所示为一种气控式底阀，底阀的启闭是由气缸来控制的。阀塞 3 在弹簧 2 的作用下紧贴着密封圈 4，底阀处于关闭状态；当活塞 9 下方进入压缩空气时，推动活塞

9、活塞杆8，顶起阀杆6，阀塞3上移，底阀打开。若气控失灵，可拧动螺杆13，顶起活塞杆8，使底阀开启。

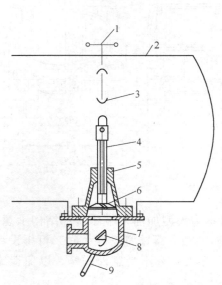

图 3-21　底阀装置示意图

1—底阀操纵手轮　2—罐体　3—万向节　4—丝杠
5—上阀体　6—阀门　7—下阀体　8—紧急阀门
9—紧急阀门操纵手柄

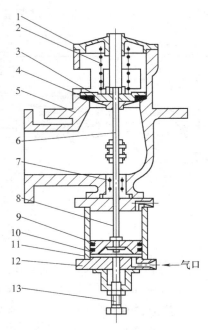

图 3-22　气控式底阀

1—阀盖　2—弹簧　3—阀塞　4、10—密封圈
5—阀体　6—阀杆　7—O形密封圈　8—活塞杆
9—活塞　11—缸管　12—缸盖　13—螺杆

为了放油方便，在汽车左、右两侧及尾部各设置一个放油阀，以便适应车辆在不同方位上进行加油作业。放油阀常用的有球阀和蝶阀等。目前各类加油车大多用铝合金球阀。通径有 $\phi 25mm$、$\phi 50mm$、$\phi 65mm$、$\phi 80mm$、$\phi 100mm$ 几种规格，与管道的连接法兰尺寸都可实现标准化。

放油阀的操纵形式有手动、液动、气动和电动等，根据总布置要求确定。手动形式简单，在无特殊要求时，一般采用手动，典型结构如图3-23所示。球体3中间有一个通孔，通过密封圈9、密封阀座2安装在左阀体1和右阀体7形成的空间内。球体与两端密封圈之间的接触面形成了球阀的密封面，密封圈9受碟形弹簧（图中未出现）的作用与球体弹性的接触，可以自行调节接触面的压紧度，消除温度变化及密封圈的变形与磨损的影响，提高了阀的密封性，是一种比较理想的结构。手柄8通过阀杆4操纵球体3在密封阀座2和密封圈9中转动。当手柄平行于阀体法兰轴线时，球体通孔与两端阀体孔径接通全开；当手柄垂直于阀体法兰轴线时，球体堵住两端阀体，孔的通道关闭。为提高机械化程度，也可采用液动或气动，液动力源可取本车动力转向系统的液压油液，气压源可取本车制动气源。电动形式容易引起火灾。图 3-24 所示为气动操纵阀的结构，气动操纵阀用来操纵放油阀或其他的控制阀。当气室A充气、气室B排气时，空气压力推动活塞4，通过活塞杆6、滑块10使拨叉11转动，于是转轴12使操纵阀开启或关闭。

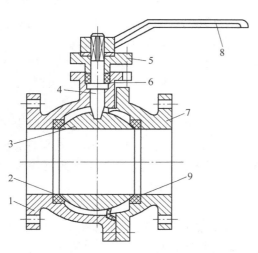

图 3-23　手动球阀
1—左阀体　2—密封阀座　3—球体
4—阀杆　5—压盖　6—填料　7—右阀体
8—手柄　9—密封圈

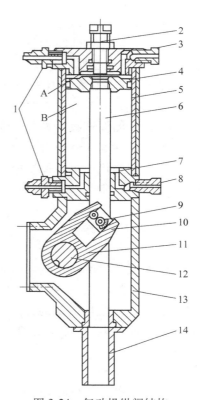

图 3-24　气动操纵阀结构
1—气管接头　2—螺栓　3、7—气缸盖　4—活塞
5—气缸　6—活塞杆　8—减压接头　9—销轴
10—滑块　11—拨叉　12—转轴　13—阀体
14—密封防尘罩　A、B—气室

2. 加油车油路系统设计

（1）油路系统要求与组成　加油车具备给受油设备加油、自吸装油、移动泵站作用、循环搅油、吸回加油软管中的油液等五种功能，加油的管路系统比较复杂。图 3-25 所示为普通加油车的油路系统原理图。其工作过程如下：

1）给受油设备加油（放油）。

自流放油：转动三通球阀 2，接通油罐 1 与油管接头 13 的通道，油液便通过三通球阀 2 和油管接头 13 自流放油。

粗滤放油：转动三通球阀 2，接通油罐 1 与粗滤器 3、油泵 5 的通道，并转动三通球阀 6 和 7，开启油泵 5，使油液按油罐 1→三通球阀 2→粗滤器 3→油泵 5→三通球阀 6→三通球

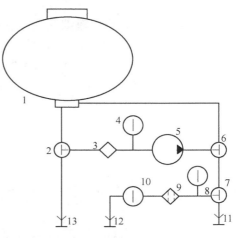

图 3-25　普通加油汽车的油路系统原理图
1—油罐　2、6、7—三通球阀　3—粗滤器
4—真空表　5—油泵　8—压力表
9—细滤器　10—流量计　11、12、13—油管接头

阀 7→油管接头 11 泵出，注入其他容器。

细滤放油：转动三通球阀 2、6、7，开启油泵即可将本油罐内的油液经细滤、计量从油管接头 12 注入其他容器。其流程为：油罐 1→三通球阀 2→粗滤器 3→油泵 5→三通球阀 6 和 7→细滤器 9→流量计 10→油管接头 12。

2）自吸装油。

将其他容器中的油液吸入本车油罐内：转动三通球阀 2 和 6，开启油泵即可将其他容器中的油液经油管接头 13→三通球阀 2→粗滤器 3→油泵 5→三通球阀 6 吸入本车油罐 1 内。若需经过计量后进入本车油罐内，可在油管接头 12 处接输油胶管，将输油胶管的另一端经油罐上部的加油口投入油罐内，开启油泵，即可将其他容器中的油液经油管接头 13→三通球阀 2→粗滤器 3→油泵 5→三通球阀 6 和 7→细滤器 9→流量计 10→油管接头 12→输油胶管吸入本车油罐内。

3）移动泵站。

作为移动泵站使用的操作与自吸装油相似，其流程为：其他供油容器→油管接头 13→粗滤器 3→油泵 5→三通球阀 6 和 7→细滤器 9→流量计 10→油管接头 12→其他加油容器，这条油路可实现液体流量的计量。若不计量，流程为：其他供油容器→油管接头 13→粗滤器 3→油泵 5→三通球阀 6 和 7→油管接头 11→其他加油容器。

4）循环搅油。

转动三通球阀 2 和 6，开启油泵，使油液自本车油罐吸入，经三通球阀 2→粗滤器 3→油泵 5→三通球阀 6 再回到本车油罐内，即可完成对本车油液的搅拌，使其混合均匀。

（2）油路系统的布置　油路系统在汽车上布置时，为充分利用汽车上的空间位置和方便操纵，通常将整个油路系统分为两大部分。油路前段主要作为输送油液的油路，一般布置在汽车车架附近，称为车架油路；油路后段操纵阀较集中，又有仪表、过滤器、绞盘（卷绕橡胶油管的机构）等部件，一般集中布置在操纵室内，故把它称为操纵室油路。

1）车架油路的布置。车架油路布置通常随油泵位置而定。油泵位置应尽量靠近动力源，缩短传动距离，但要保证加油汽车的通过性能。油路一般沿车架平面布置，力求管路短，弯曲少。图 3-26 所示为一辆大型加油车的车架油路布置图。由于油泵 7 由汽车发动机驱动，所以油泵在汽车车架内侧，靠近前部。油路按车架下平面布置。

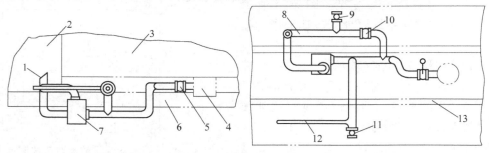

图 3-26　大型加油车车架油路布置图

1—接操纵室油路　2—操纵室　3—油罐　4—底阀　5—球阀　6—车架　7—油泵
8—输油管　9、11—阀　10—安全阀　12—回油管　13—纵梁

2) 操纵室油路的布置。操纵室油路布置时，要使常用的主要阀门便于操纵，仪表便于观察，过滤器便于拆装和维修，绞盘便于软管卷绕。

操纵室油路的布置主要取决于操纵室的大小及两绞盘的配置形式。两绞盘的配置形式有整体式和分置式两种，如图3-27所示，其中图3-27a所示为两绞盘集中配置的整体式配置形式，流量计、阀门等布置在绞盘两侧，来自车架油路的油液经过滤器、消静电管后由中间向外侧分左右两路进入绞盘软管。这种布置的优点是绞盘结构简单、紧凑，但流量计和阀门在两侧，不便于观察和操纵。图3-27b所示为两绞盘分开配置的分置式配置形式，油液经过滤器、消静电管后分两路自两绞盘内侧进入绞盘软管。这种布置的优点是流量计和阀门集中在绞盘之间，便于观察和操纵。

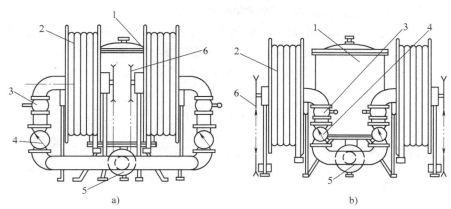

图3-27 软管绞盘配置形式
a）整体式 b）分置式
1—过滤器 2—绞盘 3—球阀 4—流量计 5—消静电管 6—链轮

3. 油路系统主要参数计算

（1）油路压力损失 油路压力损失是确定油泵压力和选择油泵的依据之一。油路压力损失 p 包括沿程压力损失 p_λ 和局部压力损失 p_ξ 两部分。即

$$p = p_\lambda + p_\xi \tag{3-1}$$

沿程压力损失 p_λ 是油液在各段等直径管中流动时因黏性摩擦而产生的压力损失，计算式为

$$p_\lambda = \sum \lambda \frac{L}{d} \frac{\rho v^2}{2} \tag{3-2}$$

式中 λ ——阻力系数，参考有关手册；
L ——每段直管长度（m）；
d ——直管内径（m）；
v ——油液流速（m/s）；
ρ ——油液密度（kg/m³）。

局部压力损失 p_ξ 是因油液流经流量计、过滤器、弯管、阀门等突然变化的截面以及阀口等处时，液体流速的大小和方向发生急剧变化，产生漩涡或强烈的紊流，于是产生流动阻力而造成的压力损失。计算式为：

$$p_\xi = \sum \xi \frac{\rho v^2}{2} \qquad (3\text{-}3)$$

式中 ξ——局部阻力系数，参考有关手册。

表 3-4 列出了几种常用部件的局部压力损失，供参考。

表 3-4 部件的局部压力损失 （单位：Pa）

部件名称	过滤器	流量计	加油枪	消静电管	球　阀
p_ξ	<25ρ	<25ρ	<35ρ	≈0	<5ρ

(2) 油泵的选择 加油车的油泵大多采用压力较低、流量较大的自吸式涡流泵。但是普通油泵对加油车的适应性较差，因而常根据加油车性能要求和汽车上的空间位置大小自行设计。圆弧齿轮泵具有体积小、运转平稳、效率高、寿命长等特点，得到应用。油泵的动力一般来自汽车发动机，经动力输出装置、驱动轴带动齿轮泵旋转，将油液吸入或排出油罐。当油路系统的最高压力 p_{max} 和最大流量 Q_{max} 确定后，可用如下公式计算油泵的压力和流量

$$p = (1.10 \sim 1.15) p_{max} \qquad (3\text{-}4)$$
$$Q = (1.05 \sim 1.10) Q_{max} \qquad (3\text{-}5)$$

(3) 油路的工作压力、试验压力、设计压力 根据油路系统的压力损失和所选油泵的输出压力，可确定油路的工作压力。为了检验管路的耐压强度和密封性而进行的耐压试验中采用的压力称为试验压力，一般取工作压力的 1.25~1.5 倍。在进行管路设计时采用的压力称为设计压力，它必须大于试验压力，通常取工作压力的 1.3~2 倍。

(4) 管道内径的确定 当流量 Q 确定后，管道内径 d（mm）由下式表示

$$d = 2\sqrt{\frac{Q}{\pi v}} \times 10^3 \qquad (3\text{-}6)$$

油液流速 v 的大小，直接关系到流动阻力造成的压力损失和静电的产生量。根据推荐，燃油的最佳流速为 0.1~1m/s，最大不应超过 4m/s。

(5) 管道壁厚的确定 管道壁厚 s（mm）应满足强度条件，可用下式计算

$$s = \frac{pd}{2[\sigma]} \qquad (3\text{-}7)$$

式中 p——设计压力（MPa）；

$[\sigma]$——材料许用压力（MPa）。

按上式计算所得的管道壁厚较薄，还应按工艺要求和材料规格加以修正，并要留有一定的腐蚀裕量。加油软管除承受系统的工作压力外，还经常弯曲和卷绕，所以要求加油软管耐高压，允许弯曲半径尽量小，许用工作压力大于油路系统的最高压力，通常取工作压力的 1.0~1.6 倍。常用的软管类型有夹布耐油胶管、尼龙软管等。

4. 软管绞盘总成设计

(1) 绞盘的驱动形式 绞盘是用于卷绕加油软管的部件，主要由卷筒、转动油管、进油管、大小轴承及其轴承座、支架等组成。图 3-28 所示为软管绞盘的结构图，转动油管 5 与小轴管 2 用螺栓连接，卷筒 4 用螺栓固定在转动油管上，因而卷筒能随转动油管在轴承上转动。锁紧装置 9 用来锁住卷筒，防止加油车在行驶中绞盘自由转动。

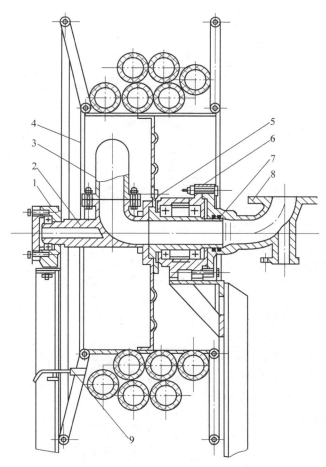

图 3-28 软管绞盘结构图

1—小轴承座 2—小轴管 3—弯管 4—卷筒 5—转动油管 6—大轴承座
7—密封圈 8—进油管 9—锁紧装置

绞盘的驱动形式有人力、气动、液-机及电力驱动等。人力驱动结构简单，不需要专门的传动机构，一般在软管直径不大于50mm(2in)，绞盘较小、驱动力不超过150N时采用。气动和液-机驱动操作方便，动力也可从汽车底盘取得，故被广泛采用。电力驱动结构简单，但必须具有防爆措施，以防电动机起动时产生火花。

(2) 卷筒尺寸的确定 为保证软管的使用寿命，卷筒的内半径要大于软管的最小弯曲半径；卷筒宽度 B（mm）根据操纵室的空间位置进行确定，一般用下式计算

$$B = \left(n + \frac{1}{2}\right) D_g \tag{3-8}$$

式中　n ——每层软管的卷绕圈数；

　　　D_g ——软管外径（mm）。

根据软管长度 L_g、卷筒内径 D_2（图 3-29），可按下式计算卷筒的外径 D_1

$$D_1 \geq \sqrt{D_2^2 + \frac{4 D_g L_g}{\pi n}} \tag{3-9}$$

于是，卷筒上的软管卷绕层数 x 为

$$x = \frac{1}{2D_g}\left[\sqrt{D_2^2 + \frac{4D_g L_g}{\pi n}} - D_2\right] \quad (3\text{-}10)$$

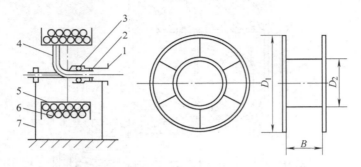

图 3-29 卷筒计算图

1—进油管 2—密封圈 3—轴承 4—转动油管 5—卷筒 6—软管 7—支架

(3) 转动轴管设计 转动轴管是转动油管与小轴管（参见图 3-28）的合称，是绞盘总成的重要部件。在设计转动轴管结构时，既要考虑管路密封，还要考虑其支承绞盘，起到转动轴的作用。图 3-30 所示为转动轴管的结构，其主要由转动油管 6 和小轴管 7 组成，中间用法兰连接。转动油管 6 的另一端穿过球轴承 3、4 伸入固定的进油管 1 中的密封圈 2 内，使转动轴管在轴承和密封圈内转动，实现了软管绞盘的转动和密封。这种设计与整体结构（中间取消法兰连接）相比，最大的优点是改善了转动轴管的制造工艺性。

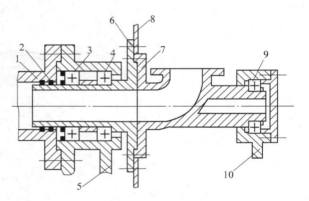

图 3-30 转动轴管结构

1—进油管 2—密封圈 3、4—球轴承 5、10—支架 6—转动油管 7—小轴管 8—交筒辐盘 9—双列球轴承

(三) 飞机加油车

飞机加油车的油路系统如图 3-31 所示。该油路系统功能齐全，构造复杂，工作过程比普通加油车增加了注油管路内剩油回罐的功能。当向飞机加油结束时，其实际加油量应为流量计上的计数扣除注油管路内的剩油。因此，注油管路内的剩油必须计量回罐。剩油回罐的操作顺序为：关闭闸阀，打开慢关阀 19、20 和球阀 6、7 及球阀 2、3、8，开启油泵。注油管路内的剩油便吸入油泵，经过滤器、球阀 3、左右流量计、球阀 8 流回油罐，其回油量便可从流量计读出。这样加油得到的油量，才是向飞机油箱中加入的实际油量。

飞机加油车在给飞机加油时需要具有稳定的管端压力，而普通加油车不要求。一般在油泵上并联旁通稳压阀，在绞盘后的出油管路上串联压力补偿器。旁通稳压阀的调定压

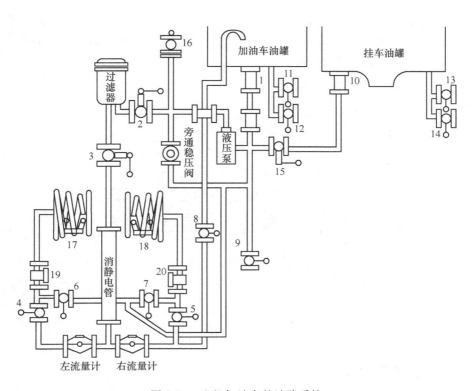

图 3-31 飞机加油车的油路系统
1、10—底阀　2~9、11~16—球阀　17、18—软管绞盘及自闭式加油接头　19、20—慢关阀

力为油泵的工作压力,由管端压力和管路的压力损失确定。图 3-32 所示为旁通稳压阀的工作原理图。气室 1 内充有一定压力的空气,上部油室 2 与泵的出口高压油相通,气室活塞 3、油室活塞 4 与阀门 5 连成一体。油泵在正常工作压力下,气室的气体对气室活塞 3 的推力 F_1 与油室油液对油室活塞 4 的推力 F_2 相等,阀门 5 关闭不动。当油泵的出口压力升高时,油室的压力随之升高,$F_2 > F_1$,活塞推动阀门 5 下移,阀口打开,油泵的出口与入口油路接通,系统压力下降,直至恢复原工作压力,阀门又呈关闭状态。

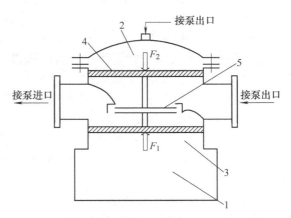

图 3-32　旁通稳压阀的工作原理图
1—气室　2—油室　3—气室活塞
4—油室活塞　5—阀门

飞机加油车对油料的清洁度要求很高,在管路中需加装高性能的过滤分离器,将油中的水分、胶质和杂质分离出来。图 3-33 所示为两级过滤分离器示意图。第一级滤芯 2 为聚结滤芯,由经过特殊处理的滤纸或玻璃纤维、合成材料、毛毡、棉织品等制成。油流经滤芯时,首先滤出固体物质,再将胶质分离,同时将分离出的小水粒聚集成大水滴,

落入由外壳形成的集水器中。第二级滤芯1为分离器滤芯,表面涂有聚四氟乙烯(TEFLON)柔水物质,油从滤芯外面向内流动时,油中的水沿聚四氟乙烯的表面滑下,滴入集水器中起到彻底分离水的作用。

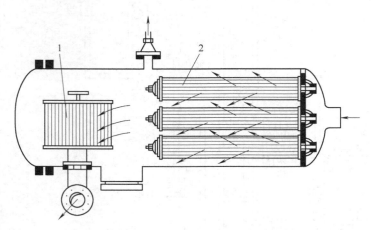

图 3-33 两级过滤分离器示意图
1—第二级滤芯 2—第一级滤芯

二、化工液体运输车

化工液体运输车主要装运液体化工物品,如硫酸、盐酸、硝酸、液碱、氨水、甲醛、苯、酒精、液体化肥等。这类物品均属化工危险品,具有不同程度的易燃、易爆、有毒或强腐蚀等特性。

(一) 硫酸液运输车

纯浓硫酸具有强氧化性、吸水性及强酸性,属剧毒和强腐蚀性物品。硫酸液运输车一般装运浓硫酸,不宜装运稀硫酸。常用浓硫酸的浓度为98%(质量分数),密度为$1840kg/m^3$,沸点为338℃。硫酸液运输车有重力排放和动力排放两种。

1. 重力排放硫酸液运输车

重力排放硫酸液运输车的基本结构与运油车相似。罐体上部的人孔盖上有注液口和呼吸阀,罐内有防波板,罐体尾部有排液管和放液阀。排液时打开放液阀,硫酸靠自重流出。

2. 动力排放硫酸液运输车

动力排放硫酸液运输车大多采用气压排液方式,如图 3-34 所示。罐体横截面为圆形,中间用球面形隔板分为前、后两舱。罐内设有纵向防波板,罐体上部设有防护架。前、后舱内的前端均有一根垂直的排液导管,其下端伸至罐底的凹槽处,以减少剩余量,其上端与放液阀相通。

气压排液系统如图 3-35 所示,压缩空气从压缩机排出,经油水分离器4、储气筒9、空气软管11、卧式升降止回阀13后分两路到达前、后舱。注液时,先打开浮动球阀21、23,使罐体前、后舱内部通过球阀与大气相通。再打开注液孔19、25,将地面输液软管插入注液孔中,即可充注硫酸。注液结束后,关闭注液孔19、25和浮动球阀21、23。排

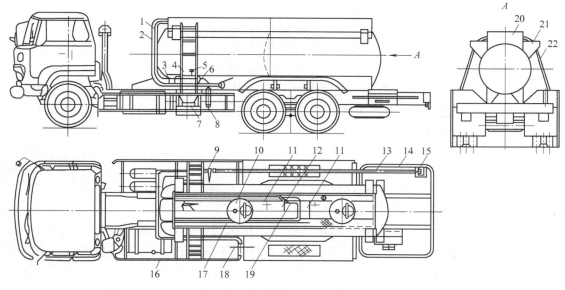

图 3-34　气压排放硫酸液运输车

1—空气软管　2—排液管　3—直通截止阀　4—安全阀　5—压力夹　6—储气筒　7—空气压缩机
8—油水分离器　9、11、12、18、19—浮动球阀　10—人孔及注液装置　13—排液橡胶软管
14、16—防护栏　15—集油槽　17、20—防护架　21—侧向防护架　22—扶梯

液时，液罐车发动机处于怠速状态，将车上的排液橡胶软管30、33的接头与容器相接，打开卧式升降止回阀13、浮动球阀20、22及直通截止阀10，关闭浮动球阀21、23。操纵动力输出装置，驱动空气压缩机3，随之提高发动机转速，逐步向罐体内充入压缩空气，进而压迫硫酸液从排液导管27、28经浮动球阀15、16，排液管32、浮动球阀29、31排入接收容器中。该车可以双舱同时排液，也可单舱分别排液。排液结束后，关闭浮动球阀15、16、20、22，开启浮动球阀14，用压缩空气吹净排液软管内的剩余硫酸，然后再操纵动力输出装置，使之置入空档，空气压缩机随即停止转动，慢慢打开浮动球阀20和呼吸阀24，放出罐体前、后单室内的压缩空

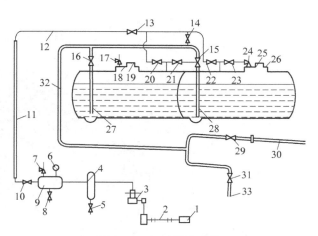

图 3-35　气压排液系统

1—取力器　2—传动轴　3—空气压缩机　4—油水分离器
5、8、10—直通截止阀　6—气压表　7—安全阀　9—储气筒
11—空气软管　12—空气管道　13—卧式升降止回阀
14、15、16、20、21、22、23、29、31—浮动球阀
17、24—呼吸阀　18、26—人孔　19、25—注液孔
27、28—排液导管　30、33—排液橡胶软管　32—排液管

气。关闭浮动球阀29、31及直通截止阀10，收回排液橡胶软管30、33。最后关闭浮动球阀21、23。开启或关闭不同的阀门，可进行不同的作业。

气压排液系统的主要部件介绍如下：

（1）油水分离器 用来分离压缩空气中凝聚的水分和机油等杂质，使其净化。

（2）储气筒 储存空气压缩机排出的压缩空气，以提高输气的连续性和压力稳定性。

（3）浮动球阀（参见图3-23） 在气压排液系统中常被采用。这种阀的球体在介质通过时，能在介质压力作用下向出口端产生少量位移，压紧密封圈，提高密封性。但不能承受较大的压力。在系统的空气管道中多用公称通径为25mm的球阀，排液管道中多用公称通径为65mm的球阀。

（4）卧式升降止回阀 卧式升降止回阀又称单向阀，如图3-36所示。它串联安装在罐体上部的水平空气管道中，依靠阀芯自重及空气压力自动开、闭，以阻止压缩空气倒流，保证罐内硫酸在规定气压值下顺利排放。阀体1由球墨铸铁制造，阀座2的材料是聚四氟乙烯，阀门3及盖帽4则采用不锈钢制造。

（5）弹簧式安全阀 如图3-37所示，弹簧式安全阀通常安装在储气筒上，当储气筒内的空气压力超过规定值时，调压弹簧8被压缩而阀门4开启，压缩空气从阀体1侧面的泄气口13泄出，至压力降为正常值时阀门重新关闭。安全阀的开启压力可通过调整螺钉11进行调整。安全阀的瞬时开启压力为0.191MPa，全开压力为0.245MPa，关闭压力为0.177MPa，公称通径为25mm，流量为300m³/h。

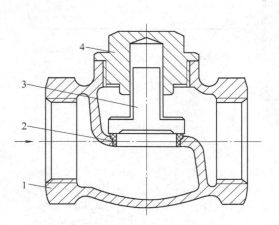

图3-36 卧式升降止回阀
1—阀体 2—阀座
3—阀门 4—盖帽

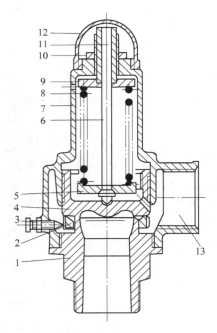

图3-37 弹簧式安全阀
1—阀体 2—螺母 3—定位螺钉 4—阀门
5、9—弹簧座 6—顶杆 7—外壳
8—调压弹簧 10—锁紧螺母 11—调整螺钉
12—盖帽 13—泄气口

（二）盐酸液运输车

纯盐酸是无色液体，有刺激性气味，属剧毒和腐蚀性危险物品。常用的浓盐酸约含37%（质量分数）的氯化氢，密度为1190kg/m³。

一般碳钢（包括不锈钢）和铝合金均不耐盐酸的腐蚀，故常用罐体有钢制衬胶罐体和玻璃钢罐体两种。排液方式有重力排放和气压排放。玻璃钢罐体耐腐蚀性好，质量轻，修理方便。但强度较低，承受内压较小，常在罐体外用钢制环箍加强，排液方式也采用重力排放。玻璃钢罐体如图3-38所示。图中放大部分为蜂窝形玻璃钢罐体结构，其罐体

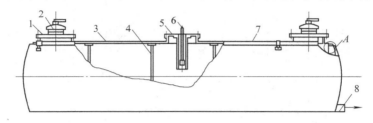

图 3-38 玻璃钢罐体
1—人孔 2—注液孔 3—罐体 4—防波板 5—液位计盖 6—液位计 7—扶手 8—放液孔
9—蜂窝芯板衬里 10—罐壁外包皮 11—封头 12—聚酯胶泥

横截面为椭圆形，罐壁外包皮10和蜂窝芯板衬里9均为厚度较小的聚酯玻璃钢，中间夹层蜂窝芯板衬里9用六边形的孔状玻璃纤维布胶合而成，封头11用厚度较大的聚酯玻璃钢制成。为防止排液时罐内出现局部真空，在人孔盖上应装单向透气阀，如图3-39所示。当罐内盐酸减少出现真空度时，因阀盖2上的小孔能与大气相通，故阀塞6在大气压力的作用下压缩弹簧7，透气阀打开，罐内压力上升，直至与大气压平衡时透气阀再关闭。

采用气压排放的盐酸液罐汽车要用横截面为圆形的钢制衬胶罐体，内表面有5mm厚的天然橡胶衬里，在汽车底盘上安装成前高后低的倾斜状态。图3-40所示为气压排放盐酸液罐汽车罐体结构图，图3-41所示为盐酸液运输车气压排放系统图。

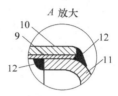

图 3-39 单向透气阀
1—防尘罩 2—阀盖 3—座圈 4—锁紧螺母
5—阀体 6—阀塞 7—弹簧 8—弹簧座

屋脊式隔膜阀是气压排放系统中的主要部件，如图3-42所示。阀体1的内表面和端面均敷以天然橡胶衬里，隔膜9也用天然橡胶制成，在盐酸通过阀门时只与橡胶接触而不与其他零件接触，可防止腐蚀。旋转手轮4可实现阀的开启和关闭。

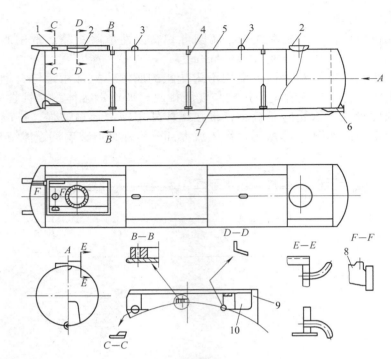

图 3-40 气压排放盐酸液罐汽车罐体结构图
1—进气接头 2—人孔 3—吊环 4—防液板 5—罐体 6—排液管 7—副车架
8—泄水管 9—防护架 10—支架

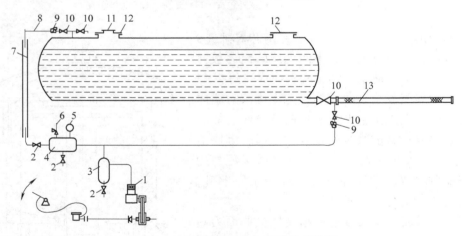

图 3-41 盐酸液运输车气压排放系统图
1—空气压缩机 2—直通式截止阀 3—油水分离器 4—储气筒 5—气压表 6—安全阀 7—空气软管
8—空气管道 9—旋启式止回阀 10—屋脊式隔膜阀 11—注液孔 12—人孔 13—排液橡胶软管

  旋启式止回阀如图 3-43 所示。当盐酸从左侧入口进入阀腔时，流动压力将阀门 7 推开而通流；当盐酸从右侧出口反向流动时，反向流动压力将阀门 7 压紧在阀体的密封面上紧闭，阻止盐酸倒流。为防腐蚀，除密封圈 2、8 和垫圈 16 用乙丙橡胶制造外，其余零件均用聚丙烯制造。

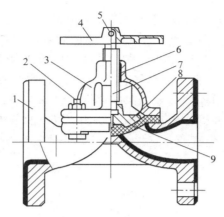

图 3-42 屋脊式隔膜阀

1—阀体 2—螺栓 3—阀盖 4—手轮 5—定位销 6—阀杆套 7—阀杆 8—压板 9—隔膜

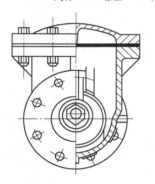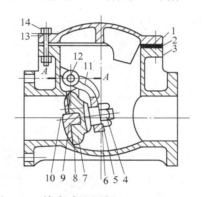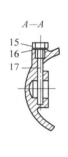

图 3-43 旋启式止回阀

1—阀盖 2、8—密封圈 3—阀体 4—圆柱锁 5—螺母 6—垫圈 7—阀门 9—压盖
10—螺栓 11—摇臂 12—锁轴 13—垫圈 14—螺栓及螺母 15—螺栓 16—垫圈 17—销轴

第三节　液化气体运输车的结构与设计

液化气是指在常温常压下的某种气体经加压或降温处理后成为液体物质,当液化气压力降低或温度升高后仍能恢复成气体。近年来,液化气体运输车的使用领域不断扩大,品种也越来越多,如液化石油气运输车、液氧运输车以及液氨、液氮、液氯等罐式汽车。由于液化气对压力、温度的影响很敏感,所以很不稳定。有些液化气还是易燃、易爆、有毒物质。故在设计和制造液化气体运输车时,必须符合 GB/T 150—2011《压力容器》及国家交通管理部门的有关标准、法规和规范的要求,严格控制产品质量,设置必要的安全和消防装置,保证使用安全。

一、液化石油气运输车总体结构与设计

(一) 总体结构

用普通载货汽车底盘改装的液化石油气运输车参见图 3-3。罐体总成与副车架焊成一

体,再用螺栓将副车架紧固在汽车车架上。罐体上部设有人孔 3、安全阀接管 4、扶梯及平台 5,罐内有防波板,液位指示器接管 6 设在罐体后部。液泵 10 用来装卸液化石油气,通常采用汽车发动机的动力通过取力装置来驱动。阀门箱 9 内装有压力表、温度计、液相管(或气相管)及其控制阀。液相管和气相管的出口处均应安装卸压阀和紧急切断阀。接地链 8 用来将汽车上的静电通向大地,以防火灾。汽车车架后端装有后保险杠,在碰撞时可保护罐体免遭冲撞。汽车两侧至少各装一个 5kg 以上的干粉灭火器。

图 3-44 所示为半挂式液化石油气运输车。该车为半挂承载式结构,罐体支承座与车架之间用螺栓紧固连接。

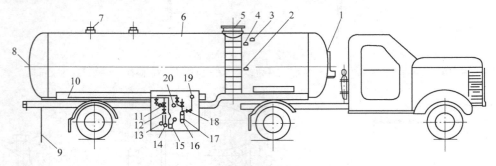

图 3-44 半挂式液化石油气运输车

1、19—压力表 2—全容积 40%指示阀 3—全容积 85%指示阀 4—全容积 80%指示阀 5—人孔 6—罐体 7—安全阀 8—液位计 9—接地链 10—紧急切断卸压阀 11—紧急切断阀 12—球阀 13、17—排放阀 14—液相接口 15—液泵 16—气相接口 18—截止阀 20—温度计

(二)液化石油气主要成分的密度和罐体最大充装量

液化石油气通常是气体和液体两种状态同时存在,主要成分是含有三个或四个碳原子的碳氢化合物,如丙烷、丙烯、正丁烷、异丁烷、丁烯-1、顺丁烯-2 和反丁烯-2 等,其中丙烷、丁烷为我国民用液化石油气的代表成分。表 3-5 给出了液化石油气在标准状态 0℃和 20℃时液态和气态的密度。

表 3-5 液化石油气主要成分的密度　　　　　　　　　　(单位:kg/m³)

温度和状态		丙烷	正丁烷	异丁烷	丙烯	丁烯-1	顺丁烯-2	反丁烯-2	异丁烯
0℃	液态	0.5280×10³	0.6011×10³	0.5280×10³	0.5454×10³	0.6200×10³	0.6200×10³	0.6200×10³	0.6200×10³
	气态	2.0102	2.7030	2.6912	1.9136	2.5030	2.5030	2.5030	2.5030
20℃	液态	0.4963×10³	0.5788×10³	0.5772×10³	0.5139×10³	0.5951×10³	0.6213×10³	0.6042×10³	0.5942×10³
	气态	1.5540	2.0900	2.0810	1.4790	2.0080	1.9400	1.9400	1.9400

液化石油气的装卸和运输通常是在常温下进行的,但环境温度有可能升高,使液化石油气膨胀,罐内压力也随之升高,若压力超过规定值,可能会引起罐体破裂或爆炸。大约温度升高 1℃,液化石油气压力增加 0.02~0.03MPa。如纯丙烷的饱和蒸气压在 10℃时约为 0.47MPa,在 20℃时增加到 0.83MPa,在 50℃时增加到 1.8MPa。所以,在充装液化石油气时不允许装满罐体。在特定条件下,如果罐车在一次充装、运输和卸液的全过程

中能够保证最大温差不超过 30℃，则允许按罐体容积的 85% 进行充装。但此规定不适用于罐体兼作储罐使用的移动式罐车。

二、罐体的结构与设计

（一）罐体的结构

罐体主要由圆筒体、封头、防波板、隔板、人孔和整体式支承座等组成。在罐体上还设有安全阀座、液位计座和紧急切断阀座等辅助安装座。图 3-45 所示为液化石油气罐体示意图。

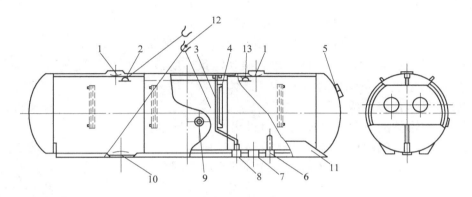

图 3-45　液化石油气罐体示意图

1—安全阀凸缘　2—吊耳　3—气相管　4—隔板　5—液位报警器凸缘　6—温度计接口　7—液相紧急切断阀口
8—气相紧急切断阀口　9—液位计凸缘　10—人孔　11—整体式支承座　12—满罐液吊位　13—空罐吊位

圆筒体必须采用各径向受力均匀的圆筒或球，以保证有足够的刚度和强度。圆筒体通常由数节焊成，节数不应过多，相邻两节的纵向焊缝不允许在同一相位上，其相错距离不应小于 100mm，并位于检测方向（图 3-46）。焊接中，要求纵向焊缝对接错口量 $b \leqslant 0.1S$（S 为壁厚），环向焊缝对接错口量 $c \leqslant 0.2S$ 或 $c \leqslant 0.1S$（当 $S > 10\text{mm}$ 时），对接的各焊缝处棱角 $E \leqslant S^{+0.2}_{0}$ mm，每节长度误差为 2~3mm，单节直线度误差为 $0.002L$（L 为单节长度），圆筒体圆度误差为 $e \leqslant 0.01 D_i$，D_i 为圆筒体公称内径，圆筒体周长允许误差见表 3-6。

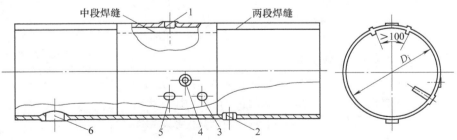

图 3-46　圆筒体示意图

1—安全阀口　2—液相紧急切断阀口　3—气相紧急切断阀口　4—液位计法兰口
5—温度计套口　6—人孔

表 3-6　圆筒体周长允许误差　　　　　　　　　　（单位：mm）

公称内径 D_i	800~1200	1300~1600	1700~2200
周长允许误差	+5 -2	+6 -3	+8 -4

封头必须采用承压能力强的凸形封头，常用的有碟形、椭圆形和半球形封头。封头和圆筒体之间必须采用对口双面焊接形式，以保证连接强度和气密性。

防波板的作用是减弱罐体内的液体由于汽车行驶引起的冲击和振荡，以提高汽车行驶平稳性。防波板有横向和纵向（在大型车上设置）两种布置。图 3-47 所示为横向防波板。开设的若干圆孔起阻尼作用，吸收液体的振动能量。防波板与焊接在罐体内壁上的角钢用螺栓连接。罐体材料一般采用低合金高强度结构钢板制造。

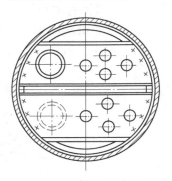

图 3-47　横向防波板

安全阀装在罐体的上部，当罐内压力过大时，能迅速打开排放气体降压，以防罐体炸裂。液化石油气运输车上常采用内置全启式安全阀，如图 3-48 所示。这种安全阀采用单反冲盘结构，反冲盘 8 装在阀杆 2 的顶端，弹簧 3 装在阀体 4 的下方和阀杆 2 的下端，由弹簧 3 下端的弹簧座和螺母将其锁紧在阀杆 2 上。可用螺母来调整弹簧的预紧力，以保证安全阀的开启压力。当罐内压力超过安全阀开启压力时，反冲盘 8（即阀门）连同阀杆 2 压缩弹簧 3，反冲盘离开阀体，排放气体降压；待压力恢复正常后，在弹簧 3 的作用下，阀杆和反冲盘回位，阀门关闭。为防止阀门失灵而产生泄漏，在反冲盘上方设有顶紧螺栓 11，可在应急时顶紧阀门。弹簧部分装在罐内，降低了阀的外露高度，有利于自身安全。

安全阀的开启压力应高于罐体的设计压力，但不得超过设计压力的 1.1 倍，全开压力不得高于设计压力的 1.2 倍，回座压力应不低于开启压力的 0.8 倍。安全阀的排放能力可参阅 GB/T 150—2011《压力容器》及有关规定进行计算。一般中小型罐体上安装一个安全阀即可，但为了保证绝对安全，通常一个罐体上安装两个安全阀。

液位计用来检查罐内液位高度，显示实际容量，防止超量充装，在液化石油气运输车上是必须设置的。常用的液位计以浮球式应用最多。液位计结构如图 3-15 所示，其表盘涂色带中，黑色带是零位区，绿色带为正常充装量区，黄色为充装注意区，即充装容积为总容积的 80%~85%；红色为危险区，即充装容积已超过总容积的 85%。为了防止浮球式液

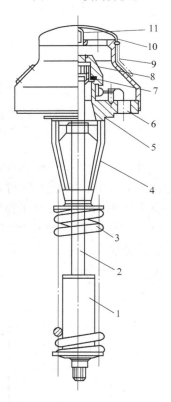

图 3-48　内置全启式安全阀
1—导向套　2—阀杆　3—弹簧
4—阀体　5—垫圈　6—下调整环
7—密封垫　8—反冲盘　9—上罩
10—防护罩　11—顶紧螺栓

位计失灵而造成事故，在半挂式液化石油气运输车上，如图 3-44 所示，专门在总容积的 85%、80%、40%三处分别设置了排液指示阀 3、4、2，用来检查液面高度。

（二）罐体的壁厚计算

液化气罐体的壁厚计算必须符合 GB/T 150—2011《压力容器》的规定，罐体的设计应遵照 SY/T 5985—2014 国家行业标准《液化石油气安全规程》中的规定，设计压力见表 3-7。表中"混合液化石油气"是指丙烯与丙烷、丙烷与丁烯、丁烷等的混合物。

表 3-7 罐体的设计压力

充装介质种类	丙烯	丙烷	混合液化石油气		丁烷、丁烯、丁二烯
			50℃时，饱和蒸气压力大于 1.6MPa	其余情况	
设计压力/MPa	2.158	1.766	2.158	1.766	0.785

1. 圆筒体壁厚计算

钢制压力容器受内压作用时圆筒体壁厚 S_1(mm) 的计算式为

$$S_1 = \frac{p D_i}{2[\sigma]^t \phi - p} + c \tag{3-11}$$

式中　　p ——设计压力（MPa），参照表 3-7 选取；

　　　　D_i ——圆筒体内径（mm）；

　　　　ϕ ——焊缝系数，见表 3-8；

　　　　c ——壁厚附加量（mm）；

　　　　$[\sigma]^t$ ——设计温度下材料的许用应力（MPa）。

圆筒体壁厚计算应力用下式校核

$$\sigma' = \frac{p(D_i + S_1)}{2 S_1 \phi} \leq [\sigma]^t \tag{3-12}$$

许用应力应取以下三者之中的最小值

$$[\sigma]^t = \frac{\sigma_b}{n_b}; \quad [\sigma]^t = \frac{\sigma_a^t}{n_a}; \quad [\sigma]^t = \frac{\sigma_D^t}{n_D}; \quad [\sigma]^t = \frac{\sigma_n^t}{n_n}$$

式中　　σ_b ——材料在常温下的最低抗拉强度（MPa）；

　　　　σ_a^t ——材料在设计温度下的屈服强度（MPa）；

　　　　σ_D^t ——材料在设计温度下（经 10^5h 断裂）的持久强度（MPa）；

　　　　σ_n^t ——材料在设计温度下（经 10^5h 蠕变率为 1%）的蠕变极限（MPa）；

　　　　n_b、n_a、n_D、n_n ——分别为按 σ_b、σ_a^t、σ_D^t、σ_n^t 计算时所取的安全系数，无特殊规定时也可从表 3-9 中选取。

表 3-8 钢制压力容器焊缝系数 ϕ

焊缝结构	简图	焊缝系数		
		全部无损探伤	局部无损探伤	不做无损探伤
双面焊或相当于双面焊全熔透的对接焊缝		1.0	0.85	—
有金属垫板的单面焊对接焊缝		0.9	0.8	—
无垫板的单面环向对接焊缝		—	—	0.6①

① 适用于厚度不超过 16mm、直径不超过 600mm 的壳体环向焊缝。

表 3-9 钢制压力容器的安全系数

材料	常温下最低抗拉强度 σ_b	常温或设计温度下的屈服强度 σ_a 或 σ_a^t	设计温度下经 10^5h 断裂的持久强度		设计温度下经 10^5h 蠕变率为 1% 的蠕变极限 σ_n^t
			σ_D^t 平均值	σ_D^t 最小值	
碳素钢低合金钢	$n_b \geq 3$	$n_a \geq 1.6$	$n_D \geq 1.5$	$n_D \geq 1.25$	$n_n \geq 1$
奥氏体高合金钢	—	$n_a \geq 1.5$	$n_D \geq 1.5$	$n_D \geq 1.25$	$n_n \geq 1$

壁厚附加量 c（mm）通常由钢板负偏差 c_1、腐蚀裕量 c_2 和加工减薄量 c_3 组成，即

$$c = c_1 + c_2 + c_3 \tag{3-13}$$

c_1 可从有关手册中查取。若 c_1 不大于 0.25mm，且不超过钢板名义厚度的 6%，可取 $c_1 = 0$mm。c_2（mm）根据常运货物对罐体的腐蚀速度和设计寿命用下式确定

$$c_2 = KB$$

式中 K——腐蚀速度（mm/a），a 代表年；

B——设计寿命（a），可取 10~15a。

当 $K \leq 0.05$mm/a 时，对碳素钢和普通低合金钢单面腐蚀，取 $c_2 \geq 1$mm；双面腐蚀取 $c_2 \geq 2$mm。对不锈钢，腐蚀速度极微时，取 $c_2 = 0$mm。

c_3 与罐体的加工方法、材料性质有关。冷卷罐体可取 $c_3 = 0$mm，也可根据制造厂的工艺条件自行确定。

2. 封头壁厚计算

（1）椭圆形封头壁厚 图 3-49 所示的椭圆形封头，推荐采用长、短轴比值为 2 的标准型封头，其有效厚度应不小于封头内径 D_i 的 0.15%，其他椭圆形封头的有效厚度应不小于封头内径 D_i 的 0.30%。但当已考虑了内压下的弹性失稳或按分析法进行设计时，可不受此限制。

椭圆形封头厚度 S_2（mm）用下式确定

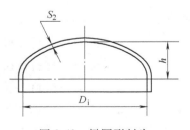

图 3-49 椭圆形封头

$$S_2 = \frac{M_t p D_i}{2[\sigma]^t \phi - 0.5p} + c \tag{3-14}$$

式中 M_t——椭圆形封头形状系数，$M_t = \frac{1}{6}\left[2 + \left(\frac{D_i}{2h}\right)^2\right]$；

　　　p——设计压力（MPa）；

　　　D_i——封头内径（mm）；

　　　$[\sigma]^t$——设计温度下材料的许用应力（MPa）；

　　　ϕ——焊缝系数；

　　　c——壁厚附加量（mm）。

（2）碟形封头　图 3-50 所示的碟形封头，球面部分的内半径 R_i 应不大于封头的内直径 D_i，通常取 0.9 倍的封头内直径。封头转角内半径 r_i 应不小于封头内直径的 10%，且不得小于 3 倍的封头名义厚度，即图示标注的厚度。对于 $R_i = 0.9 D_i$，$r_i = 0.17 D_i$ 的碟形封头，有效厚度应不小于封头内直径的 0.15%，其他碟形封头的有效厚度应不小于封头内径的 0.30%，但当已考虑了内压下的弹性失稳或按分析法进行设计时，可不受此限制。

碟形封头厚度 S_3（mm）按下式计算

$$S_3 = \frac{M_d p R_i}{2[\sigma]^t \phi - 0.5p} + c \tag{3-15}$$

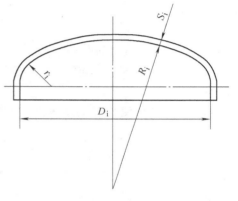

图 3-50　碟形封头

式中 M_d——碟形封头形状系数，$M_d = \frac{1}{4}\left[3 + \sqrt{\frac{R_i}{r_i}}\right]$；

　　　R_i——封头球面部分内径（mm）；

　　　r_i——封头边渡段转角内半径（mm）。

三、管道系统和主要部件的选择

（一）管道系统组成和设计要求

液化石油气罐车在装卸作业中必须保证安全，工作可靠，并且具有多种功能。为此，在管道系统中一般设有安全装置（安全阀、紧急切断阀、气相管）、监测仪表（压力表、流量计）、动力源（液泵）、操纵装置（各类阀、手动液压泵）以及连接胶管、快速接头、过滤器等。

管道系统应具有自泵装卸、泵站作用、他泵装卸、压差装卸和自流装卸等功能。图 3-51 所示为典型管道系统原理图。通过操纵不同的阀门可实现罐车的各种功能。

自泵装卸——操作手动泵，打开紧急切断阀，再打开阀 2、5，其余阀关闭，实现经流量计计量装液；若只打开阀 1、4，其余阀关闭，实现经流量计计量放液。

泵站倒罐——操作手动泵，打开紧急切断阀，打开阀 2、3，其余阀关闭，则不经流量计计量，液体也不经本车罐体进行倒罐；打开阀 2、4，其余阀关闭，可经流量计进行倒罐。

他泵或自流装卸——操作手动泵，打开紧急切断阀，打开阀 1、2 或 4、5，其余阀关闭，则不经流量计进行他泵或自流装卸；若打开阀 3、5，其余阀关闭，则经流量计进行他泵或自流装卸。

液化石油气运输车的管道系统与普通液体运输车不一样，结构也较复杂，其设计要求如下：

1）系统能完成密封装卸作业。

2）液化石油气在管道中的流速不得超过 5m/s。

3）必须实行罐底装卸或将上装管插入罐底灌注，避免高速冲击。

4）应设置气相平衡装置，当无气相平衡时，泵的每分钟流量应限在罐体总容量的 2.5%左右。

5）监测仪表、控制元件应齐全，工作可靠，动作灵活。

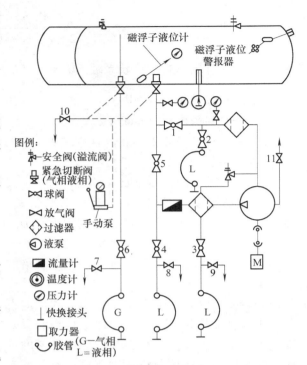

图 3-51 典型管道系统原理图
1—进泵阀 2—进罐阀 3—直排阀 4—过流阀
5—自流阀 6—气相阀 7—排气阀
8、9—泄压阀 10—切断阀 11—排气阀

6）液化石油气温度不得超过设计值，环境温度不允许超过紧急切断易熔合金的熔融温度（70±5）℃。

(二) 管道系统主要部件

1. 紧急切断装置

紧急切断装置是液化石油气运输车的主要安全装置之一，由液相和气相紧急切断阀、手油泵、放油泵、易熔塞和管道等组成。其作用是：关闭阀门，切断罐体与管道的通路，避免行驶中渗漏或意外排液；阀开启后，若排液流速达 7.6m/s 或发生意外事故，可自动关闭，待流速恢复正常后又能打开阀门；当环境温度超过（70±5）℃或失火时，紧急切断阀的易熔塞熔化，油压控制系统卸压，自动关闭阀门；遇紧急情况，又难于接近操纵箱中的手油泵时，可遥控汽车尾部的放油阀排油，关闭紧急切断阀，能保证在 5s 内同时关闭液相和气相阀。

紧急切断阀装在罐体底部与装卸管道的相连处（参见图 3-51），其外形和结构如图 3-52 所示。紧急切断阀平时处于关闭状态，装卸作业时，通过手油泵将液压油压入液压缸 10，推动活塞 11 左移，克服回位弹簧 14 的张力，使摇臂 1 转动，将阀杆 9 向上推动，使过流阀 5 上移，紧急切断阀即打开。当装卸完毕或管道系统泄漏需紧急切断液相管和气相管时，可操纵液压控制系统，使液压缸卸压，在回位弹簧的作用下，摇臂逆时针方向转动，过流阀在大、小弹簧 8、3 的张力作用下回位，紧急切断阀关闭。液压控制系统卸压的方法有：一是将手动液压泵手柄放在卸荷位置；二是通过罐体尾部放油阀卸压；三是高温下易熔合金塞 13 熔化，液压油卸压。

2. 液相管和气相管

液相管即排液管，其口径根据液泵的出入口径决定，要求流速不超过 5m/s，可用下式核算

$$v = \frac{4Q}{\pi d^2} \quad (3-16)$$

式中　v——液体流速（m/s）；
　　　Q——液泵的最大流量（m³/s）；
　　　d——液相管最小内径（m）。

由于装卸作业完毕后，阀门关闭，液化石油气被封闭在液相管道系统内，形成没有气相空间的密闭容器，这是不允许的。所以，设计液相管道时，必须考虑能将管道中的余液抽回到罐内或排放到其他容器中，也可设置旁路安全阀。

气相管是液化石油气运输车管道系统所特有的，它在密闭装卸中连通汽车罐体与接收（或放液）容器的气相空间，使两者的压力、温度达到新的平衡，实现正常装卸作业。气相管内径一般为 25mm。接口位置可在罐体的侧面或后封头操作箱部位，从而减小气相管长度，使回路简短，布置紧凑，如图 3-53 所示。

3. 液泵的选择

对液泵的要求，归纳如下：

1）泵送液化石油气时，不产生气化，气蚀小。在有气相平衡条件下，吸上压力为正时，能正常抽送具有高气化弹性的液体（液化气）；在无气相平衡条件时，能对气瓶罐气。

2）运转平稳，流量均匀，脉动小。

3）密封性好，耐腐蚀，寿命长。

4）零部件互换性好，便于维修。

5）体积小，造价低。

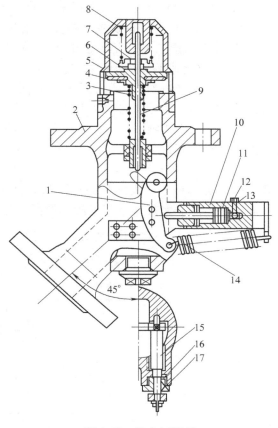

图 3-52　紧急切断阀
1—摇臂　2—阀体　3—小弹簧　4—大密封圈　5—过流阀
6—小密封圈　7—先导阀　8—大弹簧　9—阀杆
10—液压缸　11—活塞　12—易熔塞　13—易熔合金塞
14—回位弹簧　15—轴　16—轴套　17—O形密封圈

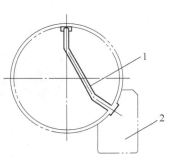

图 3-53　气相管
1—气相管　2—操作箱

根据整车性能要求选择液化气液泵的流量、压力、功率和转速等主要参数。按装卸速度要求，确定泵的流量。按规定，泵的入口流速为 $2\sim 3m/s$，出口流速不超过 $5m/s$，即可由式（3-16）算出泵的进出口口径。为了选择方便，也可按图 3-54 所示确定泵的吸入口径。当流量、口径选定后，其他参数也可随之确定了，但泵的类型必须是容积式。

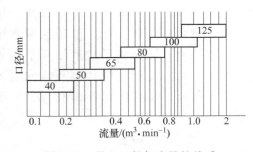

图 3-54 吸入口径与流量的关系

常用液化石油气液泵有滑片转子泵、内齿轮转子泵和旋涡泵等。旋涡泵能抽送具有饱和气体的液体。在有气相平衡的条件下，选择开式闭流道旋涡泵抽送液化气的气液混合体优于其他类型泵，对比数据列于表 3-10。

表 3-10 旋涡泵与其他泵主要性能对比数据（同口径）

性能 泵型	最大流量 /(L/min)	工作转数 /(r/min)	机械效率 （%）	工作平稳性	流量压力均匀性	大修周期/h	外形尺寸
旋涡泵	500	1450	36～38	平稳、噪声小	均匀、无脉动	2000～3000	体积小、轻
滑片转子泵（刮板泵）	250	500	15～20	有振动、噪声大	不均匀、有脉动	600～1000	体积大、较重
柱塞泵	200	—	—	振动、噪声大	不均匀、脉动大	1000～2000	体积大、重

4. 温度计和压力表

温度计用来测量液相温度，应选用压力表式温度计，量程应比液化石油气最高温度高 25%，通常为 $-40\sim 60℃$，并在 40℃ 和 50℃ 区域涂以红色标记。为了维修更换方便，受感器应插入与罐体相隔绝的套管内，如图 3-55 所示。

压力表的量程也应比最大压力大 25% 为宜，一般取 0～3.92MPa，精度不低于 2 级（2%）。在压力表之前应装有控制开关。

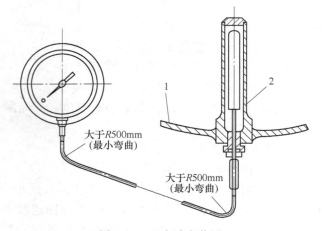

图 3-55 温度计安装图
1—罐体 2—隔离罩

5. 流量计

流量计必须选择容积式流量计，如椭圆齿轮流量计、滑片流量计或双转子流量计等。其量程应与泵的额定流量相匹配，为提高流量计的精度，在流量计入口前应有一段长而直的管道，并装有过滤器、气液分离器和压差计等，不允许混入气体，也不允许超计量工作。

第四节 粉粒物料运输车的结构与设计

一、概述

（一）粉粒物料运输车定义、组成和分类

粉粒物料运输车是采用压缩空气使运输的粉粒物料（如水泥、煤粉、粉煤灰、滑石粉、面粉等）流态化后，通过管道输送到一定距离和高度，用于运输散装粉粒物料的罐式汽车。粉料散装运输可以提高运输效率，节约运输费用，降低产品成本，同时能实现装、运、卸、贮的机械化。

近年来使用的粉粒物料运输车都是采用气动卸料的气卸散装粉粒物料运输车，它由六大部分组成，即汽车底盘、罐体总成、空气压缩机及空气管道、卸料管道系统、取力传动装置、监测仪表及安全装置等。气动卸料是将具有一定压力的压缩空气通过罐体底部的流态化装置通入罐内粉料中，使粉料和空气混合，呈现流动状态，然后打开卸料阀，粉料与空气混合物在罐内外压差的作用下排出，经管道流入地面容器内。

粉粒物料运输车按其罐体形式的不同可分为下列四种：

1. 立式粉粒物料运输车

立式粉粒物料运输车的罐体中心线呈垂直方向，如图 3-56 所示。车辆可载一个或多个立式罐。立式粉粒物料运输车适用范围广，能用于粉料、颗粒料等多种粉粒体物料的散装运输。但整车质心较高，采用多个罐体时结构复杂，制造成本也较高。

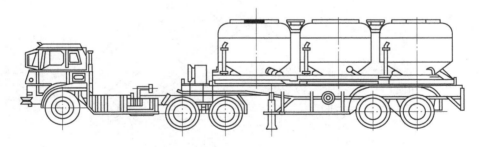

图 3-56 立式粉粒物料运输车

2. 卧式粉粒物料运输车

卧式粉粒物料运输车的罐体中心线呈水平方向，罐体可以是单个舱，也可分隔两个舱。若罐体内的流态化床与水平面成一个倾角，称为内倾卧式粉粒物料运输车，如图 3-57 所示。若罐体中心线与水平面成一个不大的倾角，则为外倾卧式粉粒物料运输车。卧式粉粒物料运输车具有结构简单，操作方便，卸料性能稳定和质心低的优点。但适用性受到限制，一般仅用于流态化性能较好的粉料散装运输。

3. 举升式粉粒物料运输车

举升式粉粒物料运输车在装料和行驶时，罐体中心线处于水平位置，卸料时举升机构将罐体前端举起，成倾斜状态，如图 3-58 所示。举升式粉粒物料运输车的罐内底部通常仅在出料口处设置流态化床，卸料时罐体呈倾斜状态，粉料在重力作用下自动下滑，集

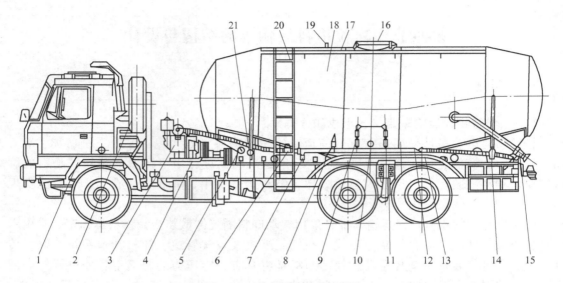

图 3-57 卧式粉粒物料运输车

1—汽车底盘 2—备胎 3—空气压缩机 4—调整装置 5—转速表 6、13—单向阀 7—外接气源装置
8—安全阀 9—进气阀Ⅰ 10—压力表 11—进气阀Ⅱ 12—二次进气阀 14—卸压阀Ⅰ 15—卸料蝶阀
16—进料装置 17—平台 18—罐体 19—盖枕 20—梯子 21—卸压阀Ⅱ

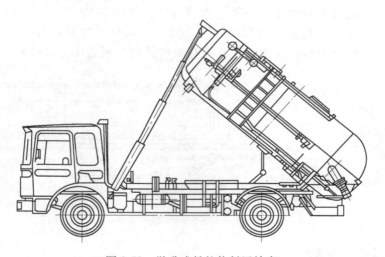

图 3-58 举升式粉粒物料运输车

中到出料口处后卸出。所以,罐体内部结构简单,容积效率高,适用范围广,常用来装运流态化性能差的粉料。但由于增加了举升机构,使用、维修复杂。

4. 斗式粉粒物料运输车

斗式粉粒物料运输车的罐体由中心线呈水平位置的直圆筒或长方筒和与中心线垂直的锥筒组合而成,如图 3-59 所示。斗式粉粒物料运输车通常不设置流态化床,利用粉料的重力自动卸料。所以,斗式粉粒物料运输车具有结构简单、应用范围广、剩余量少、罐内易于清扫等优点。

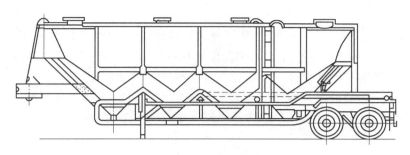

图 3-59　斗式粉粒物料运输车

（二）粉粒物料流态化的基本知识

1. 粉粒物料特性

散装粉料的运输、装卸设备与粉料特性有密切的关系，粉料的主要特性如下：

(1) 颗粒粒度　粉料颗粒形状是不规则的，表面还有沟、坑或空穴，其粒径也是不一样的。一般把粒径在一定范围内的颗粒定为一个粒组，粒组的平均粒径称为粒度。粉料中的粒度分布直接影响粉料的性质。

(2) 密度　密度是指单位体积粉料的质量，单位常用 kg/L 或 t/m³，由于粉料的空隙率$^{\ominus}$、粒度分布等的不同，因而又可分为以下几种：

1）真密度。指颗粒的质量与不包括颗粒表面空穴和颗粒之间孔隙的全部颗粒的真实体积之比。

2）表观密度。指颗粒质量与不包括颗粒之间孔隙的全部颗粒体积之比。

3）颗粒密度。指颗粒质量与包括颗粒表面空穴和颗粒之间孔隙的全部颗粒体积之比。

4）堆积密度。又称松散密度，指颗粒充满容器时颗粒质量与容器的容积之比。

常用的是颗粒密度和堆积密度。

(3) 安息角　在散堆粉料时形成的锥体素线与底面的夹角称为静态安息角；当堆放时还受到振动而形成的安息角称为动态安息角。安息角测定方法示意图如图 3-60 所示。安息角的大小与粉料的粒度、内摩擦角和黏附性等因素有关。

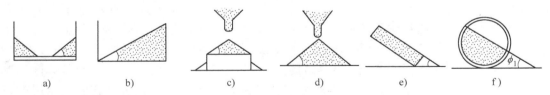

图 3-60　安息角测定方法示意图

a)、b) 排出法　c)、d) 注入法　e)、f) 倾斜法

(4) 摩擦角　摩擦角表示物料与固体壁面之间摩擦力的大小，摩擦角的正切值即是粉料与壁面间的摩擦因数。摩擦角的大小与物料的粒度、黏附性及壁面的材料、形状、表

$\ominus$　空隙率是指颗粒之间的空气体积与整个体积的比值，如水泥的空隙率为 0.66。

面粗糙度有关。

（5）黏附性　黏附性是指粉料之间、粉料与壁面之间的黏附现象。据分析，作用在颗粒之间的附着力和颗粒与壁面之间的作用力主要是分子间的吸引力、静电力和水分的毛细管力等。黏附性与粉料的特性、水分及壁面材料、表面粗糙度等有关。

（6）含水率　物料的水分包括附着在颗粒表面的自由水和结合在颗粒内部的化学水。化学水属于颗粒的组成成分，自由水为粉料的含水量，用含水率 W 表示，即

$$W = \frac{m_1 - m_2}{m_2} \times 100\% \tag{3-17}$$

式中　m_1——试样烘干前的质量（kg）；

　　　m_2——试样在温度 105℃ 烘干 2~4h 后的质量（kg）。

2. 物料的悬浮速度和沉降速度

悬浮速度是指在垂直管道中使物料颗粒处于悬浮状态时的气流速度。悬浮速度反映粉料主要的动力学性能，表示气力输送的难易程度。物料的悬浮速度一般用试验确定。沉降速度是指物料颗粒在静止空气中自由下落时，由于重力作用，下降速度逐渐增大，颗粒受到的空气阻力也同时增大。当空气阻力增大到与颗粒的浮重（重力与空气浮力之差）相等时，物料颗粒就以这时的最大速度等速下降。这个恒定的下降速度称为该物料颗粒的沉降速度。显然，物料的悬浮速度与沉降速度数值相等，方向相反。

3. 物料的流态化现象

流态化是一种向粉粒体床层中通入气体后，使床层具有某些类似液体特征的过程。在容器中装入粉粒体物料，在物料下部设置一个透气元件，承托粉料。设气体通过容器横截面的流速为 v，气体穿过粉粒体床层孔隙的实际流速为 v_0，显然 $v_0 > v$。随着 v 的变化，粉粒体床层将出现图 3-61 所示的各种现象。

（1）固定床　当气流速度较小时，气流从颗粒之间的孔隙穿过，颗粒静止不动，床层的空隙率 ε 不变，床层保持原有的高度，如图 3-61 中的 BF'' 段。气流穿过床层的速度 v_0 和压力损失 Δp 随气流速度的增加而增加，如图 3-61 中的 AF、AF' 段。把粉料的这种状态称为固定床。

（2）临界流态化床　气流速度 v 增加到某一值后，气流穿越床层的阻力刚好与床层上的粉粒体重力相等，床层开始膨胀，空隙率 ε 随着 v 的增加而增大，如图 3-61 中的 $F''T''$ 段。由于 ε 的增大，粉粒体间通道面积也随之增大，故气流穿过床层的实际流速 v_0 并不增加，如图 3-61 中 FT 段。因而气流压力损失 Δp 也不会因 v 的增加而增加，如图 3-61 中 $F'T'$ 段。此时粉粒体的重力不再由下面的透气元件直接支承，而由气体与粉粒体间的摩擦力承托。对每个颗粒来说，也不再靠相连颗粒的接触来维持其位置，它们在床层中可以自由移动。床层中任何一个截面上的压降大致等于该截面上粉粒体的重力。床层的高度因 ε 的增加而增加，但具有明显的上界面。床层开始产生这种变化的气流速度，即图 3-61 中 F、F'、F'' 点对应的气流速度，称为粉粒体的临界流态化速度，以 v_f 表示。

（3）散式流态化床和聚式流态化床　若气流速度比 v_f 大得不多，粉料粒度又小，则粉粒体床层连续膨胀，颗粒间的平均距离加大，气流在床层内均匀流动，称为散式流态化床，或称均一流态化床；若气流速度比 v_f 大得较多，过量的气体以气泡形式集聚后流过床层，则称为聚式流态化床或称鼓泡式流态化床、非均一流态化床。两种流态化床的

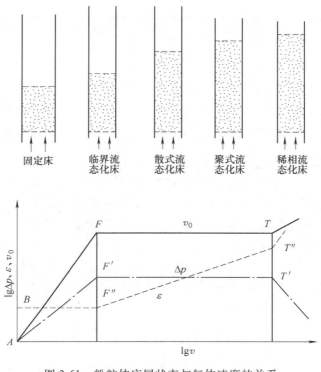

图 3-61 粉粒体床层状态与气体速度的关系

床层高度都有增加,但仍有明显的上界面。

(4) 稀相流态化床　当床层中的气流速度增加到物料的悬浮速度 v_t(指在垂直管道中使物料颗粒处于悬浮状态时的气流速度)时,粉粒体开始飞出上界面,进入上方空间;当气流速度超过 v_t 后,颗粒将被带出容器,形成稀相流态化床。此时,空隙率 ε 急剧增加,颗粒间摩擦损失造成的压力降 Δp 急剧减小,实际形成粉粒体和气体组成的固气两相——稀相气力输送状态。床层中若出现这种状态,卸料就不能完全。由此可见,流态化床的气流速度只能在临界流态化速度 v_f 和悬浮速度 v_t 之间。表 3-11 列出了部分粉粒体的悬浮速度 v_t 和临界流态化速度 v_f。

表 3-11　部分粉粒体的悬浮速度 v_t 和临界流态化速度 v_f

粉粒体	密度/(kg/m³)	粒度/mm	输送气体	v_t/(m/s)	v_f/(m/s)
水泥	2200	0.05	空气	0.233	0.01~0.015
面粉	1410	0.05	空气	1.00	0.03~0.05
石灰	2000	0.1	N_2	0.686	0.00653
小麦	750	4.5	空气	9.80	0.10~0.13
碳酸钙	2260	0.1	N_2	0.747	0.00738
碳酸钠	2430	0.1	N_2	0.782	0.00794
萤石($CaF_2$90%、$SiO_2$5%)	3150	0.1	N_2	0.929	0.0103

（续）

粉粒体	密度/(kg/m³)	粒度/mm	输送气体	v_t/(m/s)	v_f/(m/s)
炭粉（石墨95%）	2200	0.1	Ar	0.606	0.00586
铝粉	2690	0.1	Ar	0.69	0.00711
硅铁（Si75%、Fe25%）	3500	0.1	Ar	0.827	0.00932
硅钙（Si60%、Ca30%）	2550	0.1	Ar	0.669	0.00679
钛铁（Ti27.8%、Fe70%）	6000	0.1	Ar	1.191	0.01598

4. 流态化床粉料的似液性

流态化床的粉料具有某些类似液体的性质，如图 3-62 所示。图 3-62a 表示大而轻的颗粒具有弹跳性，颗粒受压时，极易回到床层；压力解除后，又重新弹跳进入上方空间。图 3-62b 表示床层具有流动性，当容器倾斜时，上界面仍能保持水平。图 3-62c 表示颗粒能从侧壁小孔喷出。图 3-62d 表示两流态化床连通后，颗粒能从高床位流向低床位，自动平衡床位高度。图 3-62e 表示床层中任意两点的压差大体等于这两点的静压力。

粉粒物料运输车的气动卸料正是利用了流态化粉粒物料的这些特性而实现输送的。

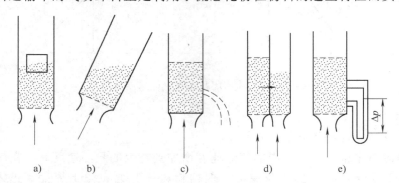

图 3-62 流态化床粉料的似液性
a）受压 b）倾斜流动 c）孔口喷射 d）平衡高度 e）位置压差

二、气卸散装粉粒物料运输车总体结构与设计

（一）典型总体结构

粉粒物料运输车的总体形式分为单车型（图 3-57）和列车型（图 3-56）两大类。列车型包括半挂型和全挂型两种。半挂型除牵引车和半挂车外，罐体及其他专用装置与单车型总体结构基本相同。罐体可以是立式罐，也可以是卧式罐，通常带有气源。全挂型的全挂车底盘上的罐体及其他专用装置与单车型总体结构也基本相似，但不带气源系统，通过罐体上设置的外接气源接头，在到达目的地后，外接地面气源卸料。

（二）专业性能和主要参数的确定

1. 平均卸料速度和剩余率

平均卸料速度和剩余率是粉粒物料运输车的主要专业性能指标。粉粒物料运输车卸料时，所卸下的粉料质量与卸料时间的比值称为平均卸料速度。卸料作业完毕后，罐内剩余粉料的质量与粉粒物料运输车额定装载质量的比值称为剩余率。这两个参数反映了粉粒物料运输车卸料作业的效率和经济性，也是评价粉粒物料运输车设计水平的重要指标。

为了正确地评价和比较平均卸料速度和剩余率，一般规定在卸料水平距离 5m、卸料垂直高度 15m、卸料管内径 100mm、压缩气体流量 4～8m³/min、压力 196kPa 的条件下进行测量，如图 3-63 所示，这种状态叫作标准状态。平均卸料速度 $\bar{v}$(kg/min) 由下式计算

$$\bar{v} = \frac{m_b - \Delta m}{t} \qquad (3-18)$$

式中 m_b——实际装载质量（kg）；
Δm——罐内剩余质量（kg）；
t——卸料时间（min）。

卸料时间是指自打开卸料阀卸料开始至卸料完毕关闭卸料阀为止的这段时间。一般在罐内压力上升到额定

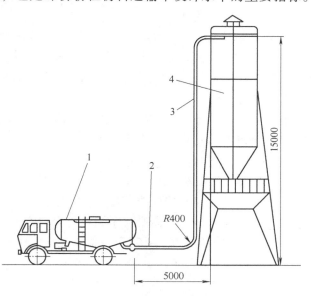

图 3-63　卸料性能测试状态
1—粉粒物料汽车　2—卸料水平管　3—卸料垂直管　4—接收塔

工作压力 p_e 时打开卸料阀，到卸料接近结束，罐内压力下降到 $0.1\,p_e$ 时关闭卸料阀。$\bar{v}$ 的一般值见表 3-12。

平均卸料速度与粉粒物料运输车的结构，压缩空气压力和流量等因素有关，由卸料管内固气两相流的浓度和速度决定。固气两相流的浓度也称为混合比，有质量浓度和体积浓度之分，常用的是质量浓度，用 μ 表示。体积浓度用 μ_V 表示。质量浓度是指单位时间内通过输送管道有效截面的粉料质量 m_s 与气体质量 m_g 之比，即

$$\mu = \frac{m_s}{m_g} \approx \frac{m_s}{\rho_g Q} \qquad (3-19)$$

式中 μ——质量浓度；
m_s——粉料质量流量（kg/min）；
m_g——气体质量流量（kg/min）；
ρ_g——气体密度（kg/m³）；
Q——气体体积流量（m³/min）。

于是，平均卸料速度可表示为

$$\bar{v} = \rho_g Q \mu \qquad (3-20)$$

剩余率 i 用下式计算

$$i = \frac{\Delta m}{m_e} \times 100\% \qquad (3-21)$$

式中 m_e——额定装载质量（kg）。

剩余率 i 的大小与罐体内部结构、流态化装置的性能有关。i 值过大，会降低车辆的有效装载质量，影响经济性。而且，粉料在罐内长期残存会发生结块、变质，这对食品类物料和化工产品的影响尤为严重。

粉料剩余量 Δm 主要由两部分组成，一是罐内的"死角"和粗糙表面上的剩余量；二是流态化装置或固气混合装置上的剩余量。解决办法是在设计罐体内部结构时尽量消除"死角"，提高滑料板的平面度和表面光滑性，提高流态化床和固气混合装置的性能。

2. 工作压力

粉粒物料运输车气动卸料时压缩空气应有一定的工作压力，用来满足粉粒体和气体流动需要的压力降和流态化过程产生的压力损失，这些压力损失包括：气流在管道沿程或局部的压力损失，气流透过流态化装置的压力损失，粉粒体的透气压力损失，固气两相流的加速压力损失、摩擦压力损失、悬浮压力损失等。若工作压力过小，平均卸料速度降低，易产生堵塞。工作压力过大又会造成能源浪费，罐体壁厚增加，空气压缩机、管道、阀门等的质量也要提高。通常工作压力只需略大于卸料过程中各种压力损失之和即可。试验表明，多数粉粒体在 196kPa 的输送压力下可实现 μ 值在 40～300 之间的固气两相流气动输送。所以，一般粉粒物料运输车的额定工作压力为 196kPa，只有当长距离、高浓度输送时才采用大于 196kPa 的卸料工作压力。

3. 压缩空气流量

压缩空气流量应满足三方面的要求：一是能实现粉料流态化，二是管道输送顺利，三是平均卸料速度合乎要求。

(1) 压缩空气流量与粉料流态化的关系　如前所述，透过气体分布板的气流速度在满足式 (3-22) 时，粉料才会产生流态化，即

$$v_g = \frac{Q}{A} \geq v_f \text{ 或 } Q \geq A v_f \tag{3-22}$$

式中　Q——压缩空气流量（m³/s）；
　　　A——流态化床面积（m²）；
　　　v_g——透过气体分布板的气流速度（m/s）；
　　　v_f——临界流态化速度（m/s）。

(2) 压缩空气流量与管道输送要求　对于管道气动输送，一般认为，只要输送气流速度大于粉粒体的悬浮速度 v_t 时，粉料就能顺利输送。但在粉粒物料运输车卸料的实际条件下，一方面由于粉粒体与罐壁之间以及粉粒体之间的碰撞、摩擦和黏附作用；另一方面由于输料管中气流速度分布不均匀，所以粉粒物料运输车要实现稳定输送，管内气流速度要比粉粒体的悬浮速度大几倍，甚至几十倍。

粉粒物料运输车卸料时，可采用水平输送或垂直输送。在水平输送中，粉粒体将要沉积下来不再参与悬浮输送的极限状态时的气流速度，称为沉积速度，用 v_s 表示。实践表明，当管内气流速度 $v_m \geq (1.1 \sim 1.3) v_s$ 时，就不会产生粉粒体沉积堵塞，称这个 v_m 为水平输送安全气速。在垂直输送中，粉粒体到某一高度停滞不动称为噎塞，此时的气流速度称为噎塞速度，用 v_h 表示。一般沉积速度大于或等于噎塞速度，所以通常用沉积速度或水平输送安全气速 v_m 来选取气流速度，可用下式确定压缩空气流量

$$Q \geq \frac{\pi d^2}{4} v_m \tag{3-23}$$

式中　Q——压缩空气流量（m³/s）；

　　　d——卸料管内径（m）；

　　　v_m——水平输送安全气速（m/s），可用实验或计算确定。

（3）压缩空气流量与卸料速度　从式（3-23）看出，卸料速度与压缩空气流量Q成正比。对于一般粉粒物料运输车来说，两相流的混合比即质量浓度μ所能达到的最大值受罐内流态化装置和气力输送条件的限制，故增加Q值是提高卸料速度的有效途径。表3-12列出了部分粉粒体在粉粒物料运输车上气力输送所能达到的平均卸料速度$\bar{v}$、剩余率i和质量浓度μ值。

表 3-12　部分粉粒体的 $\bar{v}$、i 和 μ 值

粉粒体	堆积密度 /(kg/m³)	在标准状态下		μ
		$\bar{v}$/(kg/min)	$i(\%)$	
水泥	1200	(1.2~1.6)×10³	0.1~0.4	200~270
粉煤灰	700	(0.7~0.85)×10³	0.4	116~170
石灰粉	900	(0.8~1.0)×10³	0.4	133
滑石粉	850	(0.85~1.0)×10³	0.2~0.4	160
电石粉	900	(0.85~1.2)×10³	0.2~0.4	140
重晶石粉	1450	(1.3~1.5)×10³	0.4	160
面粉	560	(0.45~0.6)×10³	0.2~0.4	90~100

三、粉粒物料运输车罐体总成结构与设计

（一）罐体结构特点

目前常用的罐体有立式罐体、卧式罐体和举升式罐体。前两种罐体的支承座与汽车车架紧固连接，举升式罐体的支承座与车架为铰接。下面分别对这几种罐体做简要介绍。

1. 立式罐体总成结构及工作原理

典型立式罐体总成结构如图3-64所示，由封头3、圆柱筒4、锥筒5和法兰6焊接成罐体壳，上部有平台1、进料装置2，罐底有球冠形气室7，用法兰、螺栓与罐体壳连接。支承座9焊接在锥筒5上，固定于汽车车架上，支承罐体。卸料时粉料从卸料管8排出，为下排式卸料。

图3-65所示为立式罐体卸料原理简图。卸料时，压缩空气经进气管6到气室7，穿过流态化装置5进入粉料的颗粒之间，使粉料流态化。当罐内压力上升到196kPa时，打开卸料阀4，粉料在罐内的压力作用下经卸料管3排出。罐体下部的锥筒素线与水平面的夹角等于或大于粉料的安息角，使粉料在重力作用下不断滑至卸料管吸口而被吸入管内排出，此为上吸式卸料。

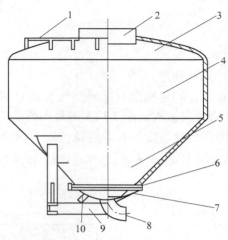
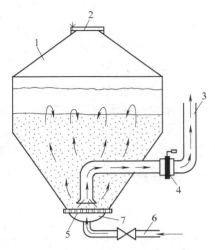

图 3-64 典型立式罐体总成结构
1—平台 2—进料装置 3—封头 4—圆柱筒
5—锥筒 6—法兰 7—球冠形气室
8—卸料管 9—支承座 10—进气口

图 3-65 立式罐体卸料原理简图
1—罐体 2—进料口 3—卸料管 4—卸料阀
5—流态化装置 6—进气管 7—气室

2. 卧式罐体总成结构及工作原理

卧式罐体如果由圆柱体和两个封头构成，流态化装置为单向倾斜，称为内倾卧式罐；如果罐体中间段为圆柱体，前后段为锥台（正锥台或斜锥台），两端是封头，流态化装置为双向倾斜，则称为双锥内倾卧式罐，它是流态化式气力卸料罐体的典型结构，目前常采用这种形式的罐体。图3-66所示为双锥内倾卧式罐体总成，罐体由中间圆柱筒4、两段锥筒5和封头6焊合而成，上部开设进料口3，焊有工作平台2，下部与底架1焊合。罐内有滑料板7、多孔板8和气体分布板9组成的流态化装置。

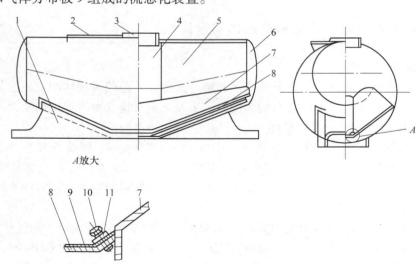

图 3-66 双锥内倾卧式罐体总成
1—底架 2—工作平台 3—进料口 4—圆柱筒 5—锥筒 6—封头 7—滑料板 8—多孔板
9—气体分布板 10—螺栓 11—压条

图 3-67 所示为卧式罐体气力卸料原理简图。卸料时，压缩空气经进气管 10 进入气室 7，穿过流态化装置 11 后到达粉料颗粒之间，使粉料流态化；当罐内压力上升到 196kPa 时，打开卸料阀 4，粉料在罐内压力的作用下经卸料管 3 排出。此为上吸式卸料。

3. 举升式罐体总成结构及工作原理

举升式罐体结构通常是圆筒体前端封头封口，罐体尾下部收缩成一锥筒；在装料和行驶时，罐体中心线处于水平位置，卸料时举升机构将罐体前端升起，罐体成

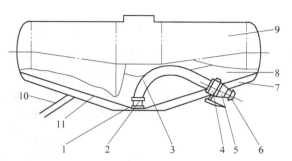

图 3-67 卧式罐体气力卸料原理简图
1—吸嘴 2—调节螺母 3—卸料管 4—卸料阀
5—二次进风装置 6—卸料管接头 7—气室 8—滑料板
9—罐体 10—进气管 11—液态化装置

倾斜状态，最大举升角度一般取 45°，举升后，整个罐体相当于一仓立式罐体，此时筒体滑料面与水平面夹角大于物料的安息角，举升式罐体内仅尾锥锥底出料口处设置流化床，当罐内压力上升至额定工作压力时，打开卸料阀，物料不断沿着罐体及尾锥内壁滑至锥底流化装置处，物料被流态化，在罐体内外压力差的作用下经出料口及卸料管排出罐外。

（二）罐体容积计算

罐体总容积 V 包括有效装载容积 V_a、扩大容积 V_b 和气室容积 V_c 三部分（图 3-68），即

$$V = V_a + V_b + V_c \tag{3-24}$$

1. 总容积 V

总容积为罐体壳所包容的体积。现以双锥内倾卧式罐体（图 3-69）为例，总容积 V 为圆柱筒体容积 V_1、直角斜锥筒体容积 V_2 和封头容积 V_3 之和，即

$$V = V_1 + V_2 + V_3 \tag{3-25}$$

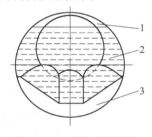

图 3-68 罐体横断面图
1—扩大容积 2—有效装载容积
3—气室容积

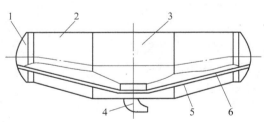
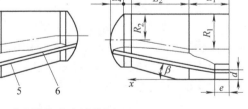

图 3-69 卧式罐体容积计算图
1—椭圆封头 2—斜锥筒体 3—圆柱筒体 4—出料口 5—气体分布板 6—滑料板

(1) 圆柱筒体容积 V_1（m³）

$$V_1 = 2\pi R_1^2 L_1 \tag{3-26}$$

式中　R_1——圆柱筒体内壁半径（m）；

L_1——圆柱筒体长度的 1/2（m）。

(2) 斜锥筒体容积 V_2（m³）　因两端斜锥筒体容积相等，则

$$V_2 = 2\frac{\pi}{3}(R_1^2 + R_2^2 + R_1 R_2) L_2 \qquad (3-27)$$

式中　R_1、R_2——分别为斜锥筒体大、小端内壁半径（m）；
　　　L_2——单个斜锥筒体长度（m）。

(3) 椭圆封头容积 V_3 (m³)　封头有半球形、椭圆形、碟形等几种。椭圆形封头由半个椭圆体壳和一段短圆柱筒体组成。两端封头容积相等。则

$$V_3 = 2\left(\pi R_2^2 L_3 + \frac{2}{3}\pi R_2^2 L_4\right) \qquad (3-28)$$

式中　L_3——短圆柱筒体长度（m）；
　　　L_4——封头长度，即椭圆短轴长度的 1/2 (m)。

2. 有效装载容积 V_a (m³)

有效装载容积指用于装载粉料的罐内容积，用下式计算

$$V_a = \frac{m_e}{\rho_s} \qquad (3-29)$$

式中　m_e——罐体的标定装载质量（kg）；
　　　ρ_s——粉料的堆积密度（kg/m³）。

3. 扩大容积 V_b (m³)

由于粉料的内摩擦力，进料口的数目、位置等原因，装料时粉料不能充满罐体上部的所有空间；粉料在流态化过程中空隙率 ε 要增加，上界面升高，装料时也需留出这部分空间。在上部留出的空间称为扩大容积，按下式确定

$$V_b = K_b V_a \qquad (3-30)$$

式中　K_b——扩大容积系数，通常取为 0.1~0.2。

4. 装载容积 V_d (m³)

有效装载容积与扩大容积之和叫作装载容积，即气体分布板和滑料板以上的罐内容积

$$V_d = V_a + V_b = (1 + K_b) V_a \qquad (3-31)$$

装载容积 V_d 可根据罐体结构用累积法进行验算。现取罐体任一横截面，装载面积可看作由一个五边形面积 A_1 和一个扇形面积 A_2 组成。图 3-70 所示为圆柱筒体中部的横截面。取坐标原点在圆周的最下方，x 轴平行于罐体的纵向中心线。截面上所构成的五边形面积 A_1 可看作上部等腰三角形面积与下部等腰梯形面积之和，即

$$A_1 = y_2(z_1 - z_2) + (y_2 + y_3)(z_2 - z_3) \qquad (3-32)$$

式中　y_i、z_i 表示点 i（图 3-70）的坐标分量，$i = 1 \sim 5$。其中点 1 在罐体中心线上，坐标为 $(x, 0, z_1)$。而 z_1 值（图 3-69）为

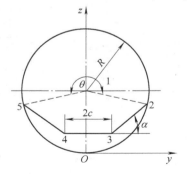

图 3-70　罐体中部横截面

$$z_1 = \begin{cases} R_1 & 0 < x \leq L_1 \\ [R_1 + (R_1 - R_2)/L_2](x - L_1) & L_1 < x \leq L_1 + L_2 \\ 2R_1 - R_2 & x > L_1 + L_2 \end{cases} \qquad (3-33)$$

点 3 和点 4 为气体分布板上的点，设点 3 坐标为 (x, y_3, z_3)，点 4 坐标为 $(x, -y_3,$

z_3），而 $y_3 = c$，其中，c 为 1/2 气体分布板宽度（m）；z_3 的值为

$$z_3 = \begin{cases} d, 0 < x \leq e \\ d + (x-e)\tan\beta, x > e \end{cases} \quad (3-34)$$

式中　　e——1/2 出料口纵向长度（m）；

d——气体分布板上表面距罐底高度（m）。

点 2 和点 5 分别为滑料板与筒体相贯线上的点，关于 z 轴对称。设点 2 坐标为（x，y_2，z_2），点 5 坐标为（x，$-y_2$，z_2）。y_2、z_2 的值，可用分段的罐体方程与滑料板方程联立求解。

中间圆柱面（$0 < x \leq L_1$）方程为

$$y^2 + (z - R_1)^2 = R_1^2 \quad (3-35)$$

斜锥台面（$L_1 < x \leq L_1 + L_2$）方程为

$$y^2 + \left[z - R_1 - \frac{R_1 - R_2}{L_2}(x - L_1)\right]^2 = \left[R_1 - \frac{R_1 - R_2}{L_2}(x - L_1)\right]^2 \quad (3-36)$$

封头短圆柱面（$L_1 + L_2 < x \leq L_1 + L_2 + L_3$）方程为

$$y^2 + (z - 2R_1 + R_2)^2 = R_2^2 \quad (3-37)$$

封头半椭圆面（$L_1 + L_2 + L_3 < x \leq L_1 + L_2 + L_3 + L_4$）方程为

$$\frac{(x - L_1 - L_2 + L_3)^2}{L_4^2} + \frac{y^2 + (z - 2R_1 + R_2)^2}{R_2^2} = 1 \quad (3-38)$$

滑料板方程为

$$z = \begin{cases} d + (y-c)\tan\alpha, & 0 < x \leq e \\ d + (y-c)\tan\alpha + (x-e)\tan\beta, & x > e \end{cases} \quad (3-39)$$

式中　　α——滑料板倾角（°）；

β——气体分布板与水平面在纵向垂直面内的夹角（°）。

只要给出纵向坐标 x 值，将滑料板方程与罐体分段方程联立可解出滑料板与罐体相贯线上点的坐标值 y_2，z_2。于是五边形面积 A_1 可表示为 x 的函数。

扇形面积 A_2 为

$$A_2 = \frac{1}{2}\theta R^2 \quad (3-40)$$

式中　　θ——扇形的圆心角（rad）；

R——扇形半径（m）。

在罐体的不同区段，扇形半径 R 为

$$R = \begin{cases} R_1 & 0 < x \leq L_1 \\ R_1 - \frac{R_1 - R_2}{L_2}(x - L_1) & L_1 < x \leq L_1 + L_2 \\ R_2 & L_1 + L_2 < x \leq L_1 + L_2 + L_3 \\ \frac{R_2}{L_4}\sqrt{L_4^2 - (x - L_1 - L_2 - L_3)^2} & L_1 + L_2 + L_3 < x \leq L_1 + L_2 + L_3 + L_4 \end{cases} \quad (3-41)$$

因为

$$R\sin\left(\pi - \frac{\theta}{2}\right) = y_2 \tag{3-42}$$

所以扇形圆心角 θ 为

$$\theta = 2\arcsin\frac{y_2}{R} \tag{3-43}$$

因此，罐体任一横截面上的装载面积 A_0 都可表示为 x 的函数，即

$$A_0 = A_1 + A_2 = f(x) \tag{3-44}$$

故罐体的装载容积 V_d 可通过平行截面面积对 x 的分段累积积分求得，即

$$V_d = 2\left[\int_D^{L_1} f(x)\,dx + \int_{L_1}^{L_2} f(x)\,dx + \int_{L_2}^{L_3} f(x)\,dx + \int_{L_3}^{L_4} f(x)\,dx\right] \tag{3-45}$$

5. 气室容积 V_c

$$V_c = V - V_a - V_b = V - (1 + K_b)V_a \tag{3-46}$$

或：

$$V_c = V - V_d \tag{3-47}$$

（三）流态化装置

粉粒物料运输车卸料的工作原理是将具有一定压力的压缩空气通过罐体底部的特殊装置通入罐内粉粒物料中，使粉料和空气混合，让物料呈现流动状态，进而在罐内外压差的作用下，经过卸料管被排出罐体输送到贮料仓中。流态化装置是使压缩空气形成微细、均匀的气流进入粉粒物料中，让物料具有从卸料口流出能力的装置。粉料的流态化装置也称流化床。

1. 类型

目前普遍采用的流态化装置有两类：单一流态化装置和复合流态化装置。

单一流态化装置（图3-71）结构简单，有圆形和长方形两种。圆形流态化装置多用于立式罐体，其多孔板有圆锥板和圆平板两种。圆锥板的锥角一般为120°~150°，适用于下出料；当圆锥角大于150°，底面直径在500mm左右时，适用于上出料。长方形流态化装置需要的压缩空气量比圆形流态化装置的多，适用于卧式倾斜固定罐体。

复合流态化装置（图3-72）在粉料形成流态化后还具有输送粉料的能力。它由几个单一流态化装置组合而成，如长方形与长方形组合、长方形与圆形组合等。

2. 构造

图3-71a所示为圆形单一流态化装置。它由滑板1、气室壳体2、多孔板3、气体分布板4、流态化元件6及压盘7等组成。根据出料方式的不同分为上出料和下出料式。滑板1为圆锥体，它既是罐体的一部分，又能起到使粉料下滑集中到流态化元件上的作用，以便使粉料流态化；多孔板3也是一个用钢板制成的圆锥体，上面钻有许多通孔，排成蜂窝状，其作用是支承流态化元件6，并与气室壳体2构成气室，以便气体均匀地通过。进气管5是压缩气体进入气室的通道。为了避免压缩气体直接冲击流态化元件，影响流态化效果，在进气管出口端设有气体分布板4，它是一个圆形盒盖，侧面有3~4个通气槽孔，压缩气体通过这些槽孔扩散地进入气室。流态化元件6一般由棉质或化纤帆布制成，用压块9、压圈8或压盘7压紧在多孔板3上。气流穿过流态化元件帆布上的编织孔使粉料流态化。

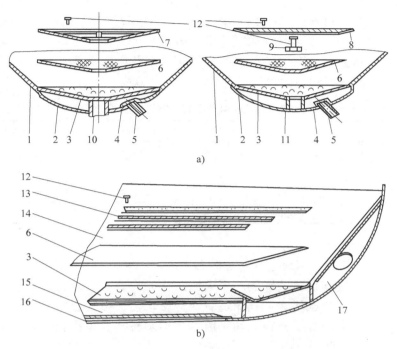

图 3-71 单一流态化装置
a) 圆形　b) 长方形

1—滑板　2—气室壳体　3—多孔板　4—气体分布板　5—进气管　6—流态化元件　7—压盘　8—压圈
9—压块　10—下出料管　11—支承管　12—压紧螺栓　13—压条　14—滑料板　15—气室　16—罐筒　17—支承板

图 3-72 所示为腰鼓形卧式罐体常用的复合流态化装置。它由滑料板 2、支承架 3、多孔板 5、流态化元件 6、压板 7 等组成。滑料板 2 与罐体 1 构成气室壳体,多孔板 5 向罐体的出料口倾斜。流态化元件 6 被压板 7 压在多孔板上,用螺栓 8 将压板、流态化元件和多孔板三者固定在一起,这便形成了长方形的流态化装置。

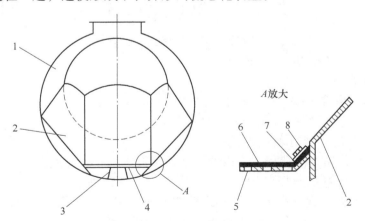

图 3-72 复合流态化装置

1—罐体　2—滑料板　3—支承架　4—流态化装置　5—多孔板　6—流态化元件　7—压板　8—螺栓

多孔板的作用是支承流态化元件及其上面的粉料，保证压缩空气均匀穿过。多孔板与水平面的夹角一般取粉料静止安息角的 1/3，常取 10°～15°，现有提高的趋势。多孔板常用 4mm 厚的钢板制造，上面均匀分布直径为 20～30mm 的孔，孔距大小与孔数多少以有利于均匀布气、支承强度和节约钻孔工时来确定。多孔板应沿罐体全长布置。部分粉粒物料选用的流态化床和滑料板倾角列于表 3-13，以供参考。

表 3-13　部分粉粒物料选用的流态化床和滑料板倾角

运输物料	静态安息角/(°)	流态化床倾角/(°)	滑料板倾角/(°)
水泥	39	10～13	40
面粉	50～55	15	43
重晶石	50～55	15～18	42
生石灰粉	50～57	15～17	42

3. 流态化元件

流态化元件的作用是使压缩空气通过后形成均匀、细微的气流，又称气体分布板。它对粉料的流态化具有极其重要的影响。要求流态化元件具有一定的透气阻力，且阻力能随着气流速度的增加而急剧增大；孔隙适宜，分布均匀，布气分散度高，受粉料层厚度影响小；表面光整平滑，易于粉料流动，透气而不漏料，吸湿性和附着力低；长期使用性质稳定，强度高、耐磨损、耐高温、耐腐蚀。

流态化元件材料分为硬质材料和软质材料两类。硬质材料虽然刚性好、耐磨、不易受潮，但易破碎、易堵塞、孔隙不易恢复、制造工艺复杂、价格高，故很少采用。软质材料有工业帆布、夹毛毡、涤纶帆布等。它们具有质量轻、易安装、易取得、价格便宜等优点。近年来，用化纤经过特殊编织的帆布，因透气性好、阻力高、不易受潮而被广泛地用来制作流态化元件，如能耐 150℃ 以上高温的特拉纶、贝纶、聚酰胺等合成材料。软质流态化元件是通过螺栓穿过压板与多孔板压紧为一体的，这种压紧方式装配、维修麻烦，流态化元件受力不均，易造成漏气和早期损坏，使用寿命低。而如图 3-73 所示的楔块压紧方式能改善上述不足。带有斜面的压

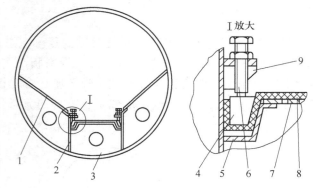

图 3-73　楔块压紧方式
1—滑板　2—支承板　3—横支承　4—压紧楔块
5—梯形槽弯板　6—压紧螺栓　7—多孔板
8—流态化元件　9—螺栓

紧楔块 4 用螺栓 9 顶紧在多孔板 7 下面的梯形槽弯板 5 中，软质流态化元件 8 被牢固地挤在左右两端的梯形槽弯板与压紧楔块之间，并拉紧在多孔板上。流态化装置的气室中部和前后两端再用压板压紧。这种压紧方式拆装方便、密封性好、不漏气，且提高了卸料速度，减少了粉料的剩余量，延长了流态化元件的使用寿命。

在双锥或多锥内倾卧式罐体内出现了新型多管式流态化装置。这种装置省去了多孔板、滑料板、支承板等，由多根帆布管和内嵌板组成。帆布管的端部与气室相通。用压

条、螺栓等将多根帆布管固定在锥形罐体底部的素线上,形成排状并与水平面成一定的夹角。这种多管式流态化装置在卸料时,压缩空气由气室经帆布管的帆布进入粉料之间,使粉料流态化。它具有结构简单、成本低、质量利用系数高的特点。

4. 流态化装置主要参数计算

(1) 临界流态化装置气流速度 v_f(m/s)

$$v_f = 4.08 \frac{d_s^{1.82}(\rho_s - \rho_g)^{0.94}}{(\eta \times 10^3)^{0.88} \rho_g^{0.06}} \tag{3-48}$$

式中　d_s——颗粒直径(m),水泥取为 88×10^{-6}m;

　　　ρ_s——颗粒真密度(kg/m³),水泥为 3200kg/m³;

　　　ρ_g——气体密度,在气体压力 $p=0.3$MPa,气体温度 $T=373$K,$\rho_0=1.29$kg/m³ 时,

$$\rho_g = \rho_0 \frac{273}{T} \times \frac{p}{0.1013} = 2.796 \text{kg/m}^3;$$

　　　η——气体的动力黏度(Pa·s),一般取 0.0218×10^{-3}Pa·s。

现以水泥为例,其临界流态化装置气流速度为

$$v_f = 4.08 \frac{(88 \times 10^{-6})^{1.82} \times (3200 - 2.796)^{0.94}}{(0.0218)^{0.88} \times 2.796^{0.06}} = 0.009 \text{ m/s}$$

(2) 流态化装置面积 A　流态化装置面积的大小与流态化装置的结构形式、罐体形式和尺寸、所装粉料性质有关,其中起主要作用的是粉料的临界流态化速度。故流态化装置的面积应满足下式

$$A \leqslant \frac{Q}{60 v_f} \tag{3-49}$$

式中　Q——气体流量(m³/min);

　　　v_f——粉料临界流态化速度(m/s)。

由上式知,在 Q 一定时,A 与 v_f 成反比,若流态化装置面积过大,透过气体分布板的气流速度就会小于粉料的临界流态化速度,粉料就不能良好地流态化,流动性差,易滞留在床面上或产生死角。

(3) 罐体最大空床截面积 A_{max}　图 3-74 中的 B—B 截面为卧式罐体最大空床截面,面积记作 A_{max}。若不计物料质量对流态化装置的影响,当 B—B 截面的气流速度达到 v_f 时,则其他任一水

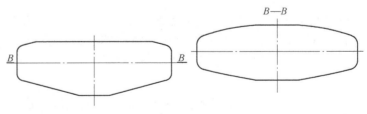

图 3-74　最大空床截面

平截面床层上的气流速度均可大于 v_f,都能进入高于临界流态化装置状态。最大空床面积用下式表示

$$A_{max} = \frac{Q}{60 v_f} \tag{3-50}$$

对于水泥,$A_{max} = 1.85Q$。目前,气卸散装粉粒物料运输车上常用的空气压缩机流量大致有 4.8m³/min、5.2m³/min、5.4m³/min、6m³/min、6.2m³/min、7m³/min 等几种。对

于水泥，用式（3-50）计算所得的 A_{max} 列于表 3-14，可用来判断流态化装置面积与空气压缩机是否匹配，也可预测水泥流态化的品质。

表 3-14 空气压缩机流量 Q 与 A_{max}、A_{min} 的对应值（水泥）

空气压缩机额定流量 $Q/(m^3/min)$	4.8	5.2	5.4	6.0	6.2	7.0
最大空床截面积 A_{max}/m^2	8.88	9.62	9.99	11.10	11.47	12.95
最小空床截面积 A_{min}/m^2	0.138	0.150	0.155	0.172	0.178	0.201

（4）粉料带出气流速度 v_t 粉料带出气流速度即粉料开始形成稀相流态化装置的气流速度（大于 v_t）。若气流速度达到此值，床层的稳定操作行为将急剧偏离理想行为，导致操作失常。v_t(m/s) 可按下式计算

$$v_t = \left[\frac{4}{225} \times \frac{(\rho_s - \rho_g)^2 g^2}{\rho_g \eta}\right]^{\frac{1}{3}} d_s \tag{3-51}$$

式中　g ——重力加速度。

水泥的带出气流速度 v_t 为

$$v_t = \left[\frac{4}{225} \times \frac{(3200 - 2.796)^2 \times 9.81^2}{2.796 \times 0.0218 \times 10^{-3}}\right]^{\frac{1}{3}} \times 88 \times 10^{-6} \text{m/s} = 0.58 \text{m/s}$$

（5）最小空床截面积 A_{min} 最小空床截面积出现在罐体顶部的某一位置，即流态化装置顶部。在床顶的气流速度不能超过 v_t，否则会导致稀相床出现。最小空床截面 A_{min} 用下式计算

$$A_{min} \geq \frac{Q}{60 v_t} \tag{3-52}$$

对于水泥，用式（3-52）计算的 A_{min} 值见表 3-14。

（四）进料装置

粉料运输车的进料装置除满足装料功能外，还可作为人员进出检修的通道。进料装置由进料口盖、密封圈、锁紧装置和进料口等组成。进料口的直径大都在 400～500mm 之间。按密封方式，进料装置可分为下列三种。

1. 外压密封式

外压密封式是用机械锁紧力将进料口盖、密封圈、进料口锁紧，使罐内有一定压力的固气混合物不能外泄。图 3-75 所示为杠杆式外压密封进料装置。当旋转拨叉 13 时，丝杠螺母 7 跟随一起旋转，推动叉式压块 5 向下移动，叉式压块将杠杆压臂 4 的一端向下压，压臂上的半圆凸台就紧压进料口盖 9，盖槽内的密封圈 10 就紧贴进料口 11，密封圈由于受压外胀，将进料口密封。

2. 内压自封式

图 3-76 所示为内压自封式进料装置。上盖板 5 与球面料口盖 6 焊成一体，安装在进料口座上，由固定销轴 8 和活动销轴 3 固定。内压自密封圈 4 有唇状边的一侧与球面料口

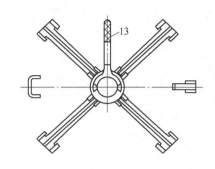

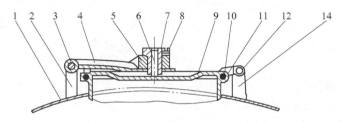

图 3-75　杠杆式外压密封进料装置

1—进料口补强　2—压臂支座　3—销轴　4—杠杆压臂　5—叉式压块　6—丝杠　7—丝杠螺母　8—拨叉销轴
9—进料口盖　10—密封圈　11—进料口　12—进料口盖铰接架　13—拨叉　14—铰接架支座

盖 6 贴合，卸料时在罐内气压的作用下，密封圈唇边紧压在球面料口盖上，形成环状密封带，罐内气压越高，贴合越紧，进料口密封越好。

3. 双重密封式

双重密封式是上述两种密封形式的组合，设有两道密封，密封更为可靠。由于结构较复杂，通常用在对密封性要求较高的剧毒品、易燃品、易爆品的粉粒物料运输车上。

（五）出料装置、卸料软管和卸压装置

1. 出料装置

出料装置有上吸式、下排式和侧排式三种形式，如图 3-77 所示。

（1）上吸式出料装置　上吸式出料装置具有卸料平顺，吸嘴高度可调，不易产生堵塞的特点，目前应用较广，但也存在卸料剩余量大的缺点。如图 3-67 所示，吸嘴 1 置于流态化装置的上方，嘴口与流态化元件的距离可在 30~70mm

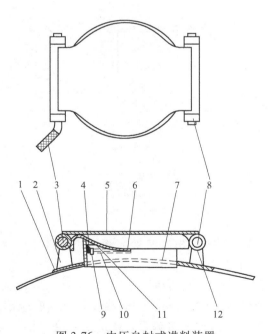

图 3-76　内压自封式进料装置

1—进料口补强　2—支座　3—活动销轴　4—内压自密封圈
5—上盖板　6—球面料口盖　7—进料口　8—固定销轴
9—锁紧螺栓　10—密封圈下托板　11—密封圈上压框
12—销轴套

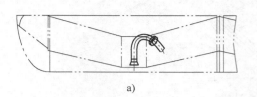 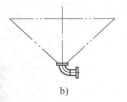 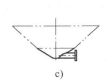

图 3-77 出料装置
a）上吸式 b）下排式 c）侧排式

内调节，通常调整为 50mm，然后用调节螺母 2 锁定。卸料管 3 的曲率半径应不小于管径的 7 倍，以减小输送粉料的阻力。二次进风装置 5（具体结构如图 3-78 所示）紧接卸料阀 4。当打开二次风球阀时，压缩空气进入二次进风装置形成环状压力风，可用来疏通卸料管，或改变卸料浓度，提高卸料速度。在出料装置末端装有快速接头，便于与卸料软管连接。

（2）下排式出料装置 图 3-79 所示为下排式出料装置，它具有结构简单，维修方便等优点，缺点是易堵塞，且下出料装置占用高度空间多，罐车离地间隙变小。出料口开设在罐体下部中央的多孔板和罐体壳上，与出料管的一端焊接。其他结构与上吸式出料装置基本相同。

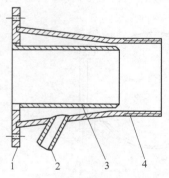 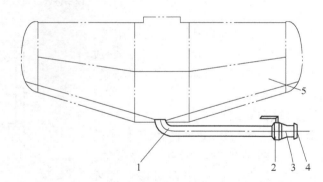

图 3-78 二次进风装置
1—套管法兰 2—二次风管接头
3—出料管 4—套管

图 3-79 下排式出料装置
1—出料管 2—蝶阀 3—二次进风装置
4—快速接头 5—罐体

（3）侧排式出料装置 侧排式出料装置性能介于上吸式和下排式出料装置之间。

2. 卸料软管

卸料软管要求能耐磨损、耐高温、耐高压。如图 3-80 所示，第一节卸料软管 5 一般是钢丝骨架或多层夹布的耐油胶管，其两端用卡箍 4 与快速接头 3（凹端）和快速接头 1（凸端）紧密地连接箍紧。O 形橡胶密封圈 2 置于快速接头 3（凹端）中。使用时，先抬起快速接头 3 上的勾柄，带动勾架前移，使两勾钩住快速接头 1 的凸端，然后用力压下勾柄，凸凹两端就紧密连成一体。

3. 卸压装置

卸压装置的用途是装料前或卸料后打开卸压球阀排放罐内剩余的压力空气，若卸料途

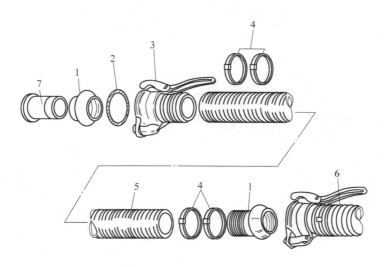

图 3-80　卸料软管

1—快速接头（凸端）　2—O 形橡胶密封圈　3—快速接头（凹端）　4—卡箍
5—第一节卸料软管　6—第二节软管及快速接头　7—二次进风装置

中出现故障，应用卸压装置排气卸压后再进行检修。

图 3-81 所示为卸压装置。卸压管 3 的一端装有多孔圆管，其上套有滤芯 1，用卡箍 2 箍紧，伸于罐体内部的上方；卸压管另一端伸于罐体外部，装有卸压球阀 4。卸压时罐内的气体通过滤芯经卸压管、卸压球阀排出，而粉料被过滤不能排出，以防污染外界环境。

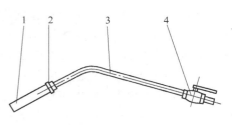

图 3-81　卸压装置

1—滤芯　2—卡箍　3—卸压管　4—卸压球阀

（六）附件

粉粒物料运输车的专用附件主要有爬梯、罐顶走道等。

爬梯有两种，分别是上罐顶的罐外爬梯和进入罐内的罐内爬梯。粉料运输车进料装置一般布置在罐车的顶部，工人在进行装料作业时，需要通过一竖放的罐外爬梯上到罐车顶部；罐内爬梯在进料装置处，人员可以从进料口通过竖放爬梯下到罐底检修或清理罐内。立式、举升式粉料运输车由于流态化装置面积比较小，卸料剩余率低，平时几乎不需要检修或清理罐内，可以不配罐内爬梯。

罐顶走道是在物料运输车顶部沿长度方向单边或双边布置的走道，是行走通道和操作平台，其必须具有防滑功能。罐顶走道一般采用花纹板、钢板网或冲孔板制作，走道外侧设置安全护栏，罐顶安全护栏分为固定式和活动升降式。由于受整车高度的限制，固定式护栏一般较矮，安全防护效果较差。常用的活动升降式安全护栏一般采用气缸控制其升降，行车时将安全护栏放下，不影响整车高度，装料作业前将安全护栏升到一定的高度，起安全防护作用；还有手动升降安全护栏，利用连杆机构通过爬梯控制罐顶安全护栏的升降，由于罐顶护栏与爬梯连动，操作人员只需站在地面通过爬梯的翻转来控制安全护栏的升降。

四、气力输送系统结构与设计

一般对气力输送系统的基本要求是：压缩空气具有一定的压力、流量和调节二相流浓度的功能；压缩空气不含水、油及其他杂质；结构紧凑，工作可靠，操作方便，压力损失小。图 3-82 所示为双锥内倾卧式罐上吸式气力输送系统简图。由于罐体较长，气室可分成两个独立舱，各有一个进气管，可以同时进气，也可单独进气。装料时，关闭卸压阀 1、卸料阀 5 和多路阀 6，开启排气口 4，打开装料口 3 即可装料入罐；卸料时，关闭装料口 3 及排气口 4，打开多路阀 6，操纵动力输出装置来驱动空气压缩机，向罐体内充气加压。当罐体内气压达到输送粉料所需要的压力时，打开卸料阀 5 进行卸料。卸料结束后，关闭卸料阀 5，打开卸压阀 1，放出罐体内剩余的压缩空气。单向阀 9 的作用是防止在卸料过程中空气压缩机发生故障时，流态化粉料倒流入空气压缩机。溢流阀 7 的作用是控制空气压缩机的排气压力使罐体内的充气压力不超限。

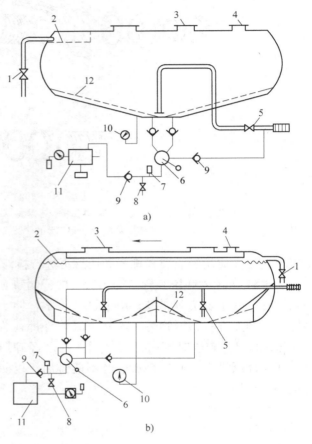

图 3-82　气力输送系统简图
a）单舱　b）双舱
1—卸压阀　2—过滤器　3—装料口　4—排气口　5—卸料阀
6—多路阀　7—安全阀　8—放气阀　9—单向阀
10—气压表　11—空气压缩机　12—流态化装置

1. 系统输送空气量的确定

系统需要的输送空气量 Q（m^3/min）用下式确定

$$Q = K_a \frac{\bar{v}}{\mu \rho_g} \tag{3-53}$$

式中　K_a——输送系统的漏气系数，取 $K_a = 1.1 \sim 1.2$；
　　　$\bar{v}$——卸料速度（kg/min）；
　　　μ——固气二相流浓度，取 $\mu = 40 \sim 80$；
　　　ρ_g——空气密度（kg/m^3）。

在气力卸料过程中，从罐体内排出的固气二相流流量应等于空气压缩机的流量，才能维持罐内压力稳定。故 μ 可用下式计算

$$\mu = \frac{\bar{v}}{\rho_g(Q - q_m)} \tag{3-54}$$

式中 Q——空气压缩机流量（m^3/min）；

q_m——输料管中粉料流量（m^3/min）。

2. 输料管内径和气流速度的确定

为便于实现元件的标准化、系列化和通用化，我国气卸散装粉料运输车的输料管直径一般都采用 100mm。

气流速度应满足罐体内流态化床的建立，赋予了粉料流体的特性，使之具有从卸料口流出的能力。但要完成在输料管中的整个输送过程，还必须使粉料具有足够的能量来克服各种阻力，始终维持其悬浮状态到达输料管出口。这个能量由罐内压力和气流速度来提供。输料管入口处的固气二相流速度 v_1 用下式确定

$$v_1 = \frac{4(Q_1 + \bar{v}/\rho_s)}{60\pi d^2} \tag{3-55}$$

式中 Q_1——在入口处压力下空气流量（m^3/min）；

ρ_s——粉料密度（kg/m^3）；

d——输料管内径（m）。

计算所得的 v_1 值应大于相应工作压力时的粉料悬浮速度 v_t。

3. 输送系统压力损失

固气二相流在管道中经过直管、弯管、阀门等到达出口时有压力损失。全部压力损失 H_1 包括动压损失 H_d 和静压损失 H_j 两部分，即

$$H_1 = H_d + H_j \tag{3-56}$$

动压损失 H_d 用下式计算

$$H_d = \frac{\rho_g v_g^2}{2}\left(1 + \mu \frac{v_s^2}{v_g^2}\right) \tag{3-57}$$

式中 ρ_g——气体密度（kg/m^3）；

v_g——气体速度（m/s）；

μ——混合比；

v_s^2/v_g^2——粉料速度平方与气流速度平方之比，取 0.65~0.85，μ 值大时取小值。

静压损失 H_j 包括固气二相流与直管壁的摩擦压力损失 H_λ、垂直升高压力损失 H_h 及各局部阻力压力损失 H_ξ，即

$$H_j = H_\lambda + H_h + H_\xi \tag{3-58}$$

直管中摩擦压力损失 H_λ 用下式计算

$$H_\lambda = \lambda \frac{L\rho_g v_g^2}{2d}(1 + C\mu) \tag{3-59}$$

式中 L——直管长度（m），挠性管按长度加一倍计算；

C——气体速度修正系数，按图 3-83 查取。

λ——摩擦阻力系数，查有关手册，当管道直径 d = 100mm 时，取 λ = 0.0235，也可用下式计算

$$\lambda = K_\lambda (0.0125 + 0.0011/d) \tag{3-60}$$

式中 K_λ——管道内壁系数,无缝钢管 $K_\lambda = 1.0$,新焊接管 $K_\lambda = 1.3$,旧焊接管 $K_\lambda = 1.6$。

垂直升高的压力损失 H_h 用下式计算

$$H_h = 9.8\rho_g(1+\mu)h \tag{3-61}$$

式中 h——垂直升高高度(m);

各种局部阻力的压力损失 H_ξ 用下式计算

$$H_\xi = \sum \xi \frac{\rho_g v_g^2 (1+C\mu)}{2} \tag{3-62}$$

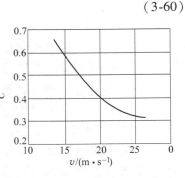

图 3-83 气流速度修正系数

式中 ξ——各种局部阻力系数,由表 3-15 查取。

表 3-15 局部阻力系数

序号	名称	ξ 值	序号	名称		ξ 值
1	截止阀	4~8	8	皱纹弯管($R=3d$)		0.9
2	止回阀	1.0~2.5	9	皱纹弯管($R=4d$)		0.6
3	90°弯头	1.0~2.0	10	焊接弯管($\alpha=90°$)		1.5
4	光滑90°弯头($R=2d$)	0.7	11	三通(用于合流时)	主管	1.5
5	光滑90°弯头($R=3d$)	0.5			支管	2.0
6	光滑90°弯头($R=4d$)	0.3	12	三通(用于分流时)	主管	1.0
7	皱纹弯管($R=2d$)	1.1			支管	1.5

注:R 为直管的弯曲半径,d 为直管的直径。

4. 流态化元件压力损失 H_2

流态化元件的压力降取决于流态化元件材料的种类和特性,由实际测量得到。考虑到使用一段时间后透气性有所下降,阻力略有增加,选取 H_2 值时应略高于实测值。对于用纺织品制作的流态化元件可取 $H_2 = 9.8$ kPa。

5. 空气压缩机的选择

粉粒物料运输车使用的空气压缩机应具备下列要求:

1)具有的流量和压力与罐体容积相适应。

2)在空气压缩机的压力-流量特性曲线图上,当压力变化时,流量变化应很小。

3)在空气压力不变的情况下应有稳定的空气流量。

4)排出的压缩空气应无油、无水、无杂质。

5)体积小,质量轻,便于安装,能连续运转一小时,工作可靠,使用寿命长,维修方便等。

常用的空气压缩机有回转滑片式和摆动式两种。回转滑片式空气压缩机具有体积小、排量大的优点。大多回转滑片式空气压缩机在气缸顶上还装置喷油器向缸内喷油,起到冷却、润滑、密封作用。但也使压缩空气含有油气,需经过滤后才能进入罐体气室。

我国粉料运输车用空气压缩机大多为摆动式,如图 3-84 所示。当转子 10 沿逆时针方向摆动时,其叶片后方处于低压状态,外部空气便通过进气阀8、13一侧的阀门吸入气缸。此时,进气阀9、12一侧的阀门关闭。同时,将气缸内上一次工作循环吸入的空气压缩,经阀座6与气缸5形成的排气道,由排气阀3、14排出。当转子从一个止点摆到另一个止点时,便完成一个工作循环;当转子10沿顺时针方向摆动时,进、排气阀以相反的动作进行进气和排气,空气压缩机再完成一个工作循环。由于转子叶片两侧都是工作容积,所以,在转子摆动时,转子两侧都可进行吸气式压气,曲轴不断转动,气缸内就连续排出压缩空气。曲轴每转一周,转子摆动两次,完成两个工作循环。摆动式空气压缩机的曲轴箱与往

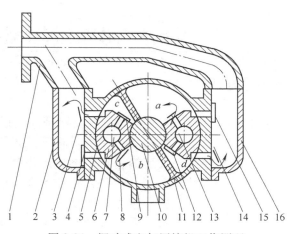

图3-84 摆动式空气压缩机工作原理
1—集气管 2、16—排气阀室
3、4、14、15—排气阀 5—气缸 6—阀座
7—进气孔 8、9、12、13—进气阀
10—转子 11—叶片

复活塞式空气压缩机的曲轴箱相似,构造比较简单。摆动式空气压缩机的气缸体用灰铸铁制造,转子用球墨铸铁制造。在转子叶片的两端和两侧均开有装密封件的槽。在转子两端的轴颈上车有密封槽,以防轴向漏气和漏油。转子和气缸体之间靠装在转子叶片密封槽内的石墨精片密封,其间并无润滑油,所以排出的压缩空气比较洁净,对粉料无污染,是一种比较理想的空气压缩机。

五、粉料运输车的发展趋势

1. 轻量化

粉料运输车轻量化主要朝两个方向发展。一是降低卸料工作压力,减小罐体壁厚,从而减轻罐车自重;二是采用铝合金材料进行粉料运输车设计。铝合金材料导电性能好,静电不易积聚,不会产生瞬间放电,可消除发生爆炸的隐患;铝合金在擦碰后表面会自动重新生成氧化膜,不会生锈,也不会影响物料的品质;铝合金比较轻,可大幅度地减轻车辆自重。铝合金粉料运输车具有推广意义。

2. 粉粒物料运输集装箱化

随着货物运输的集装箱化,散装粉粒物料运输也有集装箱化的发展趋势,粉料罐运输半挂车可以实现车、箱分离,一车多用,克服专用车专业化运输的不足。粉料罐放在集装箱半挂车上,相当于粉料运输半挂车。气卸粉料罐动力系统可安装在集装箱半挂车底盘上,或安装在牵引车上。

3. 举升式粉料运输车是未来发展的方向

卧式粉料运输车具有重心低、操作比较方便的优点,在国内使用广泛,但卧式粉料运输车只用于输送流态化性能较好的粉粒物料,且卸料剩余率较大;立式粉料运输车适用物料广、卸料剩余率低,但操作比较麻烦;举升式粉料运输车兼有二者的优点,是未来发展的方向。

第五节 混凝土搅拌运输车的结构与设计

一、整体结构

混凝土搅拌运输车是指装备有搅拌筒、螺旋叶片、动力系统等设备，用于运输混凝土的罐式汽车。通常分为两类，一类是将已经搅拌好的预制混凝土或将水泥、砂、骨料和水一起装入搅拌筒，在运输过程中不停地搅拌，防止混凝土凝结或离析，称为湿式搅拌运输车；另一类是将水泥、砂和骨料在不加水的状态下装入搅拌筒进行混合，待运到施工现场时，再加水搅拌，称为干式搅拌运输车。干式搅拌运输车一般自备有水箱，也可在加水地点由地面供水。采用这种后加水方法运输距离可以适当加长。我国大多采用湿式搅拌运输车。

图 3-85 所示为混凝土搅拌运输车布置图，这种运输车由汽车底盘、供水系统、上车传动系统、搅拌筒、机架、操纵系统、人梯、进出料装置等组成。

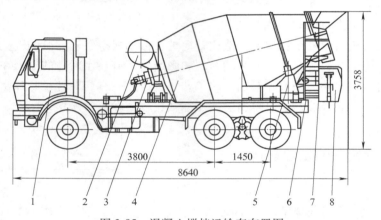

图 3-85 混凝土搅拌运输车布置图

1—底盘 2—供水系统 3—上车传动系统 4—搅拌筒 5—机架 6—操纵系统 7—人梯 8—进出料装置

机架是上车的基础，上车所有零部件均由机架支承。因此要有一定的强度和刚度，高度尺寸要小，以降低整车质心高度，提高整车行驶稳定性。上车传动系统动力传递形式为：动力源（发动机飞轮取力）→液压泵→液压马达→减速机→搅拌筒。供水系统采用压力供水，水箱容积大，有两个位置向水箱供水，以满足工地的不同使用情况，如图 3-86 所示。底盘储气筒向水路系统提供压缩空气，通过球阀 1、减压阀 2、单向阀 4 供气，由另

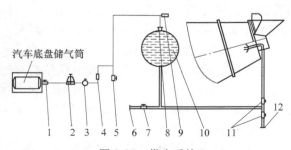

图 3-86 供水系统

1、5、7、11—球阀 2—减压阀
3—压力表 4—单向阀 6、12—快速接头
8—加水口 9—安全阀 10—水箱

一球阀 5 实现由快速接头 6 上水时排气溢流，也可由加水口 8 加水。供气管路全部采用铜管。冲洗管路可实现向搅拌筒供水，还可用快速接头 12 快速连接附加软管管路接头，对外表进行冲洗。

二、搅拌筒结构与设计

搅拌筒是搅拌运输车的核心部件，其性能的优劣直接关系着整车工作状况的好坏。搅拌筒主要由筒体、连接法兰、滚道及搅拌叶片组成。筒体的结构大多是前、后两端锥体、中间圆柱体，后锥根据搅动容积的大小由单锥或双锥组成，如图 3-87 所示。动力传递是通过连接法兰驱动搅拌筒工作的。搅拌筒的设计主要根据有效装载容量及整车布置的需要而确定其具体尺寸。

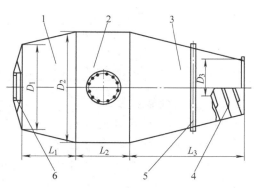

图 3-87 搅拌筒组成示意图
1—前锥 2—圆柱 3—后锥 4—搅拌叶片
5—滚道 6—连接法兰

（一）搅拌筒总体设计

搅拌运输车有效装载容量是指搅拌筒的实际最大有效装载容量，它是运输车最主要的性能参数，是计算搅拌筒几何尺寸、选用运载底盘吨位、确定搅拌筒驱动功率和传动系统参数最关键的原始数据，由设计任务要求给定。一般通过有效装载容量 V' 即可反推搅拌筒几何容积 V 的近似值，它们的关系是 $V'/V = 0.5 \sim 0.65$，V'/V 的大小主要根据搅拌筒的布置倾角及进料口的实际结构选取。斜置角度虽然不是搅拌筒筒体本身的几何参数，但它影响着搅拌筒的有效装载量、工作性能、支承性能等，对其几何参数起制约作用，设计时必须将几何参数与斜置角度联系起来综合考虑。目前斜置角度一般为 10°～20°，装载容量越小此角越大。主要是根据整车重心及高度选取不同的倾角，再考虑进料口的实际结构初选关系系数即可初步确定几何容积。搅拌筒斜置角度与有效装载容量一般关系见表 3-16。

表 3-16 搅拌筒斜置角度与有效装载容量一般关系

有效装载容量/m^3	<3	3～7	8	9	>11
最大斜置角度/(°)	18	16	15	11	10

在满足几何容积的前提下，搅拌筒中部圆柱直径、锥体锥角、沿轴线方向长度及斜置角度等是搅拌筒设计时应控制的几何参数，表 3-17 给出了这些参数选择的参考依据。

以 7m^3 搅拌运输车为例，首先确定圆柱直径 D_2，考虑到整车总宽、总高及汽车后视野等情况，D_2 通常取 ϕ2200～2300mm；随后确定前后锥直径及长度。保证前锥锥角等于两倍的斜置角度以确定 L_1 及 L_2；根据进出料的需要，D_3 通常取 ϕ1100mm，同样取后锥锥角等于两倍的斜置角度而确定 L_3，当有效装载容量超过 8m^3 时还可设计成双后锥。前锥及后锥锥角设置的原则一般是使前锥下素线、后锥上素线平行于汽车大梁，从而使整车更加协调、美观。

表 3-17 搅拌筒几何参数设置

几何参数	约束因素	参考值
中部圆柱直径	底盘宽度、整车稳定性、车辆通过性、有效装载容量	一般为 2000mm 以上
锥体锥角	搅拌筒长度、搅拌性能、卸料性能	控制在 15°~20°之间
沿轴线方向长度	有效装载容量、中部圆柱直径、锥体锥角、斜置角度、底盘长度	计算、绘图确定
筒口直径	卸料速度、反转速度、混凝土坍落度	综合计算求得

（二）有效装载容量的计算

根据外形尺寸计算几何容积，初步复核搅拌筒有效装载容量，若不太合适可调整各尺寸，从而得出最佳尺寸组合。搅拌筒几何容积 $V = V_1 + V_2 + V_3 + V_4$，即封头、前锥、圆柱、后锥四个部分，均为几何计算，具体不再赘述。

如图 3-88 所示，设搅拌筒斜置角度为 α、EG 为后锥出料口片的高度，考虑到搅拌车有一定的爬坡能力，要求装载混凝土不得达到 G 点，到 F 点即可。假设混凝土为理想流体，则过 F 点做水平线，那么此水平线以下部分的容积即为搅拌筒有效装载容量。因封头很小，且有一内锥，其有效容积及叶片所占空间忽略不计，这样可以把搅拌筒分为三部分 V'_1、V'_2、V'_3，则搅拌筒有效装载容量 $V' = V'_1 + V'_2 + V'_3$。

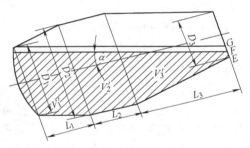

图 3-88 搅拌筒有效装载容量示意图

以后锥有效容积 V'_3 的计算为例，如图 3-89 所示，令 $EF = y_1$，β 为后锥半锥角。后锥有效容积 V'_3 分为 V'_{3a}、V'_{3b} 两部分。

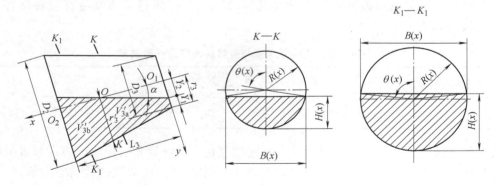

图 3-89 有效容积计算图

1. V'_{3a} 的计算

如 $K—K$ 截面，$y_2 = r_3 - y_1$

$$R(x) = x\tan\beta + r_3$$

$$H(x) = R(x) - y_2 + x\tan\alpha$$

$$B(x) = 2\sqrt{R^2(x) - (y_2 - x\tan\alpha)^2}$$

$$\theta(x) = \arctan\frac{B(x)}{2(y_2 - x\tan\alpha)}$$

$$dF = \frac{1}{4R^2(x)\theta(x) - 2B(x)[R(x) - H(x)]}$$

由此可得

$$V'_{3a} = \int_O^{OO_1} dF dx \tag{3-63}$$

其中 $OO_1 = y_2/\tan\alpha$

2. V'_{3b} 的计算

如 $K_1—K_1$ 截面，$r'_3 = OO_1\tan\beta + r_3$

$$R(x) = x\tan\beta + r'_3$$
$$H(x) = R(x) + x\tan\alpha$$
$$B(x) = 2\sqrt{R^2(x) - (x\tan\alpha)^2}$$
$$\theta(x) = \arctan\frac{B(x)}{2(x\tan\alpha)}$$
$$dF = \pi R(x)^2 - \frac{1}{2\{2R^2(x)\theta(x) - B(x)[H(x) - R(x)]\}}$$

由此可得

$$V'_{3b} = \int_O^{OO_1} dF dx \tag{3-64}$$

而后锥有效容积为

$$V'_3 = V'_{3a} + V'_{3b} \tag{3-65}$$

前锥及圆柱有效容积 V'_1、V'_2 可用同样的方法计算，只是参数的选取不同，不再重复。

（三）搅拌筒内混凝土重心的计算

搅拌筒在装有混凝土时的重心位置是搅拌车设计的重要参数，它对整车轴荷分配有重要的影响，并用它来校核整车的稳定性。

以后锥为例，如图 3-89 所示，$K—K$ 截面重心位置 (X, Y) 计算如下：

$$X = \frac{\int_O^{OO_1} x dF dx}{V'_{3a}}$$

$$Y = \frac{\int_O^{OO_1} y dF dx}{V'_{3a}} = \frac{\int_O^{OO_1} B^3(x) dx}{V'_{3a}}$$

圆柱段和前锥也可用上述公式求出混凝土的重心，然后再换算到图 3-88 所示的坐标中求出混凝土的重心。

$$\begin{cases} X = \dfrac{\sum x_i V_i}{V'} \\ Y = \dfrac{\sum y_i V_i}{V'} \end{cases} \tag{3-66}$$

工作中因混凝土是往前往上推挤，故 X、Y 均应有一修正值 x'、y'，一般取 x' 约为 80mm，y' 约为 -20mm，混凝土实际重心位置 $x = X + x'$，$y = Y + y'$。

（四）搅拌叶片的设计计算

搅拌叶片是混凝土搅拌运输车搅拌筒实现其工作性能的关键，搅拌筒搅拌性能是通过搅拌叶片对拌和料连续不断地碰撞而形成的，而出料则通过螺旋运动及物料的自落来实现。

1. 搅拌叶片的总体结构

图 3-90 所示为搅拌叶片总体结构图。实现搅拌筒功能的主体结构，主要由两组旋向相同、互错 180°的对数螺旋状叶片组成。螺旋状叶片均为直纹旋面，可设计成左旋，也可设计成右旋。按习惯一般选用左旋，使搅拌筒在顺时针时进料、搅拌，逆时针时出料。

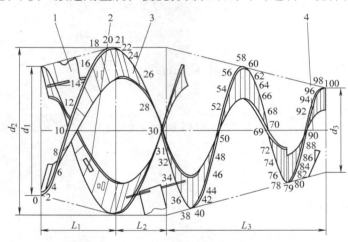

图 3-90 搅拌叶片总体结构图
1—搅拌板 2—搅拌孔 3—螺旋叶片 4—辅助叶片

搅拌叶片在搅拌筒中位置不同，其作用也有所不同，设计时所选用的螺旋升角 α 也不同，α 越大搅拌性能越好，但出料性能越差。螺旋升角 α 与螺旋角 β 之间的关系为 $\alpha + \beta = 90°$。

前锥搅拌叶片主要是为了实现搅拌功能，因此设计时在满足物料下滑的前提下尽量加大螺旋升角；但为了避免前锥积料、改善出料性能，应减小小端处的螺旋升角。这样，前锥搅拌叶片顶端螺旋角不同。为计算方便建立了一假想"计算锥"，假定其上螺旋线的螺旋角均相等。圆柱段是搅拌与出料的过渡段，为提高搅拌性能应适当提高搅拌叶片顶端螺旋升角；为改善出料性能应使搅拌叶片直纹与搅拌筒轴线有一定夹角，从而较好地实现这两种功能。后锥搅拌叶片主要是实现快速卸料，并起一定拌和作用，避免出料时出现离析，实际设计时直接让后锥搅拌叶片根部螺旋角相同。

实际使用时前锥、圆柱、后锥搅拌叶片是连续的，功能上并没有严格的区分。另外，为了进一步增强拌和效果，实现均匀快速卸料，又进行了下列辅助设计：在前锥与圆柱段之间增加两套搅拌板装置，在前锥至后锥的搅拌叶片上增开相应的搅拌孔，其最直接的作用是增强运输过程中的拌和效果，提高运送混凝土的质量，避免离析；后锥前半段设计成等高叶片，随后有一段增高叶片，再随之降低至出料口，有利于出料和进料斗的设计布置；出料口有辅助叶片，以实现出料均匀。

设计后锥叶片时也采用建立"计算锥"的方法。将后锥叶片设计成不等宽非直纹螺旋面，只要后锥螺旋线上螺旋角选择合适，同样会取得较好的效果。但设计计算及工艺方法比较繁琐，工装制作费用也更高。

在出料口处设计进料圈可提高装填系数，并降低整车重心与高度，但在运送坍落度较低的混凝土时会出现出料不畅，混凝土易粘在进料圈上，冲洗也不方便的情况，因此设计者在选取设计方法时可根据企业自身及产品面对的市场情况而定。

2. 搅拌叶片的设计

图 3-91 所示为搅拌叶片设计计算图。其前锥、圆柱、后锥叶片设计特点各有不同，应区别对待。

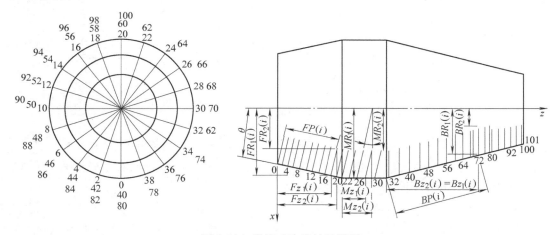

图 3-91 搅拌叶片设计计算图

（1）前锥与圆柱段搅拌叶片设计 前锥搅拌叶片的设计主要引入了"计算锥"的计算方法，如图 3-92 所示。有关文献有公式的具体推导，也有实际设计计算的具体过程，这里只对参数的选取进行说明。

θ_1 为前锥半锥角，θ_2 为搅拌叶片组成的半锥角，在选取等宽的螺旋面时两者相等，一般取叶片斜置角为 $\mu = \theta_1$。

叶片截面宽度 $B = aa'$，一般取 410~450mm，搅拌筒直径大时取大数，反之取小数。

根据对数螺旋线的性质，螺旋线上任一点纵坐标值为 $z_i = z_0 \omega^i$，其中 $\omega = e^{\frac{2\pi}{n} \cdot \frac{\sin\theta}{\tan\beta}}$，$n$ 为圆周等分数，如图 3-91 左视图所示。n 一般取 40、60、90 等，取值越大螺旋线计算越准确，但计算越复杂；z_i 为第 i 点纵坐标，z_0 为 $i = 0$ 点的纵坐标，i 为叶片根部在筒壁上的取点数。

圆柱段叶片布置也有采用螺旋面直纹与搅拌筒轴线垂直的方法，但其实际使用效果略差于有一斜置角的设计。

（2）后锥搅拌叶片设计 后锥叶片根部螺旋角 β 过小会影响出料，过大则螺距偏小，运送坍落度较低的混凝土时反而易积料。一般取 $\beta = 76° \sim 77°$ 较为合适，后锥搅拌叶片设计如图 3-93 所示。

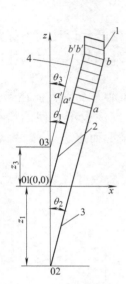

图 3-92 前锥与叶片顶锥
1—圆柱 2—叶片顶锥
3—前锥 4—计算锥

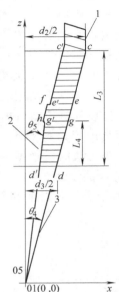

图 3-93 后锥与叶片顶锥
1—圆锥 2—叶片顶锥 3—后锥

令 z_d 为后锥叶片 $i = 0$ 点的纵坐标，即叶片起始点；z_c 为叶片终止点的纵坐标。其中 $z_d = d_3/(2\tan\theta_4)$，$z_c = z_d + L_3$。令 $z_c = z_d \omega^i$，求出叶片根部在筒壁上的等分编号 i，以后锥的小锥面为坐标可分别计算出筒壁上各点的坐标值。

根据搅拌车进料斗与叶片的干涉情况以及混凝土进入搅拌筒与叶片的冲击而不外溅等因素，图 3-93 中 L_4 约等于 800mm，具体数值据取点计算而定；eg 为两点间叶片长度，一般取约 1/4 螺旋；cc'、ef 为后锥叶片截面宽度，$cc' = ee' = aa'$，$ef = gh = ee' + M$，M 是为防止出料时反料而设置的增高段高度，一般取 40~50mm。dd' 的确定受进料斗入口尺寸的影响，其取值越大，搅拌筒有效容积越大，但容易与进料斗干涉；反之，不易干涉，但搅拌筒有效容积则减小，一般取 250~300mm。

如图 3-91 及图 3-93 所示，以后锥的大锥端面为坐标面，$Bz_1(i)$ 为第 i 点叶片根部的 z 坐标值，$Bz_2(i)$ 为第 i 点叶片顶部 z 坐标值；$BR_1(i)$ 为第 i 点叶片根部 x 坐标值，$BR_2(i)$ 为第 i 点叶片顶部 x 坐标值；$BP(i)$ 为第 i 点叶片根部在后锥面上的长度。通过以下公式可计算出各数值。

$$Bz_1(i) = Bz_2(i) = z_d - z_c \omega^i \quad (i = 0 - i) \tag{3-67}$$

$$BP(i) = Bz_2(i)/\cos\theta_4 \tag{3-68}$$

$$BR_1(i) = \frac{d_2}{2} - Bz_2(i)\tan\theta_4 \tag{3-69}$$

$$BR_2(i) = BR_1(i) - B \tag{3-70}$$

其中，B 的计算分三部分，在 ce 段 $B = cc'$，在 eg 段 $B = ef$，在 gd 段 $B = gg' + Bz_2(i)\tan\theta_5 - Bz_1(i)\tan\theta_4$，$\theta_4$ 为后锥的半锥角，θ_5 为叶片顶锥的半锥角。

实际计算中，将前锥、圆柱、后锥所有 i 连接起来形成序号，把所有计算数据列成表格，查阅起来非常方便。

三、供水系统

供水系统的主要作用是清洗搅拌筒，有时也用于运输途中进行干料搅拌。供水系统还对液压系统起冷却作用。如要进行干料注水搅拌运输，应适当增大水箱容积。

混凝土运输搅拌车的供水系统有两种形式：一种是离心水泵供水系统，一种是压力水箱供水系统。因后者不必另设离心水泵，既简化了结构又减少了易损零件，故应用较为普遍。

压力喷水系统原理图如图 3-94 所示。它是利用汽车制动系统中的储气筒 1 内的压缩空气，通过充气阀 2 和顺序阀 3 引入密闭的压力水箱 5。水箱中的水在压缩空气的作用下，经喷水阀 8 和计量水表 7 喷入搅拌筒。关闭喷水阀 8，打开冲洗阀 9，水箱中的水便经冲洗阀和冲洗软管 10 喷出，即可进行冲洗作业。关闭充气阀、喷水阀和冲洗阀，打开排气阀 11，即可放出水箱中的压缩空气，然后将引水接头与水源管路相接并打开进水阀，即可将水源的水注入水箱，进行充水作业。水箱上有液位计可以观测充注的水量，充足水后关闭进水阀和排气阀即可。

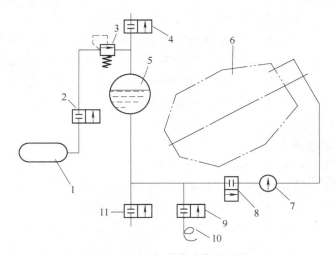

图 3-94　压力喷水系统原理图
1—储气筒　2—充气阀　3—顺序阀　4—排气阀　5—压力水箱　6—搅拌筒
7—计量水表　8—喷水阀　9—冲洗阀　10—冲洗软管　11—排气阀

为了防止压力喷水导致汽车制动系统储气筒内的气压下降得过低，影响汽车的制动性能，在压力喷水系统中设有一个顺序阀。当储气筒中的压缩空气的压力低于 0.6MPa 时，顺序阀便自动关闭，待汽车的空气压缩机将储气筒加压到额定压力时，顺序阀重新开启，向压力水箱充气，喷水系统重新喷水工作。

四、搅拌筒的驱动形式

搅拌运输车的搅拌筒在进行加料、搅拌（或搅动）和卸料等工况作业时，将以不同的速度和方向转动，这些都需要动力供给，并由驱动装置（传动系统）按工况控制动力的传递。由于搅拌运输车的搅拌装置安装在汽车底盘上，并在运输途中工作，因此其动力的供给、动力设备的配置以及驱动装置的结构，都有相应的特点。

1. 搅拌筒的动力供给和动力引出形式

一般搅拌运输车的搅拌筒的动力来源有两种：一是运输车的行车发动机，一是专用发动机。专用发动机作为动力源其优点是构造简单，不受汽车底盘发动机制约，便于保证混凝土的运输和搅拌质量，但造价较高、燃油量较大、运营费用较高，搅拌车的早期发展曾有过这种配置方式，原因在于当时缺乏理想的全功率取力方式，随着取力器的应用，这种驱动方式已经被淘汰。这种驱动方式对大容量的混凝土运输搅拌车还是比较适宜的。以运输车本身的行车发动机作为动力源根据取力位置的不同又分为两种类型：

（1）从汽车发动机的前端取力 发动机曲轴前端直接通过联轴节带动变量轴向柱塞泵，泵出的高压油驱动定量柱塞液压马达，再经由行星传动装置带动搅拌筒转动。这种方式应用较早，特点是构造简单，出力大，灵活可靠，耐用和维修方便。此外，采用这种方式还可减小搅拌筒和汽车驾驶室之间的空间，使搅拌筒的中心略向前移，汽车轴荷的分布更趋合理。但会给液压系统元件的安装布置带来困难。又由于系统管路增长而加大了压力损失，从而降低了效率。

（2）从发动机后方飞轮轴端取力 通过万向节驱动变量柱塞泵，进而驱动定量柱塞液压马达经由行星传动装置以带动搅拌筒转动。这种方式的特点是构造较为简单，布置紧凑，既能克服上车独立驱动的缺点，又能弥补发动机前端取力形式的不足。但采用该种方案的前提条件是所选底盘必须安装有发动机飞轮端取力装置。还可以由发动机后端取力后经分动箱、离合器以带动变量轴向柱塞泵和定量柱塞液压马达再通过行星传动装置带动搅拌筒转动。目前，这种方案应用较为广泛。

2. 搅拌筒的驱动装置

由于液压传动技术的飞速发展，大多数搅拌车都已经采用了液压传动。一种是通过发动机驱动液压泵、液压马达，然后直接驱动搅拌筒，而不需要机械减速机构的全液压驱动方式；另一种所不同的是液压马达必须通过机械的减速机构（一般通过行星装置减速）驱动搅拌筒，这种方式称为液压-机械传动。目前我国生产的搅拌运输车普遍应用液压-机械混合式驱动装置。它由发动机、取力装置（与补油泵）、液压泵、控制阀、液压马达、减速器和搅拌筒组成。

利用液压传动易于控制的特点，通过液压传动部分对系统进行调速和控制，然后利用减速器的大减速比进行减速增矩，从而驱动大惯量的搅拌筒。机械传动部分的结构，一般都由与液压马达连接的一个闭式减速器和连接搅拌筒的一对终端传动件组成，搅拌筒的末级传动除了采用链轮链条之外，还有采用齿轮齿圈开式传动的，如图3-95所示。

为了提高传动效率，消除开式传动的缺陷，近些年来开始推广一种搅拌筒直接驱动的结构，也就是将液压马达减速器输出轴直接与搅拌筒的底端法兰相连，形成一套闭式

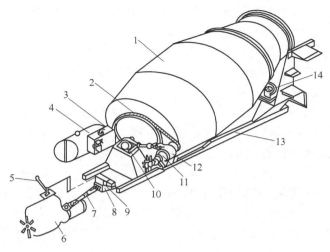

图 3-95　混凝土搅拌运输车搅拌装置
1—搅拌筒　2—链传动　3—油箱　4—水箱　5—液压系统操纵手柄　6—发动机　7—取力万向节传动轴
8—液压泵　9—集成式液压阀　10—中心支承装置　11—液压马达　12—齿轮减速器　13—机架　14—支承滚轮

传动系统，如图 3-96 所示。该结构采用一种浮动支承，能保证搅拌筒的驱动轴即减速器的输出轴可在一定范围内偏转。这样，搅拌筒的传动不受汽车底盘在行驶途中产生变形的影响，并且提高了传动效率。

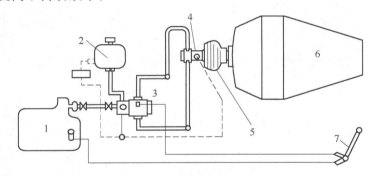

图 3-96　混凝土搅拌运输车驱动系统
1—发动机　2—油箱　3—液压泵　4—液压马达　5—减速器　6—搅拌筒　7—操纵杆

3. 搅拌筒转速的控制

（1）搅拌车行驶条件对转速的影响　为了保证混凝土的质量，搅拌车在运送混凝土时需要对其进行搅拌。搅拌筒始终保持恒速转动最好，这样既保证了质量，又可减小搅拌系统的磨损和功率消耗。对于专用发动机驱动搅拌筒的系统，只要调定油门（节气门）开度，控制发动机转速即可实现；而对于动力来自运输车行车发动机的搅拌筒驱动系统来说，搅拌筒的转速一般要受到发动机转速和汽车行驶条件的影响。

混凝土搅拌车在以经济车速行驶时，发动机的转速一般能符合搅拌筒的需要。但在汽车起步或上坡时，发动机转速提高，液压泵即按比例增大供油量，搅拌筒的转速相应地提高，搅拌筒的磨损加快，功率消耗也增大，影响了搅拌运输车的行驶性能。当搅拌车处于等待状态，发动机长时间以怠速运转，搅拌筒的转速远低于正常值时，就难以保证混凝土的质量。因此，必须设有搅拌筒的转速控制装置（又称恒速装置），使搅拌筒的转速在发动机工作转速范围内保持已调定的转速，基本不变。

（2）搅拌筒转速的选择　混凝土搅拌车搅拌筒的转速影响混凝土质量、搅拌系统的磨损以及功率消耗。试验证明，搅拌筒的转速范围在 0~16r/min 为宜，功率消耗一般不超过 60kW。一般情况下，装料和卸料时，搅拌筒的转速都较高，且功率消耗也较大，旋转方向相反；运输时，因搅拌筒的转矩基本不变，要求其转速基本恒定，相比装卸料时的转速低很多，功率消耗自然也较低。当清洗空筒时，转速低，消耗功率最小。混凝土搅拌车搅拌筒的常用转速：装料 8~10r/min，运输 2~4r/min，卸料 8~12r/min。

（3）搅拌筒转速的控制　带有转速自动控制的搅拌筒液压系统原理图，如图 3-97 所示。发动机 10 带动双向变量泵 1 转动，变量泵排出的液压油，经管路及控制阀通至液压马达 6，驱动其转动，液压马达经变速机构驱动搅拌筒顺时针或逆时针旋转。

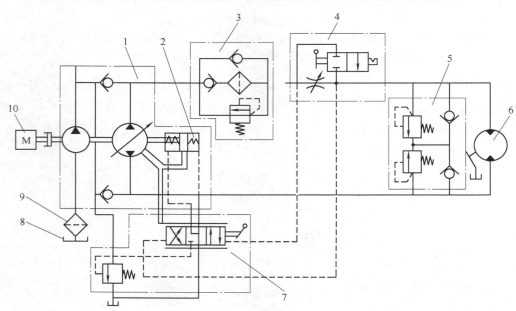

图 3-97　搅拌筒液压系统原理图
1—变量泵　2—伺服液压缸　3—过滤器总成　4—手动换向阀　5—溢流阀　6—液压马达
7—控制阀　8—油箱　9—粗滤器　10—发动机

该系统可以使搅拌筒的转速实现自动控制或手动控制。

1）手动控制。控制阀 7 处于中位（图示位置），操纵手动换向阀 4，使其阀芯左移接通回路。起动变量泵 1，变量泵 1 中的补油泵空循环，变量泵的斜盘与轴线垂直，故无高压油输出。液压马达 6 不转动，搅拌筒也不转动。

控制阀 7 左移，接通控制油路，来自补油泵的液压油推动伺服液压缸 2 的活塞右移，从而带动变量泵的斜盘偏转，高压油由变量泵的上油口输出，经过滤器总成 3 和手动换向阀 4，驱动液压马达 6 转动，进而驱动搅拌筒正转（一般为顺时针转动），完成装料或搅拌工作。

控制阀 7 右移，来自补油泵的液压油推动伺服液压缸 2 的活塞左移，使变量泵的斜盘反向偏转，高压油从变量泵的下油口输出，推动液压马达 6 反向转动，进而驱动搅拌筒反转（一般为逆时针转动），完成卸料工作。

当手动控制时，即手动换向阀 4 的阀芯左移，接通回路。混凝土搅拌车搅拌筒的转速随其发动机转速的升高而升高。

2）自动控制。控制阀 7 处于中位，操纵手动换向阀 4，使其阀芯右移切断回路（图示位置）。起动变量泵 1，变量泵无高压油输出，液压马达 6 则处于静止状态，搅拌筒不转动。

控制阀 7 左移，来自变量泵 1 上油口的高压油，经过滤器总成 3 和手动换向阀 4 中的可调式节流阀，驱动液压马达 6 正转。由于在主油路上设有可调式节流阀，靠节流阀前后所产生的压差推动控制阀 7 的阀芯。当发动机转速升高时，变量泵的转速随之升高，流量增大。此时，节流阀前后产生的压差也增大，来自可调式节流阀两端的控制油路的油压便推动控制阀的阀芯继续左移，使伺服液压缸 2 活塞左腔的油压降低。其活塞左移，减小了变量泵 1 的斜盘倾角，使每转的排量减小，从而减小了变量泵的输出流量，使液压马达 6 的转速基本不变；反之，当发动机转速降低时，变量泵 1 的输出流量也随之减小，节流阀前后的压差也减小，使控制阀 7 的阀芯右移，伺服液压缸 2 活塞左腔的油压升高，其活塞右移，加大了变量泵 1 的斜盘倾角，也就增大了变量泵的输出流量；同样，也使液压马达 6 的转速基本不变。这就实现了自动控制，使搅拌筒的转速稳定在最佳转速范围内，可以通过节流阀的调整来调定搅拌筒的转速。

控制阀 7 右移，可使液压马达 6 反转，同样也能自动控制搅拌筒的转速。

第四章

专用自卸汽车的结构与设计

第一节 概 述

专用自卸汽车是指装备有液压举升机构，能将车厢（罐体）卸下或使车厢（罐体）倾斜一定角度，货物依靠自重能自行卸下或者水平推挤卸料的专用汽车。其主要用于运输散装并可散堆的货物（如沙、土、矿石以及农作物等），还可以用于运输成件的货物。故专用自卸汽车主要服务于矿山、工地、建材场等。为了提高运输生产率，专用自卸汽车通常与装载机、挖掘机、带式运输机等配套使用，实现全部运输机械化。

专用自卸汽车按其用途可分为两大类：一类属于非公路运输用的重型和超重型（装载质量在20t以上）自卸汽车，主要承担大型矿山、水利工地等运输任务，通常与挖掘机配套使用，这类专用汽车又称为矿用自卸汽车，它的长度、宽度、高度及轴荷等不受公路法规的限制，但它只能在矿山、工地上使用；另一类为用于公路运输的轻、中、重型（装载质量在2~20t）普通自卸汽车，主要承担砂石、泥土、煤炭等松散货物运输，通常与装载机配套使用。

一些专用自卸汽车是专用于进行垃圾装运的，主要有拉臂式垃圾车、压缩式垃圾车、自装卸式垃圾车、摆臂式垃圾车等，如图4-1所示。此外，其他用途的专用自卸汽车有污泥自

图4-1 专用自卸汽车形式
a) 拉臂式垃圾车 b) 压缩式垃圾车 c) 自装卸式垃圾车 d) 摆臂式垃圾车

卸车、厢式自卸车、运棉车、摆臂式自装卸车、车厢可卸式汽车、背罐车等。本章主要以几种具有代表性结构的专用自卸汽车为例介绍其结构特点和主要工作装置的设计方法。

第二节　常用自卸汽车的结构与设计

一、自卸汽车的总体结构与设计

（一）自卸汽车的结构形式

普通自卸汽车的结构组成如图 4-2 所示，卸货时，通过液压倾卸操作装置 1 从取力器 11 取出动力，驱动液压泵 9 工作，使得自卸汽车的举升机构 2 将车厢 5 抬起，从而实现自卸功能。

1. 自卸汽车整车形式

自卸汽车整车形式是指其轴数、驱动形式、布置形式及车身（包括驾驶室）形式等，它对自卸汽车的使用性能、外形尺寸、质量、轴荷分配和制造等方面影响较大。

（1）**驱动形式**　最大总质量小于 19t 的普通自卸汽车，一般采用 4×2 的驱动形式；最大总质量超过 19t 时，可采用 6×2 或 6×4 的驱动形式。矿用自卸汽车由于受到运输场地和运输条件的限制，大多数采用短轴 4×2 的驱动形式，这种形式的自卸汽车结构简单、整备质量小、成本低，具有最小转弯半径和纵向通过半径小、机动性与通过性好等

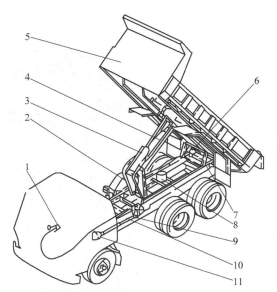

图 4-2　普通自卸汽车的结构组成
1—液压倾卸操作装置　2—举升机构　3—液压缸
4—拉杆　5—车厢　6—后铰链支座　7—安全撑杆
8—油箱　9—液压泵　10—传动轴　11—取力器

优点，少数矿用自卸汽车考虑到道路条件差而采用 4×4 的驱动形式。

（2）**布置形式**　自卸汽车的布置形式一般采用发动机前置、后驱动的布置形式，驾驶室与货车一样，也有长头式、短头式、平头式和偏置式四种形式。矿用重型自卸汽车多采用偏置式，有些矿用自卸汽车的装载质量大，使用条件差，需要专门制造的汽车底盘。

2. 车厢的结构形式

车厢用于装载和倾卸货物，一般由前栏板、左右侧栏板、后栏板和地板等组成。图 4-3 所示为典型的地板横剖面呈矩形的后倾式车厢结构，为避免装载时物料下落碰坏驾驶室顶盖，通常车厢前栏板加做向上前方延伸的防护挡板，车厢地板固定在车厢底架上，车厢的侧栏板、前后栏板外侧面通常布置有加强筋。

后倾式车厢广泛应用于轻、中和重型自卸汽车，它的左右侧栏板固定，后栏板左右两端上部与侧栏板铰接，后栏板借此即可开启或关闭。

侧倾式及三面倾卸式车厢栏板与地板成直角，如图 4-4 所示。其栏板开启、关闭的铰接轴为上置式，开启时栏板呈自由悬垂状，多用于有侧倾要求的中型自卸汽车。

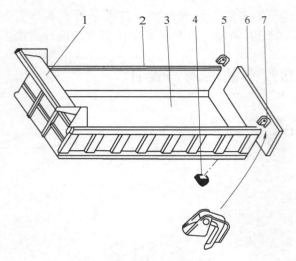

图 4-3 后倾式车厢结构
1—防护挡板 2—侧栏板 3—地板 4—车厢铰支座
5、7—铰接座 6—后栏板

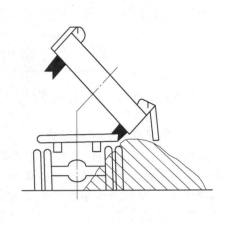

图 4-4 侧倾式及三面倾卸式车厢

矿用自卸车和重型自卸车的车厢多采用簸箕式（图 4-5），以方便装载和倾卸矿石、砂石等。有的簸箕式车厢采用双层地板结构，以增加地板的强度和刚度，并可减轻自重。

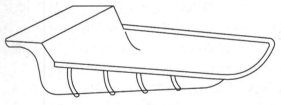

图 4-5 簸箕式车厢

3. 举升机构的结构形式

举升机构选型时应考虑：①液压系统是否能承受在举升质量作用下的举升力；②液压缸的行程能否满足车厢的最大举升角度；③液压系统特别是液压缸的生产及配套情况。

举升机构分为两大类：直推式和连杆组合式，它们均采用液体压力作为举升动力。

直推式举升机构的液压缸直接作用在车厢上，不需要通过杆系作用。按液压缸布置位置的不同，直推式举升机构可分为前置式和后置式（也称中置式）两种，如图 4-6 所示。前置式一般采用单缸，后置式既可采用单缸，也可采用并列双缸。在相同举升载荷的条件下，前置式需要的举升力较小，举升时车厢横向刚度大，但液压缸活塞的工作行程长；后置式的情况则与前置式相反。直推式举升机构布置简单、结构紧凑、举升效率高。

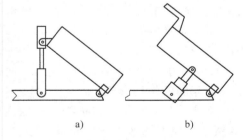

图 4-6 直推式举升机构的布置
a）前置式 b）后置式

但由于液压缸工作行程长，故一般要求采用单作用 2 级或 3 级伸缩式套筒液压缸，使液压缸制造工艺复杂，密封性稍差。

连杆组合式举升机构通过杆系和液压缸配合完成举升功能。常用的连杆组合式举升机构布置有两种：液压缸前推式（又称 T 式）和液压缸后推式（又称 D 式），如图 4-7 所示。连杆组合式举升机构具有举升平顺、液压缸活塞的工作行程短、机构布置灵活等优点。液压缸后推式举升机构举升力系数适中,结构紧凑,但各部件布置集中在后部,车厢地板受力大,适用于中型自卸式汽车;液压缸前推式举升机构举升力系数小、省力、油压特性好,适用于重型自卸式汽车。

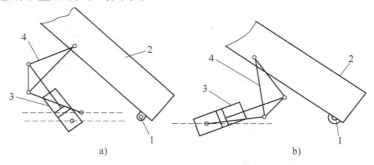

图 4-7 连杆组合式举升机构的布置
a) 液压缸前推式 b) 液压缸后推式
1—铰支座 2—车厢 3—液压缸 4—三角臂

表 4-1 对直推式和连杆组合式举升机构进行了综合比较,可供设计时参考。在这两种典型结构基础上加以改进变形,还可得到多种不同形式的举升机构。

表 4-1 直推式与连杆组合式举升机构综合性能比较

类别 项目	直推式	连杆组合式
结构布置	简便,易于布置	比较复杂
系统质量	较小	较大
建造高度	较低	较高
液压缸加工工艺性	多级缸,加工精度高,工艺性差	单级缸,制造简便,工艺性好
油压特性	较差	较好
系统密封性	密封环节多,易渗漏,密封性差	密封环节少,不易渗漏,密封性好
工作寿命	磨损大,易损坏,工作寿命较短	不易损坏,工作寿命较长
制造成本	较高	较低
系统倾卸稳定性	较差	较好
系统耐冲击性	较好	较差

(二) 自卸汽车主要尺寸、质量及性能参数的确定

1. 主要尺寸参数的确定

自卸汽车的尺寸参数主要有:轴距、轮距、外廓尺寸(车辆长、宽、高)等,如图 4-8 所示。由于自卸汽车多在二类货车底盘上改装而成,因此其轴距 L、轮距 B、前悬 L_F、接近角 γ_1 等参数,改装前后均保持不变。车厢与驾驶室的间距 $C = 100 \sim 250 \text{mm}$。车厢长度 L_H 应根据额定装载质量和主要运输的货物密度,并参照同类车型车厢尺寸确定。

2. 质量参数的确定

额定装载质量是自卸汽车的基本使用性能参数之一。目前,中、长距离公路运输趋向使用重型自卸汽车,以便提高运输效率、降低运输成本,额定装载质量一般在 9~19t;而

承担市区或市郊短途运输的自卸汽车额定装载质量为4.5~9t。同时，还应考虑到厂家额定装载质量的合理分级，以利于产品系列化、部件通用化和零件标准化。此外，额定装载质量还必须与选用的二类货车底盘允许的最大总质量相适应。

改装部分质量主要包括：车厢质量、副车架质量、液压系统质量、举升机构质量以及其他改装部件的质量。改装部分质量既可通过计算、称重求得，也可以根据同类产品提供的数据进行估算。

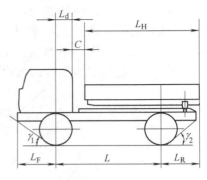

图 4-8 自卸汽车主要尺寸参数

自卸汽车整车整备质量是指装备齐全，加够燃料、液压油和冷却液的空车质量。它一般是二类底盘整备质量与改装部分质量的总和，是自卸汽车总体设计的重要参数之一。

自卸汽车总质量是指装备齐全，包括驾驶人，并按规定装满货物的质量。其值可按下式确定

$$m_a = m_o + m_e + m_r \tag{4-1}$$

式中 m_a——自卸汽车总质量（kg）；

m_o——自卸汽车整车整备质量（kg）；

m_e——装载质量（kg）；

m_r——驾驶人质量（kg），按65kg/人计算。

自卸汽车质量利用系数 η_{GO} 是指装载质量 m_e 与整车整备质量 m_o 之比，即

$$\eta_{GO} = \frac{m_e}{m_o} \tag{4-2}$$

该系数是一项评价汽车设计、制造水平的综合性指标。因此，新车型设计时，就应力求采用新工艺、新材料、新技术，不断减轻汽车自重，提高汽车性能。通常由二类货车底盘改装的自卸汽车（m_e<15t）的质量利用系数略低于原货车的质量利用系数，目前，国产自卸汽车的质量利用系数为1.0~1.5，国外自卸汽车的质量利用系数为1.3~2.0。

自卸汽车的质心位置是指满载或空载时整车质量中心位置。自卸汽车的质心位置对使用性能（如汽车的制动性、操纵稳定性等）影响很大。因此，自卸汽车总体设计时应尽量使质心位置接近原货车的质心位置。

3. 最大举升角、举升降落时间的确定

车厢最大举升角，即车厢最大倾斜角，是指车厢举升至极限位置时，车厢底部平面与地平面之间的夹角。确定车厢最大举升角的依据是倾卸货物的安息角。常见货物的安息角见表4-2。设计的车厢最大举升角 θ_{max} 必须大于货物安息角，以保证把车厢内的货物卸净。此外，在车厢举升达到最大举升角 θ_{max} 时，车厢后栏板与地面须保持一定的间距 H，如图4-9所示。为了避免车厢倾卸时与底盘纵梁后端发生

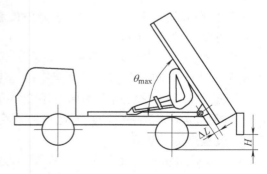

图 4-9 自卸汽车后倾最大举升角的确定

运动干涉，ΔL 必须大于零。设计时，自卸汽车车厢最大举升角可在 50°～70°之间选取，以 50°～55°居多。

表 4-2 散装货物的单位容积质量和安息角

货物名称	单位容积质量 /(kg/m³)	安息角/(°) 运动	安息角/(°) 静止
无烟煤	700～1000	27～30	27～45
褐煤	600～800	35	35～50
焦炭	360～630	35	50
磁铁矿石	2300～3500	30～35	40～45
褐铁矿石	1200～2100	30～35	40～45
赤铁矿石	2000～2800	30～35	40～45
锰矿石	1700～1900	—	35～45
铜矿石	1700～2100	—	35～45
石灰石（中块）	1200～1500	30～35	40～45
生石灰	1700～1800	25	40～45
白云石（块）	1200～2000	35	—
碎石	1320～2000	35	—
砾石	1500～1900	30	30～45
黏土（小块）	700～1500	40	50
黏土（湿）	1700	—	27～45
粗砂（干）	1400～1650	30	—
细砂（干）	1400～1900	—	50
水泥	900～1700	35	40～45
土豆	680	15	—
玉米	—	28	35
小麦	730	25	35
甜菜	650	20～50	—

车厢举升时间是指车厢满载时，从举升车厢开始至车厢举升到最大举升角的时间，一般为 15～25s。车厢降落时间是指车厢卸完货物后，开始下降至完全降落到车架上的时间，一般为 8～15s。

二、自卸汽车举升机构的结构与设计

（一）直推式举升机构设计

随着车厢的举升角 θ 不断增大（图 4-10），举升质量的质心位置 C 到后主承铰接点 O 的水平距离 x_C 不断减小，举升阻力 M_F 也随之减小。故通常以每节伸缩液压缸将要伸出时的工况进行受力分析，将其计算结果作为举升机构的设计依据。

对直推式举升机构进行受力分析和设计计算时，可引入力矩比 η，其定义为：当任

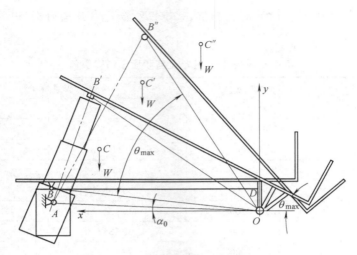

图 4-10 直推式举升机构工作示意图

意一节伸缩液压缸套筒将要伸出时,举升机构提供的举升力矩与阻力矩之比。η_1、η_i 和 η_n 分别为第 1 节、第 i 节和最后一节伸缩液压缸套筒将要伸出时,举升机构提供的力矩比。

考虑到举升初始阶段各铰支点静摩擦力矩较大(阻力矩较大),为使液压系统工作平稳,避免发生过大冲击,通常取 $\eta_1 = 3 \sim 4$。η_n 通常取 $1 \sim 2$,液压缸节数较多时,η_n 可取较小值。不同的 η_i 可按等比级数在 η_1 和 η_n 之间取值。

1. 伸缩液压缸总节数 n 的确定

首先,选定伸缩液压缸的单节伸缩工作行程 l,通常各单节伸缩工作行程相等。l 可参照同类液压缸的单节伸缩工作行程大小,同时考虑伸缩液压缸产品的系列化、标准化以及总布置所允许液压缸占用的空间等因素来选定。

然后确定伸缩液压缸的总行程 L。如图 4-10 所示,根据余弦定理有

$$\overline{AB''} = \sqrt{\overline{AO}^2 + \overline{OB''}^2 - 2\,\overline{AO} \cdot \overline{OB''} \cos \angle AOB''} \tag{4-3}$$

式中,$\angle AOB'' = \theta_{\max} + \angle OBD - \alpha_0$,$\theta_{\max}$ 为最大举升角,α_0 为液压缸铰支点 A 与车厢后铰支点 O 连线与水平方向的夹角。故液压缸总行程为

$$L = \overline{AB''} - \overline{AB} \tag{4-4}$$

伸缩液压缸的总节数为

$$n = L/l \tag{4-5}$$

2. 举升机构液压缸直径的确定

1) 当第一节液压缸套筒将要伸出时,举升力矩为

$$M_{Z1} = F_1 \overline{OA} \cos \alpha_0 \tag{4-6}$$

式中 F_1——第 1 节液压缸的推力(N);

M_{Z1}——举升力矩(N·m)。

阻力矩 M_{F1} 为

$$M_{F1} = W x_{c1} \tag{4-7}$$

式中 W——举升量(N);

x_{c1}——第一节液压缸套筒将要伸出时 W 作用点的 x 坐标值（m）；

M_{F1}——阻力矩（N·m）。

考虑到力矩比 $\eta_1 = M_{Z1}/M_{F1}$，故

$$F_1 \overline{OA}\cos\alpha_0 = \eta_1 W x_{c1} \tag{4-8}$$

式中　$\overline{OA}$——液压缸铰支点 A 至车厢后铰支点 O 的距离（m）。

液压缸推力 F_1 为

$$F_1 = \frac{\pi d_1^2}{4} p \times 10^6 \tag{4-9}$$

式中　p——液压缸工作压力（MPa）；

　　　d_1——第一节液压缸有效工作直径（m）；

　　　F_1——液压缸推力（N）。

将式（4-9）代入式（4-8），整理得

$$d_1 = \sqrt{\frac{4\eta_1 W x_{c1}}{\pi \overline{OA}\cos\alpha_0 p}} \tag{4-10}$$

2）当第 i 节液压缸套筒将要伸出时，B 点移动到 B' 点。在 $\triangle OAB'$ 中，根据余弦定理有

$$\angle OAB' = \arccos\frac{\overline{OA}^2 + \overline{AB'}^2 - \overline{OB'}^2}{2\,\overline{OA}\,\overline{AB'}} \tag{4-11}$$

根据正弦整理可得

$$\frac{\sin\angle OB'A}{\overline{OA}} = \frac{\sin\angle OAB'}{\overline{OB'}} \tag{4-12}$$

则

$$\angle OB'A = \arcsin\frac{\overline{OA}\sin\angle OAB'}{\overline{OB'}} \tag{4-13}$$

故

$$\angle AOB' = 180° - \angle OAB' = -\angle OB'A \tag{4-14}$$

举升质心 C' 点的 x 坐标 x_{Ci} 为

$$x_{Ci} = OC'\cos(\angle AOB' + \alpha_0) \tag{4-15}$$

车厢后铰支点 O 至 $\overline{AB'}$ 的距离 b_i 为

$$b_i = \overline{OA}\sin\angle OAB' \tag{4-16}$$

又 $M_{Zi} = p_i b_i = b_i \dfrac{\pi d_i^2}{4} p$，$M_{Fi} = W x_{ci}$，$\eta_i = M_{Zi}/M_{Fi}$，故第 i 节液压缸的有效直径 d_i（m）为

$$d_i = \sqrt{\frac{4\eta_i W x_{ci}}{\pi b_i p}} \tag{4-17}$$

各铰支点 O、A、B 点的位置应参照同类车型并结合总体设计所允许的空间确定。

设计中通常选用较成熟的标准伸缩液压缸。由选用的元件来验算 η_i，使得 η_i 满足设

计要求。

单缸前置直推式举升机构与单缸后置直推式举升机构的计算方法相同。对于双缸后置直推式举升机构的计算，只需令

$$W_j = KW \tag{4-18}$$

式中　W_j——计算的单缸举升质量（kg）；

　　　W——实际的举升质量（kg）；

　　　K——修正系数，$\eta = 0.55 \sim 0.65$。

以 W_j 为单液压缸的计算载荷，然后再按单液压缸举升机构的计算方法进行设计计算。

（二）连杆组合式举升机构设计

连杆组合式举升机构设计的两种主要结构形式为后推连杆组合式举升机构和前推连杆组合式举升机构。

后推连杆组合式举升机构又称 D 式（或称加伍德式）举升机构，它具有后铰支轴反力较小、举升力系数大、活塞行程短、举升臂放大系数大等优点。前推连杆组合式举升机构又称 T 式（或称马勒里式）举升机构，它具有省力、液压缸最大推力 F_{max} 较小、油压特性好、液压系统压力 p 随举升角 θ 变化平缓等优点。但是，它也有液压缸摆角大、液压缸行程大等缺点。

对装载质量为 4~8t 的自卸式垃圾车，通常采用后推连杆组合式举升机构；而装载质量为 10~20t 的自卸式垃圾车，则多采用前推连杆组合式举升机构，由于后推连杆组合式举升机构与前推连杆组合式举升机构设计的方法和过程相同，因此这里仅以前推连杆组合式举升机构为例介绍连杆组合式举升机构的设计方法，并结合一个具体实例，给出每一步参数的选择范围，所设计的自卸车的主要技术参数见表 4-3。

表 4-3　主要技术参数

汽车外形	总长/mm	7430
	总宽/mm	2480
	总高/mm	3220
轴距/mm		3500+1300
最大总质量/kg		20900
整车整备质量/kg		9800
最大装载质量/kg		11100

前推连杆组合式举升机构及工作原理如图 4-11、图 4-12 所示。该机构主要由举升液压缸 EB、拉杆 AD 和三角臂 ABC 组成。点 O 是车厢与副梁的铰接点。工作时液压缸充油，使液压缸 EB 伸长，三角臂 ABC 和拉杆 AD 随着转动并升高，举升车厢，使其绕点 O 倾翻。货物卸完后，车厢靠自重复位。举升机构在初始位置所占据的空间越小越好，以保证机构紧凑，各构件不发生运动干涉，可协调运转。

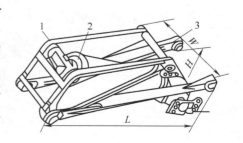

图 4-11　前推连杆组合式举升机构

1—三角臂　2—液压缸　3—拉杆

前推连杆组合式举升机构的设计分为两个步骤。

第一步：用作图法初选各铰支点的坐标以及各构件的几何尺寸。

(1) 车厢与副车架铰支点 O 的确定　车厢后铰支点 O 应尽量靠近车架大梁的尾端。已知车厢副梁高 205mm，长 4505mm，兼顾结构安排空间的需要，取水平方向离车厢副梁尾端 146mm、垂直方向离副梁下沿 118mm 处作为车厢后铰支点，并以车厢后铰支点作为连杆运动的坐标原点 (0，0)。x 轴平行于副梁的上平面，指向汽车前方。

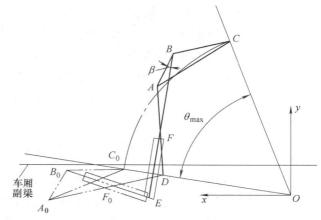

图 4-12　前推连杆组合式举升机构工作原理图

(2) 车厢放平时举升机构与车厢前铰支点 C_0 的确定　车厢前铰支点 C_0 的坐标 (x_{C_0}，y_{C_0}) 可按经验公式 $x_{C_0} = RL/\theta_{max}$ 计算，其中，L 为液压缸最大工作行程，参考同类车型液压缸型号确定，初选液压缸自由长度 $L_0 = 1165$mm，最大有效工作行程 $L = 780$mm，θ_{max} 为车厢最大举升角，根据车厢倾卸动作的要求和所运物料的安息角，选取 $\theta_{max} = 50°$；R 为经验系数，根据 L 尺寸，选取 $R = 175$mm。因此

$$x_{C_0} = \frac{175 \times 780}{50} = 2730 \text{mm} \tag{4-19}$$

考虑到结构安排，取 $x_{C_0} = 2725$mm。

C_0 点的垂直方向应尽量靠近车厢底面，充分利用车厢底部空间，减小液压缸下支点沉入副梁中的深度。确定 A_0 距车厢地板的距离为 83mm，已知地板纵梁高 180mm，因此 C_0 点坐标为 (2725，184)。

(3) 液压缸与副梁铰支点 E 的确定　由于液压缸具有相当大的尺寸，以及开始举升时，为减小液压缸的工作压力，液压缸必须具有一定数值的倾斜角，因此，E 点相对 O 点的垂直距离 y_E 由结构允许的最小值确定，取 $y_E = -14$mm，E 点 x 轴坐标由经验公式求得，即

$$\begin{aligned} x_E &= x_{C_0} - 0.5 L_0 - 0.2L + 400 \\ &= (2725 - 0.5 \times 1165 - 0.2 \times 780 + 400) \text{mm} \\ &= 2386.5 \text{mm} \end{aligned} \tag{4-20}$$

根据结构安排，取 $x_E = 2387$，则 E 点坐标为 (2387，-14)。

(4) 车厢放平时三角臂中支点 B_0 坐标和 $\overline{C_0B_0}$ 长度的确定　B_0 点即液压缸上支点，车厢放平时，B_0 点应尽量靠近车厢底面，要充分利用上部空间，从而减小液压缸下支点 E 沉入副梁中的深度。过 C_0 点作 $\overline{C_0B_0}$ 线，使该线与 x 轴夹角 $\alpha = 9y_D/y_{C_0}$。y_D 为结构允许的拉杆 $\overline{AD}$ 与副车架铰支点 D 的最高位置，一般 $y_D > 0$。取 $y_D = 175$mm。再以 E 为圆心，L_0 为半径画弧交 $\overline{C_0B_0}$ 线于 B_0 点。连接点 E、B_0，$\overline{EB_0}$ 即为液压缸中心线在举升角 $\theta = 0°$ 时的位置。B_0 点坐标为 (3530，94)，$\overline{CB} = \overline{C_0B_0} = 810$mm。

(5) 车厢放平时拉杆与三角臂铰接点 A_0 的确定　连接 OC_0，并将 OC_0 绕 O 点向上转

50°。将 C_0 转到 C 点。以 C 为圆心、B_0C_0 为半径画弧，再以 E 为圆心，以液压缸自由长度与最大有效工作行程之和为半径画弧，两弧交于 B 点，连接点 E、B 和点 B、C，作 $\angle EBA = 6°$（一般为 6°~8°），又以 B_0 为顶点，B_0A_0 为边，作 $\angle C_0B_0A_0 = \angle CBA$，根据结构允许的尺寸，取 $AB = A_0B_0 = 250\text{mm}$，连接点 A_0、C_0 和点 A、C，由此确定 A_0 点的坐标为（3615，-152），即 $\triangle A_0B_0C_0$ 和 $\triangle ACB$ 分别为 $\theta = 0°$ 和 $\theta = 50°$ 时三角架所处的位置。

（6）拉杆与副梁铰接点 D 及拉杆长度的确定 作 A_0A 的垂直平分线交 $y = y_D$ 线于 D 点，调整 D 点位置使 DA_0 为整数，最后确定 D 点坐标为（2170，175）。拉杆长度 $DA_0 = 1480\text{mm}$。

用作图法初选出各铰支点位置后，需要对不同举升角 θ 作运动轨迹校核。如果出现点 B_0 至车厢地板距离小于点 C_0 至车厢地板距离的情况，则应加大 B_0C_0 线与 x 轴平行线的夹角 α 的数值，重新计算各铰支点参数值。

第二步：令自变量 θ 在 0~θ_{max} 之间变化，将作图法的结果代入并用解析法解出一系列液压缸推力和拉杆的拉力，然后进行比较，选取最大液压缸推力和拉杆的拉力作为设计液压系统压力和拉杆强度计算的依据。

如图 4-13 所示，坐标原点 O 点为车厢后铰支点。点 A_0、B_0、C_0、E 为举升角 $\theta = 0°$ 时三角臂三顶点及液压缸下铰支点的位置，它们的坐标值已由第一步得出；点 A、B、C 为举升角为任意角 θ 时的三角臂三顶点。D 是拉杆 $\overline{AD}$ 的后铰支点，其坐标值也由第一步得出。G_0 为 $\theta = 0°$ 车厢满载时质心，根据自卸车结构参数，可得 G_0 坐标（1664，879）。

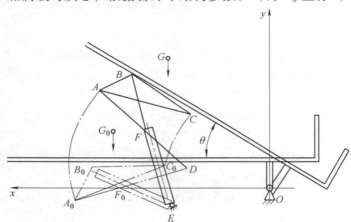

图 4-13 前推连杆组合式举升机构的受力分析

当举升角为 θ 时，C 点（三角臂与车厢底部铰支点）的坐标值 x_C、y_C 分别为

$$\left.\begin{array}{l} x_C = x_{C_0}\cos\theta - y_{C_0}\sin\theta \\ y_C = x_{C_0}\sin\theta + y_{C_0}\cos\theta \end{array}\right\} \quad (4\text{-}21)$$

当举升角为 θ 时，A 点的坐标值 x_A、y_A 为

$$\left.\begin{array}{l} (x_C - x_A)^2 + (y_C - y_A)^2 = \overline{AC}^2 \\ (x_E - x_A)^2 + (y_E - y_A)^2 = \overline{AE}^2 \end{array}\right\} \quad (4\text{-}22)$$

当举升角为 θ 时，B 点的坐标值 x_B、y_B 为

$$\left.\begin{array}{l}(x_A - x_B)^2 + (y_A - y_B)^2 = \overline{AB}^2 \\ (x_C - x_B)^2 + (y_C - y_B)^2 = \overline{BC}^2\end{array}\right\} \quad (4\text{-}23)$$

当举升角为 θ 时，举升质量质心 G 点的坐标 x_G、y_G 为

$$\left.\begin{array}{l}x_G = x_{G_0}\cos\theta - y_{G_0}\sin\theta \\ y_G = x_{G_0}\sin\theta + y_{G_0}\cos\theta\end{array}\right\} \quad (4\text{-}24)$$

考虑到机构在初始位置时车厢内货物最多，阻力矩也最大，车厢起动时又有惯性阻力作用，此时液压缸推力较大。因此，下面以初始位置为例对液压缸推力和拉杆拉力的计算过程进行分析。

在举升角为 $\theta = 0°$ 时，直线 $\overline{A_0D}$ 和直线 $\overline{B_0E}$ 的方程分别为

$$(y_D - y_{A_0})x + (x_{A_0} - x_D)y + y_{A_0}(x_D - x_{A_0}) - x_{A_0}(y_D - y_{A_0}) = 0 \quad (4\text{-}25)$$

$$(y_E - y_{B_0})x + (x_{B_0} - x_E)y + y_{B_0}(x_E - x_{B_0}) - x_{B_0}(y_E - y_{B_0}) = 0 \quad (4\text{-}26)$$

$\overline{A_0D}$ 和 $\overline{B_0E}$ 交点 F_0 的坐标 (x_{F_0}, y_{F_0}) 可以通过联立式（4-25）和式（4-26）求解，即得 $x_{F_0} = 2821$，$y_{F_0} = 28$。

在举升角为 $\theta = 0°$ 时，点 O 至直线 $\overline{F_0C_0}$ 的距离 $D_{O\overline{F_0C_0}}$ 为

$$D_{O\overline{F_0C_0}} = \frac{|y_{F_0}(x_{C_0} - x_{F_0}) - x_{F_0}(y_{C_0} - y_{F_0})|}{\sqrt{(y_{C_0} - y_{F_0})^2 + (x_{C_0} - x_{F_0})^2}} = 2420.9\text{mm} \quad (4\text{-}27)$$

取车厢作为分离体，根据力矩平衡 $\sum M_O = 0$ 得

$$F_{\overline{F_0C_0}} = \frac{Wx_{G_0}}{D_{O\overline{F_0C_0}}} = 89184.7\text{mm} \quad (4\text{-}28)$$

式中 W——被举升的重力（N）；

$F_{\overline{F_0C_0}}$——作用在直线 $\overline{F_0C_0}$ 方向上的力（N）。

在举升角 $\theta = 0°$ 时，点 A_0 至直线 $\overline{EB_0}$ 的距离 $D_{A_0\overline{EB_0}}$ 为

$$D_{A_0\overline{EB_0}} = \frac{|(y_E - y_{B_0})x_{A_0} + (x_{B_0} - x_E)y_{A_0} + y_{B_0}(x_E - x_{B_0}) - x_{B_0}(y_E - y_{B_0})|}{\sqrt{(y_{B_0} - y_E)^2 + (x_{B_0} - x_E)^2}} = 253\text{mm} \quad (4\text{-}29)$$

在举升角 $\theta = 0°$ 时，点 A_0 至直线 $\overline{F_0C_0}$ 的距离 $D_{A_0\overline{F_0C_0}}$ 为

$$D_{A_0\overline{F_0C_0}} = \frac{|(y_{C_0} - y_{F_0})x_{A_0} + (x_{F_0} - x_{C_0})y_{A_0} + y_E(x_{C_0} - x_{F_0}) - x_{F_0}(y_{C_0} - y_{F_0})|}{\sqrt{(y_{F_0} - y_{A_0})^2 + (x_{F_0} - x_{C_0})^2}} = 528.7\text{mm} \quad (4\text{-}30)$$

取三角臂 $A_0B_0C_0$ 为分离体，根据力矩平衡 $\sum M_{A_0} = 0$ 得

$$F_{\overline{B_0E}} = \frac{F_{\overline{F_0C_0}}D_{A_0\overline{F_0C_0}}}{D_{A_0\overline{EB_0}}} = 205406.8\text{N} \quad (4\text{-}31)$$

式中 $F_{\overline{B_0E}}$——举升角 $\theta=0°$ 时的液压缸推力（N）。

在举升角 $\theta=0°$ 时，C_0 点到直线 $\overline{EB_0}$ 的距离 $D_{C_0\overline{EB_0}}$ 为

$$D_{C_0\overline{EB_0}} = \frac{|(y_E-y_{B_0})x_{C_0}+(x_{B_0}-x_E)y_{C_0}+y_{B_0}(x_E-x_{B_0})-x_{B_0}(y_E-y_{B_0})|}{\sqrt{(y_{B_0}-y_E)^2+(x_{B_0}-x_E)^2}} = 164.7\text{mm}$$

(4-32)

在举升角 $\theta=0°$ 时，C_0 点到直线 $\overline{A_0D}$ 的距离 $D_{C_0\overline{A_0D}}$ 为

$$D_{C_0\overline{A_0D}} = \frac{|(y_D-y_{A_0})x_{C_0}+(x_{A_0}-x_D)y_{C_0}+y_{A_0}(x_D-x_{A_0})-x_{A_0}(y_D-y_{A_0})|}{\sqrt{(y_{A_0}-y_D)^2+(x_{A_0}-x_D)^2}} = 131.5\text{mm}$$

(4-33)

取三角臂 $A_0B_0C_0$ 为分离体，根据力矩平衡 $\sum M_{C_0}=0$ 得

$$F_{\overline{A_0D}} = \frac{F_{\overline{EB_0}}D_{C_0\overline{EB_0}}}{D_{C_0\overline{A_0D}}} = 257266.2\text{N}$$

(4-34)

式中 $F_{\overline{A_0D}}$——举升角 $\theta=0°$ 时的拉杆最大拉力（N）。

对于不同的 θ 值，重复上述运算步骤，即可求出相应的 $F_{\overline{B_0E}}$ 和 $F_{\overline{A_0D}}$ 之值，最后取最大者作为设计的计算载荷。

（三）其他连杆组合式举升机构

近年来，浮动液压缸连杆组合式举升机构也获得了应用，典型的 F 式和 Z 式举升机构结构原理如图 4-14 所示。

图 4-14a 所示的 F 式举升机构的结构较紧凑、横向刚性好、机构效率高、举升时转动圆滑、杆系受力合理。此外，起升初始时刻油压不高、液压缸的活塞行程较短、能充分利用驾驶室至后桥之间的纵向空间，因此，有利于自卸式垃圾车的总布置，特别适用于双后桥大吨位重型自卸式垃圾车。

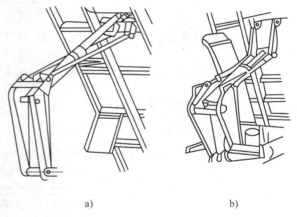

图 4-14 浮动液压缸连杆组合式举升机构
a) F 式举升机构 b) Z 式举升机构

图 4-14b 所示的 Z 式举升机构又称浮动液压缸复合连杆式举升机构。它运用两个举升臂联动，进一步放大了液压缸的行程。它综合了 T 式和 F 式的行程小和举升力系数小的优点，适合更大吨位的自卸式垃圾车使用，也适用于轴距较长的自卸式垃圾车使用，它具有横向刚性好、杆系受力合理、单节液压缸制造工艺简单等优点。但它结构较复杂，而且液压缸浮动给液压管路设计、布置等带来了一定的困难。

总之，连杆组合式举升机构种类较多，各有特点，设计者应因车而异、综合考虑选择最适宜的机构形式。

三、自卸汽车车厢的结构与设计

(一) 车厢的结构形式

车厢对自卸汽车的质量利用系数影响很大,对其使用寿命也有一定的影响。为了减轻车厢的整备质量并提升其强度,除了优化设计外,还可采用高强度钢和铝合金等轻量化材料。长期工程实践表明,自卸汽车若以运煤、焦炭为主,则铝合金车厢的磨损比钢板车厢的还要小。

自卸汽车车厢的基本结构形式有平底式、船底式、尾部上翘的半簸箕式和全长上翘的簸箕式四种,如图4-15所示。平底式车厢主要用于侧倾式和三面倾卸式的轻型、中型自卸汽车,中型、大型后倾式自卸汽车可采用船底式、半簸箕式和簸箕式车厢。

图4-16所示为平底三面厢板开启的车厢,用于三面倾卸的自卸汽车。车厢由车厢底架总成3、后厢板2、后板挂销总成1、侧厢板锁6和车厢锁启机构等组成。车厢地板10下面设有两根槽形纵梁和若干横梁组成的车厢底架,且与车厢底板焊接在一起,以提高其强度,便于连接倾卸机构的三角臂(连杆)和举升液压缸。侧厢板可向上开启(铰链在上面),也可向下开启(铰链在下面),侧厢板扳锁手柄由人工操纵。后厢板则由自动锁启机构控制。前厢板9与车厢地板10焊接在一起,中部开有后视窗8,便于驾驶人向后观看。顶部设有防护板7,以保护驾驶室,适应于装货机械化。

船底式车厢和簸箕式车厢的强度较高,为了进一步增加车厢的强度,采用纵向V形车厢地板结构。

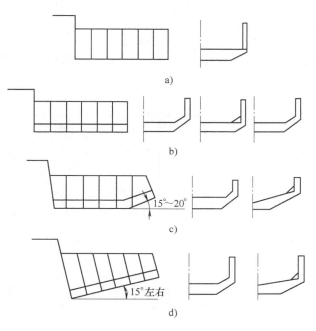

图4-15 车厢结构形式

a) 平底式车厢 b) 船底式车厢 c) 半簸箕式车厢 d) 全簸箕式车厢

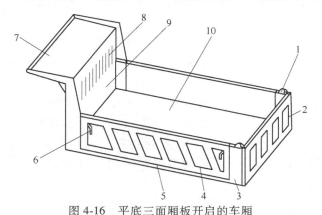

图4-16 平底三面厢板开启的车厢

1—后板挂销总成 2—后厢板 3—车厢底架总成
4—侧厢板 5—侧厢板铰链 6—侧厢板锁
7—防护板 8—后视窗 9—前厢板 10—车厢地板

(二) 车厢板的锁启机构

自卸汽车车厢板的锁启机构有手动和自动两种,现在大都采用自动锁启机构。当自卸汽车卸货时,车厢逐渐倾斜,当倾斜到一定程度时,倾斜方向的车厢板便自动开启,使车厢内的货物卸出。卸完货物后,车厢逐渐下落,直至恢复到原始位置,锁启机构便自动将车厢板锁住。自动锁启机构常采用"手搭手"式,虽然其机构形式很多,但工作原理基本相同。

图4-17所示为摆杆"手搭手"式车厢板锁启机构,其主要由导轨1、摆杆11、拉杆6、滚轮5、锁钩8和拉簧7等组成。导轨固定在副车架上,其他均固定在车厢底架上。当自卸汽车车厢举升时,滚轮5沿着导轨1的斜面上升至离开位置,在车厢内货物和拉簧7的作用下,摆杆上轴3右移,锁钩8开启,后厢板10打开而实现卸货。车厢卸货完成后降落到一定角度(5°左右)时,厢板在重力的作用下靠近车厢,车厢继续降落,摆杆11下部滚轮与导轨接触并逐渐右移,而摆杆上部则以摆杆轴4为圆心向左移动,通过压簧2拉动拉杆6左移,进而拉紧锁钩锁住后厢板10,完成它的锁启过程。只要车厢不举升至一定的角度,车厢板就保持在锁止状态,只有当车厢举升到相应的角度时车厢板才自动开启。

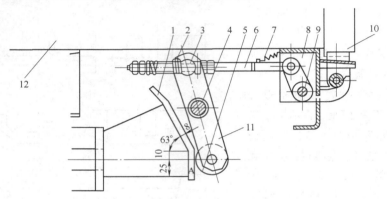

图4-17 摆杆"手搭手"式车厢板锁启机构
1—导轨 2—压簧 3—摆杆上轴 4—摆杆轴 5—滚轮 6—拉杆
7—拉簧 8—锁钩 9—锁钩轴 10—后厢板 11—摆杆 12—车厢

图4-18所示为摆差"手搭手"式车厢板锁启机构,该机构的主要特点是靠车厢举升过程的摆差(轨迹的差)来锁启车厢板。它主要由锁钩4、扭转弹簧5和拉杆11等组成。转轴12中间穿有拉杆11,转轴12两端与支承架9铰接,拉杆11以转轴为圆心转动。支承架的下部通过销轴8固定在副车架上,车厢1可以绕该轴转动,而支承架相对于车架来说是不动的。锁钩4固定在车厢底架上,可绕锁钩轴6转动。扭转弹簧5力图使锁钩逆时针转动,使之紧紧地锁住后厢板3。

当自卸汽车车厢举升时,由于锁轴和转轴通过支承架固定在副车架上,车厢以销轴8为圆心、以R_2为半径转动。与此同时,拉杆以转轴12为圆心、以R_1为半径转动。随着车厢举

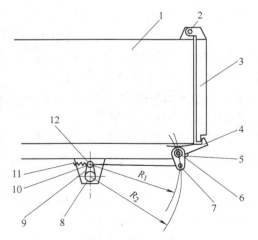

图4-18 摆差"手搭手"式车厢板锁启机构
1—车厢 2—后板挂锁总成 3—后厢板 4—锁钩
5—扭转弹簧 6—锁钩轴 7—锁钩下销 8—销轴
9—支承架 10—调节螺母 11—拉杆 12—转轴

升角度的增大，R_1 与 R_2 之间轨迹的差也相应增大，于是拉杆拉动锁钩下销 7 左移，克服扭转弹簧的弹力，迫使锁钩开启，打开车厢板，车厢中的货物卸下。卸货完成后，车厢降落，R_1 与 R_2 轨迹间的距离逐渐减小，直至两轨迹相交，扭转弹簧使锁钩锁住车厢板。从图 4-18 中也可以看出，若车厢再继续逆时针转动，R_1 与 R_2 轨迹间将产生负间隙，使调节螺母 10 左移而离开转轴 12 一定的距离。

图 4-19 所示为上下均可开启的车厢板锁启机构，该机构由手动板锁 2、锁钩 4、车厢板 3 和拉杆 5 等组成。锁启的传动方式可以采用前述的摆杆式或摆差式，其主要特点是车厢板的上下锁钩均可根据所运货物的不同和卸货的需要开启或锁止。上板锁为手动的，下锁钩是靠车厢自身的倾卸控制的。图 4-19a 所示为车厢板关闭状态；图 4-19b 所示为车厢板自动开启状态，以车厢板锁为铰，锁钩自动开启卸货；图 4-19c 所示为车厢手动开启，打开车厢上部板锁，以锁钩为铰向下翻，车厢关闭也靠人工来完成；若板锁和锁钩均开启，车厢板可取下来，如图 4-19d 所示。由此可见，这种车厢板锁启机构适应性强。车厢板锁启机构工作的可靠性和协调性应予以重视。要保证在车厢倾卸时，锁钩的开启应超前于车厢板打开；而在车厢回落时，锁钩的锁止要滞后于车厢板的关闭，并保证锁止牢固可靠。

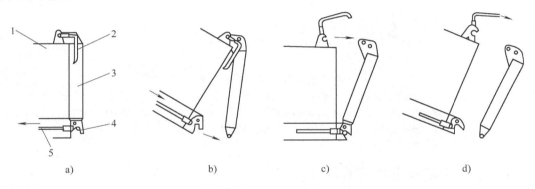

图 4-19 上下均可开启的车厢板锁启机构
1—车厢 2—手动板锁 3—车厢板 4—锁钩 5—拉杆

（三）副车架

自卸汽车的副车架一般是由型钢焊接而成的，用 U 形螺栓或连接支架固定在车架上，图 4-20 所示为自卸汽车副车架及有关零件。副车架也有两根纵梁，若干根横梁，并设有举升液压缸下支座、车厢倾卸的铰链座、车厢导向板和车厢固定锁等。

自卸汽车副车架主要用来安装倾卸机构，并改善其受力情况。车厢与副车架之间为非固定性连接，图 4-20 所示的后倾式自卸汽车仅靠尾部的两个铰链连接。为了保证车厢准确地降落到副车架上，并防止自卸汽车行驶时车厢前段的左右摆动，在副车架上设有两个车厢导向板 11。为了防止车厢在自卸汽车空载行驶时发生窜动，还设有两组车厢固定锁 27。

车厢固定锁的结构如图 4-21 所示，它由滚轮 1、压板 2、橡胶块 4 等组成。在图示位置，橡胶块 4 迫使压板 2 夹住滚轮 1，车厢与垫木 6 保持可靠的接触；车厢举升时，滚轮推动压板，橡胶块变形量增大，滚轮与压板 2 脱离。当车厢降落时，滚轮沿压板的弧形面推动压板，落入压板的下弧面而起到固定锁的作用。

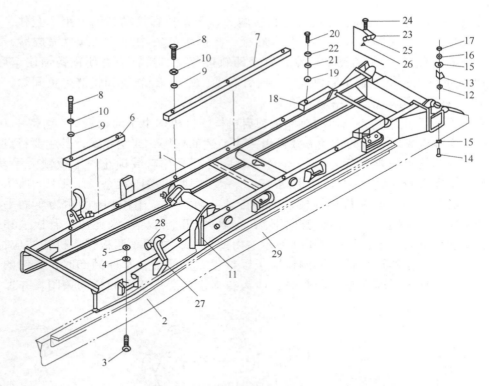

图 4-20 自卸汽车副车架及有关零件
1—副车架纵梁　2—连接支架　3—螺柱　4—垫圈　5—螺母　6、7—垫木　8、9、10—螺栓组件
11—车厢导向板　12~17—副车架后连接件　18—安全撑杆　19~22—缓冲垫组件
23~26—车厢支座铰链销组件　27—车厢固定锁　28—滚轮　29—主车架

四、自卸汽车液压系统的设计

（一）液压系统组成及工作原理

图 4-22 所示为某重型自卸汽车上的液压伺服控制阀液压系统，该系统由三部分组成：动力部分、操纵部分和执行部分（举升液压缸）。动力部分主要有取力器、液压泵以及连接两者的传动机构。操纵部分用来控制举升液压缸实现车厢倾翻，它应具有举升、保持和下降三个动作，工作原理如下：

(1) 举升　手动阀 1 的手柄在旋出位置，换向阀 2 在常开状态，限位阀 4 在常闭状态，举升液压缸呈收缩状态。当自卸汽车倾卸货物时，先驱动液压泵 7，这时泵输出的液压油经单向阀 9、四通阀 6、换向阀 2、三通阀 3 流回油箱 8，车厢不动，为液压泵空转起动。再将手动阀手柄向里

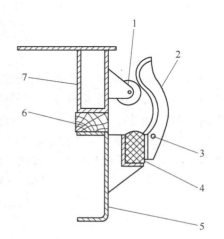

图 4-21　车厢固定锁
1—滚轮　2—压板　3—销　4—橡胶块
5—副车架纵梁　6—垫木　7—车厢底架纵梁

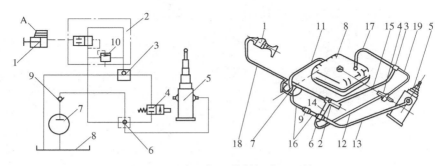

图 4-22 液压伺服控制阀液压系统

1—手动阀　2—换向阀　3—三通阀　4—限位阀　5—举升液压缸　6—四通阀　7—液压泵
8—油箱　9—单向阀　10—安全阀　11—进油管　12~19—油管　A—加油腔

旋进，则排出液压油去推动换向阀 2 的阀芯，将进出油口隔断，使其由常开状态变为常闭状态，这时泵输出的液压油经单向阀 9、四通阀 6 进入举升液压缸 5，将车厢顶起，倾卸货物。在举升过程中，若系统压力超过一定压力，安全阀 10 则被打开，溢流，使系统压力保持在调节压力以下。当车厢倾斜到极限位置时，举升液压缸触动限位阀 4 的阀杆，使限位阀由常闭变为常开状态，泵输出的液压油经四通阀 6、限位阀 4、三通阀 3 流回油箱 8，车厢保持在极限倾斜位置。

（2）下降　当货物卸完，车厢需下降时，先关闭液压泵 7，再将手动阀 1 的手柄向外旋出，换向阀的控制油泄回手动阀，举升液压缸在车厢重力作用下将油液压出，打开换向阀，使其由常闭状态变为常开状态，举升液压缸内的油液经四通阀 6、换向阀 2、三通阀 3 流回油箱 8，车厢回位。

（3）保持　若需将车厢举升至某一位置，只要使手动阀 1 的手柄置于旋进位置，停止泵工作，车厢即可保持在任一位置。

操纵换向阀的方式可分为手动机械杠杆式、手动液压伺服式和气动操纵式三种。

机械杠杆式的可靠性好、通用性强、维修方便，但是它的杆件较多、布置复杂。对于可翻转式驾驶室不宜采用这种操纵方式。

液压伺服式依靠手动阀建立起来的油压来关闭或打开举升液压换向阀，实现车厢的举升和下降。该阀通过切断动力实现停止工作。图 4-22 所示即为液压伺服式液压系统，它便于远程控制，操纵可靠，但反应较慢。

气动操纵式依靠汽车贮气筒的压缩空气，通过控制气阀操纵气控液压换向阀，控制油路方向实现车厢举升、下降和中停。该系统操纵简便、功能齐全，结构较先进，用于中、重型自卸汽车比较合适。它的缺点是气动转化成液动需要两套管路。

操纵方式选择以后，就可选择合适的液压换向阀。该阀通常用三位四通阀。选阀依据是液压系统的额定工作压力和流量，同时应与选定的操纵方式相适应。

（二）液压系统主要元件的性能参数计算与选型

自卸汽车所用的液压元件一般为标准件，故设计者只需完成主要液压元件的性能参数计算和液压元件的选型工作。

1. 举升液压缸的性能参数计算

选型依据：最大举升力 F_{max} 和液压系统预先给出的最高工作压力 p。可供选取的压力

有 20.6MPa、15.7MPa、13.6MPa 和 10MPa。最大举升力为

$$F_{\max} \leqslant p \frac{\pi d^2}{4} \eta \qquad (4\text{-}35)$$

式中　η——液压系统的效率，通常取 $\eta = 0.8$；
　　　d——举升液压缸活塞直径（m）。

因此，可得

$$d \geqslant \sqrt{\frac{4F_{\max}}{p\pi\eta}} \qquad (4\text{-}36)$$

液压缸最大工作行程 L 为

$$L = S_{\max} - S_0 \qquad (4\text{-}37)$$

式中　$S_{\max}$——举升角 $\theta = \theta_{\max}$ 时液压缸上两铰支点的距离（m）；
　　　S_0——举升角 $\theta = 0°$ 时液压缸上两铰支点的距离（m）。

举升液压缸可根据式（4-36）、（4-37）确定的 d、L 及液压系统最高工作压力 p 进行选取。

2. 液压泵的选型

液压缸工作容积 ΔV 为

$$\Delta V = (S_{\max} - S_0) \frac{\pi d^2}{4} \times 10^6 \qquad (4\text{-}38)$$

液压泵额定流量 Q（mL/s）应满足下式要求

$$Q \geqslant \frac{\Delta V}{t \eta_V} \qquad (4\text{-}39)$$

式中　t——举升工作时间（s）；
　　　η_V——液压系统容积效率，通常 $\eta_V = 0.80 \sim 0.85$。

举升机构一般应在 15s 的时间内将车厢倾斜到 $\theta_{\max}$ 的位置，故液压泵排量 q（mL/r）由下式确定

$$q = \frac{Q}{n_{Be}} \times 60 \qquad (4\text{-}40)$$

式中　n_{Be}——液压泵的额定转速（r/min）。

当液压泵的排量 q、额定转速 n_{Be} 和液压系统最高工作压力 p 确定后，即可进行液压泵的选型工作。自卸汽车多采用齿轮泵，常用的有 CB、CG、CN 等系列齿轮泵。

第三节　压缩式垃圾车的结构与设计

一、压缩式垃圾车的结构组成及总体布置

压缩式垃圾车是装备有液压举升机构和尾部填塞器，能将垃圾自行装入、压实、转运和倾卸的专用自卸汽车，主要用于收集、转运袋装生活垃圾。它与其他形式的垃圾运输汽车的区别是能压缩、破碎垃圾，增大装载质量。经压缩，可将密度为 200~400kg/m³ 的生活垃圾压缩到密度为 400~600kg/m³。

压缩式垃圾车的专用工作装置主要由车厢和装载厢两部分组成。压缩式垃圾车结构如图 4-1b 和图 4-23 所示。车厢 2 固联于底盘车架上。装载厢 3 位于车厢后端,其上角与车厢铰接,并可由举升液压缸驱动其绕铰接轴转动。垃圾从装载厢后部入口处装入,再经装载厢内的压缩机构进行压缩处理,最后将垃圾向前挤压入车厢内压实。车厢设有由液压缸驱动的推扳。卸出垃圾时,首先装载厢被举升液压缸向后掀起,车厢后端呈敞开状,然后推板将垃圾向后推出车厢。该车既可采用手工方式收集垃圾,也可采用吊升机构将桶装垃圾倾倒入装载厢内。

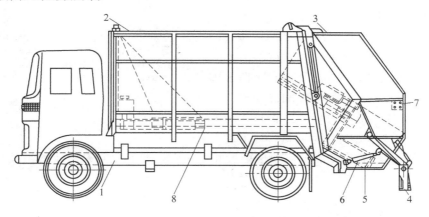

图 4-23 压缩式垃圾车

1—汽车底盘 2—车厢 3—装载厢 4—吊升机构 5—压缩机构 6—液压装置 7—电器开关 8—推板

在进行汽车总体布置时(图 4-23),装载厢的垃圾入口下缘离地间隙应小于 900mm;汽车后悬不应超过轴距的 55%,以免离去角过小。车厢前端应与驾驶室后围板保持适当距离。安装时,应在车厢与纵梁之间垫入硬橡胶垫。

二、主要工作部件的结构与设计

(一) 车厢

压缩式垃圾车的车厢采用骨架式结构。车厢的纵截面一般为直角梯形(图 4-24),车厢后端的斜角 α 取值约 80°,这有利于装载厢以一定的角度把垃圾压入车厢内。车厢安装在车架上时,应与水平面保持 1°左右的后倾角 β,以便厢内污水能自动从后端排出。

车厢的横截面有鼓形截面和矩形截面。考虑到工艺简单和小批量生产的特点,一般采用矩形截面。此外,应在同一规格的车厢横截面上给出几种不同的容积变化范围,这样可以大大减少推铲和装载厢的规格和数量,达到系列化设计要求。

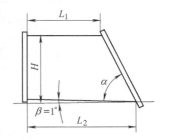

图 4-24 车厢的纵截面

根据改装汽车使用性能参数应与原车保持一致的原则,当选定二类汽车底盘后,可确定改装汽车的额定总质量 m_a,参考国内外同类车型即可确定额定装载质量 m_e,根据压缩后的垃圾密度 ρ(通常 $\rho = 400 \sim 600 \text{kg/m}^3$),则车厢容积 $V(\text{m}^3)$ 按下式确定

$$V = \frac{m_e}{\rho} \tag{4-41}$$

此外，车厢容积 V 也可根据图 4-24 中的实际尺寸求出。

（二）推铲

由于厢内垃圾受到强力挤压，因而垃圾膨胀力作用于厢壁而形成了阻碍厢内垃圾移动的摩擦力，因此垃圾不可能以车厢倾卸方式倒出，必须要用专门设计的推铲将垃圾推出厢外。推铲的结构形式主要有折面型（图 4-25a）和曲面型（图 4-25b）两种。其中折面型推铲具有较好的工艺性。

在推出垃圾的过程中，对垃圾有个向上的分力，这样可减小厢底面与垃圾之间的摩擦力，从而可以采用较小的推铲推力。当推铲将垃圾完全推出车厢时，推铲下端应接近车厢后端下缘并停止运动，为使推铲不脱出车厢，应使推铲尺寸 a 和 h 有如下几何关系（图 4-25）

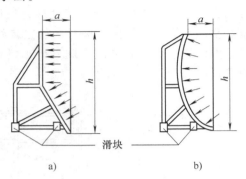

图 4-25 推铲的结构形式
a）折面型　b）曲面型

$$\arctan \frac{a}{h} \geqslant \alpha \tag{4-42}$$

式中　α ——车厢后端面斜角（°）。

推铲周边与车厢内壁间隙一般取值为 15~25mm，推铲下端应装滑块，滑块与厢内专门设置的导轨配合并可在其上滑动。导轨既可减轻推铲的运动阻力，又可以起导向作用。导轨在厢内布置主要有中置式（图 4-26a）和边置式（图 4-26b）两种。中置式要求导轨与滑块配合精度较高，否则推铲的横向稳定性难以保证，影响使用。边置式推铲横向稳定性较好。但是布置在厢内两侧的导轨要参与承受车厢的弯曲载荷。当导轨设置在车厢两侧底部时，导轨内及其附近的垃圾不易清除，而且导轨和滑块可能长时间浸泡于污水之中。克服这一缺陷的方法之一就是将导轨适当提高一些。一般导轨下平面距离车厢地板 100~250mm 为宜。

推铲的驱动方式一般有两种，一种是采用多级液压缸直接驱动。图 4-27a 所示为液压缸斜向布置的直接驱动，这时不仅获得较高的驱动效率，还可简化结构。另一种推铲驱动方式是通过连杆放大机构驱动推铲运动，如图 4-27b 所示。

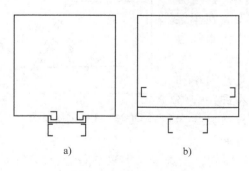

图 4-26 导轨的布置形式
a）中置式　b）边置式

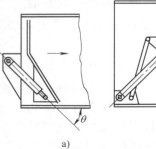
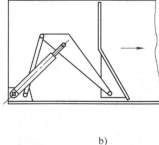

图 4-27 推铲的驱动方式
a）液压缸斜向布置　b）液压缸驱动连杆放大机构布置

推铲液压缸须采用单作用液压缸，靠压缩垃圾向前的压缩力，使其推铲回位。这样不仅可使车厢内垃圾受到均匀压缩，还避免了车厢装不满。

（三）装载厢与压缩填装机构

装载厢总成由装载厢体和安装在其内的压缩填装机构组成。其作用是将垃圾填装在装载厢内进行压碎压实处理，并将垃圾在车厢内挤压。

压缩填装机构的主要形式有复合连杆式压缩填装机构、带弧形板复合连杆式压缩填装机构、滑板式压缩填装机构和摆动式压缩填装机构等。

复合连杆式压缩填装机构的结构和工作原理如图 4-28 所示。液压缸 1 上端与装载厢体铰接于 A，下端与铲斗 3 铰接于 B。液压缸 5 下端与装载厢体铰接于 E，上端与连杆 2、4 同铰于 D，且 D 只能沿圆弧形导轨 6 运动。连杆 2 的另一端与装载厢体铰接于 C，连杆 4 的另一端与铲斗铰接于 F，其中 A、C、E 为固定铰接点，B、D、F 为活动铰接点。

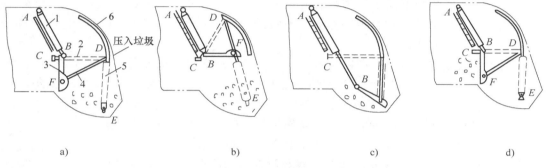

图 4-28 复合连杆式压缩填装机构的结构和工作原理

a）上一次铲斗工作循环结束，新一轮工作循环开始，这时倒入垃圾　b）液压缸 1 未工作；液压缸 5 向上伸出，驱动铰接点 D 沿导轨 6 向上做回弧运动，通过连杆 4 带动铲斗 3 围绕铰接点 B 逆时针旋转 90°　c）液压缸 1 迅速伸出，与此同时液压缸 5 向下收回，铲斗迅速下移，铲斗压缩垃圾　d）液压缸 5 停止运动，铰接点 D 位于下止点不动，液压缸 1 向上收回，铲斗复位，并且运送垃圾

1、5—液压缸　2、4—连杆　3—铲斗　6—导轨

带弧形板复合连杆式压缩填装机构的工作原理与上述复合连杆式的基本相同。

滑板式压缩填装机构工作原理如图 4-29 所示。滑板 1 由液压缸驱动，且沿装载厢侧

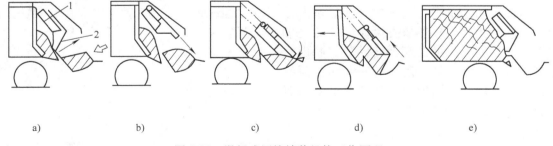

图 4-29 滑板式压缩填装机构工作原理

a）刮板液压缸在完成一个整周期后收缩，刮板逆时针转动　b）滑板液压缸伸长　c）刮板液压缸伸长，使装载厢中垃圾随刮板运动　d）滑板液压缸收缩，实现压缩填装　e）填装完毕，完成一个工作周期

1—滑板　2—刮板

壁上的导轨做斜向移动。刮板 2 及与其铰接的刮板驱动液压缸均铰接在滑板下端，因此刮板既可随滑板一起做斜向移动，又可绕固定在滑板上的铰接中心转动。在压缩过程中刮板施力方向始终保持不变，以一个固定角度 α 施加斜向挤压力，α 为垃圾填装角，$α_1$ 是前述的车厢后端面的安装斜角，$α_2$ 是滑板导轨线与装配结合面的夹角，$α = α_1 - α_2$。填装角 α 通常取 45°左右（图 4-30）。

填装斗容积大小的确定应考虑以下因素：如果垃圾车主要用来收集分散垃圾或袋装垃圾，则填装斗可以小些；若主要用来收集桶装垃圾、斗装垃圾或手推车装垃圾，则容积应大些。此外，填装斗容积还应与车厢容积相适应。大厢小斗将会降低装载效率；小厢大斗则将造成材料和动力的浪费。填装斗容积还应能满足整车总布置和道路条件等要求。

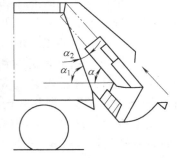

图 4-30 垃圾车的填装角

当垃圾卸毕，装载厢落坐后必须有专门机构将其下部锁紧在车厢上，以保证装载垃圾填装作业能正常进行以及汽车行驶时装载厢不会发生跳动。

最简单的锁紧方法是采用螺栓锁紧，即在车厢后端面的下部安装一个活节螺栓螺母机构。装载厢落坐后，把活节螺栓插入装载厢相应的槽口内，拧紧螺母即可锁紧装载厢。在需要举升装载厢时，先松开螺母，把活节螺杆抽出槽口即可。该机构虽然简单，但操作不便，并且与整个专用装置的自动化操作不相协调，同时也容易产生误操作。

另一种锁紧方法如图 4-31 所示。举升液压缸 1 的下支座 A 焊接在车厢上，上支座 B 焊接在装载厢侧壁上。举升液压缸刚伸出的一段时间，由于焊接在装载厢侧壁下端的锁销 4 卡在焊接在车厢上的槽口 5 内，因此装载厢不能离开车厢。结果举升液压缸使整个装载厢沿其结合面向上移动，于是，装载厢上端处的销子 2 从车厢上的长槽 3 下端逐渐移动到上端。当锁止的锁销 4 从槽口 5 内脱出时，表示装载厢与车厢的锁止解除，装载厢即可在举升液压缸的继续作用下，使其上端的销子抵在长槽上，形成可转动的固定铰接点。随着举升液压缸继续移动，装载厢绕该销子做逆时针转动，车厢后端被掀开。当举升液压缸回缩时，因装载厢的质心位于液压缸主座的后侧（图中右侧），因此销子仍然抵在长槽上端，这样装载厢仍绕该销子做顺时针回转、落下与车厢结合面贴合，当液压缸继续回缩时，装载厢沿结合面下移，下部锁销 4 又重新进入槽口 5 内，将装载厢锁住在车厢上，复位结束。

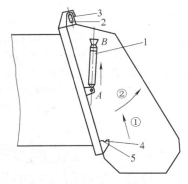

图 4-31 装载厢的锁紧机构
1—液压缸 2—销子 3—长槽
4—锁销 5—槽口

现以滑板式压缩填装机构为例，分析垃圾在填装挤压过程中的受力情况。如图 4-32 所示，受压垃圾在滑板挤压力 F_L 作用下产生箭头所示方向的流动。垃圾由于被压缩产

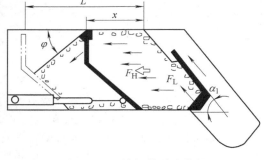

图 4-32 压缩机构受力分析

生的膨胀力最终作用于车厢壁面，因此产生一个阻碍垃圾流动的摩擦力 F_{f1}，F_{f1} 的方向与垃圾移动的方向相反，其大小为

$$F_{f1} = fpS_1x \tag{4-43}$$

式中　S_1——车厢横截面内壁周长（m）；
　　　f——垃圾与壁面的综合摩擦因数；
　　　x——推进长度（m）；
　　　p——垃圾的单位膨胀力（N/m²）。

阻碍垃圾移动的另外一个阻力是由垃圾的重力引起的，记作 F_{f2}，则有

$$F_{f2} = f\rho_j g S_2 xh \tag{4-44}$$

式中　S_2——近似取车厢的宽度（m）；
　　　ρ_j——垃圾的计算密度（kg/m³）；
　　　h——车厢高度（m）。

若要向前推进垃圾，必须满足下列条件

$$F_h = F_L \cos\alpha_1 \geq F_{f1} + F_{f2} \tag{4-45}$$

即

$$F_L \geq \frac{f(pS_1 + \rho_j g S_2 h)x}{\cos\alpha_1} \tag{4-46}$$

当结构尺寸确定后，S_1、S_2 和 h 是已知的，但 f、p、ρ_j 随压缩程度、垃圾成分而有所不同，因此很难确定它们的确切数据。根据试验，推荐 $f(pS_1 + \rho_j g S_2 h) = 30\text{N/m}$。因此

$$F_L = \frac{30}{\cos\alpha_1}x \times 10^3 \tag{4-47}$$

设

$$x_{\max} = L$$

则

$$F_{L\max} = \frac{30}{\cos\alpha_1}L \times 10^3 \tag{4-48}$$

式中　L——推铲行程（m）；
　　　α_1——填装力与水平方向夹角（°）。

需要注意的是，式（4-47）仅适用于填装角 α 不变时的填装压缩机构计算压缩填装力 F_L。对其他形式的压缩机构，由于 α_1 在整个填装压缩过程不断变化，故推荐按下式计算最大压缩填装力 $F_{L\max}$

$$F_{L\max} = \frac{30}{\cos\alpha_{1\max}}L \times 10^3 \tag{4-49}$$

式中　$\alpha_{1\max}$——整个压缩填装过程的最大填装角（°）。

最大压缩填装力 $F_{L\max}$ 确定后，对折面形推铲在推卸过程中的最大推力 $F_{e\max}$ 可用下式计算

$$F_{e\max} = 2F_{L\max}\cos\alpha_{1\max} = 60L \times 10^3 \tag{4-50}$$

由式（4-49）和式（4-50）计算得到的 $F_{L\max}$ 和 $F_{e\max}$ 可作为液压系统设计时的计算载荷。

三、液压系统的设计

压缩式垃圾车各主要机构的运动均为液压驱动。各液压缸运动应按顺序动作，不得出

现干涉，图4-33所示为一种压缩式垃圾车的液压系统图。

图4-33所示的液压系统中，采用了双联高压齿轮泵。其中，泵1向压缩、填装机构提供动力；泵2向推铲、举升装载厢机构及举升机构提供动力。通常泵1排量大于泵2排量，这样设计能加快填装速度、满足各部分的工况要求。泵2输出的液压油经过单向阀3由多路阀9控制，分别供推铲液压缸10和装载厢举升液压缸12使用。推铲液压缸10的进油口装有液控单向阀11，以保证推铲液压缸在装载厢被举升到最大转角后才能开始工作。

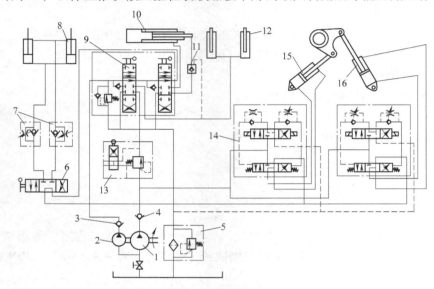

图4-33 压缩式垃圾车的液压系统图

1、2—双联齿轮泵 3、4—单向阀 5—回油过滤器 6—举升机构换向阀 7—调速器 8—举升液压缸 9—多路阀 10—推铲液压缸 11—液控单向阀 12—装载厢举升液压缸 13—电磁溢流阀 14—电磁先导阀 15、16—压缩液压缸

当常开式电磁溢流阀13不通电时，泵1处于卸载状态。液压油经过常开式电磁溢流阀13回流到油箱。当常开式电磁溢流阀13通电时，压缩液压缸处于工作状态。液压油由泵1经单向阀4，通过电磁先导阀14驱动压缩液压缸15和16工作。电磁先导阀14受电控系统控制。举升机构换向阀6在多路阀9处于中位时，操纵装载厢举升液压缸12工作。

第四节 摆臂式垃圾车的结构与设计

摆臂式垃圾车是装备有可回转的起重摆臂，车斗或集装垃圾悬吊在起重摆臂上，随起重摆臂回转、起落，用于实现垃圾自装自卸的专用自卸运输汽车。

摆臂式垃圾车的摆臂装置可以使集装垃圾箱与汽车的主体分离，实现垃圾箱的自装卸，如图4-1d和图4-34所示；摆臂式垃圾车的摆臂也能使车厢倾翻，自卸垃圾，如图4-35所示。

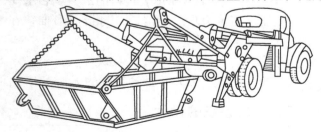

图4-34 摆臂式垃圾车自装卸垃圾箱

一、摆臂式垃圾车的结构特点

图 4-36 所示为摆臂式垃圾车结构,它由二类汽车底盘 1、副车架 2、摆臂 3、液压系统 4 和车斗(车厢)5 等组成。

摆臂式自装卸汽车具有车斗的吊装、吊卸和倾卸功能。

1. 车斗的吊装和吊卸

如图 4-37 所示,吊装前,先放下支腿液压缸 5 的支腿,与地面支牢,然后通过摆臂液压缸 7 向右伸出,使摆臂顺时针方向旋转到吊装前的位置(图 4-37 双点画线),再将摆臂上的吊链挂在车斗吊耳轴 2 上。吊装时,摆臂液压缸 7 反向收缩,驱使摆臂 4 逆时针旋转,于是车斗 1 在摆臂 4 的作用下,

图 4-35 摆臂式垃圾车自翻垃圾车斗

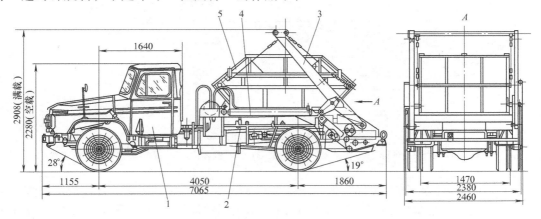

图 4-36 摆臂式垃圾车结构

1—汽车底盘 2—副车架 3—摆臂 4—液压系统 5—车斗(车厢)

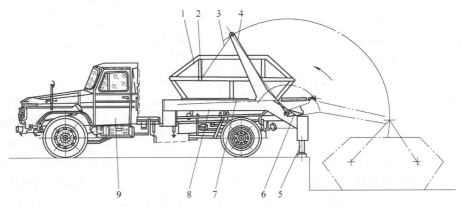

图 4-37 车斗吊装过程

1—车斗 2—车斗吊耳轴 3—吊链 4—摆臂 5—支腿液压缸 6—倾卸钩 7—摆臂液压缸 8—副车架 9—底盘

平移提升、落坐在副车架8上。这时倾卸钩按逆时针方向回转，扣在车斗倾斜轴上起固定作用。吊装作业完毕后收起支腿。

车斗的吊卸与吊装过程相反。

2. 车斗的倾卸

车斗的倾卸过程如图4-38所示。首先放下支腿液压缸5的支腿，且与地面支牢。此时副车架上的倾卸钩6应钩在车斗1的倾卸轴上。然后使摆臂液压缸活塞杆向右伸出，驱动摆臂4按图示顺时针方向转动，由于车斗的运动受到倾卸钩的约束，使得车斗在摆臂的作用下（通过吊链3），只能绕车斗倾卸轴和倾卸钩所形成的铰支点旋转而向后倾斜。倾卸完毕后，摆臂液压缸活塞杆反向缩回，车斗随即复位。

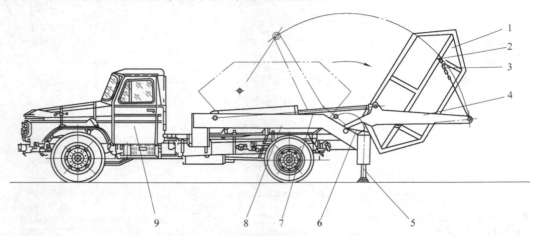

图4-38 车斗的倾卸过程

1—车斗 2—车斗吊耳轴 3—吊链 4—摆臂 5—支腿液压缸 6—倾卸钩 7—摆臂液压缸 8—副车架 9—底盘

摆臂用钢板焊接成箱形截面构件，具有足够的刚度和强度。摆臂上端安装吊链轴，下端装在摆臂轴上，摆臂轴固定在副车架上，应保证摆臂运动自如。摆臂上安装的倾卸轴是车斗倾翻时的支点，在运输过程中也起固定车斗作用。在吊装、吊卸时倾卸轴对车斗的约束自动解除。

常见的倾卸钩结构如图4-39所示。

倾卸钩1铰接在副车架8的横轴2上，可绕其轴线转动。倾卸钩同时承受弹簧5、6拉力的作用，但两者作用在倾卸钩上的力矩方向相反。图4-40所示倾卸钩实线位置为车斗被倾卸钩锁住在副车架上的位置。倾卸钩的锁住过程是：如图4-39所示，由于拉紧液压缸7的活塞杆向左收缩，弹簧5的拉力增大，作用在倾卸钩上的力矩随之增加，当其大于弹簧6作用在倾卸钩上的力矩时，倾卸钩开始沿逆时针方向转动，直到倾卸钩锁住车斗上的倾卸轴为止。

如果进行吊装或吊卸车斗作业，则必须首先解除倾卸钩对车斗的锁止作用，使倾卸钩处于图4-39所示的双点画线位置。这时拉紧液压缸7的活塞杆向右伸出，于是弹簧5对倾卸钩作用的力矩减小，当其小于弹簧6作用在倾卸钩的力矩时，倾卸钩便沿顺时针方向转动到双点画线位置为止。调整螺杆4的作用是调整弹簧拉力的大小以便使倾卸钩具有足够的锁止作用；在拉紧液压缸活塞杆伸出到位时，应使倾卸钩彻底解除锁止。

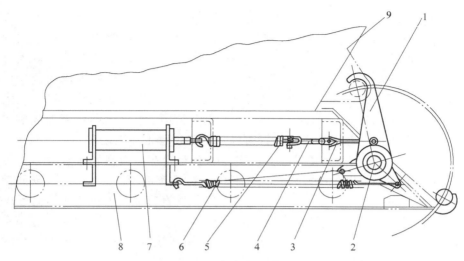

图 4-39 倾卸钩的结构

1—倾卸钩 2—横轴 3—钢丝绳 4—调整螺杆 5、6—弹簧 7—拉紧液压缸 8—副车架 9—车斗

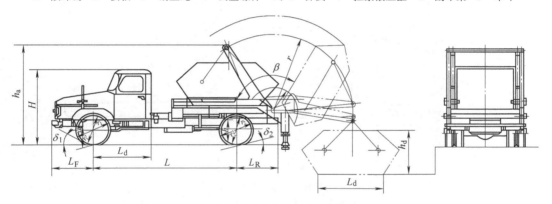

图 4-40 摆臂式垃圾车总布置

进行倾卸车斗作业时，因车斗倾卸轴被倾卸钩钩住，因此货斗只能在倾卸钩的约束下向后运动，参见图 4-38。

二、摆臂式垃圾车的设计

（一）摆臂式垃圾车总体设计

为取得最佳的布置效果，在二类底盘上布置各总成时，必须画总布置图。包括标出各部件的外部连接尺寸及相互位置关系；绘出摆臂、车斗、支腿等运动件的运动轨迹及极限位置；绘出汽车的主要尺寸、通过性几何参数、质心位置等。现以图 4-40 为例说明总布置草图的绘制过程。

1) 绘制汽车底盘的总布置图。分别绘制主视图和右视图，并标出主要结构参数。

2) 绘出副车架的有关尺寸。

3) 确定车斗（厢）的结构尺寸。

4) 确定摆臂回转轴位置和摆臂回转半径 r。摆臂回转轴线到吊链轴线之间的距离就

是摆臂回转半径 r。设计时应当在满足使用参数的前提下尽量使摆臂半径 r 小。在副车架上平面上选择一点作为摆臂回转中心。摆臂上端的吊链轴线位置应使在车斗放置在副车架上时其投影正好通过车斗中心。作吊卸运动轨迹图,应保证车斗在整个运动过程中与副车架的距离始终不小于 100mm。摆臂外形尺寸、摆臂与液压缸铰支点的位置可用作图法初步确定。设计时应保证吊装和吊卸过程中液压缸工作压力变化较平稳,最大值小于系统的额定压力。否则应改变摆臂轴线位置、摆臂液压缸铰支点和吊链轴线位置。通过作图法或解析计算确定了各点的位置,摆臂液压缸的行程也能随之确定。

5)布置支腿。为保证离去角足够大,支腿一般布置在靠近摆臂轴线处,支腿液压缸垂直布置,支腿上端与摆臂位于极限后倾角时的最近距离应不小于 20mm,支腿液压缸收拢时,车辆的离去角应大于 17°,必要时也可采用非垂直布置或可折叠的结构形式。

6)布置后倾卸运动图。倾卸钩和摆臂轴同轴布置。作倾卸运动图时,应检查车斗最大倾卸角 β_{max}。当 $\beta = \beta_{max}$,车斗吊耳轴应位于车斗倾卸铰支点 A 和吊链轴线 C 的连线下侧,以保证吊链4此时受拉力,如图4-41所示。

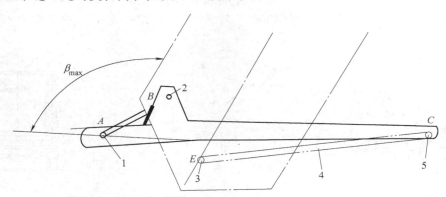

图4-41 后倾卸运动图
1—摆臂轴 2—液压缸铰支点 3—吊耳轴 4—吊链 5—链轴线

(二)摆臂的结构设计计算

摆臂的受力分析可按吊装(吊卸)和倾卸两种工况进行讨论。

1. 吊装(吊卸)工况受力分析

如图4-42所示,O 点为液压缸与副车架的铰支点,A 点为液压缸与摆臂的铰支点。当吊装车斗时,取摆臂为分离体。由 $\sum M_p = 0$ 得

$$F_{ax}A_{1y} - F_{ay}A_{1x} - \frac{1}{2}G_e B_{1x} = 0 \qquad (4\text{-}51)$$

式中 F_{ax}、F_{ay}——分别为液压缸作用力在 x 轴和 y 轴上的投影;
A_{1x}、A_{1y}——分别为液压缸上铰支点的 x、y 坐标值;
G_e——吊装重力;
B_{1x}——点 B 的 x 坐标值。

式(4-51)也可写为

$$F_a \cos\gamma_a A_{1y} - F_a \sin\gamma_a A_{1x} - \frac{1}{2}G_e B_{1x} = 0 \qquad (4\text{-}52)$$

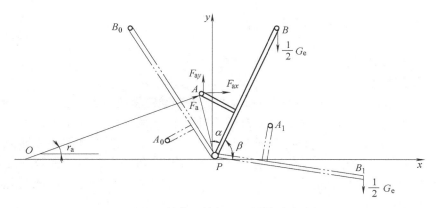

图 4-42 吊装、吊卸工况摆臂受力分析

整理之后得

$$F_a = \frac{1}{2} \frac{G_e B_{1x}}{\cos \gamma_a A_{1y} - \sin \gamma_a A_{1x}} \quad (4-53)$$

由式（4-53）计算得出的 F_a 值，将为选用液压缸和摆臂的刚度和强度计算提供负载依据。当 F_a 计算值为正时，液压缸对摆臂的作用力为推力；反之，为拉力。

摆臂式垃圾车在吊装和吊卸过程中的摆臂受力分析有两个典型工况：一是当 B 点位于 B_1 时（$\beta=\beta_1$），摆臂从下极限位置吊装车斗；二是当 B 点位于 B_0 时（$\beta=\beta_0$），摆臂从副车架上吊卸车斗。在总布置初确定情况后，A_x、A_y、γ_a 对不同的角 β 可通过几何关系确定，则由式（4-53）可求得两个典型工况下的液压缸作用力 $F_{a\beta_1}$ 和 $F_{a\beta_0}$。

2. 倾卸时的受力分析

由于倾卸时所需的液压缸推力和拉力远小于吊装（吊卸）工况的推力和拉力，所以对液压缸的推力和摆臂的受力可不作讨论，只需通过分析计算，求得吊链所受的最大拉力，对吊链进行强度计算，如图 4-43 所示。在倾卸初始时刻左吊链受力为

$$F_{Dz} = \frac{1}{2} \frac{G_e L_e}{\overline{PE}} \quad (4-54)$$

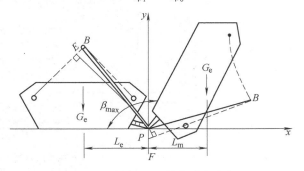

图 4-43 倾卸工况吊链受力分析

式中，$\overline{PE}$ 和 L_e 由结构尺寸决定。

当车斗倾卸到最大倾翻角时，右吊链受力为

$$F_{Dy} = \frac{1}{2} \frac{G_e L_m}{\overline{PF}} \quad (4-55)$$

式中，$\overline{PF}$ 和 L_m 由结构尺寸决定。

通常左、右吊链取相同尺寸，因此在设计时只要取较大值作为选取吊链的依据，并进行强度校核。

三、摆臂式垃圾车液压系统设计

摆臂式垃圾车的液压系统设计可按两步进行。

1. 确定系统布置方案

依据摆臂式垃圾车专用功能对液压系统的要求来确定系统方案，摆臂式垃圾车一般以高压齿轮泵作为液压动力源，以较小的自重力获得较大的能量。采用多用途的多路换向阀分别控制左右支腿和摆臂。支腿应配备双向液压锁，摆臂液压缸回路中必须布置平衡阀以保证工作平稳、安全。由于摆臂液压缸要承受推力和拉力，因此摆臂液压缸必须采用双作用液压缸；支腿需完成支承作用，且在运输过程中必须升起，因此支腿液压缸也应是双作用液压缸。

下面以如图4-44所示的摆臂式垃圾车的液压系统解释液压系统的工作原理。汽车发

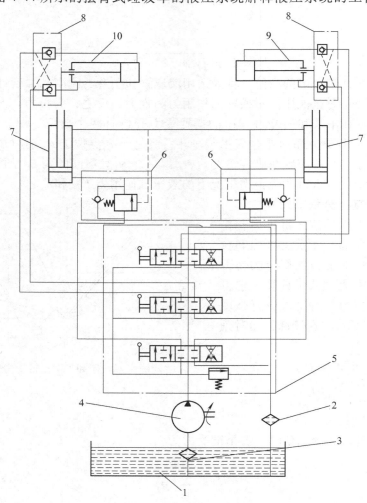

图4-44 摆臂式垃圾车液压系统工作原理

1—油箱 2—精过滤器 3—粗过滤器 4—液压泵 5—多路换向阀 6—单向平衡阀
7—摆臂液压缸 8—双向液压锁 9—左支腿液压缸 10—右支腿液压缸

动机的动力经变速器、取力器驱动液压泵 4 工作。液压泵将油箱 1 的油液通过粗过滤器 3 和液压泵 4 加压输送到多路换向阀 5。多路换向阀由 3 个三位六通手动换向阀、一个单向阀和一个溢流阀组成。3 个手动换向阀分别控制摆臂液压缸 7（共 2 个）、左右支腿液压缸 9 与 10。在手动换向阀和摆臂液压缸之间的油路上串联单向平衡阀 6，用以防止摆臂工作时因车斗自重加速下落造成的冲击。在手动换向阀和支腿液压缸之间的油路上串联了液压锁 8。液压锁能防止因换向阀磨损等原因造成的内泄漏或其他故障造成的外泄漏，可防止汽车行驶过程中因支腿液压缸活塞杆自行下滑造成的事故或在支腿液压缸支撑车架时，因活塞杆自行回缩而发生"软腿"事故。系统采用两个换向阀分别控制左、右支腿液压缸是考虑到因地面不平需要分别调整支腿液压缸来满足车身必须保持水平的要求。多路换向阀油路中的溢流阀是用来控制摆臂式垃圾车的额定载荷，起到保护液压元件正常工作的作用。

2. 液压缸的选用

选用摆臂液压缸，可先按初定的系统额定工作压力 p_e，用前面的方法计算求得 $F_{a\beta_1}$ 和 $F_{a\beta_0}$，再参考液压缸标准系列选择合适的液压缸。液压缸活塞直径 D 必须满足

$$D \geqslant \sqrt{\frac{4F_{a\beta_1}}{\pi p_e} + d^2} \ \text{或} \ D \geqslant \sqrt{\frac{4F_{a\beta_1}}{\pi p_e (1 - C^2)}} \tag{4-56}$$

式中　d——活塞直径；

C——d/D，通常 $C = 20/32$、$22/24$、$25/50$、$32/60$、$40/80$ 等。

液压缸直径 D 还应满足吊卸工况要求，即

$$p_e \frac{\pi D^2}{4} \geqslant F_{a\beta_0} \tag{4-57}$$

第五节　自装卸式垃圾车的结构与设计

自装卸式垃圾车是收集分散在城市垃圾点上的桶装生活垃圾，并转运到垃圾处理场的专用汽车。它的主要优点是集装速度快、二次污染小、操作方便、结构简单等。目前国产自装卸式垃圾车一般是在二类汽车底盘的基础上改装而成的侧装式自装卸垃圾车。

一、自装卸式垃圾车的总体结构与设计

（一）自装卸式垃圾车的总体结构

自装卸式垃圾车如图 4-45 所示。它由底盘、车厢、车厢举升机构、垃圾桶吊升机构、耙渣机构以及气控进料口盖等组成。发动机动力经取力器、液压泵、液压传动装置输送到各专用机构。

（二）自装卸式垃圾车的总体设计

1. 总体结构方案的确定

1）自装卸式垃圾车要求机动性好，故一般采用轻、中型货车的二类底盘。目前国内多采用 EQ1090 和 CA1091 货车二类底盘改装，改装后的额定装载质量为 4500kg。

2）卸载采用普通自卸汽车的后倾自卸形式；装载采用右前侧吊装形式，吊装机构布

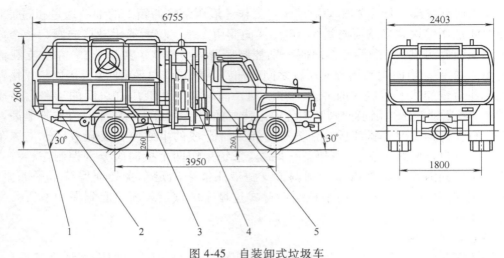

图 4-45 自装卸式垃圾车
1—车厢　2—底盘　3—举升机构　4—吊升机构　5—耙渣机构

置在车厢右前侧。

3）车厢采用全封闭式结构，以防止运输途中垃圾二次污染。

4）自卸机构必须保证车厢能自动举升和倾卸，最大倾卸角一般设计为等于或大于 48°。通常中、轻型自装卸式垃圾车多采用后推连杆放大式举升机构。

5）吊升机构必须保证装满的垃圾桶能够吊升、倾翻和复位。在倾翻过程中应有自锁机构，以防止垃圾桶飞脱。

6）车厢内应设置耙渣机构，以使有限车厢容积尽可能多装垃圾。

7）自装、自卸、耙渣机构均采用液压驱动，其动力由在变速器侧盖安装的取力器提供。

2. 自装卸式垃圾车的总体参数

1）整车的外廓几何尺寸（汽车的总长、总宽、总高）应不大于原型汽车的相关尺寸。

2）改装前后的轴距不变，由于排气管前置，接近角略小于原型汽车底盘的接近角，但改装后，接近角应不小于 30°，离去角应不小于 22°。

3）自装卸式垃圾车的额定装载质量一般设计为原型汽车额定装载质量的 85%~90%，以保证改装前后的汽车总质量及轴荷分配基本不变。所以自装卸式垃圾车的质量利用系数比原型汽车的略小。

4）目前城市生活垃圾的密度（$400 \sim 600 \text{kg/m}^3$）较小，故应适当增加车厢的高度。整车质心高度也随之增加，但自装卸式垃圾车必须满足满载时在 7° 的坡道上不得发生纵向倾翻的条件。

二、主要工作部件的结构与设计

（一）车厢

车厢为全金属、后开门、具有外框骨架的密封结构。厢内横剖面为圆弧过渡的矩形断面。由槽钢和 U 形冲压件组焊而成的外框骨架在减轻车厢质量的同时提高了车厢的强度和刚度。车厢结构如图 4-46 所示。车厢顶部设有带纱网的天窗，它既可使车厢内外通气，减缓厢内垃圾发酵；又可使垃圾进入厢内时，厢内的一部分空气经天窗外溢，从而减少和降低进料口外溢空气量和流速，减少厢内垃圾飞扬。

车厢容积 V_e 为

$$V_e = \frac{m_e}{\rho \eta} \quad (4-58)$$

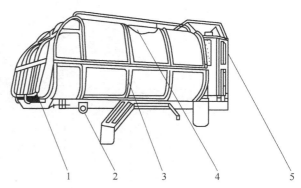

图 4-46　自装卸式垃圾车车厢结构
1—后门　2—后转轴支耳　3—外框架
4—过滤天窗　5—进料口盖

式中　m_e——自装卸式垃圾车的装载质量（kg）；
　　　η——车厢容积利用系数，$\eta = 0.85 \sim 0.90$；
　　　ρ——垃圾密度，可取平均值 $\rho = 500 \text{kg/m}^3$。

（二）车厢自卸举升机构

通常采用后推连杆放大式举升机构，车厢举升和回落时间均为 15~20s。

（三）垃圾桶的吊升机构

垃圾桶的吊升机构如图 4-47 所示，工作原理图如图 4-48 所示。该机构由吊升液压缸、外门架、中门架、内门架、翻转架和两根吊升链条等组成。

外门架 1 由两根纵置的槽钢和上、中、下门框焊接而成，作为中门架 4 上下往复运动的滚动支承架。外门架由 4 个角形支座固连在车厢上。此外，吊升液压缸装在外门架上的中门框与下门框上（图 4-47）。

中门架是由两根纵置的槽钢和上、下横梁组成的封闭框架，它是内门架上、下往复运动的滚动支承架。中门架上横梁（又称上横轴）上装有惰性链轮支承吊升链条。吊升链条中间固连在上门架上（图 4-48）；链条的一端绕过中门架上方的惰性链轮，与内门架下端固连；链条另一端绕过吊升液压缸缸头的惰性链轮，与中门架上横梁左右各装有的一个供翻转架上升到达上止点时支承翻转架翻转用的防尘密封轴承相连；中门架下横梁上设有调整吊升链条长度的装置。

内门架作为翻转架的支承架。

在外、中门架的滚动支承导向面均镶有镶条。中、内门架槽钢外侧均装有滚动轴承，整个吊升机构运行灵活。

吊升液压缸是吊升机构的动力源，当液压缸活塞向上伸出时（图 4-48），活塞杆头链轮驱动吊升链条做上升运动，由于中门架相对于外门架具有两倍液压缸行程的上升高度，因此翻转架相对于外门架具有四倍于液压缸行程的上升高度。

翻转架带动垃圾桶上下运动，并将垃圾倾卸厢内。它由翻转轴、左右铰链座、翻转托架和垃圾桶的自动锁紧机构等组成。翻转架借左右铰链座与内门架铰接。当翻转架上升到翻转托架的羊角形曲臂，与中门架上横轴两侧轴承接触时，随液压缸头继续向上运动，

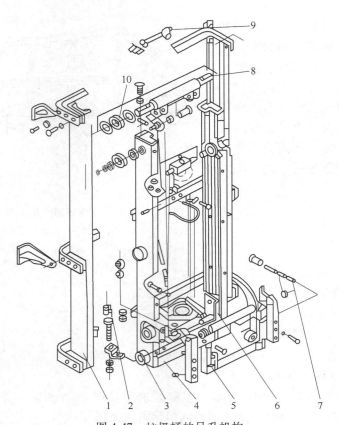

图 4-47 垃圾桶的吊升机构

1—外门架 2—吊升链条 3、10—防尘滚动轴承 4—中门架 5—翻转架
6—内门架 7—自动锁销 8—中门架上横梁轴 9—托架

羊角形曲臂沿轴承边滑动边滚动。于是带动垃圾桶向车厢内倾卸垃圾。垃圾桶横轴锁紧机构是通过设置在翻转托架内侧的自动锁紧机构实现的,保证垃圾桶在倾翻时不会脱离翻转架。托架支承垃圾桶,并将垃圾桶按要求的角度倾斜。

图 4-48 所示的行程放大机构能将活塞行程放大 4 倍。若设垃圾桶升高行程为 H,则液压缸活塞行程 $S = H/4$;若忽略全部运动件之间的摩擦力,则液压缸推力应为链条拉力的 4 倍。按 CJ/T 280—2008 的规定,垃圾桶的最大总质量为 300kg,所以选取吊升机构传动链条时,链条 7(图 4-48)受力应是链条 3 的 2 倍。吊升机构其他构件的受力可按常规方法进行计算。

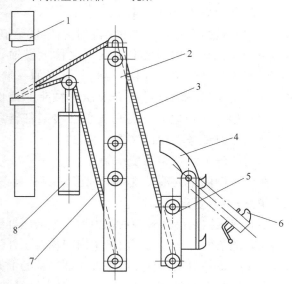

图 4-48 垃圾桶吊升机构工作原理图

1—外门架 2—中门架 3、7—链条 4—翻转架
5—内门架 6—锁轴 8—吊升液压缸

三、液压系统的设计

（一）液压缸直径和工作行程的确定

1. 吊升液压缸直径和工作行程的确定

如图 4-48 所示，外门架、液压缸、中门架、链条安装在同一平台上。因此可以认为吊升垃圾桶的过程中，液压缸需要的推力 F_{DS} 由下式决定

$$F_{DS} = 4KW_1 \tag{4-59}$$

式中 K——过载系数，$K=1.3$；

W_1——满载时垃圾桶的重力，一般取 $W_1 = 3000\text{N}$。

当垃圾桶提升到最高点翻转倾卸时，液压缸所需推力 F_{DF} 可用下列方法确定（图 4-49）。对支点 O 取矩 $\sum M_O = 0$，得

$$RL_1 = W_1(L+L_1)K \tag{4-60}$$

因此

$$R = \frac{W_1(L+L_1)K}{L_1} \tag{4-61}$$

式中 L_1——O 点到翻转铰支点的水平距离（m）；

L——翻转过程中，垃圾桶质心到翻转铰支点的最大水平距离（m）。

可以近似认为链条 3（图 4-48）受到的拉力和式（4-61）求得的 R 等值。故在翻转过程中，液压缸所需提供的最大推力 F_{DFmax} 为

$$F_{DFmax} = \frac{4W_1(L+L_1)K}{L_1} \tag{4-62}$$

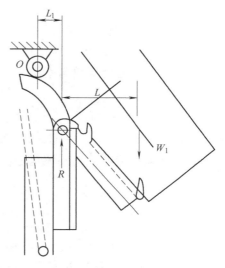

图 4-49 垃圾桶翻转时的受力分析

显然，$F_{DFmax} > F_{DS}$，因此应取 F_{DFmax} 作为选用液压缸的计算载荷。

液压系统压力 p_e 通常设定为 10~14MPa，故液压缸推力 F_{DF} 为

$$F_{DF} = \frac{\pi D^2}{4} p_e \eta \times 10^6 \tag{4-63}$$

式中 p_e——液压系统压力（MPa）；

η——液压系统效率，$\eta = 0.8$；

D——液压缸直径（m）。

吊升液压缸直径 D_{DS} 为

$$D_{DS} = 4 \times 10^{-3} \sqrt{\frac{W_1(L+L_1)K}{p_e \eta L_1}} \tag{4-64}$$

求出 D_{DS} 值，按 GB/T 2348—2018 系列标准选取液压缸。

液压缸工作行程 S_{DS} 按下式计算

$$S_{DS} = \frac{H_{TS}}{4} + \Delta H_{TF} \tag{4-65}$$

式中　H_{TS}——吊升理论高度（m）；
　　　ΔH_{TF}——翻转时液压缸所需行程（m）。

2. 举升倾卸液压缸直径和工作行程的确定

举升倾卸液压缸直径和工作行程应按计算普通自卸汽车举升液压缸直径和工作行程的方法确定。通常可参照同级普通自卸汽车举升液压缸的参数选取。

3. 拉耙液压缸直径和工作行程的确定

拉耙时所需的推力较小，故液压缸直径也较小。若设拉耙时液压缸所需的推力为F_{PZ}，则液压缸直径D_{PZ}可按下式计算

$$D_{PZ} = \sqrt{\frac{4F_{PZ}}{\pi p_e}} \quad (4-66)$$

拉耙液压缸的工作行程S_{PZ}按所布置位置和所需拉耙最大行程确定。一般$S_{PZ}/D_{PZ} > 15$。

（二）各液压缸所需流量计算

1. 吊升液压缸所需流量Q_{DS}

$$Q_{DS} = \frac{\pi D_{DS}^2}{4} \frac{S_{DS}}{t_{DS}} \times 6 \times 10^4 \quad (4-67)$$

式中　t_{DS}——吊升时间，一般$t_{DS} = 10s$。

2. 举升倾卸液压缸所需流量Q_{JS}

$$Q_{JS} = \frac{\pi D_{JS}^2}{4} \frac{S_{JS}}{t_{JS}} \times 6 \times 10^4 \quad (4-68)$$

式中　t_{JS}——举升时间，$t_{JS} = 15s$；
　　　S_{JS}——举升液压缸的工作行程（m）；
　　　D_{JS}——举升液压缸的直径（m）。

（三）液压泵主要参数的确定

液压系统中液压泵的最大流量Q_{Bmax}由下式确定

$$Q_{Bmax} = \eta Q_{max} \quad (4-69)$$

式中　η——效率系数，$\eta = 1.2$；
　　　Q_{max}——取Q_{DS}和Q_{JS}中的较大者。

液压泵的额定工作压力应根据液压系统设计的额定压力确定。

液压泵的排量q（mL/r）由下式确定

$$q = \frac{Q_{Bmax}}{n_e} \times 10^3 \quad (4-70)$$

式中　n_e——液压泵的额定工作转速（r/min）。

根据额定工作压力p_e、排量q和工作转速n_e即可选取液压泵的规格和型号。

（四）操纵阀的选用

举升机构、吊升机构和拉耙机构的操纵阀可选用两个并联的三位四通换向阀。中位卸荷、吊升机构和拉耙机构动作顺序可通过一个顺序阀控制。

图4-50所示为自装卸式垃圾车液压系统原理图。

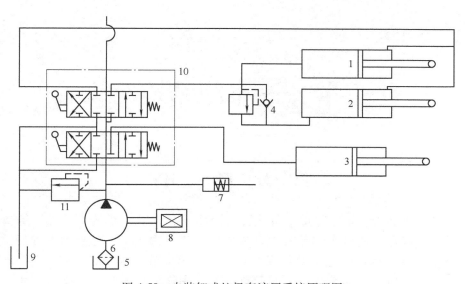

图 4-50　自装卸式垃圾车液压系统原理图

1—吊升液压缸　2—拉耙液压缸　3—举升液压缸　4—顺序阀　5、9—油箱　6—过滤器
7—液压泵加速器　8—取力器　10—换向多路阀　11—安全溢流阀

第五章

起重举升汽车的结构与设计

第一节 概 述

　　起重举升汽车是指装备有起重设备或可升降作业台（斗）的专用汽车。起重举升汽车分为起重举升专用运输汽车和起重举升专用作业汽车两大类。起重举升专用运输汽车是指装备有便于货物装卸的起重设备或可升降台，用于运输货物的起重举升汽车，包括随车起重运输车、航空食品装运车。而起重举升专用作业汽车是指装备有起重设备或可升降作业台（斗），用于完成特定作业任务的起重举升汽车。根据作业方式、内容的不同，又可细分为汽车起重机、高空作业车、飞机清洗车、登高平台消防车、举高喷射消防车、云梯消防车、桥梁检测车、计量检衡车几种类型。

　　我国起重举升汽车在 20 世纪 70 年代前后开始研制和批量生产，现在我国起重举升汽车的研究、制造、检测已经具有一定规模，但在品种、质量以及技术水平上还落后于世界先进水平。

　　目前世界各公司生产的随车起重运输车都形成了功能多元化、品种系列化、机电液控制一体化的产品体系。从产品的市场情况来看，需求量越来越大。随着科学技术进步的加快，从最初的小型单一产品，发展成全系列、大力矩、多功能、外形美观、操作简单、使用安全，并能进行有线或无线遥控的先进产品，其发展已进入成熟期。随车起重运输车朝着大型化、多功能化和智能化的方向发展。安装随车起重机的底盘已不再局限于普通货车底盘，越来越多的重型平板车也可安装大吨位随车起重机，以满足其自装卸大型货物的需要。随车起重运输车的作业装置也不仅仅局限于吊钩，各种高空作业平台、抓具、夹具、吊篮、螺旋钻、板叉、装轮胎机械手、拔桩器等已逐渐被采用。随着随车起重运输车的吨位越来越大，对安全控制操作方便性及舒适性的要求也越来越高。

　　近年以举升为主要功能的高空作业车发展极为迅速，其梯臂长度有不断增加的趋势，目前已有 70m 长的记录。曲臂式高空作业车因液压臂能自由曲折和伸展，可以避开电线等一些障碍物显示出其优点，因而受到重视。随着高层建筑和大型石化企业的不断涌现，促使高空消防车迅速发展，同时也促使多轴超重底盘的相应发展。高空作业车除了用于消防外，还越来越多的应用于通信工程、桥梁的建设和修缮。

　　而汽车起重机特指使用卷扬机械，用滑轮吊钩起重的专用汽车。它是把起重机安装在载重汽车底盘上的一种起重机。近年来由于汽车载重能力的不断提高，各种专门的汽车底盘的产生，致使大吨位的汽车起重机不断地涌现，由于液压机构被广泛地用在汽车起重机上，用高强度钢材作为起重机的臂杆，使它无论在操作上还是在使用性能方面都具备了很多的优越性。因此，汽车起重机是目前使用最广泛的一种起重机。

本章将针对随车起重运输车、汽车起重机、高空作业车等几种应用量较大且有代表性的起重举升汽车，作结构分析与设计介绍。

第二节　随车起重运输车的结构与设计

一、随车起重运输车的结构

随车起重运输车是指装备有随车起重机，用于实现货物自行装卸的起重举升专用运输汽车。它既有普通载货汽车的运输功能，又有起重机的起吊装卸功能；除完成本车厢的货物装卸之外，还能完成与其他车厢之间的货物装卸。因此，使用随车起重运输车，可以降低搬运成本，减轻劳动强度，保障作业安全，故近年来得到较大发展。它通常由定型载货汽车或定型底盘加装起重机改装而成。液压式起重机因其结构紧凑、操作方便、质量小且出力大等优点而被广泛装备在随车起重运输车上。

（一）随车起重运输车的结构形式

根据起重机在汽车上安装位置的不同，随车起重运输车可分为前置式、中置式和后置式三种结构形式，如图5-1所示。

1. 前置式

前置式的起重机安装在汽车驾驶室和车厢之间，如图5-1a所示。该种形式多为起重能力小于1t的中、小型随车起重运输车所采用，适用于装卸包装成件的货物和集装箱等。其布置形式可充分利用货厢面积，并保证起重臂在允许的伸出长度内和相应的运动条件下，可到达车厢的任何位置。此外，因液压泵安装在汽车前部的发动机处，距离起重机液压缸的管道较短，功率损失小，液压传动效率比其他布置形式的高。所以，这种结构形式得到了广泛应用。在进行整车布置时，要注意防止前轴超载。

2. 中置式

中置式的起重机安装在汽车车厢中间，如图5-1b所示。该种形式的起重能力在1~3t的范围内，且采用加长的大、中型货车底盘。其布置形式的特点是起

图5-1　随车起重运输车的整车结构形式
a）前置式　b）中置式　c）后置式

重臂短，轴荷分配易于满足要求，基本可保持原车的质心位置，适于装卸和运输长度整齐的管材、建筑材料、条状物件及木材等，货物沿车厢纵向安放。但由于起重机布置在车厢中部，使车厢面积的利用率降低。

3. 后置式

后置式的起重机安装在车厢后部，如图 5-1c 所示。该种形式适用于带有挂车的随车起重运输车，其特点是车厢面积利用率高，起重臂能完成汽车和挂车之间的装卸作业。但由于起重机安放在车辆的尾部，会改变原车的轴荷分配，使操纵性变差。此外，主车架需进行改装设计，并且受载情况变差。

（二）随车起重运输车的结构特点

随车起重运输车因选择的汽车底盘和对加装的起重机要求及布置不同而有差异，但部件结构基本相同，现以前置式为例，说明随车起重运输车的主要结构特点。图 5-2 所示为伸缩臂式随车起重运输车整车图，有伸缩臂 1、吊钩 2、回转机构 3、卷扬装置 4、机架 5 等伸缩起吊装置。由于起重臂间不能折叠，吊放时需卷扬机经钢丝绳带动吊钩吊运货物。图 5-3 所示为折叠臂式随车起重运输车整车图，有支架 1、折叠式上、下节起重臂 3、2 和伸缩臂 5 等折叠起吊装置，通过举升液压缸 11、折叠臂液压缸 9 和伸缩液压缸 4 实现重物的举升、移位和安放，也可直接用吊钩进行吊运。图 5-4 所示为一种折叠臂式起重机总成外形图，这种起重机无卷扬装置，起吊作业结束后，臂架可折叠成倒三角形横置于驾驶室和车厢之间。因此，折叠臂式随车起重运输车具有质心较低、行驶稳定性好等优点，有取代伸缩臂式起重机的趋势。无论哪种形式的随车起重机，均由机架（汽车主车架和起重机的连接架）、起重臂支架、起重臂、回转机构、卷扬装置、支腿、液压系统等组成。

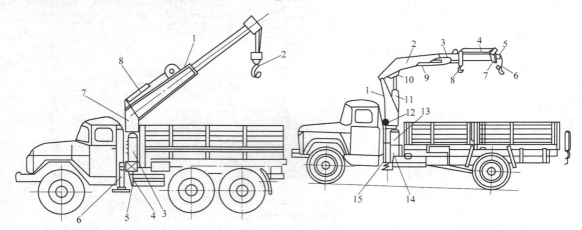

图 5-2　伸缩臂式随车起重运输车整车图
1—伸缩臂　2—吊钩　3—回转机构
4—卷扬装置　5—机架　6—支腿
7—伸缩臂支架　8—俯仰液压缸

图 5-3　折叠壁式随车起重运输车整车图
1—支架　2—下节起重臂　3—上节起重臂　4—伸缩液压缸
5—伸缩臂　6—吊钩　7—中间臂　8—附加吊钩
9—折叠臂液压缸　10—载荷限位杆　11—举升液压缸
12—操纵阀　13—回转机构　14—机架　15—支腿

1. 随车起重运输车起重机机架

图 5-5 所示为一种随车起重运输车起重机机架图，它由横梁 3 和 13、纵梁 4 和 14 等组成。

机架中部设计有安装回转机构的连接螺栓孔，对称焊有托架 15 和支腿支架 10，随车起重运输车机架借助 U 形螺栓 6、垫板 5 和 7 固定在汽车主车架上。

2. 起重臂支架

图 5-6 所示为装有单向举升液压缸的起重臂支架，悬臂 1 焊接在外壳 10 上，在活塞杆 17 的上端固连有铰接连杆用的连杆支架 2。起重机作业时，液压油经管接头 18 进入液压缸推动活塞杆上升，而当液压油卸载时，则在活塞杆自身重力、起重机臂和载荷的作用下完成活塞杆的下降归位。为了排除渗入液压系统的空气，在举升液压缸上部装有堵头 7。起重臂支架 19 与外壳 10 焊接成一个整体，并借助楔块 16 等固定在回转机构支柱 12 上。

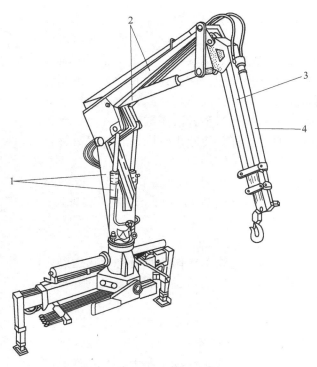

图 5-4　折叠壁式起重机总成外形图
1—主臂　2—中间臂　3—端臂　4—液压缸

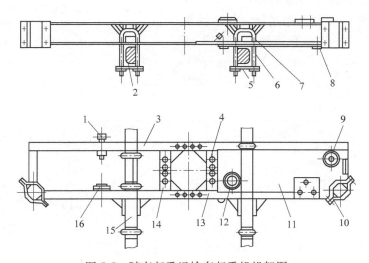

图 5-5　随车起重运输车起重机机架图
1—螺旋顶杆　2—垫木　3、13—横梁　4、14—纵梁　5、7—垫板　6—U 形螺栓　8—固定板　9—软垫　10—支腿支架　11—液压箱安装处　12—固定座　15—托架　16—缓冲垫

3. 起重臂

图 5-7 所示为一种随车起重运输车起重臂的结构，它由剖面呈槽形的下节 2、剖面呈箱形的上节 3，带有吊钩的可伸缩方管 4 和起重臂折叠液压缸 7 等组成。带有吊钩的可伸

缩方管 4 可在上节起重臂的导向套内移动，并有 3 个可供选择的悬伸长度，用销子 6 将可伸缩方管 4 固定在上节 3 上。下节 2 借助销轴 1 与起重臂支架铰接。两根连杆 8 的上、下端分别与起重机臂举升液压缸活塞杆上的连杆支架和下节 2 铰接。当举升液压缸活塞杆上、下伸缩时，通过连杆 8 使起重臂围绕它与起重臂支架铰接的销轴 1 转动。

图 5-8 所示为另一种三节式起重臂的结构。起重臂借助楔销 11、两个垫圈 4 和螺栓 3 紧固在回转机构上。

4. 回转机构

随车起重运输车在作业时要将货物送到一定范围内的任意空间位置，故起重机的起重臂必须具有回转功能。

图 5-9 所示为折叠式起重臂的回转机构。在图 5-9a 中所示的空心轴通过第一复合轴承和一个推力轴承安装在轴支座上，且在空心轴上过盈配合有齿轮齿条副，转筒通过花键结构与齿轮同轴连接在一起，在该转筒的上端面固连有一个吊臂底座，外圆上通过第二复合轴承同轴装有外护套，外护套下端坐落在轴支座上，其上端利用 O 形圈与密封盖密封。为了使回转机构在轴向得到固定，空心轴的下端镶

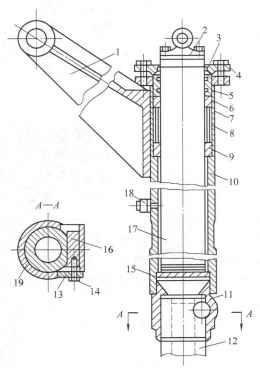

图 5-6　装有单向举升液压缸的起重臂支架
1—悬臂　2—连杆支架　3—毛毡防尘圈　4—盖
5—密封圈　6、9—导向套　7—堵头　8—支承套
10—外壳　11—托架　12—回转机构支柱
13—连接盖　14—螺栓　15—端板　16—楔块
17—活塞杆　18—管接头　19—起重臂支架

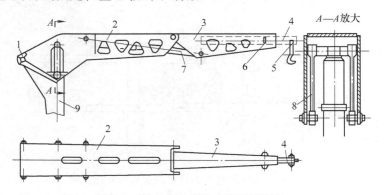

图 5-7　随车起重运输车起重臂结构
1—销轴　2—下节　3—上节　4—可伸缩方管　5—吊钩　6—销子　7—起重臂折叠液压缸　8—连杆　9—支架

有弹性挡圈，该弹性挡圈可限制空心轴向上窜动，在转筒与空心轴之间还设有转筒的轴向定位机构，该轴向定位机构由转筒内孔臂上端的扩径台阶和该扩径台阶上的微调螺母构成，通过微调螺母调节转筒和齿轮的轴向安装松紧度，进而防止起重机吊臂向上窜动。

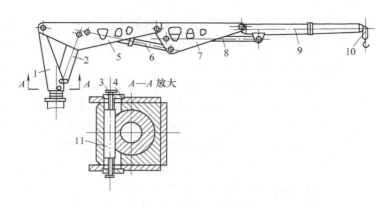

图 5-8 三节式起重臂结构

1—支架 2—起重臂液压缸 3—螺栓 4—垫圈 5—下节 6—中节折叠液压缸
7—中节 8—上节折叠液压缸 9—上节 10—吊钩 11—楔销

图 5-9a 中所示的齿轮与图 5-9b 中所示回转机构的齿条 1 啮合,齿条 1 由液压缸 3 中的活塞 2(左右各一个)驱动。当左液压缸进油,右液压缸排油时,齿条向右动,从而带动主臂逆时针回转,反之带动主臂顺时针回转。

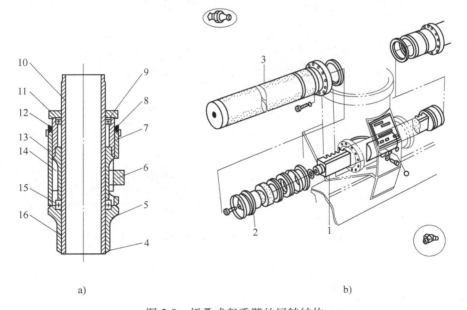

a)   b)

图 5-9 折叠式起重臂的回转结构

a) 回转机构剖视图 b) 回转机构驱动

1—齿条 2—活塞 3—液压缸 4—弹性挡圈 5—轴支座 6—齿条
7—第二复合轴承 8—O 形圈与密封盖 9—微调螺母 10—空心轴 11—吊臂底座
12—转筒 13—外护套 14—齿轮 15—推力轴承 16—第一复合轴承

也可通过液压马达驱动蜗轮蜗杆或行星齿轮形式的减速回转机构,最后驱动转盘的内齿圈实现回转。

5. 液压传动系统

液压传动系统将取力器取出的发动机动力,通过液压泵转换成液压能,然后经液压缸、液压马达等,将液压能转换成机械能,使工作装置完成相应动作,如液压支腿的伸缩、起重臂的仰俯、伸缩、回转和折叠等。

图 5-10 所示为某随车起重运输车的液压系统图。液压油从液压泵 13 进入分配阀 14 (含有滑阀Ⅰ、Ⅱ)和分配阀 5(含有滑阀Ⅲ、Ⅳ、Ⅴ)。滑阀Ⅰ~Ⅴ在中位时,液压油打开溢流阀 16、经过滤器 10 流回液压油箱 11。工作液压油从液压泵 13 进入由溢流阀 16 和安全阀 15 串联起来的控制回路中的三位四通分配阀 14 和 5 中。操作滑阀Ⅰ、Ⅱ,液压油进入液压缸 1 和 2 相应的腔内,控制支腿伸缩。为了工作可靠,在伸出支腿液压缸 1、2 顶部装有液压锁 3,用来关闭高压腔中液压油的出口。在进行起吊作业时,伸出的支腿停止在支承的位置上,不会缩回而造成事故。操纵滑阀Ⅲ、Ⅳ、Ⅴ,相应可实现起重臂折叠、回转、举升或靠重力落下等动作。安全阀 15 用来预防液压系统过载,是随车起重运输车起吊质量限制器。

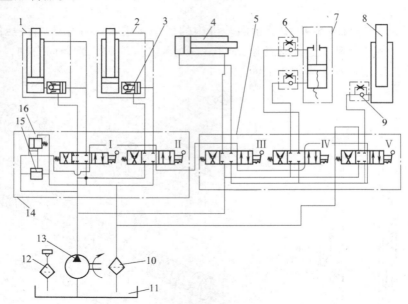

图 5-10 随车起重运输车的液压系统图

1、2、4、8—液压缸 3—液压锁 5、14—分配阀 6、9—流量控制阀 7—回转机构
10、12—过滤器 11—液压油箱 13—液压泵 15—安全阀 16—溢流阀
Ⅰ、Ⅱ、Ⅲ、Ⅳ、Ⅴ—方向控制阀(滑阀)

二、整车总体设计

(一)整车基本参数的选择

1. 尺寸参数

随车起重运输车的尺寸参数主要是指处于行驶状态时,整车的外廓尺寸,即车辆的长、宽、高,必须符合 GB 7258—2017《机动车运行安全技术条件》中有关车辆外廓尺寸

限制的规定。

2. 质量参数

(1) 厂定最大总质量　由于随车起重运输车是在载货汽车二类底盘上改装而成的，厂定最大总质量 m_a 应和载货汽车的厂定最大总质量相同。

(2) 装载质量　随车起重运输车的装载质量 m_e 可由下式计算

$$m_e = m_a - m_d - m_x - m_k \tag{5-1}$$

式中　m_d——二类底盘质量（kg）；

　　　m_x——车厢质量（kg）；

　　　m_k——起重装置质量（kg）。

(3) 质量利用系数　因随车起重运输车属于运输型专用汽车，故应考虑改装后的质量利用系数。显然，在质量利用系数较低的货车上进行改装是不经济的，但我国目前还没有标准可参照执行。据国家有关统计，随车起重运输车的质量利用系数一般为 0.73~0.84。

（二）轴载质量分配

随车起重运输车的轴载质量分配，须在总布置时特别注意。要求改装后的整车轴载质量分配应与原货车基本相同。下面以前置式随车起重运输车为例进行说明。

前置式随车起重运输车为了将起重装置安放在驾驶室和车厢之间，需把原货车的车厢前部裁短 450~500mm。又因增加了起重装置，使整车的轴载质量发生了变化；另外，当起重臂在不同工况位置时，其轴载质量也会有所不同。因此，轴载质量的分配要根据车辆行驶状态下起重臂所处的位置来计算。如图 5-11 所示，由于起重装置在汽车行驶状态所处的位置不同，则轴载大小也不相同，因此在布置时要注意防止前轴轴载质量超载。表 5-1 结合图 5-11 所示列出了起重臂布置在不同位置时的轴载质量分配计算公式。

表 5-1　起重臂不同位置的轴载质量分配计算公式

负载	起重臂位置	前轴轴载质量	后轴轴载质量
空载	1	$m_{01} = \dfrac{m_d L_{d2} + m_{k1}(L_{k1} + L_{k2}) + m_{k2} L_{k2} + m_x L_x}{L}$	$m_{02} = m_0 - m_{01}$
空载	2	$m_{01} = \dfrac{m_d L_{d2} + (m_{k1} + m_{k2})(L_{k1} + L_{k2}) + m_x L_x}{L}$	$m_{02} = m_0 - m_{01}$
满载	1	$m_1 = \dfrac{m_d L_{d2} + m_{k1}(L_{k1} + L_{k2}) + m_{k2} L_{k2} + (m_x + m_e) L_x}{L}$	$m_2 = m_a - m_1$
满载	2	$m_1 = \dfrac{m_d L_{d2} + (m_{k1} + m_{k2})(L_{k1} + L_{k2}) + (m_x + m_e) L_x}{L}$	$m_2 = m_a - m_1$

注：1—起重臂在驾驶室上方；2—起重臂在驾驶室后围与车厢之间；m_{k1}—起重臂质量；m_{k2}—起重装置立柱等部件质量；m_0—整车装备质量。

三、起重装置的参数选择与设计

（一）参数选择

起重装置的参数决定了起重举升汽车的工作特性，应根据使用要求和实际生产条件确定，并须考虑相关的标准和规定。起重装置的主要参数有起重量、起升高度、幅度和工

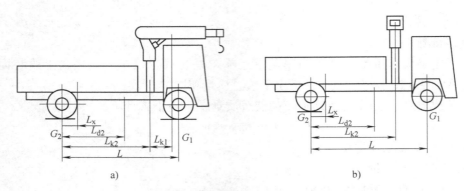

图 5-11 轴载质量分配计算图
a）起重臂在驾驶室上方 b）起重臂在驾驶室后围与车厢之间

作速度等。

1. 起重量

起重量是指起重臂在一定长度和幅度下，保证起重举升汽车的起重稳定性的最大起升质量。在起重臂最短和幅度最小时，其最大起重量称为标定起重量。

2. 起升高度

起升高度是指从地面到吊钩钩环中心极限位置的距离。起升高度也随臂长和幅度的变化而变化，通常以最大起升高度表示。

3. 幅度

幅度是指起重臂前端吊钩钩环中心到立柱转台回转中心线间的距离。随车起重运输车不移位时的工作范围，由最大幅度和最小幅度决定。

4. 工作速度

起重装置的工作速度应根据工作要求确定。起重工作速度包含以下主要内容：

（1）起升速度 货物起升速度与起重量和起升高度有关。起吊小吨位货物时，可采用较高的起升速度。但起升高度不大时，起动和制动过程所占的比例相对较大，一味提高起升速度将增加动载荷，反而不能提高工作效率。一般取起升速度为 0.3m/s 左右。

（2）回转速度 立柱的回转速度受旋转起动或制动时切向惯性力的限制。在 10m 左右的幅度内，回转速度不应超过 3r/min。回转速度过高，货物在切向方向的摆动大，对作业效率反而产生不利的影响。一般取回转速度为 2.5r/min。

（3）变幅速度 对于折叠臂式，起重臂变幅速度是指起重臂在变幅液压缸作用下，其角度的改变速度，一般小于 12°/s。对于伸缩臂式，起重臂变幅速度是指起重臂在水平方向的直线运动速度，可参照起升速度选取。

（4）支腿伸缩速度 支腿的伸缩速度均用时间来表示，伸腿时间一般为 15~20s，缩腿时间为伸腿时间的 1/2。

（二）起吊支腿的设计计算

随车起重运输车进行起吊作业时，主车架将受到较大的附加集中载荷，为了保证车架的强度和提高整车的起重能力，必须设置支腿。此外，支腿还对起吊作业时整车的工作稳定性有很大的影响。

1. 支腿形式的选取

通常采用 H 形支腿，即左右各一个支承。每个支腿各有一个水平液压缸，一个垂直支承液压缸。进行起吊作业时支腿外伸呈 H 形，行驶时收回，如图 5-12a 所示。为保证支腿收回时不超出车辆行驶时的宽度标准，外伸时又有足够的支承距离，可将左右支腿的水平液压缸错开安放，如图 5-12b 所示。支腿必须与起重装置的横梁牢固连接，以保证支腿支承可靠，使整车起吊作业稳定。

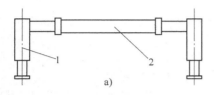 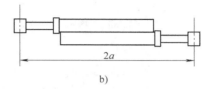

图 5-12　H 形支腿

a）水平缸同轴布置　b）水平缸错开布置

1—垂直支承油缸　2—水平伸缩油缸

2. 支腿跨距的确定

由于随车起重运输车只有左右两个支腿，故只确定横向跨距。确定的原则是起重装置在臂架强度允许的起重量范围内工作时，要保证整车的稳定，即整车的侧向稳定性，即要求最大起重量和其他各重力对该侧支腿支承中心线作用的倾翻力矩小于整车的稳定力矩，如图 5-13 所示。

由力矩平衡方程可以得到支腿横向外伸跨距的最小值 a 为

$$a = \frac{L_{k1} m_{k1} + RQK}{m_0 + m_{k1} + QK} \quad (5-2)$$

式中　a——支腿支承中心与立柱中心的距离（m）；

L_{k1}——起重臂质心至立柱中心的距离（m）；

R——起重臂的工作幅度（m）；

m_{k1}——起重臂质量（kg）；

Q——起吊质量（kg）；

m_0——不包括起重臂质量的整车整备质量（kg）；

K——动载系数，可取 $K=1.2$。

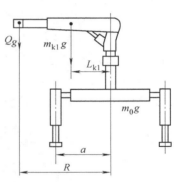

图 5-13　支腿跨距的确定

3. 支腿压力计算和支承液压缸缸径的确定

按最危险工况考虑，即随车起重运输车的大部分车轮被支承液压缸顶起，整车成为三点支承状态。设整车满载时的重力载荷平均分配在三个支承点上，则单个支腿上所受到的支承载荷 F_z 为 G 的 1/3。再根据液压系统工作压力 p（可按中、高压系统选 $p=8\sim16\mathrm{MPa}$），即可确定支承液压缸的缸径。

四、稳定性校核

随车起重运输车的稳定性校核包括作业稳定性校核和静态稳定性校核，校核的原则是在极限工况下整车不发生倾翻，包括起重臂在侧向作业时的横向稳定性和起重臂在正前、后方作业时的纵向稳定性。从理论上讲，稳定性条件可由作用在倾翻线两侧的倾覆力矩和稳定力矩的平衡决定，但实际上还受地形、风载荷和惯性载荷的影响，并要考虑适当的安全系数。

根据 QC/T 459—2014《随车起重运输车》的规定，在进行稳定性校核时，按下列要求选择载荷参数进行计算。

1. 作业稳定性校核

产生稳定力矩的载荷：整车整备质量 G_0。

产生倾覆力矩的载荷：

1）相应幅度下的额定起重量 P_Q，计算该载荷时按 1.1 倍取值。

2）惯性载荷 P_H，取载荷的回转水平惯性力（沿吊臂方向或垂直吊臂方向）和变幅惯性力对倾覆影响较大者。详细计算方法可查阅有关起重机械手册。

3）风载荷 P_W，工作状态下的风载荷按风压 $q = 125\text{N/m}^2$（内陆）计算。有特殊要求的起重机，其风载荷系数根据实际情况予以确定。

2. 静态稳定性校核

产生稳定力矩的载荷：整车整备质量 G_0。

产生倾覆力矩的载荷：

相应幅度下的额定起重量 P_Q，计算该载荷时按公式 $1.25 P_Q + 0.1F$ 取值，其中 F 为起重臂折算至吊臂头部由吊臂的重量引起的载荷，不计风载。

上述载荷计算方法见表 5-2。

在分析了整车的稳定力矩和倾覆力矩之后，可按前面确定轴载质量或支腿跨距的方法进行稳定性校核计算。

若随车起重运输车在表 5-2 给定的载荷作用下，当倾覆力矩小于稳定力矩时，则认为整车是稳定的。否则，应对整车的总体布置进行调整或重新设计。

表 5-2 随车起重运输车稳定性校核的计算载荷

验算工况	载荷值			
	整车整备质量/kg	载荷/N	惯性载荷/N	风载/N
作业稳定性校核	G_0	$1.1 P_Q$	P_H	P_W
静态稳定性校核	G_0	$1.25 P_Q + 0.1F$	—	—

以上计算方法是采用给定载荷法，使各种受力分析更接近起重运输车的实际工况。进行上述步骤后，即可考虑起重机与汽车车架的联系，以及取力器、传动轴、有关泵、阀、油箱及管路的安装等，进而完成整个起重运输车的设计。

第三节　汽车起重机的结构与设计

一、汽车起重机的结构

汽车起重机是指装备有起重设备，具有臂架伸缩、变幅等机构，用于完成起重作业的起重举升专用作业汽车，结构如图 5-14 所示。它主要包括起重装置、回转装置、传动装置和行走装置等部分。起重装置用来完成货物的吊起和降落作业,包括提取装置(如吊钩、抓斗等)、钢丝绳、滑轮组、起重绞车、起重臂、起重臂伸缩液压缸和变幅液压缸等;回转装置用来完成转台及货物的转动作业,包括转台(其上装有起重臂、起重绞车及起重操作室等)、回转机构及其驱动装置等;传动装置是指发动机到起重装置和回转装置的传动机构;行走装置包括汽车底盘和支腿。

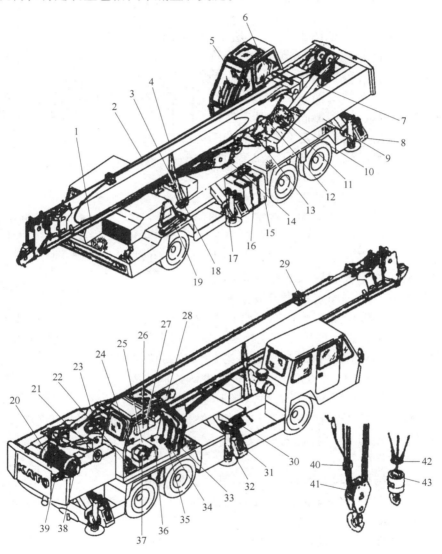

图 5-14　汽车起重机结构

1—副起重臂　2—起重臂　3—起重臂支架　4—钢丝绳　5—操纵室　6—座椅　7—起重臂固定架
8—支腿水平外梁　9—回转台　10—回转变速箱　11—回转液压马达　12—中心回转接头　13—变幅液压缸
14—吊钩托架　15—液压油箱　16—油箱固定装置　17—液压泵吸油管　18—加速控制装置　19—液压泵传动轴
20—液压卷筒　21—蓄能器　22—回转台锁　23—伸缩臂液压缸　24—卷筒操纵拉手　25—箱盖　26—防超重装置
27—控制开关　28—臂杆长度与角度检测装置　29—托轮　30—下车操纵杆　31—支腿液压管路　32—支腿
33—上车操纵杆　34—加速踏板　35—自由降落踏板　36—卷筒离合器操纵杆　37—卷筒离合器控制阀
38—卷扬机液压马达　39—控制手柄　40—主吊钩过卷限位装置　41—主吊钩　42—副起重臂限位装置　43—副吊钩

下面将分别介绍汽车起重机的主要组成部件及结构原理。

（一）起重臂

汽车起重机的起重臂多为伸缩式，由基本臂和伸缩臂及附属装置组成。由变幅液压缸控制起重臂的俯仰，伸缩液压缸控制伸缩臂的位移。伸缩臂可由多个液压缸控制每一节臂的伸缩，也可用液压缸和绳索机构同时控制各节臂的伸缩。后一种方法结构简单，应用较广。

起重臂的伸缩机构原理图如图5-15所示。基本臂9、第二节伸缩臂8、第三节伸缩臂6逐节滑动套装在一起，各节臂间用滑块支承。伸缩液压缸5的缸筒前端的铰轴固定在第二节伸缩臂的外侧，其活塞杆铰接端固定在基本臂的铰接点上。两个伸出滑轮1固定在第二节伸缩臂的外侧，一个平衡滑轮7水平固定在第三节伸缩臂的上部内壁上，一根粗钢丝绳2绕过平衡滑轮和伸出滑轮后，其端部固定在基本臂前上部的拉索座上。缩回滑轮4固定在第二节伸缩臂的尾部，一根细钢丝绳3绕过缩回滑轮后，将其端部分别固定在第三节伸缩臂和基本臂上。当伸缩液压缸无杆腔输入高压油带动第二节伸缩臂伸出时，通过固定在第二节伸缩臂

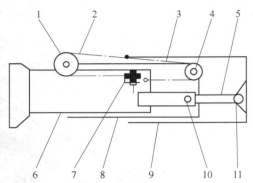

图5-15 起重臂伸缩机构原理图
1—伸出滑轮　2—粗钢丝绳　3—细钢丝绳
4—缩回滑轮　5—伸缩液压缸　6—第三节伸缩臂
7—平衡滑轮　8—第二节伸缩臂　9—基本臂
10—第二节伸缩臂伸缩铰点　11—基本臂伸缩铰点

上的伸出滑轮，牵动绕于第三节伸缩臂平衡滑轮上的粗钢丝绳，将第三节伸缩臂同时拉出，并使第二、三节伸缩臂的伸出速度相等，实现同步伸出。当伸缩液压缸反向移动时，第二节伸缩臂被伸缩液压缸拉回。固定在第二节伸缩臂尾部的缩回滑轮牵动细钢丝绳，将第三节伸缩臂同时拉回，使第二、三节伸缩臂等速同步缩回。

在伸缩式起重臂末节臂的前端，可以接上一个副起重臂，以进一步伸长起重臂。平常不用时副起重臂折回并固定在基本臂上。当伸缩臂全伸出，长度仍然不够时，可将副起重臂的大端用销轴接到末节臂（按图5-15所示为第三节伸缩臂）的前端。副起重臂是由低合金钢焊接成的桁架结构。

伸缩式起重臂结构简单，承载能力大，使用方便，中型汽车起重机几乎均采用伸缩式起重臂。起重质量100t及以上的超重汽车起重机，采用伸缩式起重臂的也越来越多。

（二）起升机构

起升机构又称卷扬装置或绞车，它是汽车起重机的重要部分。目前，汽车起重机大多采用液压起升系统。它由液压马达、减速装置、离合器、制动器、卷筒、钢丝绳等组成。常用的减速装置有蜗轮蜗杆减速装置、圆柱齿轮减速装置、行星齿轮减速等装置。行星齿轮减速装置结构紧凑、传动力矩大，并可将减速装置安装到卷筒内，但维修不便，成本高；蜗轮蜗杆减速装置结构简单，并可以自锁，但传动效率太低；圆柱齿轮减速装置结构较简单，传动效率高，维修方便，成本低，使用较多，但体积太大。

图5-16所示为采用圆柱齿轮减速装置的起升机构。该机构有主、副两个卷筒，共用一个液压马达1和一个减速箱7。液压马达1经两级齿轮减速，带动两根卷筒轴6同向转

动。卷筒9由滚动轴承支承在卷筒轴上。当离合器与制动毂结合时，卷筒便与卷筒轴一起转动，实现吊钩的升降。主、副两个卷筒、卷筒轴及其上的离合器、制动器等结构完全相同。该起升机构采用带式常闭制动器。

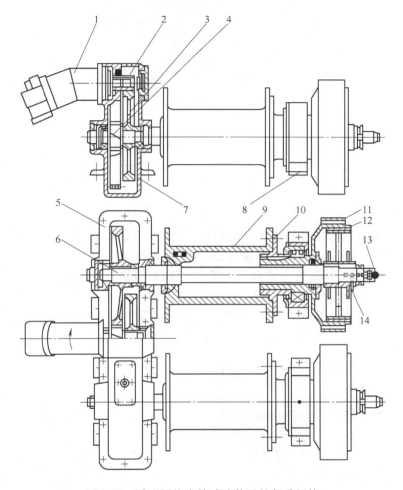

图 5-16　采用圆柱齿轮减速装置的起升机构

1—液压马达　2—齿轮套　3—齿轮　4—齿轮轴　5—齿轮箱壳　6—卷筒轴　7—减速箱　8—轴承座　9—卷筒　10—接盘　11—制动毂　12—离合器　13—回转接头　14—通油管

图 5-17 所示为采用行星齿轮减速装置的起升机构。它由液压马达 1、制动器 2、第一级行星齿轮 11、第二级行星齿轮架 12、卷筒 10 等组成。减速器壳体 5 装在卷筒 10 中，并与卷筒固定在一起。在液压马达输出轴处，设有液压控制弹簧加载多片式制动器 2。当起升机构不工作时，制动器在弹簧的作用下起制动作用。当起升机构工作时，需同时向液压马达和制动器提供液压油，使制动器控制活塞压迫弹簧解除制动，液压马达得以驱动行星齿轮及卷筒正反向旋转，实现重物的升与降。若液压系统突然卸压（如因液压油管爆裂等引起），制动器中油压也同时下降，制动器在弹簧力的作用下迅速制动，确保工作安全。

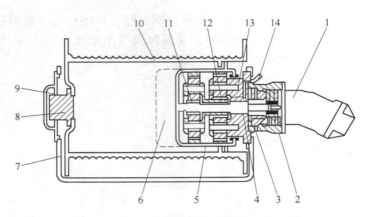

图 5-17 采用行星齿轮减速装置的起升机构

1—液压马达 2—制动器 3—制动控制油孔 4—输入轴 5—减速器壳体 6—附加行星齿轮 7—支架 8—轴头
9—支承轴承 10—卷筒 11—第一级行星齿轮 12—第二级行星齿轮 13—齿轮 14—加油口

（三）回转机构及回转支承

回转机构是完成起重臂及转台转动的装置，由液压马达和减速机构组成，一般都采用行星齿轮减速机构，以获得较大的减速比。

图 5-18 所示为液压马达与行星齿轮减速器组成的回转机构。整个回转机构固定在转台上，转台与回转支承的内圈或外圈（动圈）固定在一起，回转机构的输出小齿轮与回转支承的齿圈（不动圈）开式啮合，驱动转台回转，不动圈固定在车架上。回转机构内设液压控制弹簧加载多片式常闭制动器。

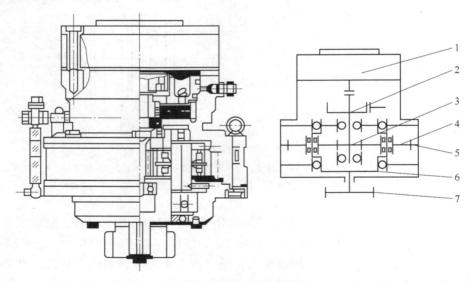

图 5-18 齿轮减速回转机构

1—液压马达 2—多片式制动器 3—太阳轮 4—行星齿轮 5—齿圈 6—行星架 7—输出小齿轮

图 5-19 所示为齿轮齿条式回转机构，它由齿轮 2、齿条 3、液压缸 5 等组成。通过液压缸推动齿条，由齿条带动起重臂回转。这种回转机构结构简单、工作可靠、成本低，

多用于轻型汽车起重机。

起重机的回转支承有立柱式、转柱式、滚珠或滚柱式。滚珠或滚柱式回转支承如图 5-20 所示。它是在动圈与不动圈之间装有滚珠或滚柱，像一个大型滚柱或滚柱轴承，所以又称回转转盘。由于它的滚动阻力小，承载能力大，在起重汽车上得到了广泛应用。

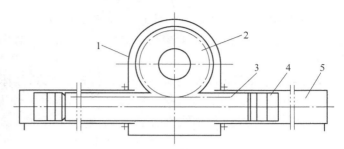

图 5-19 齿轮齿条式回转机构
1—回转支撑壳 2—齿轮 3—齿条 4—活塞 5—液压缸

按回转转盘中滚动体的排数的不同其可分为单排式和双排式。

图 5-20a、b 所示的单排滚珠转盘，是由内、外座圈合成一个曲面滚道，滚珠与滚珠

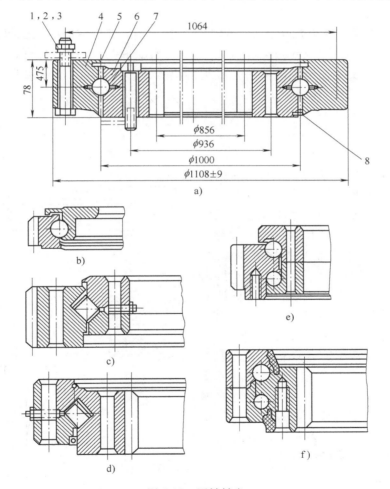

图 5-20 回转转盘
a) 内齿圈式单排滚珠转盘　b) 外齿圈式单排滚珠转盘　c) 外齿圈式单排滚柱转盘
d) 内齿圈式单排滚柱转盘　e) 外齿圈式双排滚珠转盘　f) 内齿圈式双排滚珠转盘
1—螺母 2—螺栓 3—垫圈 4—上滚圈 5—上密封圈 6—内齿圈 7—滚珠 8—下密封圈

之间装有隔离块，滚珠与隔离块均由内座圈或外座圈的圆孔中装入滚道，然后将孔堵住，即形成一个回转转盘。单排滚珠转盘具有质量小、结构紧凑、成本低等优点，但承载能力较小。

图 5-20c、d 所示为单排滚柱转盘，滚动体为圆柱体或圆锥体，成单排排列，相邻滚柱轴线呈 90°交叉排列。按滚柱交叉排列数的比例可分为一对一、二对一、三对一和三对二等几种排列形式。单排式滚柱转盘的滚道为锥面，易加工和保证精度，滚柱与滚道的接触面积大，大大地提高了转盘的承载能力，延长了使用寿命，不仅能承受轴向和横向载荷，还能承受较大的力矩，但对转盘的安装刚度和精度要求较高。

双排滚珠转盘由上、下两排滚珠，内、外座圈，隔离块和润滑密封装置组成。如图 5-20e、f 所示。与同样直径的单排滚珠转盘相比，承载能力大为提高，而且装配、维修方便。但其结构复杂、质量大。

（四）支腿

支腿是大多数起重举升汽车所必备的工作装置，提高作业时的稳定性和安全性。现在大多采用液压支腿，通过控制阀将液压泵产生的液压油供给支腿液压缸，从而使液压支腿工作。支腿一般设置在车辆的前后，可从其两侧伸出并升降，有的可根据车辆所带的水平仪把车体调整到水平状态，以适应不平的地面。

支腿的结构形式很多，常用的有 H 式支腿、X 式支腿和蛙式支腿三种。

1. H 式支腿

H 式支腿如图 5-21 所示。它对地面的适应性最好，易于调平，且在反力变化过程中支腿基本无爬行现象，是一种较理想的且应用最为广泛的形式。每个 H 式支腿一般都设有垂直支承液压缸 1 和水平伸缩液压缸 2。对于跨距较小的轻型支腿，也可以人工拉出或推进、不设水平伸缩液压缸。为了保证支腿结构体系的稳定，垂直支腿和伸缩支腿 3 固结在一起；为了取得最大的外伸距离，左、右伸缩支腿相互错开且平行布置；为了增大支腿的接地面积，垂直支腿液压缸活塞杆的下部设有一个支承脚 4，多采用万向球铰连接，以保证支腿和地面接触良好，防止垂直支腿液压缸承受横向载荷。H 式支腿一般都是用钢板焊接成矩形截面结构。

2. X 式支腿

X 式支腿如图 5-22 所示。它的垂直支承液压缸 1 作用在固定腿 3 的外侧。当伸缩腿 5 伸出后，垂直支承液压缸实际作用在整个支腿的中部，将支承脚 6 压向地面，完成支

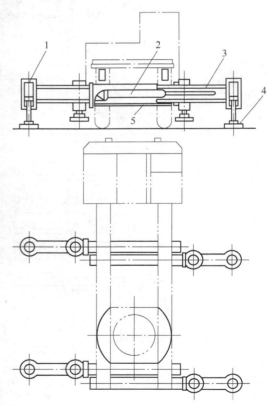

图 5-21　H 式支腿
1—垂直支承液压缸　2—水平伸缩液压缸
3—伸缩支腿　4—支承脚　5—固定大梁

承作业。因垂直支承液压缸作用在整个支腿的中部，其行程可大幅度缩短。这种支腿也可方便地将车体调平。但在支起车体时，支承脚会产生水平位移，有使伸缩液压缸回缩变短的趋势，垂直支承液压缸的油压较高。

3. 蛙式支腿

蛙式支腿如图 5-23 所示。它的伸缩和支起作用由一个液压缸 7 来完成，活动腿 4 以固定腿 3 下部的销轴 9 为圆心，支承或收起支承脚 5。液压缸尾部的铰支承与固定支腿上部的销轴 2 铰接，液压缸活塞杆头部的连接销轴 8 在活动腿的滑槽中滑动。当支承脚着地起支承作用时，活塞杆头部的连接销轴 8 沿着活动腿滑槽滑至最外端。支起车体（如图 5-23 活动腿虚线所示的位置）；当支承脚收起时，活塞杆头部的连接销轴 8 沿着活动腿滑槽滑至最里端，直至把活动腿连同支承脚收起到高位置。

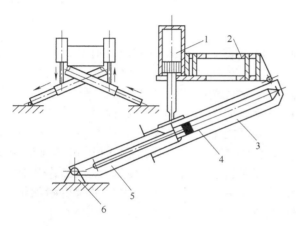

图 5-22　X 式支腿

1—垂直支承液压缸　2—车架　3—固定腿
4—伸缩液压缸　5—伸缩腿　6—支承脚

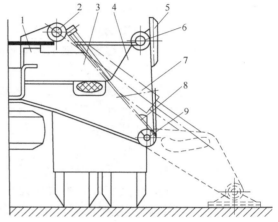

图 5-23　蛙式支腿

1—车架　2、6、8、9—销轴　3—固定腿
4—活动腿　5—支承脚　7—液压缸

蛙式支腿液压缸数量少，因此结构简单，质量小。但活动腿尺寸有限，支承时水平位移量较大，调平性能差，且在支反力变化过中有爬行现象。一般用于中、小型汽车起重机。

（五）液压系统

对于汽车起重机的液压系统，和前面随车起重运输车液压系统的结构和功能相同，在此不再赘述。

二、稳定性因素分析

起重机的稳定性是指起重机在自重和外载荷的作用下抵抗翻倒（倾覆）的能力。在吊装过程中，如果起重机的稳定性不足，一旦翻倒，将可能造成重大的人身和设备事故。因此，根据我国施工作业的特点，结合全液压起重机的性能要求，对这些影响因素进行分析。

全液压起重机的稳定性分为两类：一类是工作状态稳定性（起重机支腿伸出、支平使车身离开地面、液压伸缩式吊臂仰起），称为载重稳定性；另一类是非工作状态稳定性

（起重机液压伸缩臂缩回并放平至水平位置、收回支腿，使起重机处于行驶状态或静止状态），称为自重稳定性。下面着重对载重稳定性进行具体分析。

1. 支腿分布、支车水平度对稳定性的影响

根据起重机型号、起重能力、制造厂家的不同，汽车起重机支腿的数目在 4~6 之间。起重机的稳定性与各主要支腿的纵向、横向的相对距离有关，由它们所围成的支承面积的大小是影响稳定性的主要因素。它通过决定各个力的力臂来影响起重机的稳定性。

此外，起重机支车时的水平度也是影响稳定性的主要因素。因为起重机支车时的组合重心与工作状态的组合重心不同，即使是熟练程度很高的作业人员将起重机支承非常平，只要将吊臂仰起、伸张或回转，起重机支车时的水平状态就要发生变化（特别是起重机各支腿处的地面耐压力不同或支腿受压下陷）。起重机水平度对稳定性的影响主要是使自重产生一个分力来影响本身的稳定性。

2. 载荷对稳定性的影响

（1）汽车起重机自重对稳定性的影响 起重机自重对本身的稳定性是有利的。但在起重机各点间距确定时，自重对提高起重机稳定性的作用非常有限。因为通过增加起重机自重，会使其越野能力减弱，机动灵活性降低，对行驶的路面要求增高，同时如果起重机各机构相对位置不合理，使起重机自身重心偏离回转中心很多，这样反而不利于起重机在非工作状态保持其自重稳定性。因此，要尽可能采用新技术、新材料减轻在行驶状态下的自身重量、优化各机构的相对位置，使汽车起重机在行驶状态时更机动灵活。由于行驶状态时要求汽车起重机自重轻，各机构相对合理，机构更紧凑，而在工作状态时又要求起重机自重越重越好，为克服这一矛盾，大中型起重机在工作状态时要附加配重（由其他卡车运输），这样既保证了汽车起重机非工作状态的越野性能，也提高了工作时的稳定性。

汽车起重机伸缩式吊臂自重对稳定性的影响，与外载荷对汽车起重机稳定性的影响基本相同，可将吊臂自重的三分之一折算到吊臂顶部，加到起重机载荷中一起进行讨论。

（2）外载荷对汽车起重机稳定性的影响 当起重机吊臂顶部投影到水平面未超过两支腿连线时，起重机吊臂变幅时载荷会使各支腿压力发生变化，越趋近某支腿，该支腿压力越大，与其相对于回转中心对称的支腿压力将减小。此时只要支腿支牢不下陷，对起重机稳定性的影响很小；当起重机吊臂顶部投影到水平面超出两支腿连线时，随着工作幅度的增大，离吊臂顶部投影最近的支腿压力增大，而相对的支腿压力减小，直至为零，达到动平衡。这时如果采取的措施不利于提高稳定性，则很容易发生倾翻事故。

（3）惯性载荷对汽车起重机稳定性的影响 惯性载荷指起重机各机构起动或制动瞬间所产生的惯性力，它分别作用在起重机各机构上。当起重机吊钩急起、急落或猛烈制动时，会对所吊设备和吊具产生很大的惯性力，远超出所吊设备重量，其方向与加速度方向相同。

当汽车起重机回转机构以一定的角速度回转时，吊重和吊索均以回转中心为圆心做圆周运动，受切向惯性力（对起重机稳定性不产生影响，不进行分析）和离心力作用。离心力使吊重和吊索具偏离竖直线一段距离，使旋转半径增大。离心力的方向为背离回转中心向外，其大小随回转速度的提高而显著增大，从而对起重机的稳定性产生不利影响。

（4）起重机变幅机构工作时惯性力对稳定性的影响 汽车起重机变幅机构工作时对

稳定性的影响可分为两类：仰角增大，工作幅度减小（此操作有利于提高起重机的稳定性），但惯性力对起重机的作用相反，削弱了起重机的稳定性；仰角减小，工作幅度增大（此操作不利于提高起重机的稳定性），但惯性力对起重机作用相反，有利于提高起重机的稳定性。

（5）风载荷对汽车起重机稳定性的影响 起重机主臂由液压伸缩式箱形梁组成，工作时吊臂顶部离地面有的高达几十米，若加上桁架式副臂则高达上百米。因为风载荷与迎风物体体型、高度、风压值密切相关，因此露天作业时风载荷对起重机稳定性的影响成为安全作业不可忽略的重要因素。风载荷主要作用在吊臂、被吊物体上，其计算公式为

$$P_{风} = CK_h q_0 F_0 \tag{5-3}$$

式中 C——迎风物体体型系数，对于汽车起重机吊臂，$C = 1.3$；

K_h——高度修正系数，按每 10m 分段取相应的高度修正系数分别计算；

q_0——标准风压值，按起重机吊装作业地区的地理位置、气候特点分类；

F_0——起重机吊臂或被吊设备垂直于风向的迎风面积。

由于风向变化无常，虽然风载荷有时有利于起重机的稳定性，但考虑风载荷对汽车起重机稳定性的影响时，按不利于起重机稳定性来计算。

三、主要参数的确定

汽车起重机的主要参数应该根据使用要求和条件进行初步确定，再参照国家制定的相关标准和法规。例如要符合或参照 GB 12602—2009《起重机械超载保护装置》等有关汽车起重机技术条件、安全规程方面有关标准的规定。

汽车起重机行驶状态时整车的外廓尺寸、车辆的最大允许总质量、最大设计总质量和最大允许轴荷，必须符合 GB 1589—2016《汽车、挂车及汽车列车外廓尺寸、轴荷及质量限值》的规定。

如果汽车起重机是在载货汽车二类底盘基础上改装而成的，确定标定起重量时，车辆最大设计总质量一般不超过载货汽车的厂定最大总质量；轴载质量的分配应尽量与原货车接近。

最大起升高度应根据使用要求和条件，参照有关标准和规定确定。

确定起升速度要考虑标定起重量和最大起升高度。标定起重量越大，起升速度应越低；最大起升高度越大，起动和制动过程所占的比例相对越小，起升速度可以适当提高，以提高工作效率。最大起升高度不大时，起动和制动过程所占的比例相对较大，起升速度不宜过大，以减小动载荷，一般可取 0.3m/s。

起重装置和货物的回转速度受旋转过程离心力和切向力的限制。回转速度高，工作效率高，但是回转起动和制动时切向力大，动载荷大，旋转过程中的离心力大，摆动也大，对稳定性影响也大。因此，回转速度不能过大，在 10m 左右幅度内可取 2.5r/min，一般不超过 3r/min。随着回转半径增大，回转速度应适当降低。

起重臂变幅速度与其结构形式有关。对于折叠臂式起重臂，变幅速度指起重臂角度的改变速度，一般不超过 12°/s。对于伸缩臂式起重臂，变幅速度指起重臂直线伸缩速度，

可参照起升速度确定。

支腿伸缩速度用时间表示，伸出时间一般为16~20s，缩回时间约为伸出时间的1/2。

第四节　高空作业车的结构与设计

一、高空作业车的结构

高空作业车是指装备有专用装置，通过举升机构，将作业人员和物具举升到一定高度，用于高度作业的起重举升专用作业汽车。按其举升机构的形式分为伸缩臂式（直臂式）、折叠臂式（曲臂式）、垂直升降式（直升式）和混合式四种基本形式，如图5-24所示。

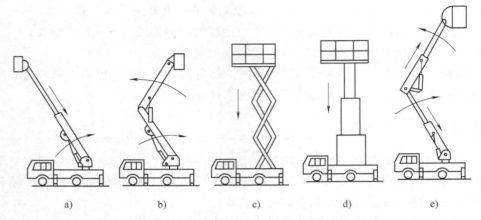

图5-24　高空作业车的基本形式简图
a）伸缩臂式　b）折叠臂式　c）、d）垂直升降式　e）混合式

高空作业车除底盘部分外，为实现高空作业功能，还包括动力传动装置、工作装置、操作及安全保护装置和液压系统等。

（一）动力传动装置

动力传动装置是指高空作业车各工作装置的动力传动部分，其要求为在规定的载荷范围内作业时，应具有稳定的工作转速；能适应不断改变的运动方向（在同一作业循环内，回转机构、举升机构的正向和逆向运动交替进行）；能适应工作装置速度变换的要求（应能随作业进度及时调速，且调速范围大）。

动力传动装置的动力源多为汽车发动机，自发动机取力后驱动液压系统。这样的动力传动形式可充分利用液压传动的优点，简化传动结构，且易于实现无级调速和运动方向的变换，传动平稳、操作简单、方便、省力、能防止过载。大部分高空作业车都采用这种传动方式。当然，动力源也可利用外接电源或车载蓄电池，通过电动机将电能转变成机械能，再经机械传动装置将动力传递到各工作装置。由于电动机具有可逆转性和在较大转速范围内实现无级调速等特点，并且各机构可由独立的电动机驱动，简化了传动和操纵机构，而且噪声小、污染小，适用在外接电源方便或流动性不大的场地作业。

（二）工作装置

高空作业车的工作装置包括支腿机构、举升机构、回转机构、作业平台及其调平机构等。

1. 支腿机构

支腿是大多数高空作业车所必备的工作装置，目前均采用液压支腿。在车的两侧，备有操纵杆，可对前、后、左、右4个支腿单独进行伸缩调整，以便在不平或倾斜的地面上也能将车体调到水平状态而安全作业。

液压支腿的主要结构形式与汽车起重机的相同，请参看前述章节的相关内容。

2. 举升机构

举升机构的作用是实现作业平台的升降和变幅，其结构形式有垂直升降式和动臂式。

垂直升降式举升机构按传动方式可分为液压和机械传动；按结构形式可分为交叉剪刀式和套筒式。交叉剪刀式是将连杆交叉布置，铰接成剪刀形的框架结构。通过液压缸活塞杆的伸缩或钢丝绳的收放可改变连杆的交叉角度继而可实现作业平台的升降运动，如图5-24c所示。而套筒式举升机构通过多节套筒的伸缩完成升降运动，如图5-24d所示，它可采用液压传动或钢丝绳滑轮传动。套筒式作业高度有限，工作范围小，但作业平台较大，且支承稳定。

动臂式举升机构可分为伸缩臂式（直臂式）、折叠臂式（曲臂式）、伸缩和折叠合成的混合式三种形式。

（1）伸缩臂式 举升机构由多节套装、可伸缩的箱形臂构成，如图5-24a所示。它包括基本臂和伸缩臂两部分。伸缩臂可为一节或多节，各节间装有液压缸。各节臂在液压缸活塞杆的推动下可沿导向元件（滑块）上、下滑动，从而改变臂架的长度。整个臂架系统支承在液压缸底部的铰支座和变幅液压缸的两端。通过变幅液压缸活塞杆的伸缩实现臂架摆动，从而达到变幅与升降的目的。这种臂架的最大作业高度可达60~80m。

（2）折叠臂式 举升机构由多节箱形臂折叠而成，如图5-24b所示。它一般由2~3节折叠臂组成。折叠的方式可分为上折式和下折式两种，各节臂的折叠和展开运动由各节之间的液压缸完成。这种形式的举升机构可完成一定高度和幅度的作业。另外，下折式还可完成地平面以下的空间作业，如立交桥下桥梁的维修与装饰。

（3）混合式 举升机构由折叠臂式和伸缩臂式混合组成，如图5-24e所示。这种形式结合了上述两种机构的优点，既扩大了作业的高度和幅度，又具有较强的越障能力。该形式一般设有上、下两个工作臂，其中一个工作臂可设置几节伸缩臂，也可两臂都设置几节伸缩臂。作业时利用上、下两臂伸距的组合，使该机构具有更大的作业空间。

3. 回转机构

高空作业车通常采用全回转式回转机构，正、反回转方向可根据需要进行选择。一般由液压马达带动具有减速作用的机械回转装置旋转。回转机构的回转部分和作业平台均安装在回转支承即转台上。图5-25所示为某转台的局部支承结构图。驱动装置（液压马达和减速器）固定在转台5上，其下端装有驱动齿轮4。回转支承由转台和与车架固定的内齿圈座2组成。当驱动装置转动时，驱动齿轮4与固定的内齿圈座2啮合，驱动齿轮4沿固定的内齿圈座2滚动，同时带动转台5回转。在转台5与固定的内齿圈座2之间装有滚球或滚柱以减小转台5的摩擦阻力。

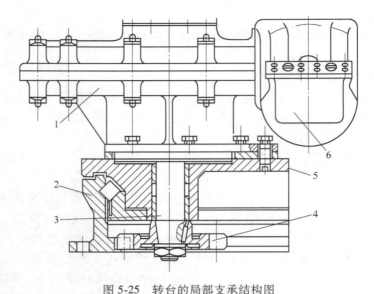

图 5-25 转台的局部支承结构图
1—减速器 2—固定的内齿圈座 3—轴 4—驱动齿轮 5—转台 6—旋转用液压马达

回转机构的机械传动形式有蜗轮蜗杆传动、摆线针轮传动或行星齿轮传动等。

4. 作业平台及其调平机构

举升机构的顶端连接作业平台，它是承载人员或器材的基本构件。为了保证作业人员安全作业和防止器材掉落，各国对作业平台的结构和性能提出了明确的要求。如平台的护栏高度、平台宽度、平台的防滑表面、平台上的安全带及短索的结点等。

为了使作业平台的底平面在作业过程中保持水平，高空作业车上装有自动调平机构，主要有机械式、机液组合式和电液组合式三大类。

机械式常采用平行四杆调平机构，如图 5-26a 所示。其原理是当上、下折臂同时或分别做起伏运动时，两套四杆机构中的连杆 ab、cd、ef 始终保持平行，使与连杆 ef 铰接的作业平台的底平面在举升过程中总保持水平。

机液组合式可采用等容积液压缸调平机构，如图 5-26b 所示。其中主调液压缸 5 与副调液压缸 2 的结构、大小、容积完全相同，且两液压缸的有杆腔和无杆腔分别相连，形成一个封闭回路。当作业臂受变幅液压缸作用时，会带动主调液压缸 5 的活塞杆伸缩，与此同时，和主调液压缸 5 形成封闭回路的副调液压缸 2 的活塞杆则产生相应的伸缩运动。当满足 ad 和 bf、ad 和 ae、bf 和 bg 始终相等时，无论作业臂处于何种状态，都能使作业平台底面保持在水平位置。

电液组合式调平机构如图 5-27 所示。其工作原理是通过安装在工作平台上的水平传感器来感知平台的状态，并产生相应的电流，通过电液比例阀来控制调平液压缸的动作，最终使平台保持水平状态。这种调平机构可实现平台的自动调平，与平台和臂架之间的连接方式、臂架的结构和整车与地面产生的倾斜无关。调平过程连续、平稳，调平性能好、控制精度高、动态响应快，适用于各种形式高度大的高空作业车。通常在平台电控箱内设有手动操纵按钮，以免自动控制失效而发生事故，可确保平台水平及人身安全。该种调平机构因其显著的优点，得到了越来越广泛的应用。

第五章 起重举升汽车的结构与设计

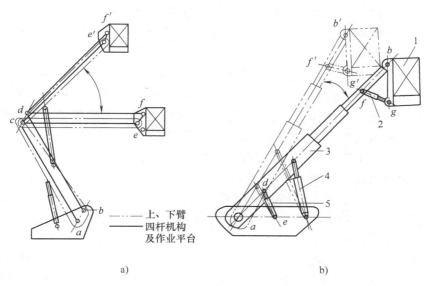

图 5-26 作业平台的调平机构
a) 平行四杆调平机构　b) 等容积液压缸调平机构
1—作业平台　2—副调液压缸　3—伸缩臂　4—伸缩俯仰液压缸　5—主调液压缸

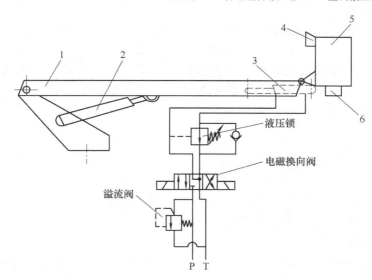

图 5-27 电液组合式调平机构
1—臂架　2—变幅液压缸　3—调平液压缸　4—电控箱　5—平台　6—倾角传感器

(三) 操作及安全保护装置

高空作业车一般要求配备上（作业平台）、下（操作台）两套操作控制装置，而且上、下操作应具有同样的功能。大多采用电开关控制电磁阀实现上、下操作。高空作业车的方向控制，应使其操作方向和运动方向一致。当松开控制手柄时，运动件应能自动回位或处在中立位置，并且不能因振动等原因而离开原位。

为防止液压升降的作业平台因作业中出现故障而自由下沉，液压系统中一般采用平衡

203

阀作为液压缸的锁定与下降超速保护装置，并选用具有 O 型中位机能的电磁阀进行相应的控制。对于靠单独提升钢丝绳或链传动实现作业平台升降的系统，应有断绳安全保护装置，防止平台的自由下降。

高空作业车应配备急停装置，并安装在操作者的应急位置。发生误操作时，该装置能有效地排除故障和危险，保护人员、高空作业车和各机构的安全。若动力传动装置出现故障会使作业人员困在高空作业平台上，因此必须设置辅助下降装置，如大型高空作业车可启动备用的动力装置，中小型高空作业车则采用手动泵人工辅助下降。

高空作业车的液压或气动支腿也应设置安全保护装置，防止支腿工作时液压或气动管路发生泄漏故障而出现"软腿"。国内普遍采用液压锁（图 5-27）进行安全保护。有些作业车为了保证支腿的支承可靠，同时采用液压锁和机械插销锁定。另外，各支腿之间还应设有互锁装置，确保安全作业。在操作程序上规定未支好支腿，工作装置不得进行作业；进行高空作业时，支腿不得收回。

为了保障有关人员和对象的安全，防止在操作移动式升降工作平台时出现意外风险，我国出台了国家标准 GB 25849—2010《移动式升降工作平台—设计计算、安全要求和测试方法》，详细规定了安全要求和措施以及测试方法等，在设计计算时必须符合上述标准。

（四）液压系统

现代高空作业车的工作装置均采用液压传动和电液操纵，使之具有无级调速、动作平稳、安全可靠等特点。图 5-28 所示为某高空作业车液压系统原理图，它是一个并联四路开式系统。工作装置中支腿的收放、举升机构的升降、转台的回转等都是通过液压系统实现的。来自汽车发动机的动力驱动齿轮泵工作，齿轮泵输出的液压油经过滤器进入工作回路。各工作装置均由电磁换向阀和调速阀控制。不工作时，液压油通过卸荷回路直接回到油箱。

二、高空作业车的主要性能指标

高空作业车的主要性能指标有作业高度、作业幅度、作业速度和作业平台的装载质量等。高空作业车几种主要参数示意图如图 5-29 所示。

（一）作业高度

作业高度是指作业平台底面离地高度与作业人员手臂所能达到的平均高度之和。通常把作业高度分为最大作业高度 H_{max} 和最大作业幅度时的作业高度 H。

对于可在地下作业的高空作业车，除标明地面以上的作业高度外，还需标明高空作业车在地面以下的作业深度。

（二）作业幅度

作业幅度是指作业车回转中心线（对于垂直升降的高空作业车为升降的中心线）至作业平台外边缘的水平距离 R。

（三）作业速度

高空作业车的作业速度包括作业平台在垂直方向起升的平均速度和下降的平均速度，以及作业平台的回转速度。国家标准 GB/T 9465—2018《高空作业车》中规定，作业平

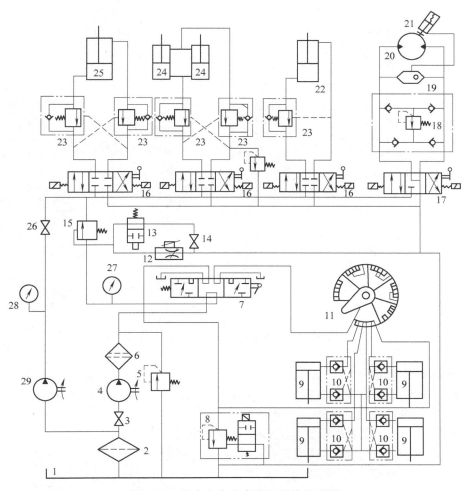

图 5-28 某高空作业车液压系统原理图

1—油箱　2—粗过滤器　3、14、26—截止阀　4—液压泵　5—溢流阀　6—精过滤器　7—支腿操作阀　8—卸荷阀　9—支腿垂直液压缸　10—双向液压锁　11—支腿分配阀　12—电磁节流阀　13—电磁阀　15—顺序阀　16、17—手动电磁阀　18—回转缓冲阀　19—梭阀　20—液压马达　21—制动器　22—折臂液压缸　23—平衡阀　24—撑臂液压缸　25—下臂液压缸　27、28—压力表　29—手动液压泵

台起升、下降速度≤0.4m/s；回转机构的最大回转速度≤2r/min。

（四）作业平台的装载质量

高空作业车作业平台的装载质量是指标定装载质量，不含作业平台的自身质量。

三、高空作业车典型工作部件设计

高空作业车除底盘外，实现其高空作业的典型工作部件主要有支腿总成、举升总成和回转总成。

（一）支腿机构设计

高空作业车有各种不同类型的支腿，起调平和保证整车工作稳定的作用，要求坚固可靠，操作方便。

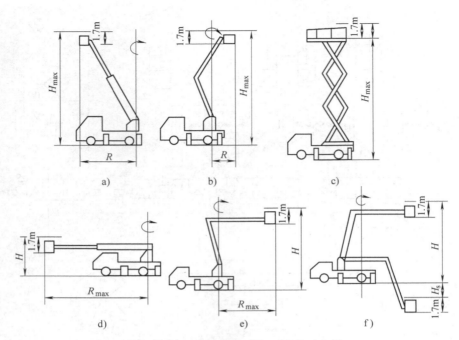

图 5-29 高空作业车几种主要参数示意图

1. 支腿跨距的确定

高空作业车的支腿一般为前后设置,并向两侧伸出,如图 5-30 所示。支腿支承点纵横方向的位置选择要适当,保证作业平台在标定载荷和最大作业幅度时,整车稳定性要达到规定的要求。

(1) 支腿横向跨距 支腿横向外伸跨距的最小值应保证高空作业车在侧向作业时的稳定性,即全部载荷的重力合力落在侧倾覆边以内,并使绕左右倾覆边 DC 或 AB 的稳定力矩大于倾覆力矩。如图 5-31a 所示,1/2 支腿横向跨距 a 应满足

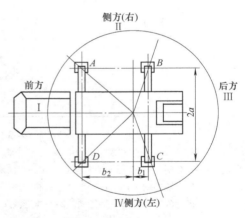

图 5-30 高空作业车的支腿

$$a \geqslant \frac{G_b r + (Q+q)R - G_1 L_1}{G_1 + G_2 + G_b + Q + q} \quad (5\text{-}4)$$

式中 G_1——转台重力(N);
G_2——底盘重力(N);
G_b——臂架重力(N);
q——作业平台重力(N);
Q——作业平台的标定载荷(N);
L_1——转台重力中心至回转中心的距离(m);
r——臂架重力中心至回转中心的距离(m);
R——作业半径(臂幅)(m)。

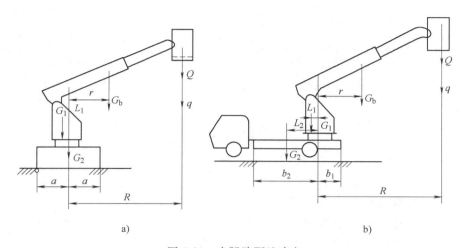

图 5-31 支腿跨距地确定
a) 作业平台位于车两侧 b) 作业平台位于车后方

（2）支腿纵向跨距 支腿纵向跨距的确定和横向跨距确定的原则一样，应使绕前、后倾覆边 AD 或 BC 的稳定力矩大于倾覆力矩。

当作业平台在车后方作业时，如图 5-31b 所示，后支腿支承点至回转中心的距离 b_1 应满足

$$b_1 = a - \frac{G_2 L_2}{G_1 + G_2 + G_b + Q + q} \tag{5-5}$$

式中 L_2——底盘质心至回转中心的距离（m）。

同理，可得前支腿支承点至回转中心的距离 b_2 为

$$b_2 = a + \frac{G_2 L_2}{G_1 + G_2 + G_b + Q + q} \tag{5-6}$$

由式（5-5）和式（5-6）可知，b_1 和 b_2 不等，这是因为底盘重心位置在回转中心之前所致，且 $b_1 + b_2 = 2a$。在设计中，实际确定的支腿跨距比按标定载荷计算的值大。一般推荐在支腿反力计算时，设臂架受到 1.3 倍的标定载荷，不会出现两点支承状态来确定。

2. 支腿压力的计算

计算支腿压力是确定高空作业车在作业时所承受的最大支反力，该力是支腿强度计算的依据。

假定高空作业车在作业时支承在 A、B、C、D 四个支腿上，臂架位于与高空作业车纵轴线（x 轴）之间的夹角为 φ 处，如图 5-32 所示。若高空作业车非回转部分的重力为 G_2，其重心 O_2 在离支腿对称中心（坐标原点 O）e_2 处，回转中心 O_0 离支腿对称中心 O 的距离为 e_0。又设高空作业车回转部分的合力为 G_0，且合力至 O_0 点的距离为 r_0，则作用在臂架平面内的倾覆力矩 M

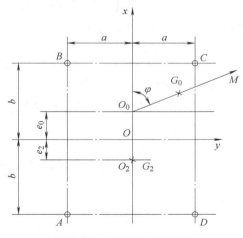

图 5-32 支腿的支承位置

为 $G_0 r_0$，于是可求得四个支腿上的压力为

$$\left.\begin{aligned} F_A &= \frac{1}{4}\left[G_2\left(1-\frac{e_2}{b}\right)+G_0\left(1-\frac{e_0}{b}\right)-M\left(\frac{\cos\varphi}{b}+\frac{\sin\varphi}{a}\right)\right] \\ F_B &= \frac{1}{4}\left[G_2\left(1+\frac{e_2}{b}\right)+G_0\left(1+\frac{e_0}{b}\right)+M\left(\frac{\cos\varphi}{b}-\frac{\sin\varphi}{a}\right)\right] \\ F_C &= \frac{1}{4}\left[G_2\left(1+\frac{e_2}{b}\right)+G_0\left(1+\frac{e_0}{b}\right)+M\left(\frac{\cos\varphi}{b}+\frac{\sin\varphi}{a}\right)\right] \\ F_D &= \frac{1}{4}\left[G_2\left(1-\frac{e_2}{b}\right)+G_0\left(1-\frac{e_0}{b}\right)-M\left(\frac{\cos\varphi}{b}-\frac{\sin\varphi}{a}\right)\right] \end{aligned}\right\} \quad (5\text{-}7)$$

按四点支承计算支腿压力时，若有一支腿的压力出现负值，应改用三点支承重新计算支腿压力。如图 5-33 所示，设举升臂在工况 II 位置作业时，支腿 A 不受力，支腿 B、C、D 受力，可求得支腿的支反力分别为

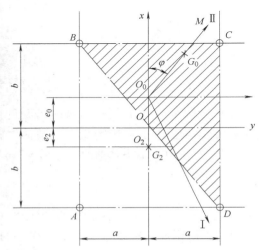

图 5-33 三点支承状态

$$\left.\begin{aligned} F_B &= \frac{1}{2}\left(G_2+G_0-M\frac{\sin\varphi}{a}\right) \\ F_C &= \frac{1}{2}\left[G_0\frac{e_0}{b}-G_2\frac{e_2}{b}+M\left(\frac{\cos\varphi}{b}+\frac{\sin\varphi}{a}\right)\right] \\ F_D &= \frac{1}{2}\left[G_2\left(1-\frac{e_2}{b}\right)+G_0\left(1-\frac{e_0}{b}\right)-M\frac{\cos\varphi}{b}\right] \end{aligned}\right\}$$
(5-8)

若举升臂转到工况 I 位置作业时，φ 角为钝角，设支腿 B 不受力，支腿 A、D、C 受力，可求得受力最大的支腿 D 的压力为

$$F_D = \frac{1}{2}\left(M\frac{\sin\varphi}{a}-G_0\frac{e_0}{b}-G_2\frac{e_2}{b}-M\frac{\cos\varphi}{b}\right) \quad (5\text{-}9)$$

当举升臂在工况 II 的位置作业时，支腿 C 的受力最大，令 $dF_C/d\varphi = 0$，可求出支腿 C 在承受最大反力时的 φ 角值，令其为 φ_0，有

$$\varphi_0 = \arctan\frac{b}{a} \quad (5\text{-}10)$$

将所求得的 φ_0 值代入式（5-8）中的 F_C 式，或将 $(\pi-\varphi_0)$ 代入式（5-9），可求得支腿 C 所受到的最大压力或支腿 D 所受到的最大压力。比较两支腿的支反力大小，取大者为计算载荷。

3. 支承脚设计

支承脚要保证作业车在作业时能在规定的地面上可靠支承。为了使支承脚在承受压力时不下陷，要求支承脚在受到最大支反力 F 的作用下有足够的接地面积 A（m^2），即

$$A \geq \frac{F}{[\sigma_d]} \quad (5\text{-}11)$$

式中　$[\sigma_d]$——地基强度，一般取 1.6MPa。

支承脚与支腿采用球式铰接，可满足不同地形的支承。

（二）举升机构设计

以折叠臂式举升机构为例介绍举升机构的设计。

1. 折叠臂式举升机构的设计

（1）折叠臂形式和运动范围的选取 上折叠式动臂举升机构简图如图 5-34 所示，它由下臂 3、上臂 4 和折臂 7 组成。下臂的下端铰接在回转台上，由下臂液压缸 2 驱动；上臂的下端与下臂的上端铰接，由撑臂液压缸 5 和四杆机构驱动；折臂的一端与上臂的上端铰接，由折臂的液压缸 6 驱动；作业斗与折臂的另一端铰接，由内藏链式四杆机构保证作业斗保持水平。

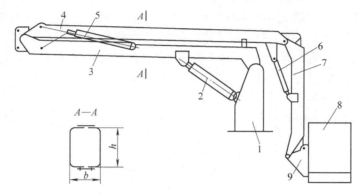

图 5-34 上折叠式动臂举升机构简图

1—回转台 2—下臂液压缸 3—下臂 4—上臂 5—撑臂液压缸
6—折叠液压缸 7—折臂 8—作业斗 9—内藏链式四杆机构

该举升机构在铅垂平面内的运动范围为：下臂相对于回转台 0°~82°；上臂相对于下臂 0°~160°；折臂相对于上臂 0°~90°。

（2）驱动液压缸设计

1）下臂液压缸。应以下臂液压缸承受的最大载荷作为设计工况，同时还要校核下臂处于最大仰角时的工况，此时液压缸轴线至下臂下端铰接点的距离最近，液压缸可能出现反拉现象，且在做回缩动作时，有杆腔工作，液压缸受拉力作用。

2）撑臂液压缸。撑臂液压缸一般与四杆机构配合，组成撑臂机构，如图 5-35 所示，目的是减少液压缸的体积。但这种机构使上臂动作的速度不均匀，设计时应特别注意。设 ω_3 为上臂绕铰接点的回转角速度，则撑臂机构的运动速度关系为

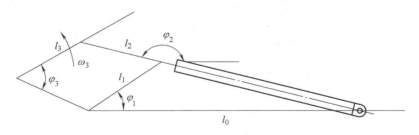

图 5-35 撑臂机构简图

$$\omega_3 = \omega_1 \frac{l_1 \sin(\varphi_1 - \varphi_2)}{l_3 \sin(\varphi_3 - \varphi_2)} \tag{5-12}$$

$$\omega_1 = \frac{vu}{l_0 l_1 \sin\varphi_1} \tag{5-13}$$

式中　v——液压缸的工作速度（m/s）；

$$u = \sqrt{l_0^2 + l_1^2 - 2l_0 l_1 \cos\varphi_1}。$$

由式（5-12）和式（5-13）可知，合理的布局可使上臂速度变化小，有利于作业斗的平稳性。

对液压缸具体参数的确定和设计，按有关液压传动和液压系统设计的要求进行。

(3) 动臂的主要尺寸确定和结构设计　动臂为主要受力构件，受弯扭联合作用。为获得较大的强度和刚度，一般采用薄壁箱形结构。为减小焊接变形，臂架一般由两块冲压成形的槽形板对接而成，参见图 5-34。槽形板折边采用大圆角形式，这可增强板件抗局部失稳的能力。为使主受弯截面获得较高的抗弯截面系数，可加布上、下加强筋板，获得渐近的等强度受力状态。

1）主要尺寸确定。动臂的截面高度 h 可按使结构质量最小的高度确定的设计公式计算，有

$$h = \sqrt[3]{\frac{W_x}{\gamma_n}} \tag{5-14}$$

式中　W_x——按动臂最大合成弯矩求得的抗弯截面系数，$W_x = M/[\sigma]$；

　　　γ_n——腹板的厚高比。

因为动臂除受弯矩外还受扭矩作用，为获得合理的抗扭截面，动臂的高宽比 h/b 不宜太大，一般 $h/b = 1.25 \sim 1.5$。

2）动臂的强度校核。按动臂的工况，采用相应的载荷组合进行强度校核。

正应力 σ 为

$$\sigma = \frac{M_{x\max}}{W_x} + \frac{M_{y\max}}{W_y} \leqslant [\sigma] \tag{5-15}$$

式中　$M_{x\max}$——主受弯截面的最大弯矩；

　　　$M_{y\max}$——由水平力引起的最大弯矩；

　　　W_x、W_y——主梁截面对中性轴 x 和 y 的截面系数；

　　　$[\sigma]$——材料的许用应力。

切应力 τ 为

$$\tau = \frac{Q_{x\max} S_x}{2 I_x \delta} + \frac{M_n}{2A\delta} \leqslant [\tau] \tag{5-16}$$

式中　$Q_{x\max}$——主受弯截面的垂直剪力；

　　　M_n——截面的扭矩；

　　　I_x——截面对中性轴的惯性矩；

　　　S_x——截面的最大静矩；

　　　A——由板的中线所围成的截面面积，$A = bh$（图 5-34）；

δ——腹板的厚度；

$[\tau]$——材料的许用切应力。

验算动臂的合成应力，有

$$\sqrt{\sigma^2 + 3\tau^2} \leq [\sigma] \tag{5-17}$$

除上述强度校核外，还应进行动臂的稳定性、板的局部稳定性校核。

2. 剪叉式升降机构液压缸驱动力计算

剪叉式升降机构已大量应用在高空作业平台上。如图5-36所示，以液压缸 CE 驱动作业台的升降。当平台 $A_{\mathrm{III}}D_{\mathrm{III}}$ 上有负荷 W 时，液压缸的驱动力可依据瞬时功率相等原理计算获得。

(1) 速度多边形画法 为求机构某一瞬时功率，应先求出负荷点的瞬时速度。如图5-36所示的剪杆在 α 位置的速度矢量图，在机构运行中，A_{I}、A_{II}、A_{III} 的移动轨迹垂直 AD，将第一阶的剪叉作如图5-37b所示的变换，即在 A_{I} 处放置一滑块，则 A_{I}、D 各点的相互运动关系不变，即 A_{I}、D 保持如下运动关系

$$\boldsymbol{v}_{A\mathrm{I}} = \boldsymbol{v}_D + \boldsymbol{v}_{A\mathrm{II}} \tag{5-18}$$

式中　$\boldsymbol{v}_{A\mathrm{I}}$——$A_{\mathrm{I}}$ 点的速度；

$\boldsymbol{v}_D$——D 点的速度；

$\boldsymbol{v}_{A\mathrm{II}}$——$A_{\mathrm{I}}$ 点对 D 点的相对速度。

按式（5-18）可绘出图5-37c所示的速度多边形 pda_{I}。从图中可找出机构图上 B 点的影像点 b，连 pb 并延长至 D_{I} 的影像点 d_{I}，则 pd_{I} 就代表机构图上 D_{I} 点的速度，即第一阶剪叉速度图。同理可绘出第二阶剪叉、第三阶剪叉及第 N 阶剪叉的速度图 a_{II}，d_{II}，a_{III}，d_{III}，…，a_N，d_N。所以机构上各点都能在速度图上找到各自的影像点。影像点与 p 的连线即为机构上该点的速度。

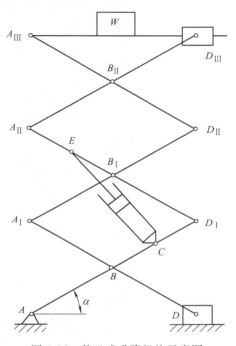

图5-36　剪叉式升降机构示意图

另外，图5-36中所示的液压缸，就是图5-37a中所示滑块的导杆机构 CE，若以 C 点为参考点，滑块 E 的速度应符合下列矢量方程

$$\boldsymbol{v}_{E6} = \boldsymbol{v}_{E8} = \boldsymbol{v}_C + \boldsymbol{v}_{E7C} + \boldsymbol{v}_{E8E7} \tag{5-19}$$

式（5-19）中下标数字均为点所在的构件编号。在式（5-19）中，C 点和 $E6$ 点的速度可在图5-37c中找到影像点 c 和 e。$\boldsymbol{v}_{E7C}$ 是导杆7上与 E 点相重叠的点 $E7$ 对 C 点的摆动速度，$\boldsymbol{v}_{E8E7}$ 是滑块8与导杆7的移动速度。所以，杆6上 E 点对 C 点的相对速度由两部分组成，即

$$\boldsymbol{v}_{E6C} = \boldsymbol{v}_{E7C} + \boldsymbol{v}_{E8E7} \tag{5-20}$$

式中　$\boldsymbol{v}_{E7C}$——垂直导杆7的移动速度；

$\boldsymbol{v}_{E8E7}$——平行导杆即液压缸活塞的移动速度。

图5-37c中直角 $\triangle e_{\mathrm{I}}ec$ 是符合式（5-20）关系的。$e_{\mathrm{I}}e$ 代表 $\boldsymbol{v}_{E8E7}$、$e_{\mathrm{I}}c$ 代表 $\boldsymbol{v}_{E7C}$。

(2) 液压缸驱动力公式推导 剪叉式升降机构驱动液压缸的配置有单个、两个或多个。

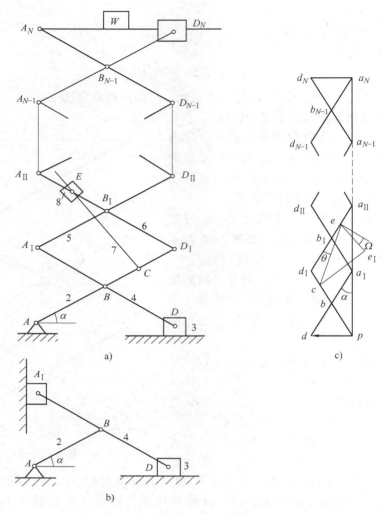

图 5-37 各点速度关系图
a) N 阶剪叉机构 b) 第一阶剪叉速度 c) 影像速度

在剪叉式升降机构中，一般作用有平台负荷重、工作力、工作扭矩、各构件的惯性力、惯性力矩、风载荷、侧倾力矩等。这里只计算作用在图示平面上的力和力矩，如图 5-38a 所示。设各外力、外力矩经简化后，在机构上有力 F，F_1，F_2，…，F_i，作用在 K，K_1，K_2，…，K_i 上。设各力和作用点 K，K_1，K_2，…，K_i 的速度所夹的角为 λ，λ_1，λ_2，…，λ_i，若这些力都是由一个液压缸 CE 的作用力 P 平衡，P 作用在活塞上，与活塞的运动方向平行。所以，活塞压力 p 瞬时功率为

$$N = pv \tag{5-21}$$

式中 v ——活塞的移动速度。

按瞬时功率相等原理，则下式成立

$$pv = Fv_台 + F_1 v_{K1} \cos\lambda_1 + F_2 v_{K2} \cos\lambda_2 + \cdots + F_i v_{Ki} \cos\lambda_i \tag{5-22}$$

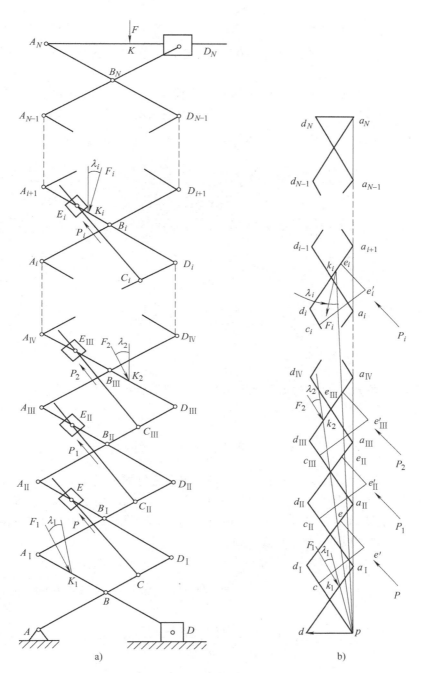

图 5-38 液压缸驱动力推导简图
a) 液压缸布置示意图 b) 几何关系推导简图

即

$$P = (F\overline{pa_N}\mu_v + F_1\overline{pk_1}\mu_v\cos\lambda_1 + F_2\overline{pk_2}\mu_v\cos\lambda_2 + \cdots + F_i\overline{pk_i}\mu_v\cos\lambda_i)/\overline{ee_I}\mu_v$$

$$= (F\overline{pa_N} + F_1\overline{pk_1}\cos\lambda_1 + F_2\overline{pk_2}\cos\lambda_2 + \cdots + F_i\overline{pk_i}\cos\lambda_i)/\overline{ee_I} \quad (5\text{-}23)$$

μ_v 是作图时的速度比例尺，如图 5-38b 所示。当机构在某一位置时，就可作一即时速度图。其各线段长短、位置之间的相对关系是固定的，所以比值 $\overline{pa_N}/\overline{ee_I}$，…，$\overline{pk_i}/\overline{ee_I}$ 也就确定了。

如上所述，如图 5-37 所示，设剪叉式升降机构平台上承受载荷 W。每一阶剪杆重量为 G'，重心在 B，B_I，B_{II}，…上，共有 N 阶，用一只液压缸 CE 驱动，按式（5-23）有

$$P = (W\overline{pa_N} + G'\overline{pb}\cos\lambda_1 + G'\overline{pb_I}\cos\lambda_2 + \cdots + G'\overline{pb_{N-1}}\cos\lambda_i)/\overline{ee_I} \quad (5\text{-}24)$$

G' 的方向向下，有 $\overline{pb}\cos\lambda_1 = \overline{pb_I}\cos\alpha$、$\overline{pb_I}\cos\lambda_2 = \overline{pa_I} + \frac{1}{2}a_Ia_{II}$ 等。所以，式（5-24）可写成

$$P = \left[WN\overline{pd_I}\cos\alpha + G'\left(\overline{pd_I}\cos\alpha - \frac{1}{2}\overline{pd_I}\cos\alpha\right) + G'\left(2\overline{pd_I}\cos\alpha - \frac{1}{2}\overline{pd_I}\cos\alpha\right) + \cdots \right.$$
$$\left. + G'\left(N\overline{pd_I}\cos\alpha - \frac{1}{2}\overline{pd_I}\cos\alpha\right)\right]\frac{1}{\overline{ee_I}}$$

$$= \left\{WN + G'\left[\left(1-\frac{1}{2}\right) + \left(2-\frac{1}{2}\right) + \cdots + \left(N-\frac{1}{2}\right)\right]\right\}$$

$$\cos\alpha\frac{\overline{pd_I}}{\overline{ee_I}} = (WN + G'\frac{N^2}{2})\cos\alpha\frac{\overline{pd_I}}{\overline{ee_I}} \quad (5\text{-}25)$$

由式（5-25）可知，设 G 为剪叉式升降机构所有剪杆的总重量，则 $G = NG'$，因此，上式又可写成

$$P = N\left(W + \frac{G}{2}\right)\cos\alpha\frac{\overline{pd_I}}{\overline{ee_I}} \quad (5\text{-}26)$$

当机构在 d 位置时，只要求出比值，就可求出液压缸的驱动力。

在图 5-37c 中，从 e 点作 $a_{II}d_I$ 的垂线，对照图 5-37a，则 $\Omega = \angle CED_I$，设 $m = L_{ED_I}/L$，$n = L_{CD_I}/L$，L_{ED_I} 是转动副 E 与 D_I 的实际距离，L_{CD_I} 是转动副 C 与 D_I 的实际距离，L 是剪杆全长，一般 m 与 n 都取小于 1 的数，则

$$\cos\Omega = \frac{L_{CE}^2 + L_{ED_I}^2 - L_{CD_I}^2}{2L_{CE}L_{ED_I}} = \frac{(mL)^2 + (nL)^2 - 2mnL^2\cos 2\alpha + (mL)^2 - (nL)^2}{2mL\sqrt{(mL)^2 + (nL)^2 - 2mnL^2\cos 2\alpha}}$$

整理得

$$\cos\Omega = \frac{m - n\cos 2\alpha}{\sqrt{m^2 + n^2 - 2mn\cos 2\alpha}} \quad (5\text{-}27)$$

于是得

$$\sin\Omega = \sqrt{1 - \left(\frac{m - n\cos 2\alpha}{\sqrt{m^2 + n^2 - 2mn\cos 2\alpha}}\right)^2} = \frac{n\sin 2\alpha}{\sqrt{m^2 + n^2 - 2mn\cos 2\alpha}} \quad (5\text{-}28)$$

由图 5-37c 可求出

$$\cos\theta = \frac{\overline{ce}^2 + \overline{ed_I}^2 - \overline{cd_I}^2}{2\overline{ed_I}\overline{ce}} \quad (5\text{-}29)$$

设 $\overline{pd_1}$ 为单位长度，则

$$\overline{ce} = \sqrt{m^2 + n^2 - 2mn\cos2(90° - \alpha)} = \sqrt{m^2 + n^2 + 2mn\cos2\alpha} \tag{5-30}$$

$\overline{ed_1} = m$，$\overline{cd_1} = n$，代入式（5-29）得

$$\cos\theta = \frac{m^2 + n^2 + 2mn\cos2\alpha + m^2 - n^2}{2m\sqrt{m^2 + n^2 + 2mn\cos2\alpha}} = \frac{m + n\cos2\alpha}{\sqrt{m^2 + n^2 + 2mn\cos2\alpha}} \tag{5-31}$$

$$\sin\theta = \sqrt{1 - \left(\frac{m + n\cos2\alpha}{\sqrt{m^2 + n^2 + 2mn\cos2\alpha}}\right)^2} = \frac{n\sin2\alpha}{\sqrt{m^2 + n^2 + 2mn\cos2\alpha}} \tag{5-32}$$

因为 $\sin(\Omega + \theta) = \sin\Omega\cos\theta + \cos\Omega\sin\theta$，将式（5-27）、式（5-28）、式（5-31）、式（5-32）代入其中得

$$\sin(\Omega + \theta) = \frac{2mn\sin2\alpha}{\sqrt{(m^2 + n^2 + 2mn\cos2\alpha)(m^2 + n^2 - 2mn\cos2\alpha)}} \tag{5-33}$$

而 $\overline{ee_1} = \overline{ce}\sin(\Omega + \theta)$，将式（5-30）、（5-33）代入其中得

$$\overline{ee_1} = \frac{\sqrt{m^2 + n^2 + 2mn\cos2\alpha} \cdot 2mn\sin2\alpha}{\sqrt{(m^2 + n^2 + 2mn\cos2\alpha)(m^2 + n^2 - 2mn\cos2\alpha)}} = \frac{2mn\sin2\alpha}{\sqrt{m^2 + n^2 - 2mn\cos2\alpha}} \tag{5-34}$$

将式（5-34）代入式（5-26）（注意上面已将 $\overline{pd_1}$ 设为一个单位长度），经整理得用一只液压缸驱动的活塞推力为

$$P = N\left(W + \frac{G}{2}\right)\frac{\sqrt{m^2 + n^2 - 2mn\cos2\alpha}}{4mn\sin\alpha} = \sqrt{\frac{N^2\left(W + \frac{G}{2}\right)^2}{4mn} + \frac{N^2\left(W + \frac{G}{2}\right)^2(m-n)^2}{16m^2n^2(\sin\alpha)^2}} \tag{5-35}$$

设 $A = \dfrac{N^2\left(W + \dfrac{G}{2}\right)^2}{4mn}$，$B = \dfrac{N^2\left(W + \dfrac{G}{2}\right)^2(m-n)^2}{16m^2n^2}$，则式（5-35）可表示为

$$P = \sqrt{A + \frac{B}{\sin\alpha^2}} \tag{5-36}$$

$$\alpha = \arcsin^{-1}\frac{1}{2L}\sqrt{\frac{x^2 + 2(m-n)Lx}{mn}} \tag{5-37}$$

式（5-37）可由图 5-37 导出，x 为活塞的位移，式（5-35）、式（5-36）即为计算液压缸驱动力的公式。

（3）液压缸驱动力分析 由式（5-36）中可知，右边根号中由常数项 A 和变量项 $B/\sin^2\alpha$ 组成。若在给定的负荷下，液压缸作用力尽量小，则可采用如下方法：①将系数 m、n 尽量取大；②使系数 m 与 n 尽量接近，这样，可使 $m-n$ 变小，变量项的作用就小；③留有尽量大的初始角 α，使得变量项变小。图 5-39 所示为 P、α、x 之间的变化曲线。曲线是以同样的负荷、同样的剪杆长度，同样 $n = 0.25$ 时绘制而成的。从图中看出，当 α 或 x 大到某一值后，P 变化趋于平坦，当 m/n 的值趋于 1 时，P 的变化趋于平坦。

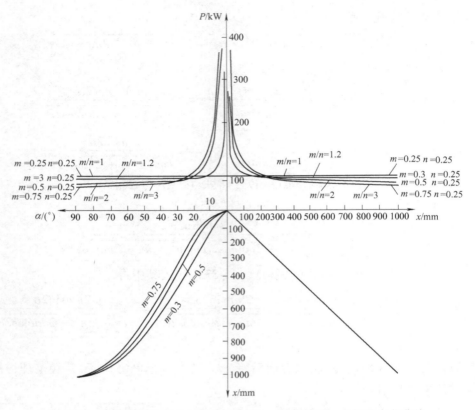

图 5-39 液压缸驱动力 P、布置初始角 α、活塞位移 x 之间的变化曲线

综上所述，可知：

1) 若 $m \neq n$，当 $\alpha = 0$ 时，P 为无穷大，即机构在死点位置，故需设初始角，不使机构出现死角位置。

2) 若 m、n 的值都取得很小，或其中之一取得很小，则液压缸的驱动力就要大。

3) 若 $m = n$ 时，则

$$P = \frac{N\left(W + \dfrac{G}{2}\right)}{2m} \tag{5-38}$$

即驱动液压缸配置在竖直方向，则驱动力 P 不随 α 角度变化，而是一个恒值。如果 $m = 1/2$，也就是液压缸两铰链在 BB_I 上，则液压缸的驱动力为

$$P = N\left(W + \frac{G}{2}\right) \tag{5-39}$$

若不计剪杆重量，则液压缸驱动力为负载的阶数倍，即

$$P = NW \tag{5-40}$$

根据 P 就可求出由单缸驱动的液压缸直径为

$$D = \sqrt{\frac{4P}{\pi p}} = 1.128\sqrt{\frac{P}{p}} \tag{5-41}$$

式中 p——液压缸中油液的压强。

(4) 多个液压缸的计算 若该机构由多个液压缸上下配置驱动，如图 5-38a 所示。该机构不仅采用液压缸 CE，还同时采用液压缸 $C_{II}E_{II}$，$C_{III}E_{III}$，$\cdots$，C_iE_i 驱动，应使 $CD_1 = C_1D_1 = C_{II}D_{II} = C_{III}D_{III} = \cdots = C_iD_i$，$D_1E = D_{II}E_{II} = D_{III}E_{III} = \cdots = D_iE_i$。

由速度图可知，CE，$C_{II}E_{II}$，$C_{III}E_{III}$，$\cdots$，C_iE_i 液压缸活塞的移动速度相等。设各液压缸的作用力为 P_1、P_2，$\cdots$，P_i，则这 i 个液压缸瞬时功率为

$$P_1v + P_2v + \cdots + P_iv = Fv_台 + F_1v_{K1}\cos\lambda_1 + F_2v_{K2}\cos\lambda_2 + \cdots + F_iv_{Ki}\cos\lambda_i \tag{5-42}$$

对照式（5-22）显然有

$$Pv = (P_1 + P_2 + \cdots + P_i)v \tag{5-43}$$

则

$$P = P_1 + P_2 + \cdots + P_i \tag{5-44}$$

由式（5-44）可知，若在剪杆互相对应的点上配置多个液压缸，则各液压缸的活塞作用力之和等于用一个液压缸驱动的作用力。式（5-43）的前提要求是各液压缸活塞的移动速度相同，所以在一个液压泵供油的情况下，各液压缸的缸径相同。由于液压油的压强相同，所以 i 个液压缸的活塞推力都相同，即 $P_1 = P_2 = \cdots = P_i$，用 i 个液压缸驱动的活塞推力为

$$P_i = P/i \tag{5-45}$$

各液压缸直径按式（5-45）推导，则下式成立

$$i\frac{\pi}{4}D_i^2p = \frac{\pi}{4}D^2p \tag{5-46}$$

式中 D——用单缸驱动时液压缸直径；

D_i——用 i 个缸驱动时各液压缸的直径。

在设计中，有时由于空间关系，在各杆件的对应点配置不下液压缸，则只能在有的剪叉上将液压缸配置在不相对应的点上，如图 5-40 所示。在杆件 2、6 上的 C 点及 E 点配置了液压缸 CE，而在杆件 5 与 8 上的液压缸 C_5E_8 不能配置在与 CE 相对应的 $C'E'$ 上，但要求液压缸 C_5E_8 必须与 $C'E'$ 平行。这样，能使液压缸 C_5E_8 与液压缸 CE 的活塞速度成一固定的比值。设其比值为 k，在时间 t 时，液压缸 C_5E_8 的位置应符合下式

$$k = \frac{D_{II}E'}{D_{II}E_8} = \frac{D_{II}C'}{D_{II}C_5} \tag{5-47}$$

而 $D_{II}E' = D_1E$，$D_{II}C' = D_1C$，所以

$$k = \frac{C'E'}{C_5E_8} = \frac{CE}{C_5E_8} = \frac{X_{\min} + vt}{\dfrac{X_{\min}}{k} + v't},$$

则

$$v' = v/k \tag{5-48}$$

式中，$X_{\min} = (m-n)L$ 是液压缸 CE 两端转动副的最短距离，v' 为液压缸 C_5E_8 的活塞移动速度。所以，液压缸配置在 C_5E_8 点时，其直径为

$$D'_i = \sqrt{k}D_i \tag{5-49}$$

式中 D_i——多缸驱动时的各液压缸直径；

D'_i——对应点成比例改变后，需要设置的液压缸直径。

式（5-49）说明，液压缸两端转动副的位置与对应点成比例改变后，液压缸直径应作比例系数平方根的改变。否则，将引起各液压缸不同步，载荷集中于少数液压缸上，引起过载。

如图 5-40 所示，若在杆 7 与 10 上配置液压缸 C_7E_{10}，由于 $\dfrac{CD_{\text{I}}}{D_{\text{I}}E} = \dfrac{C''D_{\text{III}}}{D_{\text{III}}E''} \neq \dfrac{C_7 D_{\text{III}}}{D_{\text{III}} E_{10}}$

所以，$C'E'$ 与 C_7E_{10} 的变化，不能保持固定的比例；而 $C'E' = CE$ 在流量固定时是等速变化，液压缸 C_7E_{10} 的却不能等速变化。在流量不变的情况下，要活塞变速移动是困难的，所以如图 5-40 中所示的与 CE 不平行的液压缸 C_7E_{10} 是不能采用的。以上分析也指出了比例系数 k 可视工程实际而定，而各缸的配置中 m/n 的比值是相同的。

（三）回转机构设计

按照国家标准 GB/T 9465—2018《高空作业车》的要求，高空作业车的回转机构应能进行正、反两个方向的 360°回转，其最大回转速度不大于 2r/min。且回转机构在做回转运动时，起动、回转、制动应平稳、准确，无抖动、晃动现象，微动性能良好。

目前应用较多的回转机构是交叉圆柱滚子转盘支承装置，如图 5-41 所示。滚子的接触角一般为 45°，相邻的两圆柱滚子轴线成 90°交叉。这不仅使回转装置能承受轴向和径向载荷，还能承受倾覆力矩。此外，和滚球转盘相比，这种滚道是平面，加工工艺比较简单，容易达到加工要求。

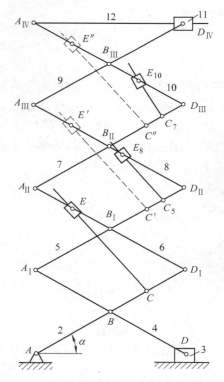

图 5-40 液压缸布置在不同位置时的计算简图

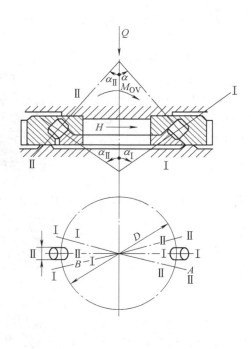

图 5-41 圆柱滚子外载荷及承载最大滚子的位置

1. 圆柱滚子最大载荷的计算

在作业过程中，圆柱滚子受到三种载荷作用，如图 5-42 所示。第一种为轴向力 Q，即垂直力，该力由转台及举升机构质量、载质量和惯性载荷等组成；第二种为径向力 H，即水平力，该力由回转离心力、风载荷及举升载荷的分力等组成；第三种为倾覆力矩 M_{OV}，它可由轴向力和径向力的作用而引起。

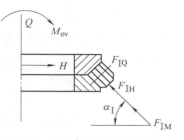

图 5-42 最大法向载荷计算简图

将方向交叉的两组圆柱滚子，用 Ⅰ 组和 Ⅱ 组表示，并假定每组的圆柱滚子数目各占一半，并作一对一的间隔排列，则 Ⅰ 组圆柱滚子在图 5-41 中所示位置时受最大载荷，其中任一圆柱滚子的最大法向载荷 $F_{\text{I max}}$ 为

$$F_{\text{I max}} = F_{\text{I Q}} + F_{\text{I H}} + F_{\text{I M}} \tag{5-50}$$

式中　$F_{\text{I Q}}$——由轴向力 Q 引起的 Ⅰ 组任一圆柱滚子上最大法向载荷（N）；
　　　$F_{\text{I H}}$——由径向力 H 引起的 Ⅰ 组任一圆柱滚子上最大法向载荷（N）；
　　　$F_{\text{I M}}$——由倾覆力矩 M_{OV} 引起的 Ⅰ 组任一圆柱滚子上最大法向载荷（N）。

如图 5-42 所示，取转盘为分离体进行受力分析，由力系平衡条件可以求得 $F_{\text{I Q}}$ 和 $F_{\text{I H}}$。

为了求得 $F_{\text{I M}}$，可近似地把座圈看成直径为 D 的圆圈，如图 5-43 所示。并假定圆柱滚子对座圈的压力在座圈上连续分布，按圆柱滚子接触压力沿圆周弧长的比压，列平衡方程即可求得 $F_{\text{I M}}$ 值。

对于 Ⅱ 组圆柱滚子，其处于图 5-41 中所示位置时，受到的载荷最大。此时滚子不承受由水平力传来的载荷，且由于轴向力 Q 引起的法向载荷与倾覆力矩 M_{OV} 引起的法向载荷方向相反，因此，Ⅱ 组中任一圆柱滚子的最大法向载荷为

$$F_{\text{Ⅱ max}} = F_{\text{Ⅱ M}} - F_{\text{Ⅱ Q}} \tag{5-51}$$

2. 圆柱滚子允许载荷的计算

根据赫茨公式，滚道与圆柱滚子的线接触应力为

$$\sigma = 0.418 \sqrt{\frac{FE}{L} \sum \rho} \tag{5-52}$$

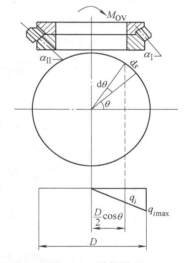

图 5-43 计算简图

式中　F——圆柱滚子在接触线上的法向载荷（N）；
　　　E——材料的弹性模量，一般滚道材料采用碳素钢或低碳合金钢，圆柱滚子材料采用轴承钢；
　　　L——圆柱滚子与滚道的有效接触长度，一般情况可取 $L=0.85d$，d 为圆柱滚子直径（m）；
　　　$\sum \rho$——圆柱滚子与滚道接触表面的主曲率之和。

用优质碳素钢或低碳合金钢轧制或锻造成的座圈，其滚道表面的热处理硬度为 59～60HRC。在一般工作条件下，可取许用接触应力值 $[\sigma]$ 为 800MPa。

依据所选用的许用应力值 $[\sigma]$，由式（5-52）可求得圆柱滚子的允许载荷 $[F]$。

3. 转盘直径和接触角的确定

转盘直径 D 和接触角 α 应根据以下条件确定。

1）转盘中任一圆柱滚子的最大载荷均不得超过允许载荷 $[F]$，即

$$F_{\mathrm{I\,max}} < [F],\ F_{\mathrm{II\,max}} < [F] \tag{5-53}$$

2）为了充分利用两组圆柱滚子和两对滚道的最大承载能力，达到应力均衡的理想状态，应使Ⅰ组圆柱滚子可能出现的最大载荷尽量与Ⅱ组圆柱滚子可能出现的最大载荷相等，即

$$F_{\mathrm{I\,max}} = F_{\mathrm{II\,max}} \tag{5-54}$$

由上述两个条件，可以确定合理的 D 和 α 值。当转盘直径 D 值按结构需要确定后，合理的接触角 α 应为

$$\alpha = \arctan \frac{8M_{\mathrm{OV}} + 2QD}{8M_{\mathrm{OV}} - 2QD - 5FD} \tag{5-55}$$

D 与 d 的比值越小，则圆柱滚子相对于滚道的滑移越大，而且对安装精度的要求也越高。因此，一般要求 $D \geqslant 35d$，在结构允许的条件下可取 $D = 37d$。

4. 滚动体总数目的计算

设滚动体的总数目为 n_{Σ}，则有

$$n_{\Sigma} = \frac{\pi D \times 10^3}{d + b} \tag{5-56}$$

式中　D——滚盘的中心直径（m）；
　　　d——滚动体的直径（mm）；
　　　b——隔离套厚度（mm）。

滚动体之间可以设隔离套，也可不设。在无隔离套的交叉滚柱式回转支承装置中，滚柱数应为偶数，其最后间隙可用调隙隔离套填充。隔离套常用粉末冶金或尼龙制成，厚度为 2~3mm。

交叉滚柱式回转支承装置，其滚子的间隔排列可以设计成一对一、二对一，三对一或三对二等多种交叉形式，这些结构现已得到广泛使用。

四、整车稳定性校核

高空作业车整车稳定性校核包括正常作业状态时的稳定性校核和静态时的稳定性校核。

高空作业车稳定性校核的计算载荷见表 5-3。其中，P_{Q} 为作业斗上的总质量所引起的载荷；风载 P_{W} 按风压 $q = 125\mathrm{N/m^2}$ 计算；惯性载荷 P_{H} 取载荷的回转水平惯性力（沿臂架方向或垂直臂架方向）和变幅惯性力对倾翻影响较大者；F 是折算到作业平台重力线的主臂和伸缩（折叠）臂的质量引起的载荷。

稳定性计算准则为：高空作业车在表 5-3 所给定的载荷作用下，若稳定力矩的代数和大于倾覆力矩之和，则认为整车是稳定的。

表 5-3　高空作业车稳定性校核的计算载荷

验算工况	载荷值			
	整车整备质量引起的载荷	起升质量引起的载荷	刚性载荷	风载
作业稳定性校核	G_0	$1.15P_Q$	P_H	P_W
静态稳定性校核	G_0	$1.4P_Q + 0.1F$	—	—

在进行稳定性计算时，应考虑高空作业车处于最不利位置。此外，对稳定性有影响的所有载荷，如自重、附属装置等，其数值和位置都应按最不利的状态考虑。

第六章

仓栅式汽车的结构与设计

第一节 概 述

仓栅式汽车是指装备有专用装置，具有仓笼式或栅栏式结构车厢的专用汽车，主要用于运输散装颗粒食物或饲料、畜禽等货物。

目前我国仓栅式汽车主要有散装饲料运输车、散装粮食运输车、畜禽运输车、养蜂车等。其中，散装饲料运输车、散装粮食运输车为仓笼式汽车，畜禽运输车、养蜂车等为栅栏式汽车。

第二节 散装饲料运输车的结构与设计

一、散装饲料运输车的分类与设计要求

散装饲料运输车是指装备有液压传动系统和输送器，通过输送器将饲料输送到一定距离和高度，用于运输散装饲料的专用自卸运输汽车，如图6-1所示。散装饲料运输车根据其卸料方式的不同分为螺旋卸料式、螺旋气力卸料式和气力卸料式。由于各种饲料成分密度不同，通常采用螺旋卸料式。

螺旋卸料式又根据其螺旋机构驱动方式的不同，分为机械式、液压式和增压式。本节主要介绍机械螺旋卸料式散装饲料运输车的结构与设计。

散装饲料运输车的设计要求为：
1）饲料一般由多种原料配制而成，因此在运输和装卸过程中，不能破坏饲料的混合比。
2）有足够的卸料能力，且剩余率必须满足有关标准规定。
3）饲料在卸料过程中，各环节的卸料能力、输送能力必须互相匹配，避免发生饲料堵塞。
4）罐体应具有足够的强度、刚度和耐磨性。

二、机械式螺旋输送散装饲料运输车

（一）总体结构和工作原理

机械式螺旋输送散装饲料运输车由二类汽车底盘、仓罐、螺旋输送卸料机构、取力装置等组成，机械式螺旋输送散装饲料装置结构如图6-2所示。

第六章 仓栅式汽车的结构与设计

图 6-1　散装饲料运输车

汽车卸料时，首先操纵手压泵 1，使起伏装置利用液压缸举起卸料螺旋轴 9 和悬臂 11 至饲料仓口高度，图中实例的卸料螺旋轴最大可上升 70°，下降 25°。再由转向盘 4 经转弯装置带动悬臂 11 旋转，使卸料螺旋槽对准接收仓口，做好卸料准备。转弯装置利用蜗轮蜗杆可使卸料螺旋左右旋转各 180°。

取力装置将汽车变速器 16 的动力通过传动轴 17、正反换向装置 19 和减速器 14，驱动底部螺旋轴 13 旋转。当活门开关控制杆 18 拉出仓底移动活门 20 时，仓内饲料落入螺旋槽内，并随即输送至螺旋轴后端。螺旋轴通过一对锥齿轮换向后，带动垂直螺旋轴 6 旋转，改变饲料输送方向，饲料沿着垂直螺旋轴 6 向上提升。通过弯头 7 到达卸料螺旋槽。卸料螺旋将饲料推送至饲料仓口。

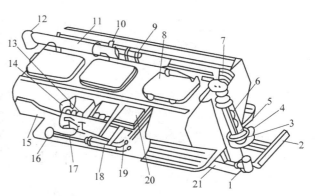

图 6-2　机械式螺旋输送散装饲料装置结构
1—手压泵　2—后保险杠　3、7—弯头　4—转向盘
5—转弯螺杆　6—垂直螺旋轴　8—人孔　9—卸料螺旋轴
10—悬臂支架　11—悬臂　12—卸料头　13—底部螺旋轴
14—减速器　15—操纵杆　16—变速器　17—传动轴　18—活门
开关控制杆　19—正反换向装置　20—移动活门　21—液压软管

图 6-3 所示为机械式螺旋输送驱动力传递方式简图，取力装置由变速器取力器 4 经传动轴 5、正反转装置 6、减速器 3 带动底部螺旋轴转动。

螺旋输送卸料机构包括螺旋机构、转弯装置、起伏装置和移动活门机构。图 6-2 所示的机械螺旋输送卸料机构主要由三套螺旋机构组成，即底部螺旋机构、垂直螺旋机构和卸料螺旋机构。其作用是将仓罐中的饲料通过螺旋机构的旋转推进作用，输送到一定距离和高度，完成卸料工作。底部螺旋机构装在仓罐底部，不工作时两者以移动活门机构相隔。螺旋机构的前端装有正反转装置，用以控制卸货的开始或停止。

转弯装置用以改变输送饲料和螺旋机构的动力传递方向，安装在底部螺旋机构和垂直螺旋机构之间，完成动力的传递和变向，带动悬臂旋转。图 6-4 所示的转弯装置由蜗轮 2、蜗杆 5、一对锥齿轮 8 和转向盘 6 等组成。转动转向盘 6，通过蜗杆 5 和蜗轮 2 使悬臂旋转。

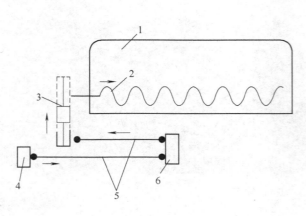

图 6-3 机械式螺旋输送驱动力传递方式简图
1—罐体 2—底部螺旋 3—减速器
4—变速器取力器 5—传动轴 6—正反转装置

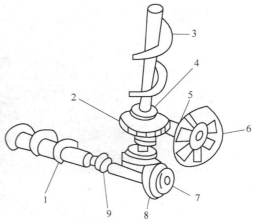

图 6-4 转弯装置
1—底部螺旋轴 2—蜗轮 3—垂直螺旋轴
4、7、9—轴承 5—蜗杆 6—转向盘 8—锥齿轮

起伏装置可使悬臂在垂直面内上下运动，改变卸料高度，如图 6-5 所示。弯头 4 与液压缸 3 的一端相连，另一端通过连杆 2 与悬臂 1 相连。当悬臂升起时，操纵手压泵使液压油进入液压缸，推动连杆升起悬臂；当液压缸油压下降时，悬臂下落。

在各仓底部装有移动活门机构，结构如图 6-6 所示。当控制杆 4 外拉时，移动活门打开，即可出料，反之，关闭仓室，停止出料。

机械式螺旋输送卸料方式结构简单，工作可靠，维修方便，成本低廉。但起动力转矩较大，不利于发动机工作，且工作平稳性较差，传动噪声大，而且当物料堵塞时易损坏驱动机构。

(二) 仓罐结构与设计

1. 仓罐结构

仓罐是贮存饲料的容器，紧固在汽车的车架上。其

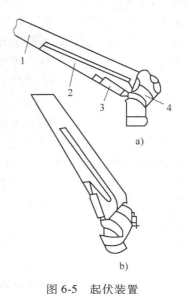

图 6-5 起伏装置
1—悬臂 2—连杆 3—液压缸 4—弯头

外形大多为圆形立仓，截面呈扇形漏斗状。分仓板壁将仓罐分隔成若干仓室，各仓室顶部设有人孔，作为加料或检修之用。下部设有移动活门，以便仓室内的饲料落卸到设在仓罐底部的螺旋输送槽内。

立仓式仓罐分为单仓式和多仓式两种。单仓式立罐如图6-7所示，它结构简单，制造方便，适用于装载质量较小的汽车和半挂车；多仓式立罐如图6-8所示，结构比较复杂，适用于装载质量较大的汽车和半挂车。无论是单仓式还是多仓式立罐，整车质心高度均会升高，影响车辆行驶稳定性。采用双封头单仓立罐（上出料）可明显降低车辆的质心高度，如图6-7b所示。

封头是封闭筒体两端的零件。封头的形式一般包括球形、椭球形和碟形三种，如图6-9所示。球形封头为半

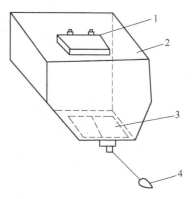

图6-6 移动活门机构
1—人孔 2—容器室
3—移动活门 4—控制杆

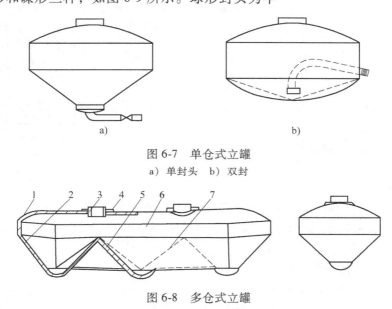

图6-7 单仓式立罐
a）单封头 b）双封

图6-8 多仓式立罐
1—封头 2—锥筒 3—进料口 4—料口加强圈 5—分仓滑板 6—立筒 7—流态化床

球形，具有强度高、壁薄等特点。在罐体容积相同的条件下，球形封头质量小、有效容积大。根据球形封头加工方法的不同又分为整体式和拼块式，一般采用拼块式。椭球形封头的断面由直边和椭圆组成，如图6-9b，H为封头高，h为直边高。直边为罐体与封头之间的过渡段，其作用是便于筒体与封头的焊接。碟形封头为带折边的球形封头。它是由以$R_内$（图6-9c）为半径的圆断面，以r为半径的过渡圆弧（即折边）以及高度为h的直边三部分组成。罐体通常采用椭球形和碟形封头，而球形封头由于制造困难而很少使用。

为了增加装载质量，也可采用厢式结构的仓罐，如图6-10所示。仓罐的左、右侧壁可做成可开式，这样可在回程利用仓罐运输其他货物，减少空程率。

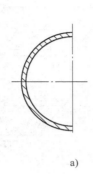 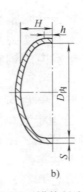 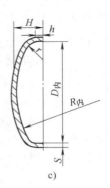

图 6-9 罐体封头形式

a）球形　b）椭球形　c）碟形

2. 罐体设计

(1) 罐体容积　首先根据汽车的额定装载质量确定罐体的理论容积为

$$V_e = \frac{m_e}{\gamma} \tag{6-1}$$

式中　V_e——罐体理论容积（m³）；

m_e——汽车的额定装载质量（kg）；

γ——饲料的堆积密度（kg/m³）。

然后根据罐体的横截面形状和尺寸，计算罐体的实际容积 V。

罐体设计时应满足：$V \leq V_e$

(2) 排料孔　排料孔设在罐体底部的倾斜部位处。为了能保证饲料顺利地从排料孔卸出，罐体底部侧壁倾斜角度应满足下列要求

$$\beta = \varphi_0 + (5° \sim 10°) \tag{6-2}$$

式中　β——罐体侧壁板倾斜部分的水平倾角（°）；

φ_0——饲料对罐壁的静摩擦角（°）。

图 6-10　厢式仓罐

1—控制杆　2—钢丝绳　3—滑轮
4—人孔　5—仓罐　6—移动活门
7—底部螺旋输送槽

当饲料从罐体底部的排料孔靠自重流出时，可能由于大块物料排料时的偶然连结或小颗粒饲料之间的黏结力造成起拱。为了防止饲料从排料孔靠自重流出时起拱，排料孔的水力半径是一个重要参数，如图 6-11 所示。其值应满足

$$R > \frac{\tau_0(1+\sin\varphi)}{\gamma} \tag{6-3}$$

式中　R——排料孔水力半径（m）；

τ_0——饲料的初抗切强度（N/m²）；

γ——饲料的堆积密度（N/m³）；

φ——饲料的内摩擦角（°）。

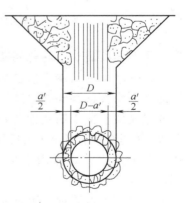

图 6-11　排料孔水力半径计算简图

其中排料孔水力半径 R 的计算公式为

$$R = F/l \tag{6-4}$$

式中 F——考虑了饲料颗粒尺寸影响的排料孔面积（m^2）;

l——对应于上述排料孔面积的周长（m）。

对于图 6-11 所示的圆形排料孔，其水力半径为

$$R = (D - a')/2 \tag{6-5}$$

式中 D——排料孔本身的直径（m）；

a'——饲料的典型颗粒尺寸（m）。

(3) 罐壁压力 当罐体中充满饲料时，罐壁受到饲料的作用力，如图 6-12 所示。

罐体侧部垂直部分受到的压力为

$$p_x = y\gamma\lambda \tag{6-6}$$

罐底水平部分受到的压力为

$$p_y = y\gamma \tag{6-7}$$

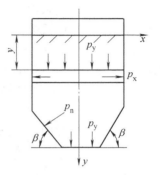

图 6-12 罐壁压力

式中 p_x——x 轴方向上单位面积的饲料产生的罐壁压力（N/m^2）；

p_y——y 轴方向上单位面积的饲料产生的罐壁压力（N/m^2）；

y——距物料表面高度（m）；

γ——饲料的堆积密度（N/m^3）；

λ——侧压系数，可按 $\lambda = (1 - \sin\varphi)/(1 + \sin\varphi)$ 计算。

罐底倾斜部分受到的压力为

$$p_n = y\gamma(\lambda \sin^2\beta + \cos^2\beta) \tag{6-8}$$

在获得罐壁压力的基础上，可参考压力容器设计的有关理论和方法进行罐体强度和刚度校核。

（三）螺旋输送卸料机构

下面主要介绍螺旋机构的构造与设计。

螺旋机构的螺旋面形式有实体面型和带式面型两种，如图 6-13 所示。其中，实体面型螺旋机构是最常用的一种，它适用于输送干燥、黏度低的小颗粒或粉状饲料；带式面型螺旋机构则适用于输送大块物料或黏度大的物料。

料槽一般由薄钢板制成，其厚度由螺旋直径和被输送物料磨蚀性的大小决定，通常约等于螺旋叶片的厚度。对于螺旋直径不大、输送磨蚀性较小的饲料，可取厚度 $\delta = 2 \sim 3$mm，料槽圆柱形部分的轮廓内径要稍大于螺旋的直径，两者间隙值约为 $7 \sim 10$mm。

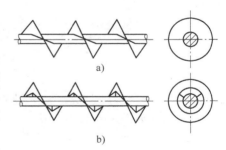

图 6-13 螺旋面形式
a) 实体面型 b) 带式面型

螺旋直径主要取决于散装饲料运输车的卸料能力，按下式初定螺旋直径

$$D \geq K_z \left(\frac{Q}{K_d K_\beta \gamma}\right)^{\frac{2}{5}} \tag{6-9}$$

式中　D——螺旋直径（m）；
　　　Q——卸料能力（N/h）；
　　　γ——饲料的堆积密度（N/m³）；
　　　K_z——物料综合特性系数；
　　　K_d——充填系数；
　　　K_β——倾角系数。

系数 K_z、K_d、K_β 可在相关机械设计手册中查得。计算出 D 后，应圆整到150mm、200mm、250mm、300mm、400mm 等标准直径。

螺旋节距 t(m) 则根据螺旋面的形式和螺旋直径的大小来选取。计算公式为

$$t = k_j D \tag{6-10}$$

式中　k_j——螺旋形式系数，实体螺旋面型 $k_j = 0.8$；带式螺旋面型：$k_j = 1$。

通过试验得知，螺旋转速超过一定值时，物料将会由于受到过大的切向力被抛起，以致无法输送，因此螺旋转速 n(r/min) 有一个上限值 n_j 即

$$n \leq n_j = K_1 / \sqrt{D} \tag{6-11}$$

式中　K_1——物料特性系数。

按上式计算后并将其圆整为 20r/min、30r/min、35r/min、45r/min、60r/min、75r/min、90r/min、120r/min、150r/min、190r/min 等。然后按下式对充填系数 K_d 进行验算

$$K_d = \frac{Q}{47 K_\beta D^2 n \gamma t} \tag{6-12}$$

验算结果中，如果 K_d 在推荐值范围内，则圆整后 D、n 是适当的；如果 K_d 高于推荐值，则应适当加大螺旋直径 D；如果 K_d 低于推荐值，则应降低螺旋转速 n。

（四）功率和卸料能力

1. 功率的计算

对于水平螺旋机构，所需功率为

$$P_1 = \frac{Q \omega_1 L_1}{367} \tag{6-13}$$

式中　P_1——水平螺旋机构功率（kW）；
　　　L_1——水平螺旋长度（m）；
　　　ω_1——阻力系数。对于干燥、磨蚀性较小的物料取 $\omega_1 = 1.2$。

对于垂直螺旋机构，所需功率为

$$P_2 = \frac{Q \omega_2 H_2}{367} \tag{6-14}$$

式中　P_2——垂直螺旋机构功率（kW）；
　　　ω_2——阻力系数，对于谷物，取 $\omega_2 = 5.5 \sim 7.5$；
　　　H_2——垂直螺旋高度（m）。

对于卸料螺旋来说，由于最大水平倾角可达 70°，为选取足够大的功率，可按垂直螺旋进行计算，即

$$P_3 = \frac{Q\omega_2 L_3}{367} \tag{6-15}$$

式中　P_3——卸料螺旋机构功率（kW）；

　　　L_3——卸料螺旋长度（m）。

因此，为保证散装饲料运输车连续卸料，取力器的输出功率 P 应满足条件

$$P \geqslant P_1 + P_2 + P_3 \tag{6-16}$$

2. 卸料能力的匹配

散装饲料运输车卸料时，饲料输送经过 4 个环节，即通过排料孔、水平螺旋机构、垂直螺旋机构和卸料螺旋机构。每个环节出口处都有一定的卸料能力，其计算公式如下：

排料孔卸料能力计算式为：

$$Q_1 = 3600 NF\gamma\eta\sqrt{3.2Rg} \tag{6-17}$$

式中　N——排料孔的数目；

　　　F——排料孔截面积（m^2）；

　　　R——排料孔水力半径（m）；

　　　γ——饲料的堆积密度（N/m^3）；

　　　η——排料系数，干燥易流的粒状物料，$\eta = 0.6$；尘状及湿粉状物料 $\eta = 0.2$；

　　　Q_1——排料孔卸料能力（N/h）。

水平螺旋卸料能力计算式为

$$Q_2 = 47 K_d K_\beta \gamma n_2 D_2^2 t_2 \tag{6-18}$$

式中　Q_2——水平螺旋卸料能力（N/h）；

　　　n_2——水平螺旋转速（r/min）；

　　　D_2——水平螺旋直径（m）；

　　　t_2——水平螺旋的螺距（m）。

垂直螺旋卸料能力计算式为

$$Q_3 = K_d v_3 F_3 \gamma \tag{6-19}$$

式中　Q_3——垂直螺旋卸料能力（N/h）；

　　　v_3——物料的平均提升速度（m/s）；

　　　F_3——垂直螺旋的截面积（m^2）。

卸料螺旋卸料能力计算式为

$$Q_4 = 9.42 D_4^3 n_4 \gamma \tag{6-20}$$

式中　Q_4——卸料螺旋卸料能力（N/h）；

　　　D_4——卸料螺旋的直径（m）；

　　　n_4——卸料螺旋的转速（r/min）。

因此，为了使散装饲料运输车能够连续卸料，卸料能力的匹配应满足下列条件

$$Q_1 \leqslant Q_2 \leqslant Q_3 \leqslant Q_4 \tag{6-21}$$

三、液压式螺旋输送散装饲料运输车

液压式螺旋输送散装饲料运输车与机械式螺旋输送散装饲料运输车相比，主要体现在

驱动方式的不同。

图 6-14 和图 6-15 所示分别为一种液压式散装饲料运输车的侧视图和立体图。取力器由汽车变速器输出动力驱动,经传动轴由高压液压泵驱动液压系统。液压系统中,高压

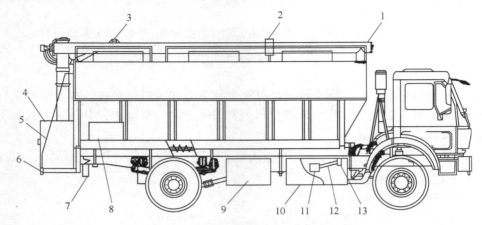

图 6-14 液压式散装饲料运输车侧视图

1—活动卸料系统　2—（活动卸料系统）固定卡　3—升降液压缸　4—控制箱总成　5—扶梯　6—后防护栏
7—精滤器　8—液压油散热器　9—液压油箱　10—燃油箱　11—高压液压泵　12—传动轴　13—取力器

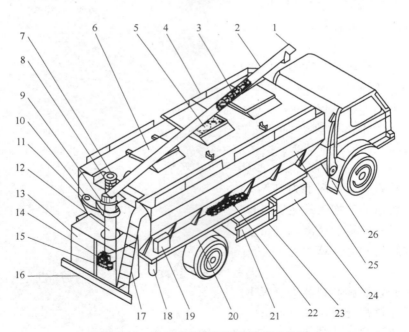

图 6-15 液压式散装饲料运输车立体图

1—活动卸料系统顶端总成　2—（活动卸料）筒体　3—活动卸料系统　4—车顶护栏　5—散装饲料
6—滑动门总成　7—垂直卸料系统前端总成　8—垂直卸料系统　9—活动卸料液压马达　10—转角液压马达
11—转角系统　12—垂直卸料筒体　13—控制箱总成　14—水平卸料液压马达　15—垂直卸料液压马达
16—后防护栏　17—扶梯　18—精过滤器　19—液压油散热器　20—护泥板总成　21—液压油箱总成
22—水平卸料系统　23—侧防护栏　24—燃油箱　25—（饲料车上装）罐体　26—汽车底盘

液压泵经管路与分配阀连接,该分配阀的三个输出端分别连接转角液压马达、升降液压缸以及串联在一起的水平卸料、垂直卸料、活动卸料液压马达;卸料装置由水平卸料系统、垂直卸料系统以及活动卸料系统组成,三者均为由液压马达驱动的螺旋输送器;水平卸料系统设置在罐体内,垂直卸料系统位于罐体外,其进料口和出料口分别与水平卸料系统的出料口和活动卸料系统的进料口连通;升降液压缸与活动卸料系统的筒体连接可实现上下升降,还有用于使活动卸料筒体产生水平偏转的转角系统。图6-16所示为液压系统原理图。

液压式散装饲料运输车具有包装成本低,节省饲料,避免饲料在装卸、运输环节造成污染的优点。

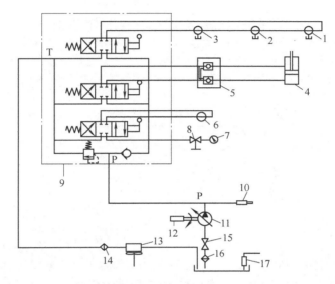

图6-16 液压系统原理图

1—活动卸料液压马达 2—水平卸料液压马达 3—垂直卸料液压马达 4—升降液压缸 5—双向液压锁
6—转角液压马达 7—压力表 8—压力表开关 9—三联分配阀 10—加速阀 11—高压液压泵 12—取力器
13—液压油散热器 14—精过滤器 15—球阀开关 16—粗过滤器 17—温度计

四、增压式螺旋输送散装饲料运输车

增压式螺旋输送散装饲料运输车的仓罐内部结构和螺旋输送机构与上述螺旋输送散装饲料运输车的相同,不同的是在螺旋机构传输中增加了增压器和增速器,并设有自动调节仓料量的调节器。各舱室的饲料通过底部螺旋机构卸料口输送到送料器,然后饲料在增压器的增压空气作用下,经输送管道和物料分离器后卸于料仓。图6-17和图6-18所示分别为机械驱动增压器式和液压驱动增压器式螺旋输送卸料传动示意图。增压器式螺旋输送卸料传动的主要机构包括仓罐、旋转送料器、旋风分离器、增压器和吸排气线路等。

旋转送料器利用高速转动的转子将饲料输送速度提高,如图6-19所示,并在增压器的高压空气作用下,使饲料气流以流态进入旋风分离器。为避免饲料堵塞管道导致管道空气压力升高,设有保护增压器的安全阀。旋风分离器则是将饲料从高速气流中分离出来的装置,其工作原理如图6-20所示。高速流动的饲料由分离器切向进入,利用离心力

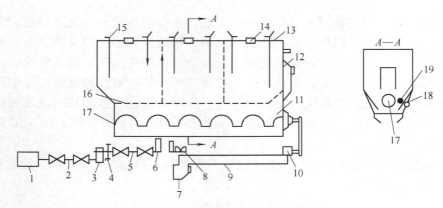

图 6-17 机械驱动增压器式螺旋输送卸料传动示意图

1—变速器取力器 2、5—传动轴 3—减速器 4—链轮 6—增速器 7—增压器 8—中间离合器 9—管道 10—旋转送料器 11—警报器 12—调节器 13—盖子 14—人孔 15—移动活门控制杆 16—移动活门 17—底部螺旋轴 18—节流阀控制杆 19—离合器操纵杆

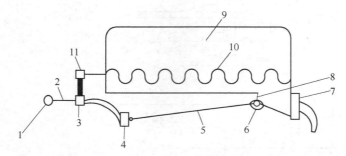

图 6-18 液压驱动增压器式螺旋输送卸料传动示意图

1—变速器取力器 2、5—传动轴 3—液压泵 4—增速液压马达 6—增压器 7—旋风分离器 8—旋转送料器 9—仓罐 10—底部螺旋轴 11—减速液压马达

的作用使饲料贴在分离器壳体 4 的内壁继续旋转落下，因空气质量比饲料质量小，饲料被分离后，空气从上面的排气孔 2 排出。

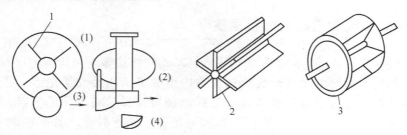

图 6-19 旋转送料器转子

1、2—叶片 3—转子

对于流动性差的粉粒料，可以采用旋转流增压器，如图 6-21 所示。压缩空气进入气室后，由喷嘴沿输送管的切向喷出，在输送管中形成一股或多股强烈的旋涡气流，冲击沉积在管底的物料。物料进入旋涡气流后，随气流运动，大部分物料将集中在管道的中心部分，从

而使物料与管壁的摩擦力大为降低，物料也不再沉积管底而悬浮于气流中。但是，由于气流的旋转，将会造成较大的动能损失，因而只有在输送物料的密度较大时才使用。

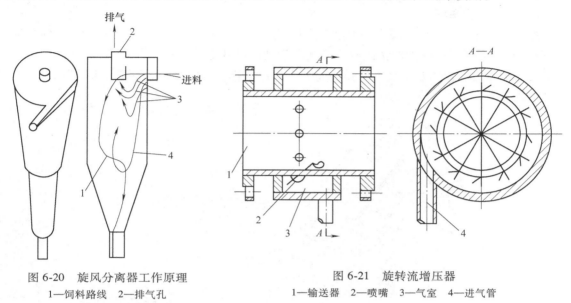

图 6-20　旋风分离器工作原理
1—饲料路线　2—排气孔
3—空气路线　4—分离器壳体

图 6-21　旋转流增压器
1—输送器　2—喷嘴　3—气室　4—进气管

第三节　散装粮食运输车的结构与设计

一、散装粮食运输车概述

我国是粮食生产和粮食消费大国。在我国，传统的粮食运输方式为麻袋贮运，铁路、公路、水路运输，装卸采用人抬肩扛的方式。而粮食散装运输方式所占的比例还很小。

散装粮食运输车是指装备有液压举升机构，用于运输散装粮食的专用自卸运输汽车。与包装运输相比，粮食散装运输具有诸多优点：①粮食散装运输和贮存，可节约大量的麻袋和布袋的费用，这就意味着可以腾出生产原麻的农田；②散装运输可省去粮食的灌包及拆包环节，比包装运输作业时间节省一半，进出仓速度和效率可提高一倍；③散装运输机械化程度较高，可节省大量人力及人工费；④包装运输时粮食在运输途中的抛撒损失可达5%~7%，而散装运输可降低至1%，节约大量粮食；⑤散装运输可有效地解决我国粮食中常常混杂的麻绳、铁块、石块等杂质问题，保证了粮食质量。

散装粮食运输车有自卸式和集装箱式。自卸式散装粮食运输车依靠自身的倾卸机构使装运粮食的车厢倾斜，粮食在重力作用下自动流出；集装箱式散装粮食运输车将粮食装于集装箱内，使得粮食的运输、转移更加方便高效，但对装卸机械化要求程度也更高。

二、自卸式散装粮食运输车车厢结构与设计

自卸式散装粮食运输车车厢结构有敞开式和封闭式，如图 6-22 所示。敞开式车厢散装

粮食运输车,其车厢为高栏板,两边栏板或后栏板可以开启,装有专用防雨装置。封闭式车厢顶部开有装料口,装料口盖可以方便地操纵和控制。

(一) 敞开式车厢

敞开式车厢散装粮食运输车一般由普通货车或二类底盘改装其车厢部分而成。车厢顶盖(即雨棚)有翼开式、带雨棚钩或雨棚架式、滑动雨棚式等,如图 6-22a、b、c 所示。这三种形式的车厢栏板开启方式分为栏板三面开启三面倾卸式、栏板三面开启后卸式和后栏板开启后卸式等。

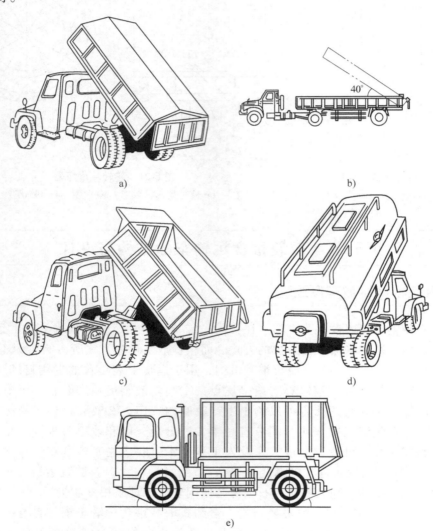

图 6-22 散装粮食运输车车厢结构
a)、b)、c) 敞开式车厢 d)、e) 封闭式车厢

(二) 封闭式车厢

1. 车厢结构特点与分类

封闭式车厢包括罐式(图 6-22d)和厢式(图 6-22e)两种形式。厢式车厢为厢体结构,

而罐式车厢为罐形结构。罐式车厢根据罐体中心线与汽车车架保持垂直或平行关系又可分为立罐和卧罐两种。下面主要介绍罐式车厢的结构。

2. 罐式车厢结构

（1）立罐式车厢结构 立罐式车厢的结构形式与散装饲料运输车立仓形式相同，这里不再赘述。

（2）卧罐式车厢结构 单仓卧式罐体通常由进料口、筒体、封头和出料口组成，如图 6-23 所示。进料口包括进料口直筒 4 和进料口加强圈 3。进料口直筒是进料的通道，又是粮食出入筒体的入口和进料装置的支承。进料口直筒的断面有圆形环和椭圆形环两种。散装粮食运输车用罐通常采用圆形筒进料口。进料口加强圈的作用是加强开孔边缘的筒体强度。当筒体和封头壁厚小于 10mm、孔径大于 75mm 时，均应采用局部加强圈。局部加固可为单面或双面加固。粮食用筒体一般只需单面加固，即沿开孔四周外壁焊接加强圈。

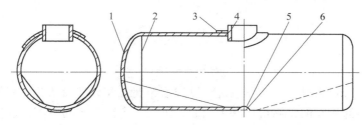

图 6-23 单仓卧式罐体结构

1—封头 2—筒体 3—进料口加强圈 4—进料口直筒 5—出料口加强圈 6—出料口

筒体的形式如图 6-24 所示。图中各种形式的筒体都由几种基本筒体组合而成。

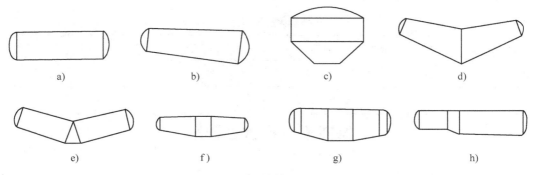

图 6-24 筒体的形式

a）单直筒体 b）单斜筒体 c）圆柱和圆锥组合筒体 d）V 形筒体（两斜锥筒体组合）
e）V 形筒体（两直筒-三角形筒体组合） f）腰鼓形筒体（一直筒两锥筒组合）
g）腰鼓形筒体（一直筒四锥筒组合） h）异体筒体（一锥筒两直筒组合）

出料口是出料管穿出罐外的孔口。根据出料位置的不同，出料口分为上出料口和下出料口两种。一般情况下，上出料口为椭圆形孔口，下出料口为圆形孔口。

多仓式罐体有两种形式，即贯通式和封闭式。贯通式多仓罐体的仓与仓相通，采用上出料方式，各仓之间隔板为圆弧形平板，隔板高度通常为罐体内径的 1/3~1/2，如图 6-25a 所示；封闭式多仓罐体仓与仓之间不通，采用下出料方式，隔板采用去掉直边的封头，这样可以提高隔板的承压能力，如图 6-25b 所示。

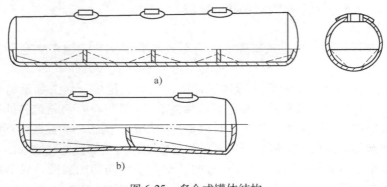

图 6-25　多仓式罐体结构
a）贯通式　b）封闭式

三、自卸机构

自卸机构由自卸杆系机构、液压系统、倾卸取力装置和自卸辅助装置等部分组成，其结构及设计与普通自卸汽车的自卸机构基本相同，可参阅自卸汽车的内容，这里不再详述。

在进行散装粮食运输车自卸机构的设计时，车厢最大自卸倾角的选择与普通自卸汽车的有所区别，它应由装载粮食的堆积角确定。几种粮食的堆积角（下滑角）见表 6-1。

由表 6-1 可以看出，粮食的流动性较好，堆积角均在 37°左右。因此，散装粮食运输车自卸倾角应大于 40°，通常选择 45°左右。

表 6-1　几种粮食的堆积角（下滑角）

粮食种类	豆类	蚕豆	玉米	谷子	高粱	麦子	花生	稻谷
堆积角/（°）	24~26		30~32		32~34	34~36		35~37

第四节　畜禽运输车

一、畜禽运输车的特点

畜禽运输车是指装备有食斗槽等装置，车厢为栅栏式结构，用于运输牲畜、家禽等的仓栅式专用运输汽车。图 6-26 所示为栅栏式畜禽运输车。

为便于畜禽上下车，一般栅栏式汽车设有门梯，例如，有的畜禽运输车的整个后厢板翻倒在地，即成为畜禽上下车的登坡板。而且有的采用电动绞盘提升登坡板。

较完善的畜禽运输车装有排污系统，包括粪便的收集、清除和污水槽等。为防止车厢地板腐蚀，有的车厢地板上还装有不锈钢板。

当汽车上下坡或紧急制动时，为防止畜禽拥挤在一起，车厢应装有分仓隔板。

车厢内壁因与畜禽接触，因此车厢内壁应平整，以免刺伤畜禽。这些部位可安装、嵌贴

图 6-26 栅栏式畜禽运输车

橡胶面、橡胶套及橡胶管。此外，栅栏式畜禽运输车除装饮水、喂食设施外，还装有御寒、遮阳、防雨等设施。

夏季运输畜禽，由于气温较高，加之车厢内拥挤，易造成畜禽途中死亡，因此有些畜禽运输车还装有喷水降温装置，即设有水箱、喷淋设施。利用汽车贮气罐的压缩空气将水箱中的水从喷管向车厢喷出，以改善夏季运输条件。

为便于夜间装卸及查看，照料畜禽，应在车厢适当部位装有夜间照明设施。

运距较长或道路条件较好的畜禽运输车，一般选用重型或中型汽车底盘改装或采用半挂车厢；短距离运输或分配性运输，一般用轻型汽车底盘改装。

二、栅栏双层汽车的第二层甲板结构

双层车厢运输车最为常见。对于栅栏式双层车厢畜禽运输车而言，其第二层甲板（简称甲板）的结构形式一般有三种：可拆式甲板、液压升降式活动甲板、液压折叠式活动甲板。

1. 可拆式甲板

第二层甲板是可拆装的结构。使用时，将甲板插入左右侧栏板的滑槽中，形成第二层甲板；不用时，将甲板从滑槽中抽出，竖插在侧栏板上，实现一车多用，即拼装前为栅栏式厢式汽车，拼装后为栅栏式双层厢式汽车。这类汽车结构简单，成本低，使用可靠。但双层式车厢净高有限，工作人员在车厢操作、清理均感不便。

2. 液压升降式活动甲板

这类畜禽运输车的第二层甲板是车厢四角装有四个柱塞式液压缸顶杆的装置。平时第二层甲板放在第一层地板上。第二层甲板装毕畜禽，一并举升到规定高度，定位固定后，再装第一层畜禽；卸下畜禽时，先卸第一层畜禽，然后第二层活动甲板连畜禽一起下降到原来位置后，再卸第二层甲板上的畜禽。不用第二层甲板时，第二层甲板落在车厢地板上，可作一般单层栅栏式汽车使用。这种栅栏式双层畜禽运输车结构，由于液压举升高度有限，因而两层车厢高度较低，给操作、清理带来不便。而且要求四个柱塞升降同步，这将使液压系统复杂化，制造成本较高。

3. 液压折叠式活动甲板

这类畜禽运输车的第二层甲板是将两块鱼鳞板用铰链连接在车厢侧壁骨架上，不使用时挂靠在侧壁上，使用时通过液压缸将其推到水平位置，形成第二层甲板。同时，车厢顶盖也可设计为可折叠式，使车厢甲板拼装方便，操作省力。其优点是每层车厢的高度较高，有利于人员打扫清洁等，缺点是结构复杂，配套的畜禽上下车装置也较为复杂。

设计中应注意各种形式的甲板及栅栏材料应具有足够的强度和刚度，对于可拆式甲板，应保证拆装方便、省力；对于升降式活动甲板，应保证升降平稳可靠，无卡滞和爬行现象，且升降时左右同步精度满足有关法规要求；此外，活动甲板的锁止装置应安全可靠，不允许在装载和行驶过程中自动脱离锁止状态。

三、栅栏式畜禽运输车的基本参数

栅栏式畜禽运输车的基本参数包括车厢的有效装载面积、装载畜禽数量及车厢层数和每层车厢的高度。

1. 单头畜禽占据车厢装载面积

根据畜禽平均尺寸，可以估算单头畜禽在运输时所占据的车厢装载面积 $A_s(\text{mm}^2)$，为

$$A_s = ls/\pi \tag{6-22}$$

式中　　l——为畜禽的平均身长（mm）；

　　　　s——为畜禽的平均胸围（mm）。

2. 车厢装载面积

车厢装载面积 $A(\text{mm}^2)$ 取决于车厢内部尺寸，即

$$A = LB \tag{6-23}$$

式中　　L——车厢内部长度（mm）；

　　　　B——车厢内部宽度（mm）。

在初步选择车厢长度后，应校核轴载质量是否在合理范围之内。

3. 畜禽数量

根据所选底盘的额定装载质量，畜禽数量估算为

$$N_e = m_e/m \tag{6-24}$$

式中　　m_e——汽车底盘额定装载质量（kg）；

　　　　m——畜禽平均质量（kg）。

另外，还可以根据车厢的装载面积估算畜禽数量 N_a 为

$$N_a = nA/A_s \tag{6-25}$$

式中　　n——车厢层数。

取 $N = \min(N_e, N_a)$ 作为畜禽运输车的额定畜禽装载数量。

4. 车厢层数

若 $N_e \leq A/A_s$，选用单层车厢；若 $A/A_s \leq N_e \leq 2A/A_s$，选用双层车厢；若 $2A/A_s \leq N_e \leq 3A/A_s$，选用三层车厢。

5. 每层车厢高度

对于每层车厢，车厢内部高度必须满足运输畜禽体高最大值的要求，并留有一定的余

量。设计时估算为

$$H = (1.3 \sim 1.6)h$$

式中　H——每层车厢高度（mm）；

　　　h——畜禽的平均身高（mm）。

部分国产畜禽运输车的基本参数见表 6-2。

表 6-2　部分国产畜禽运输车的基本参数

车型		ZQ5090SC2	ZQ5090SC1	HQ5090SC	ZQ9090SC
底盘型号		EQ1090J	EQ1090J	EQ1090J	EQ1090K
最大总质量/kg		9737	10335	9500	17480
最大装载质量/kg		5000	4500	4500	10000
前轴质量/kg	空载	1980	2340	1950	
	满载	2793	3100	2360	2510
后轴质量/kg	空载	2562	3300	3050	
	满载	6944	7235	7140	7700/7200（牵/挂）
外形尺寸/mm	长	8219	8241	6785	11042
	宽	2508	2508	2390	2496
	高	2560	3230	2820	2520
车厢内部尺寸/mm	长	5350	5365	3940	7140
	宽	2294	2284	2390	2284
	高	900	两层各高 960	上层/下层=850/730	900
车厢结构特点		单层、带顶	可拆装、二层带顶及隔离板	敞开式、双层活动地板、液压举升	半挂式、单层、设有隔离板
附属装置			带水箱和喷水降温装置	带水箱和喷水降温装置	带水箱和喷水降温装置
畜禽装载头数	猪	50~60	60~85	70~75	
	牛	55	110	140	
	羊	13~17	13~17	6~8	

四、液压升降式活动甲板结构

第二层甲板举升到设计高度后，要求有可靠的定位和锁紧，使之保持在举升位置，图 6-27 所示为甲板升降机构图。

1. 举升机构

四个举升柱塞式液压缸垂直布置于车厢地板 1 的四角，第二层活动甲板 2 的四角通过四对销轴 3、4 吊在四个举升套 6 的侧壁上，液压举升柱塞缸总成通过三角架 8 装在车厢立柱 7 内，三角架 8 固定在立柱 7 的内壁上。

当举升活动甲板时，因有四对销轴，活动甲板可做纵向和横向摆动，以避免因柱塞运动不同步而使举升套卡死在立柱内。

2. 同步机构

(1) 分流集流阀同步回路　为使四个举升液压缸同步升降，采用分流集流阀同步回路，其原理图如图 6-28 所示。举升时，液压泵 1 的高压油经换向阀 2 进入分流集流阀 3 后，分成流量大致均匀的两股液流，分别流经一对分流集流阀 4 后，分成四股液流同时进入四个举升液压缸的无杆腔内，由于流速及柱塞的直径相同，所以举升同步。下降时，打开液控单向阀 5，油液经分流集流阀 3 流回油箱，也能实现同步。

因分流集流阀内部的节流孔是相通的，当柱塞升到某一高度停止时，两液压缸会因负荷不同而相互窜通油液，故在该阀与液压缸之间装一液控单向阀 5，起着支承与闭锁的作用，使升降式活动甲板可靠地停在任意位置上。

采用分流集流阀实现同步，结构简单，容易实现。其同步误差约为 2%~5%（国家专业标准规定同步误差不得超过 4%）。

(2) 液压马达同步回路　将每两个液压马达用机械方法刚性地连在一起组成三组，构成 "Y" 字形的同步回路，如图 6-29 所示。其同步精度取决于同组液压马达每转排油量之差以及液压马达的容积效率。通常采用容积效率高的柱塞式液压马达。图 6-29 中所示两液压马达并联的可调节流阀 5 可修正同步误差，以提高同步精度。

(3) 齿轮式同步分流阀同步回路　齿轮式同步分流阀与一般齿轮式液压马达的结构相似，主要区别在于齿顶密封面和油卸荷槽的加工精度要求较高。齿轮式同步分流阀的构造如图 6-30 所示。它相当于四个齿轮液压马达刚性地串在一起同轴转动，并将高压油分成较均匀的四股排出。其同步误差与每转排量之差、容积效率有关，因此制造精度要求较高，同步误差约为 4%左右。

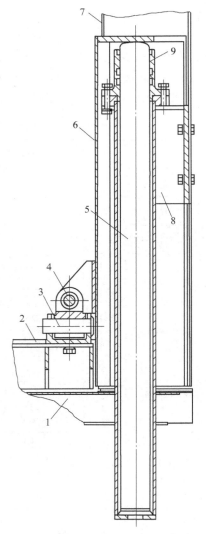

图 6-27　甲板升降机构图
1—车厢地板　2—第二层活动甲板
3、4—销轴　5—柱塞　6—举升套
7—车厢立柱　8—三角架　9—导向套

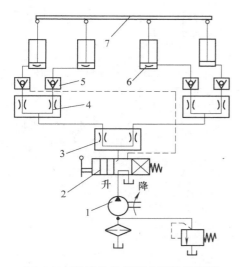

图 6-28 分流集流阀同步回路原理图
1—液压泵 2—换向阀
3、4—分流集流阀 5—液控单向阀
6—举升液压缸 7—升降甲板

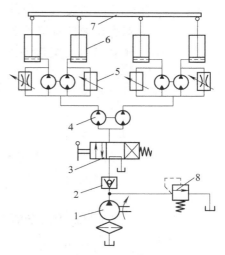

图 6-29 液压马达同步回路
1—液压泵 2—单向阀 3—换向阀 4—液压马达
5—可调节流阀 6—柱塞举升液压缸
7—升降活动甲板 8—溢流阀

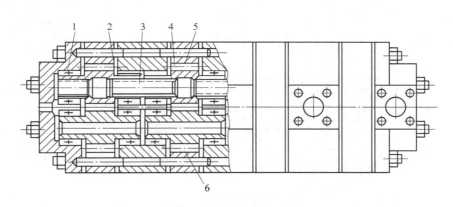

图 6-30 齿轮式同步分流阀的构造
1—轴承 2—侧板 3—花键轴 4—主动齿轮 5—阀体 6—从动齿轮

（4）同步缸同步回路 串联式同步缸同步回路如图 6-31 所示，图中四个尺寸大小完全相同的同步缸 6 串联成一体，且彼此密封。通过活塞杆 11 实现四个缸的活塞同步运动，因此在结构上保证从四个同步缸 6 输送到四个柱塞式举升液压缸 9 的油液流量始终相等，因而达到同步升降。图 6-32 所示为串联式同步缸结构图。

并联式同步缸同步回路与串联式的区别仅在于四个同步缸彼此并联（图 6-33），是靠液压泵的液压油推动大活塞 2 并同时驱动与大活塞 2 相连的四个小活塞 5 同步运动。因此在结构上保证了从四个同步缸（小液压缸）4 输送到四个柱塞式举升液压缸的油液流量始终相等，从而达到同步升降。

3. 活动甲板的锁定机构

当活动甲板升至设计高度时，仅靠液控单向阀长时间地将甲板支承在该位置既不安全也不可靠。因液压系统内部泄漏会使甲板逐渐下落。因此，必须采取定位装置。

图 6-34 所示为活动甲板定位装置。当活动甲板升到设计高度后，可用可旋转的 T 形销 7 将甲板固定；当甲板下落时，先稍许上升活动甲板，使 T 形销卸荷，通过气缸推杆 8、摇臂 3 推动 T 形销转动 90°，甲板即可下降。橡胶块 5、6 起缓冲减振作用。

另一种常见锁定方式为棘轮式自动锁定机构，其主要由调节螺钉、异性棘轮、限位块、棘轮轴等组成。图 6-35 所示为活动甲板自动定位装置。调节螺钉和限位块通过车厢立柱固定在汽车底盘车架上，棘轮通过棘轮轴与活动地板连接。当柱塞 1 举升活动甲板上升到设计高度时，装在顶升套 3 一侧的异形棘轮 2 碰到调节螺钉 4 而转动一个角度，由初始垂直位置转到图 6-35 所示的 A 位

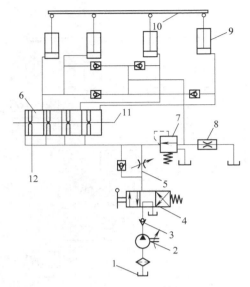

图 6-31 串联式同步缸同步回路
1—油箱 2—液压泵 3—单向阀
4—换向阀 5—单向可变节流阀
6—同步缸 7—顺序阀 8—节流阀
9—举升液压缸 10—升降活动甲板
11—活塞杆 12—串联活塞

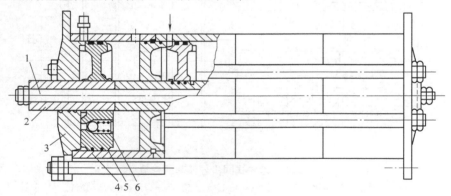

图 6-32 串联式同步缸结构图
1—螺杆 2—活塞杆 3—端盖 4—液压缸 5—活塞 6—单向阀

置，此时操纵活动甲板使之下降，异形棘轮碰到限位撞块 5 并将活动甲板卡在 B 位置上；下降时，活动甲板先稍许上升，碰到调节螺钉 4 后，异形棘轮沿顺时针方向转动一个角度，下降时碰到撞块后继续转动，直至恢复垂直位置，活动甲板下降到底。

这种结构虽简单，但由于车辆在行驶途中上下颠簸振动，使异形棘轮跳动，若其转动一个角度，会失去锁紧作用，引起严重后果。所以，这种棘轮式自动锁定机构的可靠性有待改进。

五、液压折叠式活动甲板

图 6-36 所示为双层半挂畜禽运输车原理图,其第二层甲板可以折叠,车厢顶盖可以升降。

第二层甲板为左右两块,分别铰接在车厢骨架上,平时收靠在侧壁上。装毕第一层畜禽,即可将第二层甲板 12、13 通过液压缸 8、9 打开形成第二层甲板。

放下第二层门梯 15,即可装第二层甲板的畜禽。门梯的升起、放下通过绞盘进行。液压缸 7 左腔进油,通过绳索 16、滑轮 17、18 和双臂杠杆 5 可使顶盖 14 升起;反之,液压缸 7 右腔进油,顶盖在自重和回位弹簧 6 的作用下回落到原来的位置。

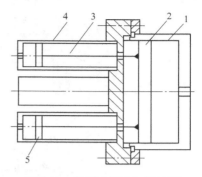

图 6-33 并联式同步缸结构图
1—大液压缸 2—大活塞 3—活塞杆
4—小液压缸 5—小活塞

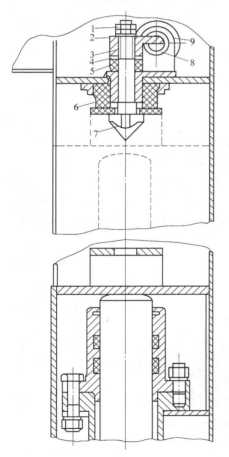

图 6-34 活动甲板定位装置(T形销式)
1—螺母 2、4—垫圈 3—摇臂 5、6—橡胶块
7—T形销 8—推杆 9—气缸

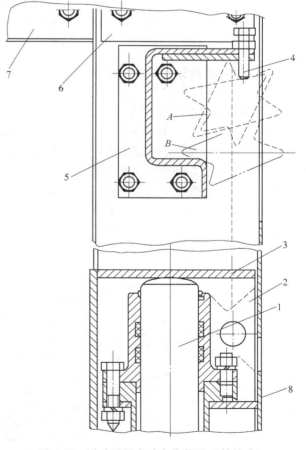

图 6-35 活动甲板自动定位装置(棘轮式)
1—柱塞 2—异形棘轮 3—顶升套 4—调节螺钉
5—限位撞块 6—立柱封头 7—上横梁 8—立柱

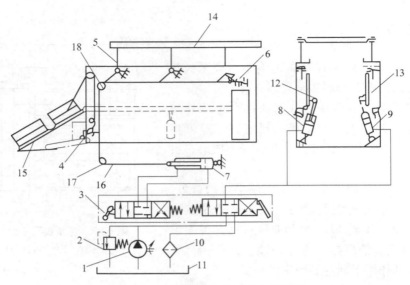

图 6-36 双层半挂畜禽运输车原理图

1、2、3、10、11—油路控制系统　4—第一层门　5—双臂杠杆　6—回位弹簧　7—液压缸
8、9—第二层甲板打开、升起液压缸　12、13—第二层甲板　14—顶盖　15—第二层门梯　16—绳索　17、18—滑轮

六、几种畜禽运输车结构

1. 客车型畜禽运输车

目前市场上运送畜禽以格栅式运输车为主。在运输过程中畜禽处于露天状态，受外界环境影响较大，运输过程中若遇炎热或者严寒天气，可能造成畜禽，尤其是幼畜禽致病，甚至死亡。同时运输畜禽过程中，畜禽产生的尿液粪便等不仅污染环境，还有可能造成畜禽疾病的跨区域传播，对外界环境也会造成不良影响。一些大中型城市，限制敞篷的畜禽运畜车进市，使这些城市的畜禽肉供应受到影响。为了克服普通格栅式畜禽运输车的不足，提出了一种类似客车改装的封闭式恒温畜禽运输车，其总体布置图如图 6-37 所示。

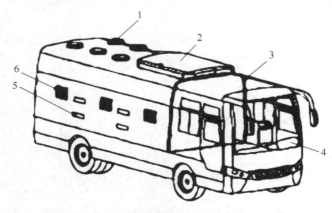

图 6-37 封闭式恒温畜禽运输车总体布置图

1—可控排风扇　2—双系统空调　3—分区隔墙　4—集中控制仪表台　5—水暖散热器　6—引风百叶窗

在车身中采用隔墙，将整车分为前后两区，前区为驾驶区，后区为畜禽放置区。为满足

对畜禽区的观察需求，隔墙上安装有观察窗。驾驶区和畜禽放置区的空气循环各自独立，避免串气。车身顶部安装6个可控排风扇，侧围布置6个引风百叶窗，车厢的夹层内布置通风管道，通过排风扇的开启数量和转速实现车厢内通风量的变化。排风扇可接受温度控制器的控制或手动控制。

安装双系统空调，满足驾驶区和畜禽放置区的温度调节需要。畜禽放置区安装16个温控探头，温控器通过温控探头测量各区温度，并按设定温度自动控制空调，调节车厢内温度。车身骨架夹层内布置独立水暖散热器，能有效避免冲洗时的污水进入散热器内。水暖散热器和温控器相连，能通过温控器自动控制水暖散热器工作，为冬季运输提供合适温度。

2. 格栅式畜禽运输车的尾部升降装置

运输过程中为了增加运载面积，通常会将运输厢体分为多个高度的运载平台。将畜禽装进不同高度的运载平台中是畜禽运输车需要考虑的主要问题。现有技术中采用厢体内层板整体升降，有采用坡道板的，有采用不同高度畜禽驱赶平台的，也有采用尾部升降装置的。综合考虑通用性、畜禽应激反应、清洗消毒方便等因素，采用尾部升降装置是一种较好的方案。

升降装置的尾部底板在升降过程中应能够保持稳定，进而使得在升降过程中畜禽不会有较多的应激反应，并且便于工作人员清理，如图6-38所示。

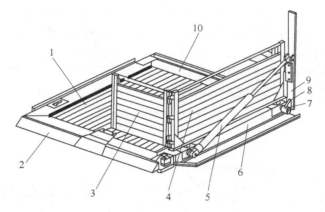

图6-38 升降装置结构示意图
1—尾部底板 2—倾斜板 3—后翻门 4—侧翻门 5—液压缸 6—横杆
7—加强柱 8—三角滑板 9—竖杆 10—围板

升降装置包括尾部底板1、两个侧翻门4、至少一个后翻门3和升降机构。尾部底板上设置有多个滑槽，滑槽沿尾部底板的一端延伸至另一端。后翻门铰接在侧翻门上。升降机构包括竖杆9、横杆6和液压缸5。竖杆设置在畜禽运输车的尾部，横杆固接在尾部底板上，且横杆所在长度方向上的直线平行于滑槽所在长度方向上的直线，横杆的一端活动连接于竖杆，液压缸的一端固接在横杆上，液压缸的活塞杆连接在竖杆上以使得当所述液压缸的活塞杆伸缩时，所述横杆能够沿所述竖杆转动。

第七章

特种结构汽车的结构与设计

第一节 概 述

特种结构汽车是指装备有专用装置，具有桁架形结构、平板结构等各种特殊结构，用于承担专项运输或专项作业的专用汽车。如集装箱运输车、车辆运输车、运材车（运输各类管材、原木、建筑大板等长件货物）、混凝土泵车、修井车、照明消防车等。

图7-1所示为我国生产的一种车辆运输半挂汽车列车。为了能多装车辆，牵引车由载货汽车底盘改装，既能牵引，又能装车辆。牵引车与半挂车之间采用球铰4连接，车身采用特种车架结构，具有上、下两层，半挂车上车架9的后端能绕前端铰点向下摆动，如图7-1中的虚线所示。半挂车下车架7的后端装有弹簧助力式翻转的跳板总成10，这样，装载车辆能自行装卸。装车时，跳板先伸出，再由液压举升装置8将半挂车上车架后端向下摆到最低位，装载车辆经跳板自行上车，然后上车架在液压举升装置的推动下后端向上摆，升到原定高度时由定位锁紧装置固定于后立柱13上，使液压举升机构卸载。上层装满后再装下层，下层装满后跳板回位。装载车辆的前后轮均用三角斜块12定位，用固定带11将装载车辆的车轮可靠地固定在车架地板上，以保证装载车辆运输安全。

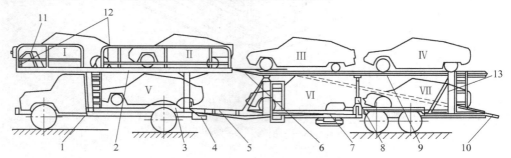

图7-1 车辆运输半挂汽车列车
1—牵引车 2—牵引车上车架 3—牵引下车架 4—球铰 5—中部下跳板 6—中部上跳板 7—半挂车下车架
8—液压举升装置 9—半挂车上车架 10—后跳板总成 11—固定带 12—前后三角斜块 13—后立柱

图7-2所示为另一种轿车运输车形式，采用了专用底盘，有较低的货台，装载车辆的密度也有增加，从而提高了运输效率和经济性，但结构较复杂。

特种结构汽车品种繁多，结构形式的差异也很大，除上述各章涉及的五类专用汽车（厢式汽车、罐式汽车、专用自卸汽车、起重举升汽车、仓栅式汽车）外，其他的专用汽车均属特种结构汽车的范畴。在设计特种结构汽车时，除必须满足汽车安全法规的要求外，还需根据其功能要求，进行特种结构设计，使其能完成特定的作业任务。

第七章 特种结构汽车的结构与设计

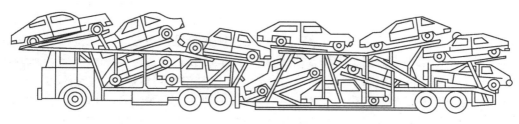

图 7-2 轿车运输车

第二节 集装箱运输车的结构与设计

集装箱运输在国际上已经普及，并制定了国际标准。近年来，我国水运、铁路和公路均开展了集装箱联运业务。集装箱运输车是联运中的主要工具之一，货物的集装箱运输是交通运输现代化的重要组成部分，它能实现装卸、运输的机械化、标准化，是对传统货运方式的一项重大改革。集装箱运输对保证货物安全、减小货物运输损失和货物差错、节省包装费用、降低运输成本、提高运输效率等方面都有重大作用。

目前，一些工业发达国家的杂件货运已基本上实现了集装箱化，随着我国国民经济的增长和公路条件的改善，特别是高速公路的兴建，集装箱运输必定会有较大的发展。

一、集装箱运输车类型和总体结构

集装箱是装运货物的容器，已经标准化。国际标准化组织（ISO）技术委员会对集装箱的定义是凡具备以下五个条件的运输容器，都可以称为集装箱：

1) 具有耐久性，其坚固强度足以反复使用。
2) 便于商品运送而专门设计的，在一种或多种运输方式中运输时无需中途换装。
3) 设有便于装卸和搬运的装置，特别是便于从一种运输方式转移到另一种运输方式。
4) 便于箱内货物装满和卸空。
5) 内容积等于或大于 $1m^3$（$35.3ft^3$）。

上述集装箱术语的定义中，既不包括车辆也不包括一般包装的含义。

集装箱运输车由集装箱、运输车和锁固装置组成，如图 7-3 所示。

图 7-3 集装箱运输车
1—集装箱 2—锁固装置 3—运输车

集装箱运输车按车型可分为四种类型：普通载货汽车、半挂汽车列车、全挂汽车列车和双挂汽车列车。半挂汽车列车具有良好的机动性，且适于甩挂运输，得到世界各国广泛采用。双挂列车主要用于运输两个1CC的集装箱。货车一般用于运输5t和10t国内运输用集装箱。由于受使用条件等限制，目前普通载货汽车、全挂汽车列车运输集装箱较少。

半挂集装箱运输车按车架形式可分为平直式（骨架式、平板式）和鹅颈式（骨架式、平板式）两类，按装卸方式可分为普通集装箱运输车、半挂车和自装卸集装箱运输半挂车。

图7-4所示为骨架平直式集装箱运输半挂车；图7-5所示为平板平直式集装箱运输半挂车；图7-6所示为骨架鹅颈式集装箱运输半挂车；图7-7所示为自装卸集装箱运输半挂车。

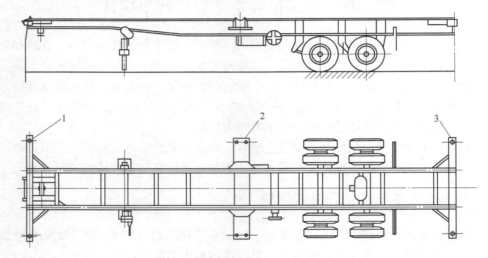

图7-4　HY9360型40ft集装箱运输半挂车（骨架平直式）
1、3—转锁装置　2—中间栓固梁

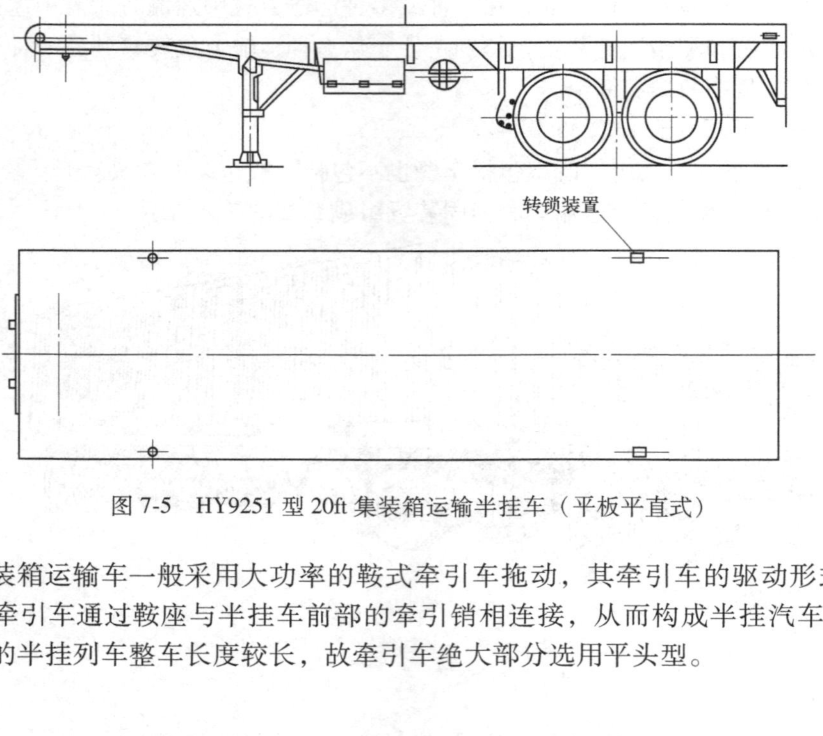

图7-5　HY9251型20ft集装箱运输半挂车（平板平直式）

大型集装箱运输车一般采用大功率的鞍式牵引车拖动，其牵引车的驱动形式有4×2型和6×4型，牵引车通过鞍座与半挂车前部的牵引销相连接，从而构成半挂汽车列车。由于装运集装箱的半挂列车整车长度较长，故牵引车绝大部分选用平头型。

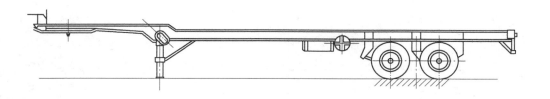
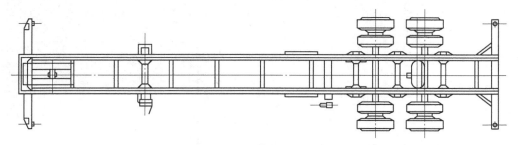

图 7-6　HY9361 型 40ft 集装箱运输半挂车（骨架鹅颈式）

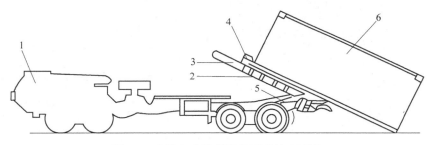

图 7-7　自装卸集装箱运输半挂汽车列车
1—牵引车　2—倾斜杆　3—伸缩杆　4—移动横梁　5—倾斜液压缸　6—集装箱

车架是半挂车的主要承载部件。其纵梁一般采用匚型钢，也可采用工字钢。横梁多为箱形断面结构，为整体贯穿式，即在纵梁腹板上开孔，整根横梁贯穿纵梁腹板，使横梁具有较好的强度和刚度。

运输车的结构尺寸和承载能力等参数应与集装箱的有关标准参数相吻合。半挂运输车的结构与设计参阅第八章汽车列车的结构与设计。

锁固装置用来将集装箱锁固在运输车货台上，以保证运输安全。

二、集装箱结构与设计

（一）集装箱的规格标准

为了有效地开展国际集装箱多式联运，国际标准化组织 ISO/TC 104 技术委员会自 1961 年成立以来，对集装箱国际标准作过多次补充、增减和修改，现行的国际标准为第 1 系列共 13 种。

我国对集装箱尺寸也作了规定，国家标准 GB/T 1413—2008《系列 1 集装箱　分类、尺寸和额定质量》中规定的集装箱外部尺寸和额定质量标准见表 7-1。

表 7-1 系列 1 集装箱的外部尺寸、允许公差和额定质量

集装箱型号	长度 L				宽度 W				高度 H				额定总质量 R (总质量)	
	/mm	公差/mm	/ft	/in	公差/in	/mm	公差/mm	/ft	公差/in	/mm	公差/mm	/ft	/in	公差/in	/kg	/lb
1EEE	13716	$0 \\ -10$	45		$0 \\ -\frac{3}{8}$	2438	$0 \\ -5$	8	$0 \\ -\frac{3}{16}$	2896	$0 \\ -5$	9	6	$0 \\ -\frac{3}{16}$	30480	67200
1EE										2591	$0 \\ -5$	8	6	$0 \\ -\frac{3}{16}$		
1AAA	12192	$0 \\ -10$	40		$0 \\ -\frac{3}{8}$	2438	$0 \\ -5$	8	$0 \\ -\frac{3}{16}$	2896	$0 \\ -5$	9	6	$0 \\ -\frac{3}{16}$	30480	67200
1AA										2591	$0 \\ -5$	8	6	$0 \\ -\frac{3}{16}$		
1A										2438	$0 \\ -5$	8				
1AX										<2438		<8				
1BBB	9125	$0 \\ -10$	29	$11\frac{1}{4}$	$0 \\ -\frac{3}{8}$	2438	$0 \\ -5$	8	$0 \\ -\frac{3}{16}$	2896	$0 \\ -5$	9	6	$0 \\ -\frac{3}{16}$	30480	67200
1BB										2591	$0 \\ -5$	8	6	$0 \\ -\frac{3}{16}$		
1B										2438	$0 \\ -5$	8				
1BX										<2438		<8				
1CC	6058	$0 \\ -6$	19	$10\frac{1}{2}$	$0 \\ -\frac{1}{4}$	2438	$0 \\ -5$	8	$0 \\ -\frac{3}{16}$	2591	$0 \\ -5$	8	6	$0 \\ -\frac{3}{16}$	30480	67200
1C										2438	$0 \\ -5$	8				
1CX										<2438		<8				
1D	2991	$0 \\ -5$	9	$9\frac{3}{4}$	$0 \\ -\frac{3}{16}$	2438	$0 \\ -5$	8	$0 \\ -\frac{3}{16}$	2438	$0 \\ -5$	8			10160	22400
1DX										<2438		<8				

为了解决空箱回运问题，ISO 还制定了两种折叠式集装箱（A、B）箱型标准。其中 B 型箱折叠后的体积为原来体积的五分之一，能装在 1CC 型箱内，每箱可装 16 个。折叠式集装箱的技术参数见表 7-2。

表 7-2　折叠式集装箱的技术参数

箱型	外形尺寸/(m×m×m)	最小内容积/m³	最大总重量/kg	最大装载重量/kg
A	1.214×1.016×1.723	1.787	1114	1016
B	1.016×1.446×1.067	1.323	609	5075

ISO 所规定的集装箱的内部尺寸见表 7-3。这个内部尺寸是指内部最小尺寸，由于各国采用的制造材料和结构不同，其内部尺寸不尽相同。但各国制造的集装箱的外部尺寸若符合 ISO 的规定，都可认为是国际标准的集装箱。

表 7-3　集装箱的内部尺寸

集装箱型号	最小内部尺寸/m		
	高	宽	长
1AAA	集装箱外部高度尺寸减 0.241	2.330	11.998
1AA			11.998
1A			11.998
1BBB			8.931
1BB			8.931
1B			8.931
1CC			5.867
1C			5.867
1D			2.802

ISO 对各型标准集装箱端部箱门的尺寸进行了规定，门的尺寸（高、宽）尽可能接近集装箱的内部尺寸。集装箱门的尺寸规定标准见表 7-4。

表 7-4　集装箱门的尺寸规定标准

矩形	高/m	宽/m
1AAA、1BBB	2.566 以上	2.286 以上
1AA、1BB、1CC	2.261 以上	
1A、1B、1C、1D	2.134 以上	

为了充分利用各种运输工具的装载面积，ISO 规定了系列 1 各集装箱之间的长度关系，如图 7-8 所示。当某一运输车是装运一个 1A 集装箱的，要改装其他形式的集装箱时，各箱长度之和不得大于 1A 集装箱的长度，即不得大于 12.192m。

（二）集装箱的分类

为了适应各种货物的运输要求，集装箱的种类繁多。按箱内所装货物的不同，通常分为杂货类集装箱、保温类集装箱和专用类集装箱。

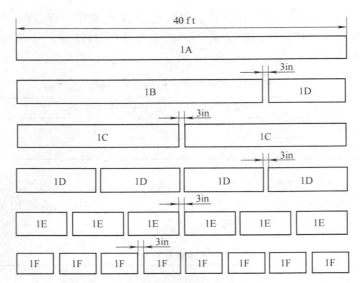

图 7-8 国际标准第 1 系列集装箱长度关系图

注：1ft＝12in＝0.3048m

1. 杂货类集装箱

杂货类集装箱通常装运百货物品，也称为干货类集装箱，是一种通用集装箱，用以装载除液体、需要调节温度及特种货物以外的一般杂货，在全部集装箱中所占比例最大，常用的有 20ft 和 40ft 两种。这类集装箱为箱形六面体、封闭式，各面都有水密性的壁板，并且至少有一端或侧面设有箱门，方便装卸货物，如图 7-9 所示。

2. 保温类集装箱

保温类集装箱是为运输时要求冷藏或保持一定温度的货物而设计的集装箱。这类集装箱通常采用诸如聚苯乙烯泡沫

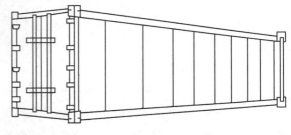

图 7-9 杂货类集装箱

塑料等作为隔热层的箱壁。按保温方法又可分为三种：一是机械冷藏集装箱，由制冷装置控制箱内温度，分为内藏式和外置式两种，可用来装运水果、蔬菜、肉、鱼等冷藏或冷冻食品；二是绝热集装箱，通常用干冰作制冷剂，其隔热箱壁可防止外界热量传入箱内，可用来装运水果、蔬菜等食品；三是通风集装箱，侧壁或端壁的上部设有通风口，使箱内外换气，防止箱内温度过高，可用来装运水果、蔬菜等有呼吸作用的货物。

3. 专用类集装箱

专用类集装箱是专为某些货物的特殊要求而设计的。由于货物种类很多，所以专用类集装箱的品种也很多。

（1）散货集装箱　通常装运谷物、固体化肥、固体化学制品等散装货物。散货集装箱除了有箱门之外，在箱顶部还设有 2~3 个装货口，适用于装载粉状或粒状货物。

（2）罐式集装箱　专供装运液体货物而设置的集装箱，如液体食品、酒类、液态化学制品等货物。它由罐体和箱体框架两部分组成，用框架将罐体固定起来，其外部尺寸

按集装箱标准制作。装货时货物由罐顶部装货孔进入，卸货时，有排货孔流出或从顶部装货孔吸出。

（3）台架式集装箱 台架式集装箱没有箱顶和侧壁，甚至有的只有底板和4个角柱，只靠箱底和角柱来承受载荷。台架式集装箱有很多类型，为保持其纵向强度，箱底较厚，箱底的强度比普通集装箱大，而其内部高度则比一般集装箱低。在下侧梁和角柱上设有系环，可把装载的货物系紧。台架式集装箱没有水密性，怕水湿的货物不能装运，适合装载形状不一的货物。

台架式集装箱可以分为敞侧台架式、全骨架台架式、有完整固定端壁的台架式、无端仅有固定角柱和底板的台架式集装箱等。

平台式集装箱是仅有底板而无上部结构的一种集装箱。该集装箱装卸作业方便，适于装载长、重大件和轻泡货物，如重型机械、钢材、木材、设备等。

（4）开顶式集装箱 开顶式集装箱也称为敞顶集装箱，其箱顶可以方便地取下来，称为顶部敞开的集装箱。其分为硬顶和软顶两种，硬顶一般采用钢板制成，软顶采用可折式顶梁制成的帆布、塑料布或涂塑布制成。开顶式集装箱适用于装运玻璃板、钢制品、机械类等较高大的大型货物和需要吊装的重货。

（5）动物集装箱 动物集装箱是专供装运家禽家畜的牲畜家禽集装箱。为实现良好的通风，箱壁用金属丝网制造，侧壁下方设有清扫口和排水口，并设有喂食装置。

（6）汽车集装箱 这是专为装运小型轿车而设计制造的。结构特点是无侧壁，仅设有框架和箱底，可装载一层或两层小轿车。

（三）杂货类集装箱结构特点和设计要点

杂货集装箱由箱体和箱内货物紧固件组成。箱体用于装载货物，紧固件用于将货物紧固于箱体内，防止运输途中由于摇摆、振动和冲击而使货物产生移动，造成损坏。

箱体的组成部件如图7-10所示。箱底部件包括下侧梁、底横梁、底板、垫板等。前端壁部件包括由上下端梁和左右角柱焊成的前端框架和中间的端壁柱及端壁板。后端框

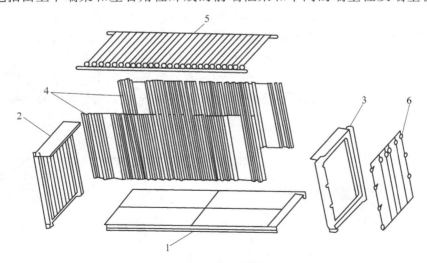

图7-10 钢制集装箱箱体组成部件图

1—箱底部件 2—前端壁部件 3—后端框架部件 4—侧壁部件 5—箱顶部件 6—箱门部件

架部件由上下端梁和左右角柱焊成框架，框架上焊有锁杆凸轮座和铰链销耳座。侧壁部件由侧壁板、侧立柱等组成。箱顶部件包括由上侧梁和顶横梁焊成的箱顶架、顶板等。箱门部件由箱门框架、门板、门铰链、铰杆、门锁把手及锁杆凸轮等组成。除箱底垫板外，若上述构件均为钢材，可采用焊接组装。壁板的材质可用钢材、铝材或玻璃钢。箱体的八个角上均焊有角件。箱内货物紧固件用来防止货物在运输途中发生翻滚。

1. 箱体结构特点和设计要求

1) 集装箱的外形是箱形六面体，其外廓尺寸必须符合我国集装箱的国家标准（GB）或国际标准（ISO）。

2) 六面体形状的集装箱可分为固定式和折叠式两种。折叠式集装箱的箱顶、侧壁和端壁能方便地折叠或拆卸，使用时可以重新组合。在空回和保管时能够进行折叠，缩小体积，提高运输效率。但是，由于各主要部件是用铰链连接的，其强度将会受到影响。

3) 按集装箱的侧柱或端壁柱是否外露，可分为内柱式和外柱式两种。内柱式集装箱外表平整，空气动力阻力减小，印刷标志也较方便，外壁板与内壁板之间的空隙还有隔热、隔潮的作用。外柱式集装箱的外柱有保护外壁板的作用，有时还可省去内壁板。

4) 集装箱的框架是承受外力的主要构件，集装箱堆放时，最下层的集装箱要承受上面集装箱的重力，船舶航行时的摇摆、风力等又会增加动载荷。所以，要求集装箱的框架结构在承受这些负荷时不产生永久变形。

5) 为了便于起吊集装箱以及在运输时便于箱与箱之间、箱与运输车船之间的连接固定，在集装箱的每个箱角上都焊有一个三面有孔的金属角件。集装箱角件定位图如图7-11所示，角件定位尺寸表7-5。图中 S 表示沿箱体长度方向的角件开孔中心距，P 表示沿箱体宽度方向的角件开孔中心距，D 表示沿箱体对角方向的角件开孔中心距，分别以 D_1、D_2、D_3、D_4、D_5、D_6表示，K_{1max} 表示 D_1 与 D_2 或 D_3 与 D_4 之差的绝对值。K_{2max} 表示 D_5 与 D_6 之差的绝对值。角件的尺寸按 GB/T 1835—2006《系列1 集装箱　角件》确定。角件上较大的椭圆形孔用于连接集装箱吊具进行吊装或在运输车货台上与转锁连接固定集装箱。为了保护箱壁、箱门和箱顶，角件安装在箱体八个角的最外部。根据ISO的要求，箱体的上部角件顶面至少要高出箱顶面6mm。箱底的所有载荷传递区的底面（包括两端横向构件）应高于箱底角件的底面 $12.0^{+5.0}_{-1.5}$mm。在箱内装载额定质量的货物时，箱底外表面的弯曲变形不能超过下部角件的下底面6mm。

表7-5　角件定位尺寸

集装箱型号	S			P			K_{1max}		K_{2max}	
	/mm	/ft	/in	/mm	/ft	/in	/mm	/in	/mm	/in
1EEE 1EE	13509	44	$3\frac{7}{8}$	2259	7	$4\frac{31}{32}$	19	$\frac{3}{4}$	10	$\frac{3}{8}$
1AAA 1AA 1A 1AX	11985	39	$3\frac{7}{8}$	2259	7	$4\frac{31}{32}$	19	$\frac{3}{4}$	10	$\frac{3}{8}$

(续)

集装箱型号	S			P			K_{1max}		K_{2max}	
	/mm	/ft	/in	/mm	/ft	/in	/mm	/in	/mm	/in
1BBB 1BB 1B 1BX	8918	29	$3\frac{1}{8}$	2259	7	$4\frac{31}{32}$	16	$\frac{5}{8}$	10	$\frac{3}{8}$
1CC 1C 1CX	5853	19	$2\frac{7}{16}$	2259	7	$4\frac{31}{32}$	13	$\frac{1}{2}$	10	$\frac{3}{8}$
1D 1DX	2787	9	$1\frac{23}{32}$	2259	7	$4\frac{31}{32}$	10	$\frac{3}{8}$	10	$\frac{3}{8}$

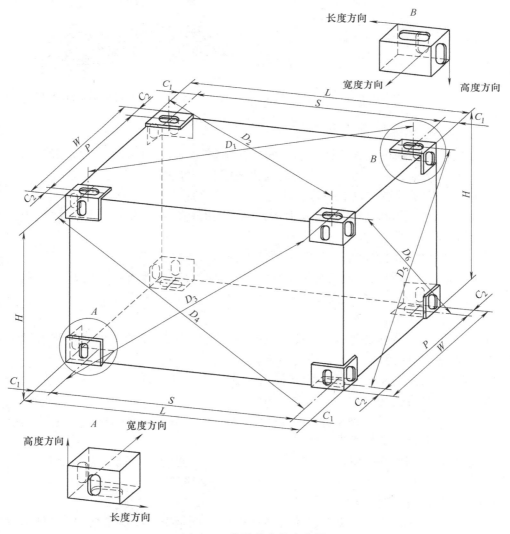

图 7-11　集装箱角件定位图

6）集装箱箱底由下侧梁和底横梁焊成箱底架，上面铺设箱底板，组装时要用填料粘缝密封，确保水密。箱底与前端框及后端框架相连接，并且直接承受载荷。箱底下面可以设置叉槽，以便用叉车进行装卸。叉槽的标准尺寸如图7-12所示。1AA、1CC（高度为2591mm）集装箱箱底可以设置供鹅颈式半挂车装运的鹅颈槽，使装运时整车高度不超过公路运输的极限值。鹅颈槽的标准尺寸如图7-13所示。设置槽后的箱底结构要保证强度和刚度，使其仍能承受规定的载荷。

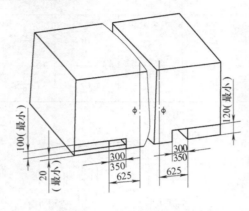

图7-12 叉槽的标准尺寸

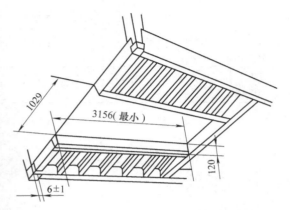

图7-13 鹅颈槽的标准尺寸

2. 箱内货物紧固件

由于货物在集装箱内往往不能充满空间，在运输途中车船的摇摆、振动和冲击，会使货物产生移动，造成损坏。因此，货物装入集装箱后应能很好地紧固。

集装箱内紧固货物要方便、可靠，应遵循如下原则：

1）当采用木料紧固时，要使紧固力传到强度大的构件（如侧柱、端壁柱）上，集装箱内壁板不能单独承受负荷。

2）紧固集装箱端门内侧的货物时，要使紧固力由角柱和端门上部的框架横梁承受。

3）要注意货物紧固处的包装情况，在强度不足时要用木板或硬纸板等加以保护。

4）在集装箱内要有从事紧固作业的空间，便于边装货边紧固。

常用的紧固件有如下几种：

（1）固货栓 固货栓是带孔的钢条，用于固定货物时拴绳子或带子。要求沿集装箱长度方向在侧壁板或内蒙皮上近于均匀布置，上下对应，左右对称。

（2）有棘轮的尼龙带 尼龙带两端设有勾头，可勾住索环，借助棘轮绑紧货物。索环置于集装箱内的箱底上。

（3）软垫 实际上是一种空气囊。当箱内货物未装满而留有空间时，把软垫放入空位，软垫充气而膨胀，挤紧货物。软垫放气后即可卸货。

（4）带棘轮的钢丝绳 钢丝绳两端有挂勾，使用时将绳一端挂在需要紧固的货物上，另一端挂在集装箱底的索环上，然后操作棘轮把钢丝绳张紧。

（四）冷藏集装箱结构特点

冷藏集装箱实际上是一个便于装卸的活动冷库。近年来，冷藏集装箱运输发展很快，世界上主要航线冷藏货物的运输几乎都已集装箱化。这是因为在货物的转运过程中采用搬移集装箱，避免了直接搬动货物，不影响货物的温度变化，食品的保鲜度要优于公路运输的冷藏车、铁路运输的冷藏专用列车及水上运输的冷藏专用船。虽然冷藏集装箱技术要求较高，造价贵，但在冷藏运输中仍得到迅速发展。

对冷藏集装箱的基本要求是：当环境温度在311K（约38℃）时，集装箱内的温度应保持在255K（约-18℃）。各类型号的冷藏集装箱主要技术参数见表7-6。表中有关角件的定位尺寸和 K 值参阅图7-11。

表7-6 冷藏集装箱主要技术参数

集装箱型号	长度/mm		宽度/mm		高度/mm		角件在箱体上的定位尺寸和 K 值/mm				额定质量（最大总质量）/kg	最大漏热率/($W \cdot K^{-1}$)	漏气量（不大于）/($m^3 \cdot h^{-1}$)
	外部尺寸	内部尺寸	外部尺寸	内部尺寸	外部尺寸	内部尺寸	S	P	K_{1max}	K_{2max}			
1AAA					2896_{-5}^{0}	2551						51	10
1AA	12192_{-10}^{0}	11202	2438_{-5}^{0}	2218	2591_{-5}^{0}	2246	11985	2259	19	10	30480	48	10
1A					2438_{-5}^{0}	2093							10
1BBB					2896_{-5}^{0}	2551						40	10
1BB	9125_{-10}^{0}	8135	2438_{-5}^{0}	2218	2591_{-5}^{0}	2246	8918	2259	16	10	25400	37	10
1B					2438_{-5}^{0}	2093							10
1CC	6058_{-6}^{0}	5068	2438_{-5}^{0}	2218	2591_{-5}^{0}	2246	5853	2259	13	10	24000	26	10
1C					2438_{-5}^{0}	2093							10
1D	2991_{-5}^{0}	3254	2438_{-5}^{0}	2218	2438_{-5}^{0}	2093	3807	2259	10	10	10160	15	10

冷藏集装箱的结构可分为整体框架式和分片组装式两种。图7-14和图7-15所示为分

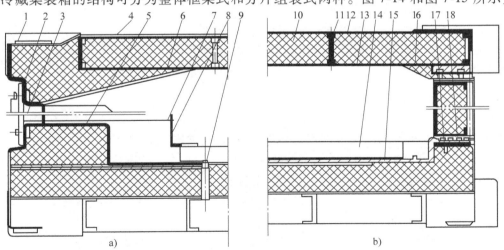

图7-14 分片组装式冷藏集装箱纵向剖视图
a）前部 b）后部

1—框架 2—制冷装置 3—制冷装置固定螺栓 4—不锈钢抽芯铆钉 5—前底连接板 6—前顶连接板
7—不锈钢自攻螺钉 8—下隔风板 9—排水管 10—顶板隔热层 11—顶板骨架 12—顶板外蒙皮
13—顶板内蒙皮 14—地板铝型材 15—地板横型材 16—门框压条 17—门框压条螺栓 18—门框下压条

片组装式冷藏集装箱局部剖视图。顶板、侧板和底板均采用"三明治"夹心板，用铰链或铆钉与框架相连。后门也是"三明治"夹心板结构，每侧用四个铰链与后门框相连。每扇门都用两套门栓机构锁住，门与门框用多层橡胶密封条密封。制冷装置安装在集装箱前端，用螺栓与框架相接。若制冷装置设在集装箱内，为内置式机械冷藏集装箱；若在冷藏集装箱前端壁上开设冷气入口和排气口，利用箱外制冷装置和管道供应冷气，为外置式机械冷藏集装箱。

有关冷藏集装箱的箱体设计及制冷装置的计算，可参阅冷藏汽车设计的内容。

冷藏集装箱有关标准：

1) ISO 6346《货运集装箱—代码、识别和标记》、GB/T 1836—2017《集装箱 代码、识别和标记》。

2) ISO 668《系列1货运集装箱—分类、尺寸和等级》、GB/T 1413—2008《系列1集装箱 分类、尺寸和额定质量》。

3) ISO 1161《系列1货运集装箱—角件和中间配件技术规范》、GB/T 1835—2006《系列1集装箱 角件》。

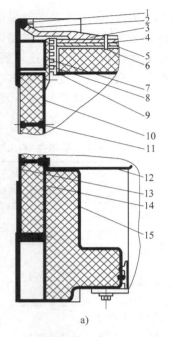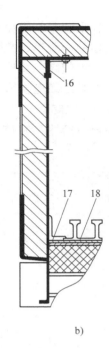

图 7-15 分片组装式冷藏集装箱水平和横向剖面图
a) 水平剖面图　b) 横向剖面图
1—铰链轴　2—轴套　3—门铰链　4—门外蒙皮　5—门骨架
6—六角螺母　7—门框侧压条　8—门框封条　9—门压条
10—侧板隔热板　11—侧板骨架　12—侧隔风板
13—侧板外蒙皮　14—侧板内蒙皮　15—前侧连接板
16—顶侧连接板　17—底侧连接板　18—底板内蒙皮

三、集装箱锁固装置

集装箱在运输车上的固定是通过运输车货台上的锁固装置（图 7-16）和集装箱上的

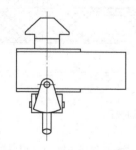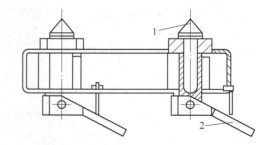

图 7-16 锁固装置
1—转锁头　2—手柄

角件来实现的。当集装箱放置于半挂车上时,锁固装置上的椭圆形转锁头插入角件的椭圆形孔中,然后转动转锁手柄,使转锁头旋转90°,就把集装箱紧固在运输车的货台上了。锁固装置是焊接在半挂车货台上的,其位置必须与集装箱上的角件位置相配合,如图 7-17 所示。转锁装置已标准化,转锁中心在货台上的具体位置尺寸应符合标准规定,其公差值也要控制在允许的范围内。

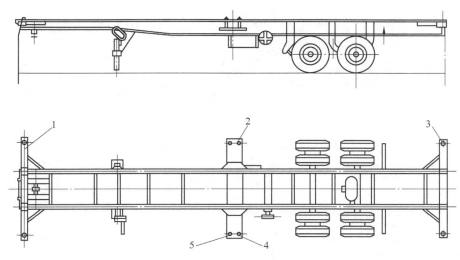

图 7-17 锁固装置在半挂车上的位置
1、3、4、5—锁固装置 2—中间锁固梁

四、自装卸集装箱运输车

集装箱运输车一般都需与集装箱码头、车站、仓库等地的专用起重设备配合,才能完成正常装卸。这使集装箱的公路运输受到一定限制,而自装卸集装箱运输车可以弥补这方面的不足,独立完成装卸和运输作业。

自装卸集装箱运输车的保有量不大,但种类很多。根据自装卸机构结构的不同可以分为倾斜伸缩杆提升式、高位液压缸推举式、龙门框架举升式、L 形吊臂式、侧面起吊式等自装卸集装箱运输车。

图 7-18 所示为 L 形吊臂式自装卸集装箱运输车卸箱过程示意图。该种车的自装卸机构由 L 形吊臂 2、液压缸 1、滚轮 3 等组成。图 7-18a 所示为正常运输状态,集装箱由 L 形吊臂末端的挂钩固定在车架上;当需要自卸集装箱时,操纵液压系统,使液压缸 1 外伸,推动 L 形吊臂,使集装箱 4 沿着滚轮 3 向车后下方滑移(图 7-18b);液压缸继续外伸,L 形吊臂推动集装箱滑移并使其后端接触地面(图 7-18c),直至集装箱全部落到地面上(图 7-18d),然后操纵液压系统使液压缸将 L 形吊臂收回到原始位置,完成集装箱的自卸作业。

当需要自装集装箱时,可操纵液压系统,使 L 形吊臂末端的挂钩挂住集装箱上部角件,按卸箱时的反向动作即可完成集装箱的自装作业。

图 7-19 所示为侧面起吊式自装卸集装箱运输车的自装卸机构。该机构由支腿 1、起升

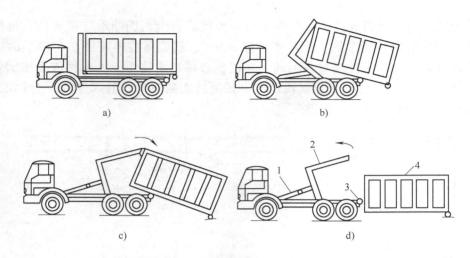

图 7-18 L 形吊臂式自装卸集装箱运输车卸箱过程示意图
a) 正常运输状态 b) 集装箱沿滚轮向车后下方滑移 c) 集装箱后端接触地面 d) 集装箱全部落地
1—液压缸 2—L 形吊臂 3—滚轮 4—集装箱

液压缸 5、上吊臂 6、下吊臂 4、变幅液压缸 3 和支腿液压缸 2 等组成。若需自装集装箱时，先将该车平行停靠在距集装箱 7 的侧面约 300~400mm 处，放下支腿撑于地面上，将吊链（或钢索）上的旋锁或吊钩装入集装箱下部角件孔中，缓慢起吊集装箱，上吊臂举起，下吊臂不动或稍微内倾，使集装箱下底面高于车辆货台时控制起升液压缸和变幅液压缸，使集装箱落至车辆货台上，并锁住集装箱，即完成集装箱的自装作业。反之，则可完成其自卸作业。

图 7-19 侧面起吊式自装卸集装箱运输车自装卸机构
1—支腿 2—支腿液压缸 3—变幅液压缸 4—下吊臂
5—起升液压缸 6—上吊臂 7—集装箱

自装卸集装箱由于增设了自装卸装置及相应的液压系统，使车辆的结构复杂、整备质量增大，成本增加，一般仅适用于装运轻泡货物且没有装卸设备的短途集装箱运输。

第三节 混凝土泵车的结构与设计

混凝土泵车是指装备有混凝土泵等专用装置，通过管道或外接管道输送混凝土，用于实现混凝土浇灌的特种结构专用作业汽车。

混凝土泵车在建筑施工作业中，以其节省劳动力、施工速度快、浇注质量高等一系列优点受到人们的普遍重视，已经成为建筑施工过程中不可缺少的机械设备。它是将混凝土泵安装在汽车底盘上或专用车辆上，使之成为具有较大机动性的混凝土输送机械，其使用范围遍及水利、水电、地铁、桥梁、大型基础、高层建筑和民用建筑等工程。

一、混凝土泵车分类

混凝土泵车按泵送装置形式的不同分为挤压式混凝土泵车和活塞式混凝土泵车。

（一）挤压式混凝土泵车

图 7-20 所示为挤压式混凝土泵车，其安装有挤压式混凝土泵。挤压式混凝土泵如图 7-21 所示，驱动轴 8 带动滚轮架 2 和三个橡胶滚轮 4 旋转，不断地挤压橡胶软管 5，起到

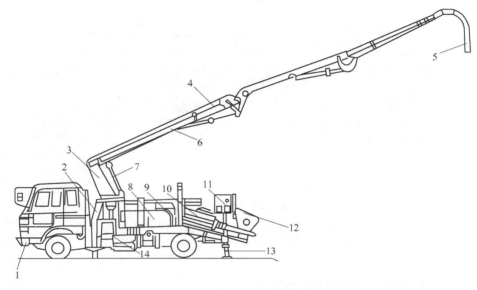

图 7-20 挤压式混凝土泵车

1—汽车底盘　2—底架　3—转台　4—臂架　5—前端软管　6—混凝土输送管　7—液压缸
8—工具箱　9—水箱　10—混凝土泵　11—操作箱　12—料斗　13—支腿　14—阀组

压送混凝土的作用。滚轮过后的橡胶软管在支承辊 3 的扶持协助下立即回弹复原，管内出现局部真空，从后段管中又将混凝土吸入。各滚轮周而复始的旋转、挤压，达到不断输送混凝土的目的。真空吸气口 6 与真空泵连接，工作时真空泵不断抽气，使壳体 1 内形成负压，以利于橡胶软管回弹恢复原形，再次吸入混凝土。支承辊 3 位于滚轮之后和滚轮一起旋转，有扶持、协助挤压后的橡胶软管迅速复原的作用，提高对混凝土的吸入性。挤压式混凝土泵的泵送压力为 1.8MPa，排出量为 $50m^3/h$，臂架最大高度为 16m。挤压式混凝土泵在 20 世纪 60 年代后期盛行，但是由于这种混凝土泵的排量较小，输送距离不如活塞式的，因而应用逐渐减少。

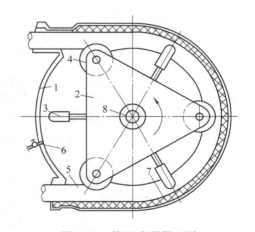

图 7-21 挤压式混凝土泵

1—壳体　2—滚轮架　3—支承辊　4—橡胶滚轮
5—橡胶软管　6—真空吸气口　7—弹性垫　8—驱动轴

(二) 活塞式混凝土泵车

图 7-22 所示为活塞式混凝土泵车，其安装有活塞式混凝土泵送装置，利用主液压缸的往复运动驱动混凝土活塞来吸入或压送混凝土。活塞式混凝土泵的最大泵送压力为 20MPa，最大排出量为 180m^3/h，最大输送高度为 150m。由于活塞式泵车比挤压式泵车性能优良，因而得到广泛采用。但活塞式泵车结构复杂，制造成本较高。下面主要介绍活塞式混凝土泵车。

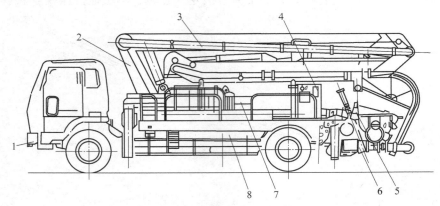

图 7-22　活塞式混凝土泵车
1—汽车底盘　2—布料装置　3—混凝土输送管　4—电气和操纵装置　5—润滑系统
6—混凝土泵送装置　7—液压系统　8—清洗系统

二、混凝土泵车的总体结构与设计

(一) 泵车的总体结构和工作原理

泵送装置由泵车的发动机驱动或另配发动机来驱动。

泵送装置为活塞式混凝土泵，利用液压缸来驱动混凝土缸活塞做往复运动，与料斗、分配阀配合完成吸入和排出混凝土，以达到输送目的。

布料装置为臂架式，能够在一定范围内的垂直和水平方向进行输送和浇灌混凝土。

混凝土泵车的工作原理图如图 7-23 所示。汽车发动机 22 的动力经分动器 18 驱动主液压泵 19、布料装置液压泵（参见图 7-24 的件 6）和搅拌液压泵（参见图 7-24 的件 4）。主液压泵输出的压力油经控制阀组、集流阀组进入主液压缸和混凝土分配阀换向液压缸，从而实现泵送混凝土。布料装置液压泵输出的压力油满足泵车支腿和布料装置（臂架、转台）的动力需要，通过操纵支腿控制阀 20 和臂架电磁阀组 21，完成支腿的伸缩、臂架的升降和转动。搅拌液压泵输出的液压油，通过液压马达驱动料斗 13 内的搅拌叶片，不断搅拌混凝土，使其顺利地进入混凝土缸内，并能在其他部件故障而停止作业时继续搅拌料斗内的混凝土，防止凝固和析水。上述各专用装置协调配合工作，使泵送出的混凝土沿臂架的输料管道达到浇灌点。通过操纵机构使臂架升降或旋转，可以改变浇灌点的位置。

(二) 混凝土泵车总体布置

混凝土泵车的总体布置主要是取力装置、混凝土泵送装置、布料装置等的布置。

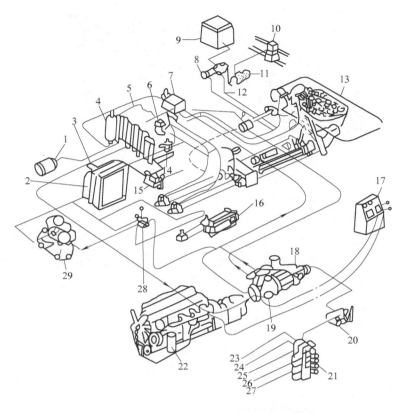

图 7-23 混凝土泵车的工作原理图

1—储气罐 2—液压油冷却器 3—液压马达 4—蓄能器 5—液压油箱
6—低压过滤器 7—集流阀组 8—润滑脂泵 9—润滑脂箱 10—分配阀 11—减振器 12—搅拌泵
13—料斗 14—空气调节器 15—二通阀 16—水泵 17—操作台 18—分动器 19—主液压泵
20—支腿控制阀 21—臂架电磁阀组 22—发动机 23—制动液压缸操纵 24—旋转液压马达操纵
25—上节臂液压缸操纵 26—中节臂液压缸操纵 27—下节臂液压缸操纵 28—三通阀 29—空压阀选择开关

1. 取力装置布置

取力装置布置中,最重要的是分动器的设计和布置。通常分动器布置在变速器之后,将原传动轴截为两段,由万向轴传动,如图 7-24 所示。图 7-25 所示为一种分动器结构。有的将分动器和多个液压泵集成一体成为组合式分动器,该分动器的汽车发动机动力通过装于变速器上的取力器和万向轴传入,其优点是体积小,性能好,改装方便,汽车传动轴不需截断,可保持原样。

2. 混凝土泵送装置布置

混凝土泵送装置是将料斗内的混凝土泵入输料管中并压送到浇灌处,是泵车的主要工作装置,通常布置在汽车纵梁之间,固定在汽车车架上。但是,要注意这样的布置方式容易与汽车后桥的制动气室发生干涉。料斗的工作高度应尽量低,方便装料。为此,在保证车辆的最小离地间隙、离去角和后悬等尺寸符合有关规定的情况下,常使泵送装置的中心线与汽车车架上平面成后倾 10°以内的角度,降低料斗高度。

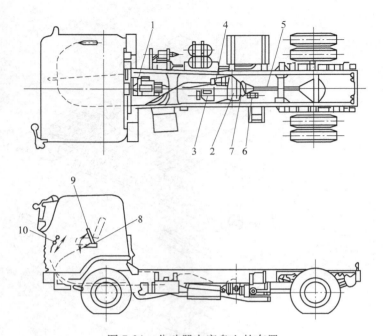

图 7-24 分动器在底盘上的布置

1—变速器 2—分动器 3—主液压泵 4—搅拌液压泵 5—传动轴
6—臂架液压泵 7—驻车制动器 8—定位器 9—分动箱操纵杆 10—制动闸

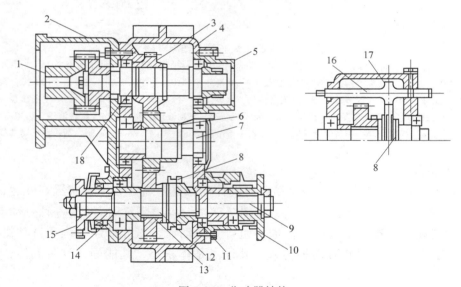

图 7-25 分动器结构

1—主液压泵联轴器 2—主液压泵支架 3、6、13—齿轮 4—箱体
5—臂架液压泵支架 7—中间轴 8—滑动齿套 9—输出轴 10—输出端联轴器 11—滚针轴承
12—输入轴 14—防尘圈 15—输入端联轴器 16—拉杆 17—拨叉 18—主轴

3. 布料装置布置

布料装置由转台总成、臂架、臂架液压缸及混凝土输料管等组成，如图 7-26 所示。

转台总成安装在转台座上，转台的回转由回转机构来实现。图 7-27 所示为回转机构原理图，液压马达通过减速器驱动回转支承，连同安装在其上的回转台一起转动。回转台的制动由制动液压缸控制的点盘式制动器来实现。回转台的中心装有中心回转接头（图 7-28），臂架液压缸用的液压油管和混凝土输料管都从转台座的下部经过中心回转接头通向回转台上方。这样布置，在转台回转时不会影响这些管道的走向。整个臂架由转台立柱和下节臂液压缸（即液压举升缸）支承，故可随转台回转，中、上节臂分别由中、上节臂液压缸和节臂间铰链支承。臂架的伸缩和升降（即变幅）由各节臂的液压缸来实现。臂架上的混凝土输料管从中心回转接头穿过转台后，再穿过转台立柱与下节臂铰点及各节臂铰点，沿臂架两侧直通臂端。这样布置就不影响臂架的回转和折叠。臂端的支架主要用来支承橡胶软管。

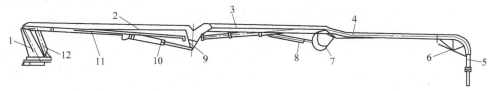
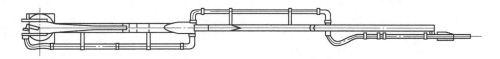

图 7-26　布料装置结构图

1—转台　2—下节臂　3—中节臂　4—上节臂　5—软管　6—支架　7—上铰链
8—上节臂液压缸　9—中铰链　10—中节臂液压缸　11—臂架输料管　12—下节臂液压缸

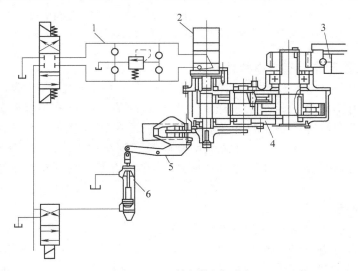

图 7-27　回转机构原理图

1—回转制动阀　2—回转液压马达　3—回转支承　4—减速器　5—制动器　6—制动液压缸

布料装置转台的布置形式大都采用前置式，布置在接近汽车前桥处，臂架向后伸。这种布置的最大优点是泵车臂架的净工作幅度大，并且转台与汽车后部的泵送装置距离大，受振动的影响小。转台后置时，由于受后部泵送机构的振动冲击较大，应用较少。

布料装置的臂架由多节折叠的布料杆连接而成。布料杆节数有 3~5 节，布料杆节数的确定没有一定的规则，可根据臂架总长 L 来粗略确定其节数 N。其相应的选择规律如下：当布料臂长 12m<L≤20m 时，$N=2$；当布料臂长 12m<L≤35m 时，$N=3$；当布料臂长 20m<L≤42m 时，$N=4$；当布料臂长 40m<L≤60m 时，$N=5$。

布料杆的折叠形式，按其位置的变换可分为多种，如图 7-29 所示。卷绕型结构紧凑，Z 型在臂架打开和折叠时动作迅速，卷 Z 型兼有二者优点；前支点可减轻汽车底盘后桥负荷，后支点可使第 1 节臂较长且不容易发生干涉；上支点结构紧凑，降低泵车重心，防止倾翻性好，下支点可使臂架增加节数容易，且不易发生干涉。

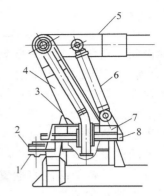

图 7-28 中心回转接头位置图
1—制动器 2—减速器
3—中心回转接头 4—立柱
5—下节臂 6—下节臂液压缸
7—回转台 8—回转支承

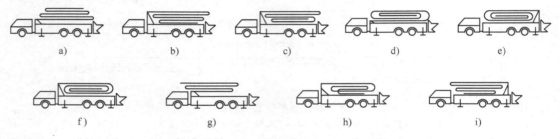

图 7-29 混凝土泵车布料杆的 9 种折叠形式
a) 前下支点 S 型　b) 前上支点 Z 型　c) 前上支点卷 Z 型　d) 前下支点卷绕型　e) 后上支点卷绕型
f) 前上支点卷绕型　g) 前下支点 Z 型　h) 前上支点 Z 型　i) 后上支点 S 型

（三）混凝土泵车主要技术参数计算

混凝土泵车的主要技术参数可归纳为专业技术参数和整车技术参数两部分。专业技术参数主要有混凝土排出量、混凝土泵送压力及输送距离、泵送能力指数、布料装置工作范围、混凝土坍落度适应范围、料斗工作高度等。整车技术参数除必须满足国家交通安全法规的要求外，还应根据工作条件情况，着重考虑泵车的最小转弯直径、最大爬坡度、质心高度及最小离地间隙等。关于整车技术参数可参阅本书第一章。下面主要介绍专业技术参数。

1. 混凝土排出量

混凝土排出量 Q 是指泵车在单位时间内输送的混凝土量，即混凝土泵车的生产率，单位为 m^3/h。混凝土排出量一般可以通过调节发动机转速或主液压泵的流量来改变。通常以最大排出量作为泵车的混凝土排出量参数。排出量按大小分为三种：小排量，$Q<40m^3/h$；中等排量，$Q=40~100m^3/h$；大排量，$Q>100m^3/h$。排出量标准系列为 $10m^3/h$、$20m^3/h$、$30m^3/h$、$40m^3/h$、$50m^3/h$、$60m^3/h$、$80m^3/h$、$100m^3/h$、$125m^3/h$、$150m^3/h$，设计时可根据需要选取。若主液压泵系统采用高、低压切换的泵车，则有两个混凝土排出量：采用高压时输送较长距离，这时是小值最大排出量；采用低压时输送距离较短，这时是大值最大排出量。在混凝土泵车铭牌上标的是大值最大排出量。也有的泵车采用恒功率变量液压泵，混凝土排出量和泵送压力的乘积为常数，即排出量与泵送压力成反比，这种泵车铭牌上仍用最大排出量标出。

活塞式混凝土泵的理论排出量 $Q_T(m^3/h)$ 为

$$Q_T = 60Vn \tag{7-1}$$

式中　n——混凝土泵缸活塞每分钟往复次数，一般在 45 次/min 以下；

V——混凝土泵缸的有效容积（m^3），用下式计算

$$V = \frac{\pi}{4}D^2 L \times 10^{-9} \tag{7-2}$$

式中　D——混凝土泵缸内径（mm）；

L——混凝土泵缸活塞有效工作行程（mm）。

混凝土泵的实际排出量 Q 为

$$Q = KQ_T \tag{7-3}$$

式中　K——混凝土泵的吸入效率，可取 0.7~0.9。

影响 K 的因素较多，主要是混凝土的坍落度和混凝土泵缸活塞速度。混凝土坍落度越小，则 K 值越小，坍落度在 15cm 以上时，吸入效率较稳定，K 值可取 0.85 以上。混凝土泵缸活塞工作速度小，混凝土在缸中的流动速度小，有利于吸入，K 值大；反之，活塞速度大，混凝土在缸中流动出现滞后，K 值小，设计时活塞速度可取 1m/s 左右。此外，混凝土分配阀的结构形式、阀的密封程度、吸料口的大小和形状、通道的方向和截面形状等都会影响吸入效率 K 的值。

2. 泵送压力和输送距离

混凝土泵的泵送压力是指混凝土缸出口处的混凝土排出压力。它反映了泵车输送混凝土距离远近的能力。泵送压力 p 通常分为三个等级：低压级，$p<4MPa$；中压级，$p=4$~$7MPa$；高压级，$p>7MPa$。一般活塞式混凝土泵车的最小泵送压力不小于 2MPa。

混凝土泵的泵送压力主要用来克服输料管中的混凝土与管壁间的摩擦力，在垂直管中还要克服混凝土的重力。这些压力损失与管道长度、布管状态、混凝土流速、输料管直径、混凝土坍落度及混凝土配料比例等因素有关。试验表明，混凝土流速增大，输料管直径减小和混凝土坍落度减小会使压力损失增大。管道输送压力损失的计算比较复杂，通常通过试验绘制几组曲线，供设计时使用。图 7-30 所示为在不同管径、不同坍落度和不同排出量下每米水平直管的压力损失曲线。图 7-31 所示为不

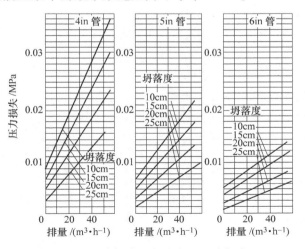

图 7-30　水平直管每米长的压力损失

同管径、不同坍落度、不同排出量下与每米垂直直管的压力损失等效的水平直管的长度（以下简称等效长度）曲线。图 7-32 和图 7-33 所示分别为每米锥形管和弯管的压力损失

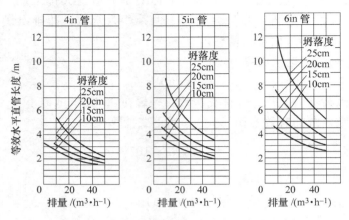

图 7-31 每米垂直直管的等效水平直管长度

等效水平直管长度曲线。

根据提供的输料管道压力损失以及混凝土总泵能达到的泵送压力可以粗略计算出泵车的输送距离（即输送管长度）。首先按采用的管径、混凝土坍落度、排出量以及混凝土泵的泵送压力，利用图 7-30 计算出能够输送的水平直管总长度 A，再按管道布置所用的垂直直管长度 B、锥形管长度 C 和弯管长度 D，从图 7-31、图 7-32 和图 7-33 中分别查出它们的等效水平直管长度量 B_1、C_1、D_1，于是，输料管道等效水平长度 L 为

$$L = A - (B_1 + C_1 + D_1) + B + C + D \tag{7-4}$$

L 为混凝土泵的泵送压力全部用在克服管道阻力及混凝土重力上，且管道出口压力为零时的管道等效水平长度。若需要管道出口的混凝土有一定的速度，可将此速度换算成压力，由图 7-30 查出此压力等效的水平直管长度，再计算输送距离。

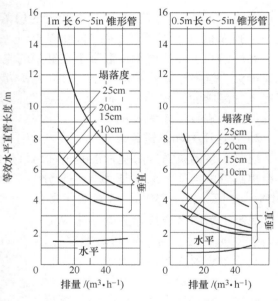

图 7-32 每米锥形管的等效水平直管长度

3. 泵送能力指数

泵送能力指数 M 是指混凝土泵工作时，混凝土缸出口处的混凝土泵送压力与实际混凝土排出量乘积的最大值，即

$$M = (pQ)_{max} \tag{7-5}$$

式中　p——混凝土泵送压力（MPa）；
　　　Q——泵车的实际排出量（m^3/h）。

表 7-7 列出了泵车能力指数的推荐值，供参考。

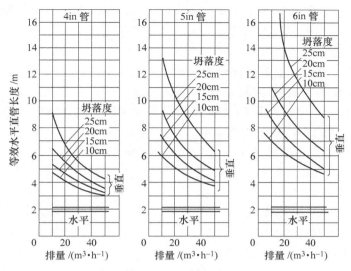

图 7-33 每米弯管的等效水平直管长度
（半径 $R=10\text{m}$，转角 $\theta=90°$）

表 7-7 泵送能力指数的推荐值

基本参数 \ 排出量/(m³·h⁻¹)	10	20	30	40	50	60	80	100	125	150
泵送混凝土压力 /MPa	≥2.0	≥2.0	≥2.5	≥3.0	≥3.5	≥4.0	≥5.0	≥5.0	≥5.0	≥5.0
泵送能力指数 /MPa·m³·h⁻¹	≥20	≥40	≥75	≥120	≥150	≥200	≥250	≥300	≥300	≥300

4. 布料装置工作范围

混凝土泵车要能在一定空间范围内进行布料作业，如图 7-34 所示。布料作业范围由工作高度 H、水平工作圆半径 R 及工作深度 D 等参数确定。工作高度是指各节臂全部垂直于地面时，从地面至臂端的混凝土输料管出口的距离。水平工作圆半径 R 是指各节臂全部水平放置时，从转台回转中心至臂端的混凝土输料管出口的距离。工作深度 D 是指臂架伸入地面以下作业时，地面至臂端的混凝土输料管出口的距离。

H、R、D 等参数均与臂架长度有关。臂架长度是指各节臂在同一轴线上时，臂架与转台立柱铰链点中心至臂端混凝土输料管出口中心的距离。目前我国制造的泵车臂架最大长度 56m，由五节臂组成。

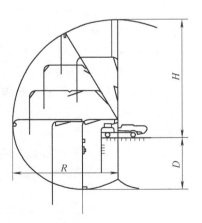

图 7-34 臂架作业范围示意图

5. 混凝土坍落度适应范围

泵车对不同坍落度范围混凝土的可泵性即为坍落度适应范围。它与泵车的混凝土分配阀吸入性能和混凝土泵的混凝土缸径大小有关。目前泵车上所用的两类分配阀（滑阀和摆阀）对混凝土坍落度适应范围均为 5~23cm。

6. 料斗工作高度

料斗工作高度是指混凝土泵车在作业状态时，料斗口与地面间的距离。为便于对料斗加料，料斗工作高度尽可能设计得低一些，一般在 1.2~1.7m 之间。

下面以三一重工 SY5500THB 56 型混凝土泵车为例说明主要性能参数。

1）型号：SY5500THB 56 型混凝土泵车。
2）类型：高低压自动切换 S 阀。
3）排出量：高压 67m^3/h；
　　　　　低压 120m^3/h。
4）输出压力：高压 11.8MPa；
　　　　　　低压 6.38MPa。
5）理论输送距离：垂直/水平
　　　　　　输送管径 125A 管　200m/850m。
6）最大骨料尺寸：40mm。
7）适用混凝土坍落度：14~23cm。
8）输送缸内径×行程：ϕ230mm×2000mm。
9）料斗容积×高度：0.6m^3×1.45m。
10）清洗方式：水洗式。
11）水泵最大水压：8MPa。
12）臂架类型：五节卷折全液压。
13）臂架最大长度：水平长度 51.6m；
　　　　　　　　垂直长度 55.6m。
14）旋转角度：365°。
15）发动机最大功率：309kW（1500~1800r/min）。
16）整车质量：49.5×10^3kg。
17）整车外型尺寸（长×宽×高）：14874mm×2495mm×3995mm。

（四）混凝土泵车底盘的选择

1. 对混凝土泵车底盘的要求

混凝土泵车一般用载货汽车二类底盘或专用底盘改装而成。选用的汽车底盘应满足下列要求：

1）发动机的功率应能满足混凝土泵车各装置要求的驱动功率。
2）混凝土泵车的总质量及其轴载质量的分配应在原汽车底盘前、后轴的容许承载质量范围内。
3）有足够空间配置动力输出装置。
4）能合理安装布料装置转台底座和布置混凝土泵送装置。

2. 混凝土泵车各工作装置的驱动功率

混凝土泵车各工作装置的动力源一般取自本车发动机。在进行混凝土输送作业时，汽车发动机动力经变速器和万向传动装置输入分动器（图 7-35），通过分动器操纵杆将动力传递给各液压泵,同时切断通往后桥的动力,汽车处于驻车状态。计算和确定各工作装置的驱动功率,合理地进行功率组合是正确选择底盘发动机功率的依据之一。

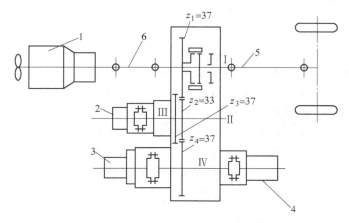

图 7-35 混凝土泵车动力传动图
1—汽车发动机 2—双联泵 3—主液压泵 4—臂架液压泵 5—传动轴 6—万向传动装置

(1) 混凝土泵的驱动功率 P_1 混凝土泵的驱动功率 P_1(W) 与混凝土泵液压系统的压力 p_1 和流量 Q_1 有关,计算公式为

$$P_1 = 277.8 \frac{p_1 Q_1}{\eta} \tag{7-6}$$

式中 p_1——主液压泵压力 (MPa);
Q_1——主液压泵流量 (m³/h);
η——主液压泵传动效率。

p_1 和 Q_1 可根据泵车的混凝土泵送压力 p 和混凝土排出量 Q 计算,即

$$p_1 = p \frac{D^2}{D_1^2} \tag{7-7}$$

$$Q_1 = Q \frac{Q_{T1} \eta_{V1}}{Q_T \eta_V} \tag{7-8}$$

式中 p——混凝土泵送压力 (MPa);
D、D_1——分别为混凝土缸和主液压缸的内径 (m);
Q_T、Q_{T1}——分别为混凝土泵的理论排出量和主液压泵的理论流量 (m³/h);
η_V——混凝土缸容积效率;
η_{V1}——液压系统的容积效率(包括主液压泵、主液压缸及管道等)。

(2) 布料装置的驱动功率 P_2 布料装置臂架变幅、转台回转、支腿伸缩等均由发动机通过臂架液压泵驱动。但支腿的伸缩是在泵车作业前、后动作,故其驱动功率不计入 P_2 内。

(3) 搅拌装置的驱动功率 P_3 搅拌装置通过搅拌液压泵驱动。泵车开始作业,搅拌装置也开始工作,只要料斗中有混凝土,它是不允许间断工作的。通常情况下,搅拌装置有四种工况:①搅拌装置正常工作,这时液压泵的驱动功率为 P_3,主要用于克服搅拌阻力；②搅拌叶片被骨料卡住不转，液压系统油压升高，使反转溢流阀工作，搅拌换向阀换向，叶片反转而排除卡阻。叶片又恢复正常转动。此工况时间短暂，一般增加功率不计入 P_3 中；③当搅拌叶片被骨料卡住而无法反转排除时，油压上升，打开溢流阀，液压泵驱动功率达最大值 $P_{3\max}$。此工况时间也很短；④搅拌装置不工作时，液压油经换向阀回油箱，液压泵空转，驱动功率为最小值 $P_{3\min}$。

(4) 冷却系统的驱动功率 P_4　为使液压油冷却，在液压系统内需设置强制式液压油冷却器。冷却器的驱动功率 P_4 由两部分组成：一是驱动冷却器风扇的功率；二是将油箱中热油泵入冷却器、降温后泵回油箱消耗的功率。

(5) 清洗系统的驱动功率 P_5　混凝土泵车作业完毕后，需对车辆和输料管中残余的混凝土进行清洗。清洗工作是在其他装置停止工作后进行的。清洗系统水泵的压力要大于混凝土在输料管中的压送力，这样才能冲洗出管中的残余混凝土。此外，水泵的流量要大，提高清洗速度。由水泵的压力和流量确定清洗系统的驱动功率 P_5。

3. 发动机功率选择

泵车发动机功率应满足各种工况下泵车所需要的驱动功率。在进行发动机功率选择时，首先应对各种工况下泵车所需要的驱动功率进行计算，然后选其中的最大值来确定发动机的功率。但用这种计算方法，有时会很困难，也不方便。现推荐下列经验公式来估算发动机功率，即

$$P_e = 0.044Q\left[0.088L + \frac{12}{(D/D_1)^2}\right] \tag{7-9}$$

式中　P_e——所需发动机功率（kW）；
　　　Q——混凝土排出量（m³/h）；
　　　L——泵送混凝土最大水平距离（m）；
　　　D、D_1——分别为混凝土缸、主液压缸内径（m）。

4. 泵车总质量和臂架质量

泵车总质量主要由汽车底盘质量、混凝土泵送装置质量、布料装置质量及清洗系统质量等组成。影响泵车总质量的关键是臂架质量，而混凝土排出量的影响不大。所以在选择底盘和计算泵车总质量时，首先计算臂架的总质量。

对现有泵车的统计分析，推荐用下列公式估算臂架质量

$$m = \frac{1}{10}(K_1L + K_2)L \tag{7-10}$$

式中　m——臂架质量（kg）；
　　　L——臂架长度（m）；
　　　K_1——系数，当 $L<30$m 时，$K_1=4$；当 $L\geq30$m 时，$K_1=5$；
　　　K_2——系数，当 $L<30$m 时，$K_2=40$；当 $L\geq30$m 时，$K_2=45$。

（五）混凝土泵车作业时的稳定性分析及优化设计

混凝土泵车作业时，由于质心升高，同时受到臂架重量、输料管及其中混凝土的重量、臂架变幅产生惯性力、风力以及混凝土在管道中运动产生的振动等作用，使泵车在作业中可能会失去稳定性。为此，在设计中应限制臂架的工作幅度、降低转动部分的质量、加大支腿的支承面积和增加泵车非转动部分的质量等。

臂架在展开形式一定的情况下，绕回转中心转动时，整机重心位置的变化规律如图 7-36。

设点 A、B、C、O 分别为整机重心、臂架重心、机体重心（除臂架以外的部分）、臂架回转中心在水平面的投影位置。以臂架回转中心 O 为坐标原点，O 点与 C 点之间的连线为纵轴，建立坐标系。设 $OB = R$，$OC = b$，臂架在某一位置时与 x 轴的夹角为 θ，则 B 点的坐标值为 $B(R\cos\theta, R\sin\theta)$，$C$ 点的坐标值为 $C(0, -b)$。根据解析几何和重心理论，其整机重心 A 必在 B、C 两点之间的连线上，且 $A(x_A, y_A)$ 点的坐标为

$$\left. \begin{aligned} x_A &= \frac{W_1 R\cos\theta}{W_1 + W_2} = \frac{W_1 R\cos\theta}{W} \\ y_A &= \frac{W_1 R\sin\theta - bW_2}{W_1 + W_2} = \frac{W_1 R\sin\theta - bW_2}{W} \end{aligned} \right\} \tag{7-11}$$

式中　W_1、W_2、W——分别为臂架、机体和整机的重量，其中 $W = W_1 + W_2$。

显然，式 (7-11) 是以 θ 角为参数的参数方程，消除 θ 角，经变换得

$$x_A^2 + \left(y_A + \frac{bW_2}{W}\right)^2 = \left(\frac{RW_1}{W}\right)^2 \tag{7-12}$$

可见，泵车整机重心变化的轨迹为一个圆，该圆称为合力轨迹圆，圆心 O_1 的坐标为 $\left(0, -\dfrac{bW_2}{W}\right)$，半径为 $\dfrac{RW_1}{W}$。

当图 7-36 所示的合力轨迹圆全部落在支承面 $MNKL$ 内时，表示泵车作业是稳定的。若合力轨迹圆部分落在支承面外，如图 7-37 所示，则表示臂架回转到 NL 支承线外侧范围后，泵车有可能出现倾翻，作业是不稳定的。

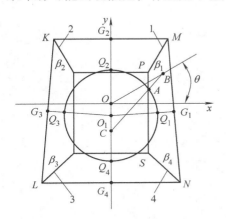

图 7-36　混凝土泵车稳定性分析图
1、2、3、4—混凝土泵车支腿

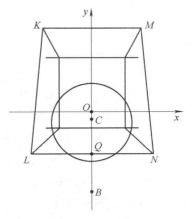

图 7-37　混凝土泵车失稳示意图

设泵车前、后支腿的转轴位置和支腿长度一定，若前、后支腿的展开角度分别为 β_1、β_2、β_3、β_4，显然 $\beta_n (n = 1, 2, 3, 4)$ 各角度值的变化范围应为 $0° \sim 90°$，不同的 β_n 值构成了以支腿为 4 个顶点的不同的四边形支承面。衡量各支腿在某一展开角度时，所构造的支承面对整机稳定性的好坏，先要求出臂架 360° 回转时，整机重心距该支承面边缘

的最短距离。

先以轨迹圆的圆心点 O_1 为起始点，以点 G 为垂足，作四边形中的任意一条边如线段 MN 的垂线，交轨迹圆于点 Q_1，交线段 MN 于点 G_1。设线段 Q_1G_1 的长度值为 L_1，则 L_1 为轨迹圆上的点（即臂架回转时整机重心的位置）到线段 MN 的最短距离，用同样的方法找出四边形支承面另外 3 条与轨迹圆所对应的最短线段长度 L_2、L_3、L_4。比较 L_1、L_2、L_3、L_4 值的大小，找出 4 个长度中最短的一个，设该最短距离为 S_{min}，即 $S_{min} = \min\{L_1, L_2, L_3, L_4\}$，则 S_{min} 的长度值便可用来作为衡量此时整机稳定性的指标。显然，S_{min} 越大，稳定性越好，反之则稳定性越差。

假设支腿的展开角度 $\beta_n (n=1, 2, 3, 4)$ 的数值往两极方向变化，显然，当 β_n 值过小（$\rightarrow 0°$）或过大（$\rightarrow 90°$）时，S_{min} 值均会减小甚至是负值，由于 S_{min} 为 β_n 的连续函数，因此必有一个 $\beta_n^*[0° < \beta_n^* < 90°(n = 1, 2, 3, 4)]$，可使 $S_{min} \rightarrow$ 趋于最大值，也就是说，支腿按该角度布置展开时，泵车的整机稳定性最好。

上面所用的方法是在臂架展开形式一定的情况下推导出来的。显然，臂架全部展开且在水平位置回转时，整机重心偏移机体支承面的程度最大，即整机的稳定性最差。因此研究泵车的稳定性问题，就可归结为研究泵车臂架全部展开且在水平位置回转时的稳定性问题，故将臂架全部展开且水平回转时，臂架重心距离回转中心的长度作为式（7-11）中回转半径 R 的数值。

支腿在进行角度调整时，因支腿本身具有重量，因此要考虑支腿重心变动时对机体重心位置的影响。为此，可将泵车分为 3 个部分：臂架部分、支腿部分以及车体部分。对于一定的 $\beta_n(n = 1, 2, 3, 4)$，则 4 个支腿的重心就可完全确定，求出该重心与车体重心的共同重心，并作为式（7-12）中的机体重心 W_2，便可利用式（7-12）求出重心轨迹圆方程。

如图 7-36 所示，设点 P、S 与点 M、N 分别为相邻两支腿的转轴中心与支承点，R_M、R_N 分别等于线段 PM 和线段 SN，则点 M 的坐标为

$$x_M = R_M\cos\beta_1 + x_P, \quad y_M = R_M\sin\beta_1 + y_P$$

其中，x_P、y_P 为点 P 的坐标值。

点 N 的坐标值为

$$x_N = x_S + R_N\cos(-\beta_4) = x_S + R_N\cos\beta_4$$
$$y_N = y_S + R_M\sin(-\beta_4) = y_S - R_M\sin\beta_4$$

其中，x_S、y_S 为点 S 的坐标值。

于是，直线 MN 的方程为

$$y = Kx + b_1 \tag{7-13}$$

式中　K——斜率，$K = \dfrac{y_M - y_N}{x_M - x_N}$；

b_1——截距，$b_1 = y_N - Kx_N$。

设轨迹圆圆心 O_1 的坐标为 $(0, y_{O1})$，点 O_1 到直线 MN 的距离为 L_1，则

$$L_1 = \left|\frac{b_1 - y_{O1}}{\sqrt{K^2 + 1}}\right| - \frac{RW_1}{W} \tag{7-14}$$

用同样的方法分别求出 L_2、L_3、L_4，则该支承状态下，泵车的稳定性指标 S_{min} 可表示为 $S_{min} = \min\{L_1, L_2, L_3, L_4\}$。

综上所述，以 4 个支腿展开角度 β_1、β_2、β_3、β_4 为优化设计参数，以稳定性指标（整机重心距离支承面的最小距离）达到最大为目标函数，建立如下的优化数学模型

$$\begin{cases} F(\beta_1, \beta_2, \beta_3, \beta_4) = \min\{L_1, L_2, L_3, L_4\} \to \max \\ L_n \geq 0 \qquad (n = 1, 2, 3, 4) \\ 0° < \beta_n < 90° \qquad (n = 1, 2, 3, 4) \end{cases} \qquad (7-15)$$

有时还对泵车稳定性给出许用稳定安全系数 $[K]$。所谓许用稳定安全系数是指在臂架轴线与倾覆线（泵车的四边形支承面的任意一边线）正交时，倾覆线内（即支承面内）的稳定力矩 M_n 与倾覆线外侧的倾覆力矩 M_W 之比值。安全条件为

$$\frac{M_n}{M_W} \geq [K] ; \qquad [K] = 1.25 \qquad (7-16)$$

现以图 7-37 为例来说明 M_n 和 M_W 的计算。假定轨迹圆部分落在 NL 线外侧，则泵车可能会向 NL 外侧倾翻。NL 线即为倾覆线，臂架轴线 OB 与 NL 线正交（相交 90°），如图示状态。则

$$M_n = W_2 L_{CQ} \qquad (7-17)$$

$$M_W = W_1 L_{BQ} \qquad (7-18)$$

式中　L_{CQ}——机体重心至 NL 线的距离；
　　　L_{BQ}——臂架重心至 NL 线的距离。

三、混凝土泵送装置的结构与设计

（一）泵送装置结构和作用

活塞式混凝土泵送装置示意图如图 7-38 所示。

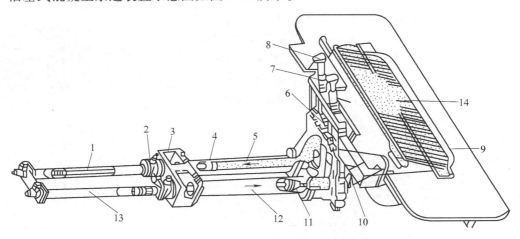

图 7-38　活塞式混凝土泵送装置示意图

1、13—主液压缸　2—先导阀　3—洗涤室　4、11—混凝土缸活塞总成　5、12—混凝土缸
6—混凝土分配阀　7、8—分配阀换向液压缸　9—料斗　10—Y 形管　14—搅拌装置

1. 主液压缸

主液压缸的作用是利用液压来驱动混凝土缸活塞做往复运动。图 7-39 所示为主液压缸结构。液压缸体用无缝钢管制成，内壁镀铬，提高耐磨性并延长使用寿命。主液压缸活塞和活塞杆分别采用球墨铸铁和碳钢制造。活塞上有两个支承环在液压缸的内壁上。为改善活塞杆的耐磨性和耐蚀性，一般在其表面镀有硬铬层。撞块套装在活塞端部，表面呈圆弧形。当活塞运动到终端时，撞块的弧面推动先导阀的顶杆（即先导阀的阀芯。图 7-39 中未画，参见图 7-38），实现控制换向阀换向，使活塞反向运动。

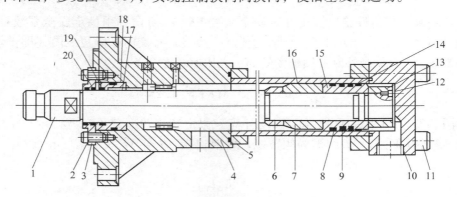

图 7-39 主液压缸结构
1—活塞杆 2—防尘圈 3—前盖 4—缸头 5、14—O 形密封圈 6、7—撞块 8—支承环 9、19、20—U 形密封圈 10—缸盖 11—螺栓 12—防松螺钉 13—锁紧螺母 15—活塞 16—液压缸 17—干式轴承 18—套

2. 混凝土缸

混凝土缸与主液压缸共用一根活塞杆（参见图 7-38），主液压缸活塞推动活塞杆，混凝土缸活塞随之在混凝土缸内做往复运动。混凝土缸采用无缝钢管制造，内壁镀铬或作其他表面耐磨耐蚀处理。

图 7-40 所示为混凝土缸活塞总成结构，活塞 5 用钢件制成，表面注塑（聚氨酯），防止混凝土腐蚀。聚氨酯密封活塞 4 将润滑脂均匀地涂在混凝土缸内壁的表面上，在吸料时能防止空气进入缸内。活塞总成由卡键 6 固定在活塞杆上。一般活塞的寿命为 7000~10000 m^3 混凝土。

3. 洗涤室

洗涤室是用钢板拼焊而成的箱形体，用来连接主液压缸和混凝土缸，在作业完毕后，使混凝土活塞退到洗涤室，进行清洗、保养或更换。安装混凝土活塞时，活塞先进入洗涤室，再装到活塞杆上后才进入混凝土缸。在洗涤室的前后安装面上有定位止口，保证主液压缸和混凝土缸安装时的同轴度误差在规定范围内。洗涤室上还有四个插销孔，当混凝土活塞装入混凝土缸后，插上插销，防止混凝土活塞从缸内脱出。

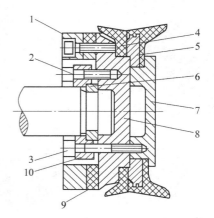

图 7-40 混凝土缸活塞总成结构
1—法兰盘 2、3—螺栓 4—密封活塞
5—活塞 6—卡键 7—前板
8—活塞法兰 9—缓冲垫 10—法兰

4. 搅拌装置

搅拌装置包括料斗、搅拌机构、液压马达及传动装置等。搅拌装置的作用是：对混凝土进行二次搅拌，提高混凝土的可泵性；向混凝土缸喂料，提高混凝土泵的吸入率。

料斗是泵车上的存料容器，供料给混凝土缸，避免中断。料斗由斗体、防溅板、筛网及清洗活门等组成。斗体用钢板焊成，两端成球状或锥台形，防止积料。斗体中部的下侧有两个方形管道，与混凝土分配阀的吸料口连接。底部也有两个方形活门，用于排出料斗内的残余混凝土和清洗料斗时排水。料斗口设有筛网，用扁钢和圆钢焊成，方格网孔大小有规定，防止混凝土中超标粒径骨料或其他杂物进入料斗。设计料斗时还应考虑防止空气被吸入混凝土缸内，降低吸入效率。

图 7-41 所示为搅拌装置。搅拌轴 12 置于料斗内。搅拌轴的中部加工成方轴，安装搅拌叶片，叶片相对搅拌轴偏转一定角度，旋转时能将混凝土推移到料斗中部下侧的吸料口处。叶片易磨损，应用耐磨材料制造。轴的两端采用球轴承支承。并用骨架油封 9 和 O 形密封圈 10 密封，防止砂浆侵入轴承内。润滑系统的润滑油通过轴承座上的油孔注入到其空腔内，起润滑轴承和阻止砂浆侵入的作用。搅拌机构由液压马达通过链传动装置驱动，液压马达安装在料斗的液压马达支座上，通过调节螺钉可改变传动链的张紧程度。

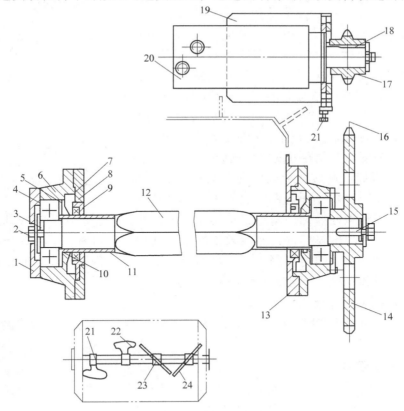

图 7-41 搅拌装置

1—盖 2—螺钉 3—垫片 4—轴承 5—垫圈 6—轴承座 7—纸垫 8—环 9—骨架油封 10—O 形密封圈 11—套 12—搅拌轴 13—料斗 14—大链轮 15、18—键 16—链条 17—小链轮 19—液压马达支座 20—液压马达 21—调节螺钉 22—右旋叶片 23—叶片座 24—左旋叶片

5. 混凝土分配阀

混凝土分配阀的功能是控制料斗和混凝土泵中的混凝土流向,它是活塞式混凝土泵的关键部件之一,直接影响泵车的性能。

混凝土分配阀按其结构特点和工作原理分类如下。

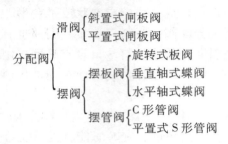

下面仅对斜置式闸板阀和旋转式板阀进行简单介绍。

(1) 斜置式闸板阀　图 7-42 所示为斜置式闸板阀工作原理图。闸板阀倾斜地设置在料斗侧面,阀板与混凝土流道斜交,阀口上部与料斗相通,下部与 Y 形管相接,阀板在换向液压缸活塞杆控制下在阀座内上下滑动,交替地启闭吸料口和排料口,使混凝土缸完成吸料、排料过程。两个分配阀协调工作,一个混凝土缸吸料,另一个混凝土缸排料,实现泵车连续不断地输送混凝土。这种分配阀的优点是使泵体结构紧凑,流道合理,进料口径大,换向速度快（0.17~0.2s）,对各种坍落度的混凝土适应性强,还可降低料斗高度。阀的主要件阀板、上下阀座均采用高强度、淬硬性好的铬钼钢制成。

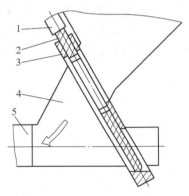

图 7-42　斜置式闸板阀工作原理
1—换向液压缸活塞杆　2—阀板
3—阀座　4—阀室　5—混凝土缸

(2) 旋转式板阀　旋转式板阀由扇形阀板、舌形阀板和转轴组成,如图 7-43 所示。两阀板装在同一转轴上,成为阀组,可随转轴来回摆动。阀组置于料斗底部,混凝土缸也在料斗底部通过。当扇形阀板将甲混凝土缸的出料口打开而封闭乙混凝土缸的出料口时,舌形阀板同时将乙混凝土缸的进料口打开而封闭甲混凝土缸的进料口。下一个过程则相反。所以转轴不断摆动,两缸交替进料和出料,使泵车连续输送混凝土。

(二) 泵送装置推力的确定

泵送装置的推力用于克服混凝土在输料管道中的流动阻力、泵送装置的摩擦力、惯性力和吸料阻力等。

1. 混凝土流动阻力 F_1

流动阻力 F_1(N) 指混凝土在输料管中的输送阻力,可通过前面介绍的泵送压力 p 求得

$$F_1 = \frac{\pi}{4}D^2 p \tag{7-19}$$

式中　D——混凝土缸内径（mm）;

　　　p——泵送压力（MPa）。

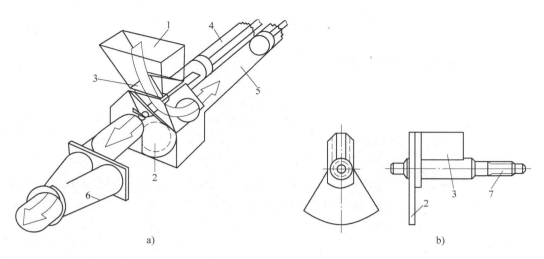

图 7-43 旋转式板阀

a) 旋转式板阀工作原理图 b) 板阀阀组

1—料斗 2—扇形阀板 3—舌形阀板 4、5—混凝土缸 6—Y形管 7—转轴

2. 摩擦力 F_2

摩擦力 F_2（N）主要指主液压缸活塞和混凝土缸活塞与缸壁的摩擦力，用下式近似计算

$$F_2 = \mu A \Delta p \tag{7-20}$$

式中 μ——摩擦因数，橡胶密封，动摩擦的 $\mu = 0.05$，静摩擦的 $\mu = 0.01$；

Δp——活塞两端的工作腔与非工作腔的压力差（MPa）；

A——摩擦面积。

$$A = \pi D L n$$

式中 D——缸径（mm）；

L——接触长度（mm）；

n——缸数。

3. 惯性力 F_3

主要由活塞和活塞杆运动到活塞两止点附近时的加速度和减速度所产生，用下式计算

$$F_3 = (m_1 + m_2)\frac{\Delta v}{\Delta t} \tag{7-21}$$

式中 m_1、m_2——分别为活塞和活塞杆的质量（kg）；

Δv——速度变化值（m/s）；

Δt——速度变化时间（t）。

4. 吸料阻力 F_4

目前混凝土泵均采用双列单动液压缸驱动，两个液压缸的非工作腔相互连通，构成闭合油路，其压力主要用于克服混凝土缸的吸料阻力（活塞摩擦阻力、回油阻力等均较小，忽略不计），可用下式计算

$$F_4 = \frac{\pi}{4}D^2 p_0 \tag{7-22}$$

式中 D——混凝土缸内径（mm）；

p_0——负压力（MPa）。

泵送装置的推力 F 由主液压缸产生，应为上述四种力之和，即

$$F = F_1 + F_2 + F_3 + F_4 \tag{7-23}$$

（三） 对泵送装置主要部件的设计要求

1. 混凝土缸

混凝土缸是泵车的主要部件，要求耐磨、耐腐蚀，并有足够的强度和刚度。故缸体要用高碳钢制造，内壁淬火硬度为55HRC，或在内壁镀铬，厚度大于0.2mm；缸体要进行强度校核；为保证主液压缸和混凝土缸的同轴度要求，要控制两缸连接面的加工精度。

2. 混凝土缸活塞

活塞的工作速度高，承受压力大，又与混凝土接触，故易磨损、易腐蚀，通常用钢材制造活塞基体，用聚氨酯橡胶作密封层。活塞要能抗压并有韧性，密封层要耐磨、耐腐蚀，并有一定强度。在结构上要拆卸和更换方便。

3. 搅拌装置

料斗要有较大的容积，一般大于$0.35m^3$，料斗口部装有筛网，网孔尺寸为最大骨料的1.5倍，料斗的出料口应能防止空气进入混凝土缸内，又便于混凝土流动，减少混凝土起拱。搅拌叶片的搅拌速度应与混凝土缸吸料口处的混凝土流速相适应，叶片旋转扫过的空间形状应与料斗的形状相似，叶片与料斗的间隙应大于最大骨料的尺寸。

4. 混凝土分配阀

目前应用的主要是滑动式板阀和摆动式管阀两种，它们各有优缺点。一般设计要求是：

1）应具有良好的吸入、排出性能，如吸入通道短，吸入口大，截面和形状不变，流通顺畅，压力损失小等。

2）应具有良好的换向性，吸入和排出动作协调、及时、迅速。换向动作宜在0.3s以内完成，防止灰浆倒流。

3）阀门和阀座的相对运动部位应具有良好的密封性，防止漏浆。

4）分配阀工作条件恶劣，作业中与混凝土强烈摩擦和冲击，容易磨损，故要有良好的耐磨性。

5）结构简单，便于加工和维修。

四、布料装置设计

（一） 臂架设计要求与强度计算

1. 设计要求

根据混凝土泵车的工作条件，对臂架的设计要求如下：

1）臂架的作业范围（高度、水平半径、深度）要尽量大。

2）臂架展开、折叠方便，需要的展开空间要小。

3）折叠后臂架整体结构紧凑，尽可能降低质心。

2. 臂架承受的载荷

（1）自重　自重指臂架、液压缸及输料管等部件的总重力 G。设计时可根据经验进行计算或参考同类臂架的质量估算。

（2）工作载荷　工作载荷指作用于臂架上输料管中的混凝土重力，可以看作是沿臂架长度方向的均布载荷 q，以及臂架端部橡胶软管内的混凝土重力，可以认为是作用于臂架端部的集中载荷 Q。

（3）惯性力　当臂架的回转机构制动或臂架开始回转时，回转部件会产生惯性力 F_g，用下式计算

$$F_g = 0.104 \frac{mRn}{t} \tag{7-24}$$

式中　m——回转部件总质量（kg）；
　　　R——回转部件质心到回转中心的距离（m）；
　　　n——回转转速（r/min）；
　　　t——回转机构制动或开始回转加速时间（s）。

（4）动载荷　泵车作业时，混凝土在输料管中不连续流动所引起的振动构成动载荷，其值为输料管中混凝土的重力与振动载荷系数 K 的乘积，K 取 1.3。此外，汽车发动机、混凝土分配阀、臂架液压缸的工作也使臂架产生振动，也构成动载荷，其值为各机构重力与自重动载荷系数 K_d 的乘积，K_d 一般取 1.2。

（5）附加载荷

1）臂架端部的橡胶软管在布料中常受到浇灌混凝土工人的拉引，传到臂架端部引起侧向拉力 F_s，设计中应考虑，一般取 $F_s = 300$N。

2）臂架工作时，有时会受到侧向风作用产生风载荷 F_W(N)，可用下式计算

$$F_W = qcA \tag{7-25}$$

式中　q——风压（Pa），按表 7-8 选取，q_1 用于正常工作状态，q_2 用于构件强度计算；
　　　c——风载体形系数，见表 7-9；
　　　A——臂架在垂直风向平面上的投影面积（m²）。

表 7-8　风压 q_1、q_2 推荐值

地区	q_1/Pa	q_2/Pa
沿海	150	250
内地	100	150

表 7-9　风载体形系数 c 值

结构		c
管结构 qd^2 q——风压/Pa d——管外径/m	≤10	1.2
	11	1.1
	12	1.0
	13	0.9
	14	0.8
	≥15	0.7
矩形梁或桁架		1.2~1.4
箱　形		1.2

混凝土泵车作业时，由于工作条件不同，臂架实际受到的载荷也不同，按上述几种载荷可以组合成两种情况，见表 7-10。

表 7-10　载荷组合表

类别	载荷		载荷组合	
	载荷名称	代号	第一类计算载荷	第二类计算载荷
基本载荷	自重载荷 自重动载荷系数	G K_d	$K_d G$	$K_d G$
	工作载荷 振动载荷系数	$q+Q$ K	$K(q+Q)$	$K(q+Q)$
	惯性力	F_g	F_g	
附加载荷	侧向载荷	F_S		F_S
	风载荷	F_W		F_W

第一类计算载荷指混凝土泵车在正常工作条件下，臂架受到自重、工作载荷、动载荷、惯性力等作用力，用来计算传动零件和金属结构的疲劳强度（耐久性）、磨损性和发热，又称寿命计算载荷。

第二类计算载荷指泵车在工作中可能出现的最大载荷，由第一类载荷和附加载荷组成。主要用于对传动零件和金属结构件的强度、稳定性进行计算，又称强度计算载荷。

3. 臂架强度计算工况

泵车在进行作业时，臂架的工作位置不同，其受力情况也不同。图 7-44 所示为三节臂架的四种工作位置：第 Ⅰ 种工作位置为三节臂全部处于水平位置，呈最大受力状态；第 Ⅱ 种工作位置有一节臂处于垂直状态，当臂架回转时、水平节臂产生的惯性力引起垂直节臂受到力矩作用；第 Ⅲ 种工作位置有两节臂处于垂直状态，臂架回转时垂直节臂同样会受到力矩作用；第 Ⅳ 种工作位置是全部节臂处于垂直状态，臂架要承受最大的轴向力，还要考虑臂架（压杆）的稳定性问题。

（二）输料管

输料管由直管、弯管、锥管、软管和管卡等组成，结构复杂，特别是弯管大部是空间弯曲，制造较困难。图 7-45 所示为混凝土泵车输料管示意图。作业中，混凝土对输料管内壁磨损严重，为了提高弯管的耐磨性和强度，延长使用寿命，可采取增加弯管壁厚、内壁淬火、外壁补强的办法，或选用强度高、耐磨性好的低合金无缝钢管制造，可降低输料管的壁厚。

软管装于输料管端部的出料口处，以便在不改变臂架位置的情况下扩大布料范围。软管分高压管和低压管两种。高压管用钢丝和橡胶制成，能承受较高的压力；低压管通常采用普通橡胶管。软管对混凝土的流动阻力大，一般场合不应太长。

管卡是连接管道用的，形式较多。图 7-46a 所示为双半圆式管卡，由两个带有内槽的半圆盖、螺栓、螺母、销和橡皮圈等组成。安装时，橡皮圈压在两管法兰的接缝处，用上下半圆盖夹紧两管的连接法兰，一侧插上销，另一侧用螺栓、螺母锁紧。图 7-46b 所示为是双盖式快速管卡，它是用偏心杠杆将上下盖压紧锁住，装拆方便，结构也简单，可用在输送压力较大的管道上。

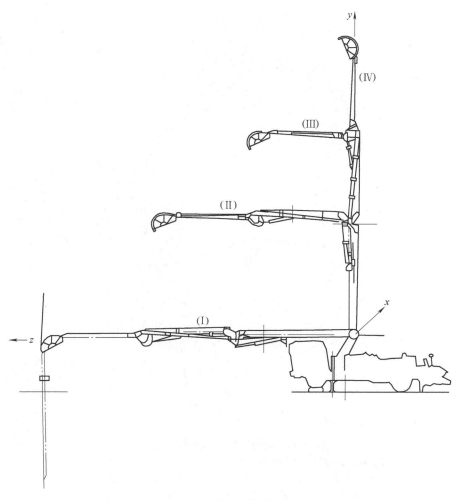

图 7-44 臂架工作位置图

五、混凝土泵车其他系统简介

1. 液压系统

目前国内外混凝土泵车全部采用液压传动。它主要由液压泵、液压马达、液压缸、蓄能器、过滤器、冷却器、阀门、压力表、油管及油箱等组成。

下面对混凝土泵车的液压系统作简要介绍。

液压系统分为4个子系统，每个子系统各有一个液压泵驱动。

（1）主液压系统 图 7-47 所示为主液压系统原理图。其功能是使主液压缸和混凝土分配阀换向液压缸工作，并通过控制元件使各液压缸的动作顺序进行，保证正常泵送混凝土。主液压泵 1 采用的是手动伺服恒功率变量柱塞泵。主溢流阀 2 调定系统的压力为 28MPa。顺序阀 3 是保证主液压泵排出的压力油首先经先导型减压阀 4 和混凝土分配阀换向阀 6（二位四通液控阀）供蓄能器 5 和驱动混凝土分配阀换向液压缸 7 工作。当液压油

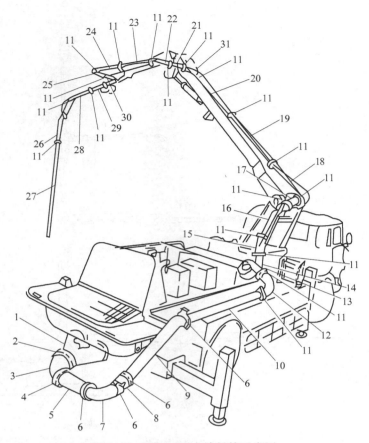

图 7-45 混凝土泵车输料管示意图

1—Y 形管　2、4、6、8、11—管卡　3、7、9、12、13、14、15、16、17、18、22、25、29、31—弯管
5、10—锥管　19、20、21、23、24、28、30—直管　26、27—软管

达到顺序阀 3 的开启压力（10.5MPa）时，顺序阀 3 打开，液压油通过主液控阀 13（二位四通液控阀）进入主液压缸 14，使其工作。先导型减压阀控制蓄能器和混凝土分配阀换向液压缸的压力在 21MPa 以下，故控制油路的最高压力不超过 21MPa。当主液压缸活塞行程到达终点时，撞块撞击先导换向阀 12 换向，控制油路使混凝土分配阀换向阀 6 和主液控阀 13 先后换向。快速

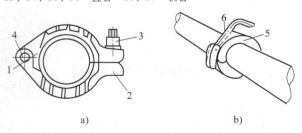

图 7-46 管卡
a) 双半圆式管卡　b) 双盖式快速管卡
1—上半圆盖　2—下半圆盖　3—螺母螺栓
4—销　5—盖　6—偏心杠杆

施放蓄能器中的液压油，为混凝土分配阀换向液压缸，迅速动作提供液压能。蓄能器施放的能量能使混凝土分配阀有效动作 2~3 次，当蓄能器中的压力下降到不能维持顺序阀打开和供给换向液压缸动作时。顺序阀关闭，这样顺序阀完成一个启闭工作循环。另有两个手动电磁二位四通换向阀控制混凝土泵逆运转。主液压缸内有杆腔与 12MPa 的溢流阀 11、两个手动常闭截止阀 9、10 组成一个封闭油路，截止阀 10 的作用是当油路中的液

压油泄漏而造成主液压缸活塞动力不足时，给油路补充液压油。出油截止阀9的作用是调节主液压缸活塞的行程，放油回油箱。

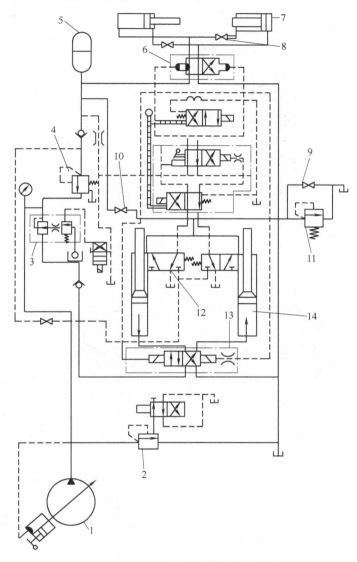

图7-47 主液压系统原理图

1—主液压泵 2—主溢流阀 3—顺序阀 4—减压阀 5—蓄能器 6—混凝土分配阀换向阀 7—换向液压缸
8、9、10—截止阀 11—溢流阀 12—先导换向阀 13—主液控阀 14—主液压缸

（2）臂架液压系统 图7-48所示为臂架液压系统原理图。臂架液压泵1采用斜轴式柱塞泵。两个手动三位四通换向阀操纵支腿垂直液压缸2、3和支腿水平液压缸4，截止阀和双向液压锁5锁定支腿工作状态。臂架液压缸6、8、10和液压马达11用三位四通电磁换向阀组13分别控制，实现臂架变幅和回转。每个臂架液压缸的油路上均设置了组合阀7、9。组合阀由调速阀、溢流阀、双向液压锁等组成。在液压马达11的回路上有一个起缓冲作用的综合阀。制动液压缸12的油路由二位四通电磁换向阀控制。

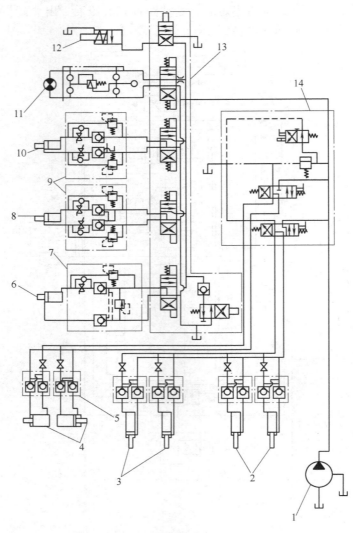

图 7-48 臂架液压系统原理图

1—液压泵　2、3—支腿垂直液压缸　4—支腿水平液压缸　5—双向液压锁　6—下节臂液压缸　7、9—组合阀
8—中节臂液压缸　10—上节臂液压缸　11—液压马达　12—制动液压缸　13—电磁换向阀组　14—支腿操纵阀阀组

（3）搅拌液压系统　搅拌液压系统主要由齿轮泵、液压马达和集流块等组成，如图 7-49a 所示。集流块两个溢流阀（主溢流阀 11 和反转溢流阀 10）、一个手动三位四通换向阀 17、一个液控二位四通阀 16 及一个液控弹簧复位二位四通阀 15 等集成为一个阀块。集流块具有控制液压马达 9 自动反转、恢复正转及手动正反转等功能。其原理是，当搅拌叶片被骨料卡住时，液压马达进口油路的油压升高，达到 11MPa 时反转溢流阀 10 打开，液压油经单向阀 18 使液控弹簧复位二位四通阀 15 转向，这时液控二位四通阀 16 随着换向，使液压马达的出油口变为进油口，液压马达反转，当搅拌叶片的卡阻骨料排除后，各阀恢复到原来状态，液压马达正转。

（4）冷却及水洗液压系统　用双联齿轮泵 2 输送冷却液压油或驱动水泵工作，由手

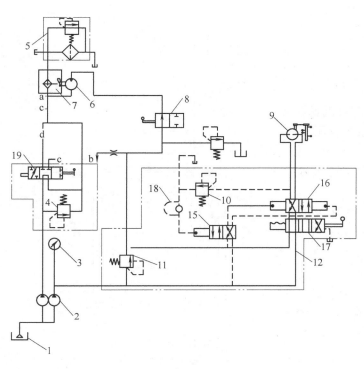
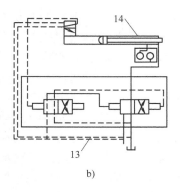

图 7-49 搅拌液压系统和冷却及水洗液压系统原理图
a) 搅拌液压系统 b) 冷却及水洗液压系统
1—吸油过滤器 2—双联齿轮泵 3—压力表 4—溢流阀 5—回油过滤器 6、9—液压马达
7—冷却器 8—手动换向器 10—反转溢流阀 11—主溢流阀 12—集流块 13—水泵换向阀 14—液压缸
15—液控弹簧复位二位四通阀 16—液控二位四通阀 17—手动三位四通换向阀 18—单向阀 19—手动三位四通阀

动三位四通阀 19 控制（图 7-49b）。冷却时，油箱内的液压油被双联齿轮泵 2 输送到冷却器 7 进行冷却和净化。水洗时，液压油经 c 管路进入水泵换向阀 13，驱动往复式液压缸 14 和与液压缸活塞共活塞杆的往复式水泵活塞随之运动，于是水泵工作。往复式液压缸由先导换向阀和两个液控水泵换向阀控制其往复运动。

2. 润滑系统

由于混凝土泵车的主要专用部件工作速度高，动作频繁，且常与混凝土接触或由于砂浆渗入，容易腐蚀、损坏。因此混凝土分配阀、混凝土活塞、搅拌轴上的轴承部位等都要求有良好的润滑来保证机构正常运转和阻止砂浆侵入，以提高部件的使用寿命。

润滑系统包括润滑脂泵、蓄能器、脂分配阀、单向阀、过滤器、脂箱、铜管和接头等。图 7-50 所示为润滑系统示意图，往复式润滑脂泵 5 通过过滤器 2 将脂箱 3 内的半流体状态的润滑脂输入蓄能器 6 中储存。由蓄能器施放出的润滑脂经脂分配阀 7 分配到各个润滑点。混凝土分配阀上的润滑点装有单向阀。

3. 清洗系统

清洗系统是在混凝土泵车作业完毕后，对输料管道和整车进行清洗的工作装置。清洗的方法有多种，常用的有水洗和气洗。泵车上可设专门的清洗装置，也可利用混凝土泵泵水进行自身清洗，如有摆管阀的混凝土泵就可利用摆管阀密封性好的优点，进行管道自身清洗。有板阀的混凝土泵，由于板阀的密封性较差，则利用反吸的方法即反泵工作来清除输料管中的残余混凝土。

图 7-51 所示为混凝土泵车专设的清洗系统示意图，所使用的往复式水泵具有压力高、流量大的优点。往复式清洗水泵 16 由分配阀液压缸 4 驱动，水泵两端共有 4 个单向阀 17，每端各有一个吸阀和一个排阀，所以活塞每个行程都能吸水和排水，形成连续供水。当水泵活塞移动时，水泵的一个腔经单向阀从供水罐 14 中吸水，则水泵的另一个腔经单向阀将水压入洗车配管 7，洗车配管前端的法兰与混凝土管连接，高压清洗水推动在混凝土管中预先放好的清洗活塞和棉球，将管中残余混凝土推出。

4. 操纵系统

操纵系统用来控制主液压泵流量和发动机转速，从而改变泵车的混凝土排出量。图 7-52a 所示为通过手柄、钢丝软轴调节发动机

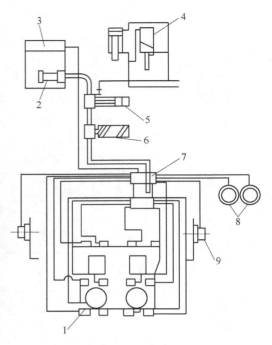

图 7-50　润滑系统示意图
1—单向阀　2—过滤器　3—脂箱
4—分配阀液压缸　5—润滑脂泵　6—蓄能器
7—脂分配阀　8—混凝土缸　9—搅拌轴

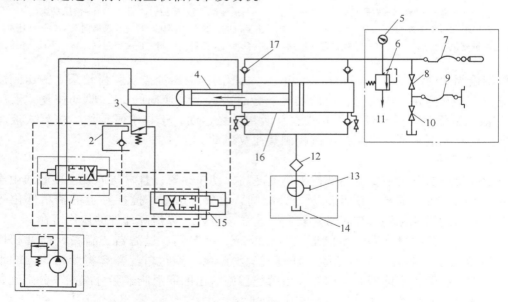

图 7-51　清洗系统示意图
1—液压换向阀　2、17—单向阀　3—液控换向阀　4—液压缸　5—压力表　6—水用安全阀　7—洗车配管　8—主流阀
9—连接管　10—分流阀　11—放气口　12—筛网过滤器　13—外部供水接口　14—供水罐　15—增压阀　16—清洗水泵

的调节器，控制发动机转速在 1000~2000r/min 内工作。图 7-52b 所示为通过手柄、钢丝软轴调节液压泵变量斜盘的斜度，改变主液压泵流量，从而改变泵车的混凝土排出量。

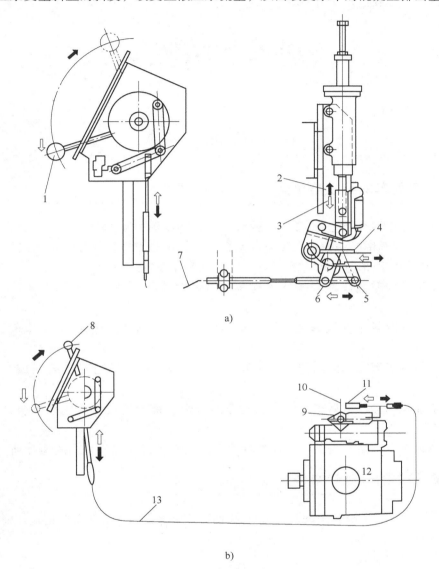

图 7-52 操纵系统图

a) 发动机转速控制 b) 液压泵排量控制

1、8—手柄 2—空转（600r/min）位 3—1000r/min 位 4—发动机调节器 5—1000r/min 位 6—2000r/min 位 7、13—钢丝软管 9—斜盘操纵杆 10—最小斜度位 11—最大斜度位 12—主液压泵

第八章

汽车列车的结构与设计

第一节 概 述

一、汽车列车的组成与分类

汽车列车的专业术语定义为:"一辆汽车(货车或牵引车)与一辆或一辆以上挂车的组合"。在汽车列车中,一般牵引车是驱动部分,挂车是被拖挂部分(自走式挂车除外)。

根据牵引车与挂车组合形式的不同,汽车列车可分为:

(1) 牵引杆挂车列车或全挂汽车列车 由牵引车和一辆或一辆以上全挂车的组合,如图 8-1a 所示。

(2) 铰接列车或半挂汽车列车 由半挂牵引车和一辆或一辆以上半挂车组合而成,如图 8-1b 所示。

(3) 双挂汽车列车 由半挂牵引车和一辆半挂车、一辆全挂车组合而成,如图 8-1c 所示。

(4) 全挂式半挂汽车列车 由牵引货车通过牵引拖台连接一辆半挂车组合而成,如图 8-1d 所示。

(5) 特种汽车列车 由牵引车和特种挂车组合而成,如图 8-1e、图 8-1f 所示。

二、牵引车的分类和结构特点

牵引车是汽车列车组合中的动力源,用来牵引挂车实现汽车列车的运输作业。

(一) 分类

1. 按挂车形式分类

(1) 全挂牵引车 全挂牵引车是牵引全挂车的牵引车,它的车架后梁上装有牵引钩,与挂车上的挂环连接,并带动挂车行驶,如图 8-1a 所示。一般的全挂牵引车设有货箱,使用时可以带挂车,也可以不带挂车,但专用的全挂牵引车没有货箱,如机场、车站、码头、货场等地使用的专用全挂牵引车。

(2) 半挂牵引车 半挂车的牵引车是专用于牵引半挂车的牵引车。这种牵引车一般没有货箱,在它的底盘上装有牵引座。通过牵引座承受半挂车前部的载荷,并锁住其上的牵引销,带动半挂车行驶,如图 8-1b 所示。

(3) 特种挂车牵引车 特种挂车牵引车用于牵引特种挂车,这种牵引车通常用旋转式枕座与货物连接,如图 8-1d、e、f 所示。

第八章 汽车列车的结构与设计

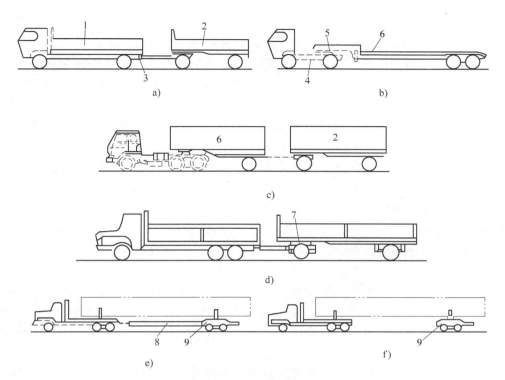

图 8-1 汽车列车的类型
a) 牵引杆挂车列车或全挂汽车列车 b) 铰接列车或半挂汽车列车
c) 双挂汽车列车 d) 全挂式半挂汽车列车 e)、f) 特种汽车列车
1—货车 2—全挂车 3—牵引钩 4—牵引车 5—牵引座 6—半挂车 7—牵引拖台
8—可伸缩牵引杆 9—特种挂车

2. 按驱动形式分类

1) 4×2 型牵引车，其牵引力较小，多用于高速汽车列车，如图 8-2a 所示。

2) 6×2 型牵引车，承载能力有所增加，其中一种是带一根悬浮桥，空载时将悬浮桥悬起，可减小能耗；另一种是不带悬浮桥，一般前两桥均为转向桥，后一桥为驱动桥，如图 8-2b 所示。

3) 6×4 型牵引车，能增加牵引座处的承载能力，如图 8-2c 所示。

4) 6×6 型牵引车，具有大承载、大牵引力和大爬坡能力，一般用于较大的军用车，如图 8-2d 所示。

5) 8×8 型牵引车，重型汽车列车使用，一般用于大型军用车。

图 8-2 按驱动形式分类的牵引车
a) 4×2 型 b) 6×2 型 c) 6×4 型 d) 6×6 型

291

3. 按用途分类

牵引车按用途可分为载货牵引车、半挂牵引车和场内牵引车。

(1) 载货牵引车 既能牵引，又能载货，用于全挂列车或特种挂车列车。

(2) 半挂牵引车 只能牵引，用于半挂列车，在其车架上装有牵引座，用来支承和牵引半挂车。

(3) 场内牵引车 用于飞机场、铁路站台和港口码头等地，可牵引半挂车或全挂车。

（二）结构特点

牵引车的总体结构与载货汽车的基本相同，由发动机、底盘、车身（驾驶室）和电气设备等组成。但由于牵引车必须进行拖挂作业，对某些总成和部件提出了不同的要求，特别是半挂牵引车和场内牵引车。

1. 底盘总布置

半挂牵引车同普通货车相比，轴距短，牵引座处的载荷较大。

2. 传动系统

牵引车的传动系统与载货汽车基本相同，但也有的在离合器和变速器之间安装液力偶合器和液力变矩器，保证起步平稳。由于重型牵引车驱动力大，常采用双级主减速器，有的还采用双速主减速器和轮边减速装置。

3. 制动系统

牵引车的制动系统与载货汽车的制动系统基本相同，不同点是牵引车设置了向挂车输送压缩空气的气压制动管路、紧急制动管路、气动控制管路及气管接头等。另外，在驾驶室内设置了手制动阀，可直接操纵挂车制动。为了提高制动性能，有的牵引车在后桥处装有感载阀改善轴间制动力的合理分配。

4. 悬架

牵引车的悬架基本上与载货汽车的相同，但牵引车为了改善性能和适应重载要求，采用了独立悬架或比普通载货汽车更宽更厚的钢板弹簧。对于双后轴的牵引车，其后悬架目前几乎都采用半椭圆钢板弹簧平衡式悬架。

5. 车架

车架较短，主车架纵梁后部因承受牵引座集中载荷而需加强，其中横梁的布置也应重新考虑。

6. 行驶系统

牵引座处承载在16t以上的半挂牵引车，行驶系统应作为专用底盘研制。

7. 电气系统

在牵引车上引出一个七级电气连接器，用来与挂车的七芯插头连接，能向挂车输送电气信号。

三、挂车的分类

挂车是汽车列车组合中的载货部分，就其设计和技术特征而言，它是一种由牵引车牵引才能正常使用的道路车辆。一般情况下，挂车本身不带动力装置，离开了牵引车它将无法工作。

挂车可以按以下几种方式分类：
（一）按牵引连接方式分类
1. 牵引杆挂车或全挂车

牵引杆挂车或全挂车是指至少具有两根车轴的挂车，采用牵引杆上的挂环与牵引车的牵引钩连接，牵引杆兼有牵引和转向功能，挂车的载荷全部由自身承受。全挂车按车轴数的不同可分为单轴、双轴和多轴全挂车，如图 8-3 所示。

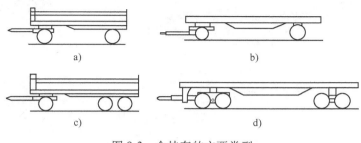

图 8-3　全挂车的主要类型
a)、b) 双轴　c)、d) 多轴

2. 半挂车

半挂车是指将车轴（单轴或多轴）置于车辆质心（均匀载荷时）后面，并且具有可将水平力和垂直力传递给牵引车牵引连接装置的被牵引车辆。半挂车上的牵引连接装置通常通过牵引销与牵引车的牵引座连接，挂车的部分载荷通过牵引座由牵引车承受。摘挂时用支承装置维持半挂车的平衡，如图 8-4 所示。

图 8-4　半挂车结构
1—牵引销　2—支承装置

车轴配置直接影响到挂车的装载质量，一般装载质量增加，车轴数量相应增加。半挂车的车轴可以是单轴、双轴、三轴和多轴，如图 8-5 所示。

图 8-5　半挂车的主要类型
a) 单轴　b) 双轴

c)　　　　　　　　　　　　　　　　d)

图 8-5　半挂车的主要类型（续）
c) 三轴　d) 多轴

半挂车的车架主要有平板式、鹅颈式和凹梁式三种。平板式车架如图 8-6a 所示，整个货台是平直的，且在车轮之上，牵引车和半挂车搭接部分的上部空间得到了充分利用，因而具有较大的货台面积。这种车架形式结构比较简单，制造容易，多用于超重型挂车。鹅颈式车架如图 8-6b 所示，也称阶梯式车架，车架呈阶梯形，货台平面在鹅颈之后，从而使货台主平面降低，便于货物的装卸和运输，但车架的受力情况不如平板式车架的好。

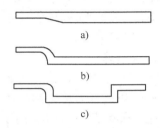

图 8-6　半挂车车架纵梁结构
a) 平板式　b) 鹅颈式　c) 凹梁式

凹梁式车架如图 8-6c 所示，其货台平面呈凹形，具有最低的承载平面，一般适于运输大型或超高的设备。

3. 特种挂车

特种挂车有两种连接方式。一种为全挂连接的牵引钩-挂环式，参见图 8-1e，其牵引杆是可伸缩的，以适应不同长度货物的装载需要；另一种为非直接连接式，挂车车台通过货物与牵引车连接实现牵引，参见图 8-1f。

（二）按用途分类

1. 一般用途挂车

一般用途挂车主要是指在敞开（平板式）或封闭（箱式）载货空间运载货物的挂车。在我国，这是一种主要的汽车列车运输方式。

2. 专用挂车

专用挂车是用于承担专门运输任务或专项作业以及其他专项用途的挂车，它具有专用车厢及附属装置，只用于运输一定种类的货物，或某种特定形式的货物。图 8-7 所示为几种常用的专用挂车形式。

3. 特种用途挂车

特种用途挂车是用于承担专门作业任务、专供特种用途的挂车。它只有在装备了一定的专用设备后，才能用于运输货物或只完成特定的任务，如工程挂车、军用挂车（坦克运输车、导弹发射车）、移动电站等。特种挂车主要不是用来完成纯粹运输任务的，而是用来完成某一特定的工作任务的。

第八章 汽车列车的结构与设计

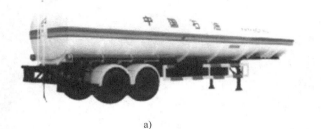
a)

b)

c)

d)

e)

f)

图 8-7　几种常用的专用挂车形式

a) 液态物料运输半挂车　b) 粉粒物料运输半挂车　c) 汽车运输半挂车
d) 厢式半挂车　e) 自卸式半挂车　f) 冷藏半挂车

第二节　汽车列车设计

一、汽车列车的运行特性

汽车列车的基本运行特性主要指汽车列车的动力性、燃油经济性、转向机动性、行驶稳定性、制动稳定性等，它们是衡量汽车列车技术水平及其结构完善程度的重要标志。为了正确设计汽车列车，应掌握汽车列车的运行特性。

1. 动力性能

汽车列车运输的优点在于充分利用牵引车的后备功率，以增加拖挂质量的方式提高发动机的功率利用率，从而提高汽车列车的运输效率。

图 8-8 所示为汽车在某一档位时驱动力和行驶阻力与行驶车速的关系曲线。图中 F_t 表示发动机节气门全开时变速器在直接档时汽车的驱动力曲线，$\sum F$ 表示汽车在道路上行驶时随车速而变化的行驶阻力曲线。当汽车在良好道路上稳定行驶的速度为 v_1 时，需要克服的运动阻力相当于线段 $\overline{ac}$。此时节气门部分开启，发动机处于部分负荷特性状态，汽车相应的驱动力曲线为 F_t'。因而 $\overline{ab}$ 线段就是汽车在此车速下的剩余牵引力，所以利用汽车的剩余牵引力拖带挂车，形成汽车列车运输是完全可能的；但汽车列车随着拖挂质量的增大，行驶阻力也增大。和单车相比，汽车列车的剩余牵引力和剩余功率减小，动力性能降低，除最高车速外，其加速性能和爬坡能力也变差；汽车的平均车速下降，其原因是汽车列车的最高车速降低，加速时间长和低档使用次数增加。因此，汽车列车的合理拖挂影响到汽车列车的动力性、运输生产率、成本、平均车速和燃油消耗等。

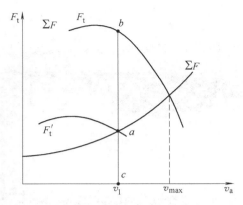

图 8-8 汽车驱动力图

(1) 动力性能参数计算 动力性能参数主要包括汽车列车最高车速、加速时间、最大爬坡度等，可以根据发动机输出转矩与转速的关系式，利用驱动力-行驶阻力平衡方程直接求出（参见第一章）。

(2) 汽车列车的运输生产率和运输成本 汽车列车的运输成本 C_t（元/t·km）是指汽车列车完成单位货物周转量所需要的费用，可用下式表示

$$C_t = \frac{\sum C}{\sum W} \tag{8-1}$$

式中 $\sum C$——某一时期汽车列车的全部运输成本费用（元）；

$\sum W$——同一时期汽车列车完成的总的货物周转量（t·km）。

汽车的运输生产率 E_t 是指单位时间内完成的货物运输量，可用下式表示

$$E_t = m_q \gamma v_m \tag{8-2}$$

式中 m_q——汽车列车的额定装载质量（t）；

γ——质量利用系数；

v_m——车辆平均行驶速度，等于车辆的总行驶里程与总行驶时间之比（km/h）。

式 (8-2) 中的 $m_q\gamma$ 也称为拖挂质量，当拖挂质量增加时会导致平均车速下降，因此运输生产率受到拖挂质量和平均车速的共同影响。

(3) 汽车列车的装载质量、平均车速和燃油消耗量 汽车列车额定装载质量增加会导致汽车列车的最大总质量 m_t 也增加。在发动机功率一定时，其比功率（即单位总质量的功率 P_e/m_t，P_e 为发动机的有效功率）减小，使汽车列车的平均车速降低；比功率减小的范围应不使运输生产率降低、运输成本提高。

汽车列车的行驶速度能跟上公路车辆的行驶速度，则认为其比功率是可行的。一般

地，比功率大则动力性好，但燃油消耗量也会增大。图 8-9 所示为一辆总质量为 24000kg 的汽车列车的最大可能平均车速 v_m 及相应的燃油消耗量 Q_s（L/100km）与汽车比功率的关系，可以看出，随着比功率的增加，平均车速和燃油消耗量都增大。

2. 燃油经济性

燃油经济性是推动半挂汽车列车发展的一个重要因素，汽车列车完成单位运输工作量的燃油消耗量 Q_t 为

$$Q_t = \frac{Q}{m_q} \quad (8-3)$$

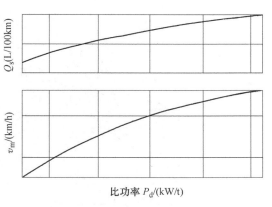

图 8-9 最大可能平均车速 v_m 及相应的燃油消耗量 Q_s 与汽车比功率的关系

式中 Q——汽车列车每单位行程的燃油消耗量（L/km）。

式（8-3）表明，汽车列车的最大装载质量 m_q 增大，完成单位运输工作量的燃油消耗量 Q_t 将随之减少。

燃油消耗比量 Q_{st} 表示汽车列车每吨总质量的百公里燃油消耗量（L/100t·km），这一指标不仅与百公里油耗一样可以用来评价车辆的燃油经济性，还可以反映汽车列车的运行情况。例如，某一中型货车，当拖带 3t 挂车时每百吨公里燃油消耗量比单车降低 27%，拖两辆 3t 挂车时可降低 34.7%。图 8-10 所示为汽车列车总质量 m_t 和燃油消耗比量 Q_{st} 的关系，从图中可以看出，当车辆总质量增加时，每百吨公里的燃油消耗量迅速增加，这就是汽车列车或大吨位汽车燃油经济性较好的原因。

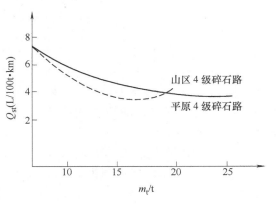

图 8-10 汽车列车总质量 m_t 和燃油消耗比量 Q_{st} 的关系

因而，应采用大吨位汽车列车作为城际运输工具，既可达到提高运输生产率的目的，又可以获得节约燃油的经济效果。

3. 转向机动性

汽车列车的转向机动性是指在狭窄弯曲路段上改变行驶方向或绕过障碍物的能力，这一性能表示汽车列车在狭窄公路、汽车货场、码头、建筑工地等的通过能力。

评价汽车列车机动性的重要指标有汽车列车的最小转弯直径 D_{min} 和最大通道宽度 A_{max}，如图 8-11 所示。最小转弯直径 D_{min} 是指汽车列车转弯时，当转向盘转到极限位置时，牵引车外侧前轮所滚过的轮迹圆的直径（有左转弯直径和右转弯直径）。最大通道宽度 A_{max} 是指汽车列车上离转向中心最远点和最近点的距离之差。

汽车列车在曲线行驶时与单车行驶时有所不同，转向所需的面积或转向道路宽度增大。在非稳定曲线行驶中，汽车列车各点以变化的半径做曲线运动；在稳定行驶中，汽车和挂车绕同一个圆心做曲线运动。最小转弯直径 D_{min} 和最大通道宽度 A_{max} 越小，说明汽

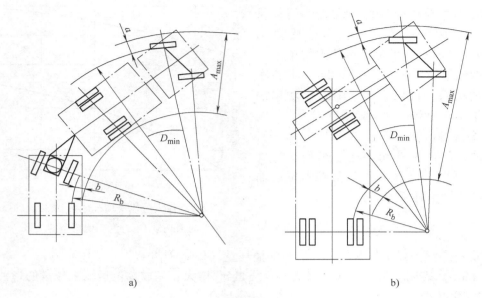

图 8-11 汽车列车转弯示意图
a) 全挂汽车列车 b) 半挂汽车列车

车列车的转向机动性越好。

汽车列车在转向时,牵引车和挂车都应绕同一个回转中心做曲线运动,因而牵引车和挂车车轴的延长线都应交于 O 点(也称转向中心)。理论上计算最小转弯直径 D_{min} 和最大通道宽度 A_{max}(图 8-12)的方法有图解法和解析法两种。

(1) 图解法 车辆在最大转向时,前外轮、前内轮各转至最大角度 α_{max} 和 β_{max},轮迹垂直延长线交后轴延长线于 O 点。以 O 点为圆心,O 点至前外轮中心平面的距离为半径画圆,即可求得车辆的最小转弯直径 D_{min}。

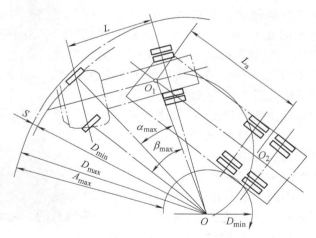

图 8-12 半挂汽车列车转向图

连接 OO_1(O_1 点为半挂牵引车连接中心),以 OO_1 为直径作半圆,再以 O_1 点为圆心、挂车轴距 L_a 为半径画弧,交半圆弧于 O_2 点,OO_2 连线就是挂车后轴轴线,O_1O_2 连线为挂车纵向中心线,绘出轮距及车辆总宽,再以 O 点为圆心,以汽车列车最外侧点及最内侧点的距离为半径画弧,可求得车辆的最大通道宽度 A_{max}。

(2) 解析法 若挂车的轴距小于 OO_1,则汽车列车的最小转弯直径 D_{min} 和牵引车单车时的最小转弯直径是相同的,D_{min} 可近似地表达为

$$D_{min} = \frac{2L}{\sin \alpha_{max}} \tag{8-4}$$

式中　　L——牵引车轴距。

　　$D_{\min}$也可通过下式确定，即

$$D_{\min} = 2g(A_{\max} - a + R_e - b) \qquad (8\text{-}5)$$

式中　　a、b——分别为前、后突伸距；

　　　　R_e——后内轮转弯半径。

　　尽管满足上述条件的汽车列车的最小转弯直径和牵引车的相等，但牵引车因拖带挂车而使通道宽度增大。若挂车轴距L_a大于OO_1，则汽车列车的最小转弯直径增大，机动性变差。

　　由上述分析可知，汽车列车转向时机动性降低，这是因为汽车列车的挂车离回转中心较近，使汽车列车的通道宽度大于单车的通道宽度。若设单车转向所需通道宽度为A，带一辆挂车的汽车列车转向所需通道宽度就增至A_1，带两辆挂车时则增至A_2，且有$A_2 > A_1 > A$。汽车列车转弯时的通道宽度在最小转弯直径时最大。

4. 行驶稳定性

　　行驶稳定性是指汽车列车在行驶或制动过程中，不发生侧滑、摇摆和倾翻的能力。行驶稳定性越好，汽车列车的安全车速越高，其他使用性能也能得到充分发挥，采用汽车列车的优越性也越明显。但汽车列车在行驶中，挂车常产生摇摆和冲击现象，造成各车连接处作用着交变的纵向和横向扰动力，使汽车列车的行驶稳定性下降，影响汽车列车的安全行驶。

　　汽车列车挂车产生摇摆和振动现象的主要原因是：①牵引车后轴的横向滑移或行驶于不平路面时牵引钩的横向摆动，在牵引钩上产生横向扰动力，由牵引车传给挂车；②牵引车在转向过程中，牵引钩横向摆动，其作用力传给挂车；③挂车的一侧车轮遇到障碍或因阻力较大使挂车发生横向偏离；④通过不平路面，挂车车身在悬架和轮胎弹性系上产生振动。

　　提高汽车列车行驶稳定性的措施有：①为了提高汽车列车的行驶稳定性，必须尽量降低悬架系统的振动频率，增大悬架的静挠度，减小悬架刚度，但是，悬架刚度过小，列车在不平道路上行驶时车架左右摆动加大，对稳定行驶不利，因此，要适当增大悬架刚度和轮胎侧偏刚度；②连接装置中的间隙使牵引车和挂车不能保持稳定的拉紧作用，经常冲击使稳定性大大降低，采用无间隙式连接装置，有利于改善汽车列车的稳定性，并能延长连接装置的使用寿命；③设计牵引架时，尽可能减小在连接装置中产生侧向力和垂直力，因此，牵引车和挂车的连接装置最好处于同一高度，并在汽车列车的纵轴线上；④挂车的质心过高、轴距过小、牵引架过短以及载荷分布不均匀等，都会增加挂车的摆动，因此，要求挂车质心不要比牵引车高太多，连接装置尽可能靠近牵引车后轴，均有利于挂车摆动的减小；⑤车轮转向驱动装置的传动比越大，汽车列车行驶越不稳定，装有轴转向的挂车，其传动比$i=1$，因此其稳定性比用轮转向装置的挂车要好；⑥减小挂车质量，增大牵引车和挂车质量之比，以及它们相对于垂直轴的惯性矩之比，能提高汽车列车的横向稳定性。

5. 制动稳定性

　　汽车列车制动时，若挂车产生折叠和甩尾，易使汽车列车丧失制动方向的稳定性。

　　制动时牵引车偏离原行驶方向，并且出现牵引车与半挂车之间有相对转角的现象，称

为折叠。折叠主要是由于牵引车后轴车轮首先制动抱死，使牵引车后轴失去了承受横向力的能力，在横向力的作用下而产生的。产生横向力的因素很多，如半挂汽车列车转弯所引起的离心力，道路横向坡度引起的重力侧向力，左右车轮制动力不同等。牵引车与半挂汽车列车行驶方向所形成的偏离角 α 的值越大，折叠越严重。折叠现象如图 8-13 所示。

制动时半挂车偏离原行驶方向，并且出现牵引车与半挂车之间有相对转角的现象，称为甩尾。产生甩尾现象的主要原因是半挂车一侧车轮制动器抱死以及路面或行驶条件而引起的横向作用力。半挂车与半挂汽车列车行驶方向所形成的偏离角 β 值越大，甩尾越严重。甩尾现象如图 8-14 所示。

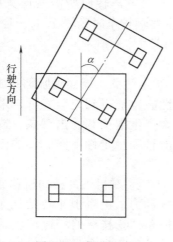

图 8-13　折叠现象

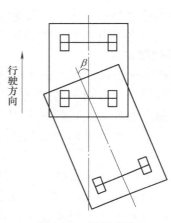

图 8-14　甩尾现象

提高汽车列车制动稳定性的措施主要有：

1）应合理分配牵引车和半挂车的制动力。若使半挂车的制动力比牵引车的制动力相对增大，制动时牵引车就会被半挂车往后拽，从而提高稳定性；但若半挂车的制动力过大，则在制动比较强烈时，半挂车抱死的频率就增加，反而不稳定。半挂汽车列车各轮轴的制动抱死顺序为：首先是牵引车前轮，然后是半挂车车轮，最后是牵引车后轮。

2）制动滞后协调，希望全挂车制动超前牵引车，而全挂车解除制动滞后于牵引车，使牵引架始终保持有拉力作用。

3）采用防抱死制动装置或各种载荷调节阀，也有在连接装置中安装机械或液压防摆装置。

二、汽车列车总体参数及主要尺寸确定

1. 汽车列车最大总质量

采用拖挂运输必须合理确定汽车列车的最大总质量 m_t。牵引车拖带挂车后，尽管其总质量增加，但仍要求汽车列车具有足够的动力性。在选择汽车列车总质量时，除参照前面介绍的汽车列车动力性外，还应满足以下四方面的要求：

(1) 在运行路线的最大坡道上能用一档起步　起步时不计空气阻力的影响，根据驱

动力-行驶阻力平衡方程式，可求得汽车列车的最大总质量 m_{t1} 为

$$m_{t1} = \frac{F_{t\,\mathrm{I}\,max}}{\left(af + i_{max} + \dfrac{\delta}{g}j\right)g} \tag{8-6}$$

式中　$F_{t\,\mathrm{I}\,max}$——汽车列车稳定行驶时一档的最大驱动力（N）；

　　　a——起步附加阻力系数，其数值取决于汽车列车的运行条件（如大气温度和路面状况等），据试验，夏天取 1.5~2.5，冬天取 2.5~5.0；

　　　f——滚动阻力系数，在混凝土或沥青路面上取 0.012~0.015；

　　　δ——汽车列车的旋转质量转换系数，在起步时通常取 1；

　　　j——汽车列车起步时的加速度，其数值可取为 0.3~0.5m/s²；

　　　i_{max}——汽车列车运行路段上的最大坡度，按表 8-1 选取。

表 8-1　各级公路坡度标准

公路等级	一	二		三		四
		平原微丘	山岭重丘	平原微丘	山岭重丘	
最大坡度 i_{max}	4	5	7	6	8	8

式（8-6）可简化为

$$m_{t1} = \frac{F_{t\,\mathrm{I}\,max}}{(i_{max} + K)g} \tag{8-7}$$

式中　K——汽车列车起步加速系数。一般情况下，汽车列车的起步加速系数的平均值是：强烈起步时 $K = 0.067$，正常起步时 $K = 0.050$；K 值的最小值不低于 0.024。

（2）在运行路线的最大坡道上能用二档通过　此种工况车速较低，也可不考虑空气阻力的影响，且以等速上坡，即 $i = 0$。根据驱动力-行驶阻力平衡方程式，可求得汽车列车所允许的最大总质量 m_{t2} 为

$$m_{t2} = \frac{F_{t\,\mathrm{II}\,max}}{(i_{max} + f)g} \tag{8-8}$$

式中　$F_{t\,\mathrm{II}\,max}$——汽车列车二档的最大驱动力。

（3）在运行路线上能经常用直接档行驶　汽车列车直接档的最大动力因数 D_{0max} 应比沥青路面的滚动阻力系数大一些，可取 $D_{0max} = 0.025~0.03$，因而得到汽车列车经常行驶的道路条件下，以直接档等速稳定行驶时所允许的最大总质量 m_{t3} 为

$$m_{t3} = \frac{F_{t0max} - F_W}{g D_{0max}} \tag{8-9}$$

式中　F_{t0max}——直接档的最大驱动力；

　　　F_W——汽车列车的空气阻力。

（4）汽车列车运行时必须符合路面附着条件　即要求汽车列车的驱动力 F_t 必须小于或等于牵引车驱动轮和路面之间的附着力 F_φ，当汽车列车做等速直线行驶时，有

$$m_t \psi \leq m_\varphi \varphi \rho \tag{8-10}$$

式中　ψ——道路阻力系数，$\psi = f + i$，i 为路面坡度；

φ——路面附着系数；

m_φ——驱动轮上的附着质量；

ρ——轴载质量转移系数，对于后轮驱动的牵引车$\rho=1$。

因而可以得到在满足路面附着条件下的汽车列车的最大总质量m_{t4}为

$$m_{t4} \leqslant m_\varphi \frac{\varphi \rho}{\psi} \tag{8-11}$$

在确定汽车列车合理的最大总质量时，要充分满足汽车列车能正常行驶的要求。分别按式（8-6）、式（8-8）、式（8-9）和式（8-11）计算出的汽车列车的最大总质量可能不尽相同，应选取其中的最小值作为汽车列车的最大总质量。

2. 汽车列车的比功率

比功率P_d是汽车列车的动力特性指标，在恰当地选择牵引车传动系统参数的条件下，比功率能客观地评价汽车列车的动力特性。在汽车列车的设计中，首先从保证车辆的最高车速$v_{\max}$入手选取发动机的功率，而比功率是决定汽车列车最高车速的主要参数。汽车列车的最高车速越高，要求汽车列车的比功率越大。汽车列车比功率的选择，主要应由其使用条件、所配挂车的形式和挂车数及牵引质量决定，其计算公式为

$$P_d = \frac{P_e}{m_t} = \frac{2.7\psi v_{\max}}{\eta_T} + \frac{C_D A v_{\max}^3}{76140\, \eta_T\, m_t} \tag{8-12}$$

式中　C_D——汽车列车的空气阻力系数；

　　　A——汽车列车的迎风面积（m^2）；

　　　η_T——传动系统的机械效率。

由式（8-12）可以看出，在选定的比功率下，对给定的行驶条件，可求得相应汽车列车的最高车速$v_{\max}$。若汽车列车的行驶条件和所需要的最高车速$v_{\max}$固定不变，那么汽车列车最大总质量m_t增加时，所需要的比功率仅由汽车列车的迎风面积A与其最大总质量m_t之比决定。若汽车列车的其他参数不变，比功率随最大总质量的增加而减小。

3. 外廓尺寸

汽车列车的外廓尺寸是根据汽车列车的用途、道路条件、装载质量、外形设计、公路限值和结构布置等因素确定的。在挂车总设计时要力求减小挂车外廓尺寸，以减轻挂车本身质量，提高挂车装载能力。

各国对公路运输车辆的外廓尺寸均有规定，这是根据本国公路、桥梁、涵洞等标准及在保证车辆安全行驶的条件下确定的。表8-2列出了一些国家汽车列车的外廓尺寸限值。

表8-2　一些国家汽车列车的外廓尺寸限值

国别	宽度/m	高度/m	长度/m	
			半挂列车	全挂列车
美国	2.44	4.1	16.8	19.8[①]
德国	2.5	4.0	15.0	18.0
法国	2.5	3.8	14.0	18.0
英国	2.5	4.0	15.0	18.0
俄罗斯	2.5	3.8	20.0	24.0

(续)

国别	宽度/m	高度/m	长度/m	
			半挂列车	全挂列车
意大利	2.5	4.0	14.0	18.0
比利时	2.5	4.0	15.0	18.0
加拿大	2.59	4.12	18.3	22.2

① 美国各州规定不一致，最高的州允许列车长为21~33m，多为双挂汽车列车。

我国对公路运输汽车列车及挂车的外廓尺寸、各车轴最大允许轴荷、最大允许总质量应符合国家标准 GB 1589—2016《汽车、挂车及汽车列车外廓尺寸、轴荷及质量限值》的规定。

第三节 半挂车的结构与设计

半挂汽车列车由半挂牵引车和半挂车组成，是当前主要的公路运输形式之一。由于半挂车和牵引车采用牵引座与牵引销的无间隙连接方式，因而缩短了列车总长，提高了整车行驶的稳定性和机动性，容易倒车，方便驾驶。另外，半挂式的部分载荷由牵引车承受，从而提高了牵引车驱动轮的附着质量，加大了牵引车的牵引力，使发动机的功率得到充分发挥。特别是鹅颈式车架和凹式车架半挂车的质心较低，装卸货物容易，行驶安全，尤其更适合"甩挂"运输，适合大批量、中远距离的运输。

一、半挂车的总体结构与设计

（一）半挂车的结构特点

虽然半挂车的形式很多，结构变化也很多，但总体结构上仍有一些共同的特点。如图8-15所示。在半挂车车架前端下部的牵引销1与牵引车的牵引座配合牵引半挂车行驶，并在转向时完成牵引车和半挂车之间的相对转动。载荷通过牵引销座和悬架系统6分配到牵引车和半挂车车轮5上；当脱离牵引车时，半挂车前部载荷由支承装置3支承。半挂车制动通过制动系统7与牵引车连通，使二者共同制动；半挂车也装有驻车制动器。

图8-16所示为鹅颈式半挂车车架，这种车架既照顾了牵引销的高度要求（由牵引车高度决定），又可降低货台平面的高度。两根纵梁与若干横梁及两根边梁组成车架的框架，在鹅颈下方设置了牵引销4。鹅颈形状有平鹅颈和弧形（上翘）鹅颈两种，平鹅颈结构适宜普通公路运输；对于非公路运输，因道路条件差，半挂车相对牵引车有较大的纵向俯仰，采用弧形鹅颈较好，特别是越野半挂车更是如此。

重型半挂车为方便装卸货物一般都带有折叠式随车跳板，如图8-17所示。随车跳板由两根纵梁、若干根冲压横梁和钢板组焊成板架式结构。两块对称设置的跳板一般装置在挂车货台的尾部，并用转轴与半挂车车架铰接。当装卸货物时，便放下跳板，以便货物沿跳板上下，甚至驶上、驶下（如装卸汽车等）。列车在运行中便收起跳板。折叠跳板的收起或放下可以是机械式的，也可以是液压操纵的。

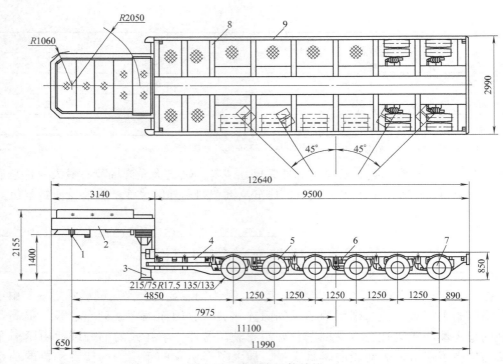

图 8-15 半挂车总体结构

1—牵引销 2—鹅颈 3—支承装置 4、9—纵梁 5—车轮 6—悬架系统 7—制动系统 8—横梁

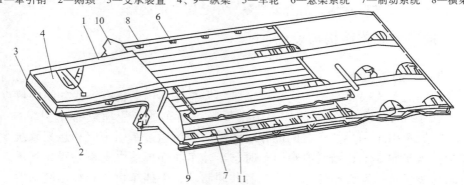

图 8-16 鹅颈式半挂车车架

1、2—主纵梁 3—牵引销板 4—牵引销 5—支承装置安装支架 6、7—插桩孔 8、9—边梁 10—挡板 11—吊环

图 8-17 半挂车折叠式随车跳板

1—跳板 2—助力弹簧 3—跳板转轴

（二）半挂车和牵引车的连接尺寸

半挂车和牵引车的连接尺寸如图 8-18 所示，图中 H_1 为牵引车车架上平面离地面的高度，L_1 为牵引座的前置距。GB/T 23336—2009《半挂车通用技术条件》中给出了半挂车的主要尺寸参数。

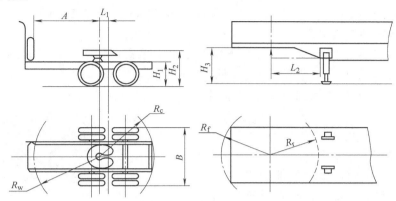

图 8-18　半挂车和牵引车的连接尺寸

1. 半挂车的前回转半径和牵引车的间隙半径

半挂车的前回转半径 R_f 是指牵引销中心至半挂车前端最远点水平面内投影的距离。牵引车的间隙半径 R_w 是指牵引座中心至驾驶室后围或备胎架（或其他附件，如空气滤清器等）最近点水平面内投影的距离。GB/T 23336—2009《半挂车通用技术条件》规定，圆头的半挂车前回转半径的最大值为 2040mm，方头的半挂车为 1600mm，通用集装箱半挂车为 914mm。为了保证半挂车和牵引车在运行中不产生干涉，$R_w - R_f \geq 70mm$，并与牵引车牵引座上的载货有关。

2. 半挂车的间隙半径和牵引车的后回转半径

半挂车的间隙半径 R_r 是指牵引销中心至鹅颈或支承装置上最近点水平面内投影的距离。牵引车的后回转半径 R_c 是指牵引座中心至牵引车车架后端最远点水平面内投影的距离。GB/T 23336—2009 规定，后回转半径 R_r 的最大值不超过 1310~2200mm，$R_r - R_c \geq 70mm$，也与牵引车牵引座上的载货有关。

3. 半挂车牵引板离地高度

半挂车牵引板的离地高度 H_3 是半挂车处于满载状态下的高度，GB/T 23336—2009 规定，其值必须等于牵引车牵引座在满载状态时的离地高度 H_2，满载时牵引车牵引座离地高度 H_2 在 1130~1400mm 之间，且与牵引车牵引座上的载荷有关。

4. 半挂车相对于牵引车的各种摆角

前俯角、后仰角和铰接角如图 8-19 所示。

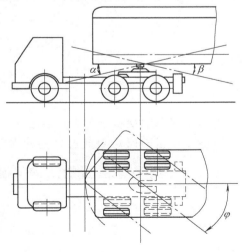

图 8-19　半挂车相对于牵引车各种摆角

前俯角α是指半挂车前端最外点和牵引车车架相碰时，半挂车和牵引车在纵向平面内的相对夹角；后仰角β是指半挂车鹅颈处纵梁下翼板和牵引车尾端点相碰时在纵向平面内的相对夹角。铰接角φ是指半挂车绕牵引销中心左右方向的转角。GB/T 23336—2009 规定，一般后仰角的范围为 β=8°~14°，并随半挂车总质量的不同而有所不同；前俯角α不应小于 8°，牵引连接装置应保证半挂车绕牵引销中心轻便地左右转动 90°以上。

（三）半挂车的轴荷分配

半挂车的轴荷是指牵引销支承处和半挂车轴上的承载质量。半挂车轴荷分配的确定，是在各总成（如支承装置、备胎、储气罐、悬架系统等）与部件确定后，通过画出总布置图，并估算或直接称重得到各总成和部件的质量，进而进行空载下半挂车轴荷分配的计算，考虑半挂车的装载质量后，则可计算出满载下半挂车的轴荷分配。

图 8-20 所示为某装载质量为 23t 的平板式半挂车的轴荷分配图，各部件的质量见表 8-3。将已知各部件的质量和装载质量对牵引座支承点或后轮轴支承点取矩，就可求得半挂车的轴荷分配。经计算得空载时的轴荷为：F_A = 1300N，F_B = 4150N（双后轴）；满载时的轴荷为：F_A = 8583N，F_B = 19867N（双后轴）。当轴荷计算出来后，首先校核牵引销处载荷和轮轴载荷是否超载。若不能满足要求，则应调整轴距，即牵引销至半挂车轮轴中心的距离，直到满足要求为止。

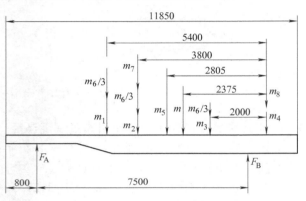

图 8-20　平板式半挂车轴荷分配图

表 8-3　某平板式半挂车各部件的质量

名称	符号	质量/kg	名称	符号	质量/kg
车架	m_1	2920	侧护栏	m_6	60
支承装置	m_2	180	工具箱	m_7	50
备胎支架	m_3	20	轮轴及悬架系统	m_8	2150
手制动器	m_4	50	装载货物	m	23000
储气筒	m_5	20	—	—	—

我国对挂车轴荷有十分严格的要求，GB 1589—2016《汽车、挂车及汽车列车外廓尺寸、轴荷及质量限值》对此有相关的规定。

二、半挂车支承装置的结构与设计

半挂车应在前部左右两边设支承装置，以便在与牵引车分离时得以水平放置。支承装置的手摇驱动机构还能升降半挂车前部，以利于牵引车的接挂和脱挂。在运行状态时支承装置需收起。

（一）对支承装置的要求

1）在脱挂时能可靠地保证半挂车处在水平位置。

2）在接挂和脱挂时能迅速升降，且能轻便地调整其高度。
3）结构简单，有足够的强度和支承刚度，工作安全可靠。
4）支承装置在半挂车上的位置应符合半挂车与牵引车连接装置的互换性尺寸要求。

（二）支承装置的分类

1. 按齿轮传动机构分类

按齿轮传动机构分类有单级、双级和三级齿轮传动支承。

目前国内 10t 半挂车普遍采用图 8-21 所示的单级齿轮传动的支承装置。操作时将手柄 8 套入小锥齿轮 7 后端的套筒内，通过齿轮及丝杠传动，使支承装置实现升降运动。单级齿轮传动的支承装置结构简单，但传动比不大，故手操纵力较大，只适用于中小型半挂车。

双级齿轮传动支承装置是在单级齿轮传动机构的基础上加入一附加的齿轮箱 5，如图 8-22 所示。在齿轮箱 5 中有两对齿轮，分别用于支承装置的慢速和快速升降。当齿轮 3 与 4 啮合时为无负荷快速升降；当支承承受负荷时，向左推主动轴 6，使齿轮 2 与 1 啮合，实现慢速升降，以减小手柄操纵力。该支承装置适用于装载质量为 10～30t 的半挂车。三级齿轮传动的支承装置则又增加一级圆柱齿轮减速，使传动比加大，进一步减小手柄操纵力，但升降速度很慢。

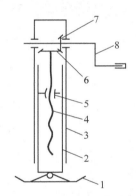

图 8-21　单级齿轮传动的支承装置
1—接地托盘　2—内筒　3—外筒　4—螺杆　5—螺母
6—大锥齿轮　7—小锥齿轮　8—手柄

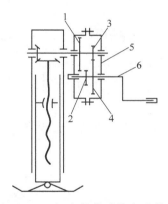

图 8-22　双级齿轮传动的支承装置
1—慢档从动齿轮　2—慢档主动齿轮　3—快档主动齿轮
4—快档从动齿轮　5—齿轮箱　6—主动轴

GB/T 26777—2011《挂车支承装置》规定了挂车支承装置的基本参数和技术要求等。

2. 按操纵方式分类

按操纵方式分，支承装置有联动支承和单动支承。前者只需在一边操纵就可使两边支承装置同时升降，而后者则需在两边单独操纵。重型半挂车上，左右支承装置需独立操纵；中型车上一般设置联动支承装置，在两支承装置间加一个连接杆，这样只需操纵一侧的手柄即可同时驱动两侧的升降作业，如图 8-23 所示，这时还取消了一边的双级传动齿轮箱。

3. 按支承管的结构分类

按支承管的结构分类有基本式支承和折叠式支承，前者支承管不能折叠。在图 8-24 中，支承管下部可以折叠。支承管在支承位置和折叠位置时，是靠插销分别插入不同的孔来定位的。在该装置中，采用折叠形式可以使升降行程减小，且在较小的行程下使支承脚升离地面较高。

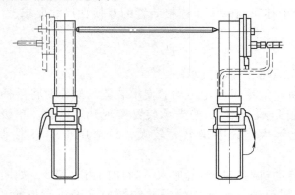
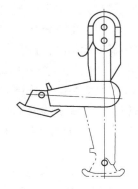

图 8-23　联动支承式支承装置　　　　图 8-24　折叠式支承装置

4. 按支承装置接地托盘形式分类

按支承装置接地托盘的形式分有铰接平垫式、橡胶平垫式、球铰平垫式和滚轮式支承，如图 8-25 所示。这些接地托盘均有落地自动找平的功能。前三种接地面积大，接地压力相对较小，不易陷入泥土中。滚轮式对地面冲击小，挂车容易移动，但与地面接触压力大，易造成路面的损伤。

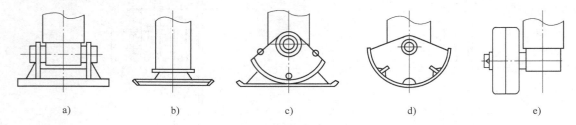

图 8-25　支承装置的接地托盘形式
a) 滚轮式　b) 铰接平垫式　c) 橡胶平垫式　d) 球铰平垫式　e) 双滚轮式

（三）支承装置设计

1. 支承装置的位置

支承装置的位置，应保证半挂车在满载时，支承装置上的装载质量不超过半挂车总质量的一半。支承装置相对牵引销中心的位置（距离）应符合 GB/T 23336—2009《半挂车通用技术条件》的有关规定。

2. 支承装置的高度和行程

支承装置的高度和行程是按总布置确定的半挂车承载面的高度，并根据支承装置收起时要求的最小离地间隙确定。

3. 支承质量

支承质量应根据半挂车的总质量及支承装置的位置等参数，求出作用在每一支承装置上的承载质量。考虑到支承时支承装置的不同步、装载不均匀性、地面倾斜以及装载时的冲击载荷等，故需乘以一个附加装载质量系数 K（$K = 1.1 \sim 1.3$），即为支承装置的支承质量。一般情况下，半挂车装载质量为 10~15t 时，选支承装置的支承质量为 20t；半挂车装载质量为 15~30t 时，选支承装置的支承质量为 24t；半挂车装载质量为 30~60t 时，选支承装置的支承质量为 32t。确定了支承装置的支承质量后，就可以对支承装置内的螺杆、螺母等典型零件进行强度和失稳计算。

4. 手柄力的大小及升降速度

操纵支承装置的手柄力是一个比较重要的设计参数。在国外，联动支承装置的手柄力约为 200~350N，而单动支承装置的手柄力均小于 200N。我国 GB/T 23336—2009《半挂车通用技术条件》规定，支承装置在承受举升载荷时手柄操纵力不得大于 196N。

手柄力 F 的计算公式为

$$F = \frac{Qd}{2Li} \tag{8-13}$$

式中 Q——支承装置的支承载荷（N）；
  d——螺杆的节圆直径（mm）；
  L——手柄臂长（mm），一般取 300~400mm；
  i——齿轮传动总传动比。

5. 接地托盘

接地托盘的选择主要由其接地压力决定。据国外的经验，滚轮单位长度的载荷应在 1000~1200N/cm 之间。为减小接地压力，可采用具有接地托盘的接地装置且具有落地自动找平的滑移垫或底垫，如橡胶式、球铰式和铰接式的接地装置。

三、半挂车牵引连接装置的结构与设计

半挂车牵引连接装置的主要作用是将牵引车和半挂车牢固地连接起来，并实现半挂车的正确转向。同时，连接装置还起到牵引和支承作用。因此，对半挂车牵引连接装置的基本要求是运动灵活、工作可靠、使用简单、操作轻便。半挂汽车列车牵引连接装置的基本形式是牵引座-牵引销的组合。牵引销安装在半挂车车架前部的牵引板上，牵引座安装在牵引车车架上，并有分离-连接机构和锁紧机构，以保证牵引座与牵引销的可靠连接或分离。

（一）牵引销

国内外广泛使用的牵引销是圆柱形的，其结构如图 8-26 所示。牵引销尺寸有标准，分为轻型 50 号销和重型 90 号销。轻型 50 号销的直径为 50.8mm，即 2in；重型 90 号销直径为 88.9mm，即 3.5in。轻型 50 号销和重型 90 号销相应配套的牵引座分别为 2in 牵引座与 3.5in 牵引座。轻型 50 号销适用于总质量≤50t 的半挂车；重型 90 号销则适用于总质量为 50~100t 的半挂车。

图 8-26 牵引销结构

牵引销和半挂车的连接方式分为 A、B 型，分别如图 8-27 和图 8-28 所示。A 型连接方式是在半挂车的牵引板 3 上焊接一块支承板 2，牵引销 4 上部的法兰盘与支承板 2 用螺钉 1 连接。B 型连接方式是在牵引板 6 上焊接一个带锥孔的支承座 4，牵引销 5 中部的锥体插入锥孔，并用槽形螺母 2 紧固，用开口销 1 锁死。

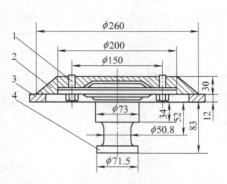

图 8-27 牵引销与支承板的 A 型连接方式
1—螺钉 2—支承板 3—牵引板 4—牵引销

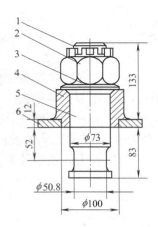

图 8-28 牵引销与支承板的 B 型连接方式
1—开口销 2—槽形螺母 3—垫圈 4—支承座
5—带锥体的牵引销 6—牵引板

（二）牵引座

牵引座由座板、分离-连接机构和支座几部分组成，如图 8-29 所示。牵引座按支座能否移动而分为固定型、移动型和举升型；按分离-连接机构又分为夹板式和单钩式。

1. 固定型、移动型和举升型牵引座

固定型牵引座应用最为广泛，其支座固定在车架上，牵引座可以相对支座做单自由度或双自由度的运动。单自由度固定型牵引座如图 8-30a 所示，即牵引座可绕 y 轴做纵向摆动（俯仰运动），其摆角一般不小于 15°。这种结构的特点是汽车列车行驶时的横向稳定性较好，适用于在较好公路上行驶的大型集装箱、高货台、散装货运的半挂汽车列车。而双自由度固定型牵引车如图 8-30b 所示，即牵引座除具有纵向倾摆的自由度外，还可绕 x 轴做 3°~7°的横向摆动，以适应道路不平，并减小车架的扭曲。该牵引座多用于越野行驶或运输大型整体长货物的重型汽车列车上。

图 8-29 牵引座结构
1—锁紧机构 2—座板 3—操纵手柄 4—支座

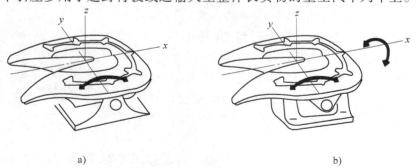

图 8-30 固定型牵引座自由度示意图
a) 单自由度固定型牵引座 b) 双自由度固定型牵引座

移动型牵引座是指牵引座相对于车架可以前后移动,如图 8-31 所示。

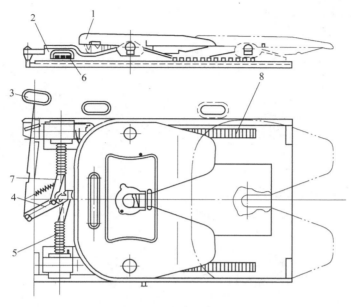

图 8-31 移动型牵引座
1—牵引座板 2—移动支架 3—操纵手柄 4—杠杆 5—弹簧 6—锁止杆 7—推杆 8—导向齿条

举升型牵引座是指牵引座相对于车架可以上下举升,如图 8-32 所示。

2. 夹板式牵引座和单钩式牵引座

夹板式牵引座分离-连接机构的工作原理如图 8-33 所示。

牵引状态如图 8-33a 所示,牵引销处于左右夹板组成的圆孔中。牵引销上向后的牵引力有迫使夹板张开的趋势,锁块 4 在弹簧 9 的作用下楔在夹板凹槽中克服上述张力,保证左右夹板在行驶中始终紧闭。在锁块导杆 11 前端装有保险块 10,防止在正常行驶中因意外碰撞操纵杆使锁块脱出夹板凹槽,造成夹板张开脱挂事故。

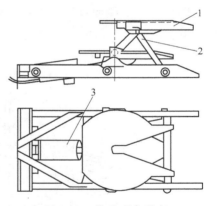

图 8-32 举升型牵引座
1—牵引座 2—杠杆系 3—举升缸

脱挂状态如图 8-33b 所示,需脱挂时,列车停驶,驾驶人拔出保险块 10 并向前拉动操纵杆 1,克服弹簧 9 的张力,使锁块 4 脱出左右夹板前端的凹槽。在拉簧 8 的作用下,锁片 5 逆时针转动并用一端的凹槽卡住锁块 4 前端的凸楔,使之不能回程。此时使牵引车向前行驶,牵引锁撞击夹板圆孔后端使其开启,完成脱挂过程。

接挂过程则与之相反。脱挂后,左右夹板被牵引销撞开,左夹板 7 上的插销 6 推动锁片 5 顺时针旋转使其离开锁块 4 的凸楔,锁块 4 在弹簧 9 的作用下向后运动,直到抵住夹板顶部为止。若接挂前夹板处于闭合状态,则首先需由驾驶人向前拉动操纵杆 1,使锁块 4 脱出左右夹板前端的凹槽,然后牵引车向后倒车,牵引销撞击左右夹板的开口处使之张开如脱挂状态。牵引车继续倒车，牵引销则将撞击左右夹板圆孔的前端，迫使两夹板闭合。在弹簧9的作用下，锁块4回落到左右夹板前端的凹槽中，牵引座完成接挂过程，插上保险块10，即可牵引行驶。

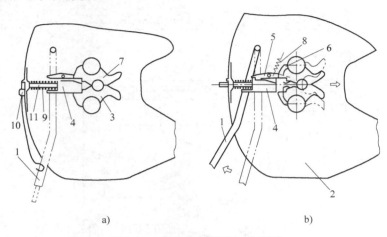

图 8-33　夹板式牵引座工作原理
a) 牵引状态　b) 脱挂状态
1—操纵杆　2—座板　3—右夹板　4—锁块　5—锁片　6—插销　7—左夹板　8—拉簧
9—弹簧　10—保险块　11—锁块导杆

单钩式牵引座通过楔杆保证单钩锁住牵引销，如图 8-34 所示。单钩式牵引座的分离机构装有锁钩 1，在锁钩上方，牵引座板的中心装有耐磨环 5，可在磨损后更换，从而提高整个牵引座的使用寿命。

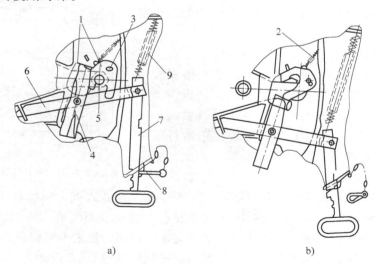

图 8-34　单钩式牵引座工作原理
a) 牵引状态　b) 脱挂状态
1—锁钩　2、9—弹簧　3—销轴　4—楔杆　5—耐磨环　6—杠杆　7—操纵杆　8—保险锁扣

牵引状态如图 8-34a 所示，由锁钩 1 与耐磨环组成封闭圆，锁住牵引销。楔杆 4 楔住

锁钩，使之不能绕销轴 3 转动。楔杆 4 由操纵杆 7 通过杠杆 6 操纵，可在牵引座板的导向孔中滑动。为防止行驶过程中楔杆滑移造成锁钩意外脱钩，采用两套装置：一是在操纵杆 7 的前端安装双弹簧，使之处于楔紧位置，当一个弹簧失效时另一个弹簧仍起作用；二是在操纵杆 7 的后端开有保险孔，用保险锁扣 8 避免意外脱钩。

脱挂状态如图 8-34b 所示。汽车停驶后，驾驶人拔出保险锁扣 8，将操纵杆 7 向外拉，通过杠杆 6 带动楔杆 4 离开锁钩 1。锁钩 1 在弹簧 2 的作用下顺时针旋转，由楔杆顶住锁钩转动，从而打开锁钩口，此时可将牵引车向前行驶，使牵引座离开牵引销，实现脱挂状态。

接挂状态时，前锁钩口已打开，牵引销及锁钩的位置如图 8-34b 所示。牵引车倒车，牵引销即撞击锁钩 1，使锁钩克服弹簧 2 的作用，并顶开楔杆 4 做逆时针旋转，从而将牵引销锁住。同时，弹簧 9 拉动操纵杆 7，通过杠杆推动楔杆，使其楔住锁钩，然后插入保险锁扣 8 固定操纵杆，完成接挂过程。

四、半挂车车架设计

（一）车架的结构特点

半挂车车架的一般结构形式如图 8-35 所示，其主要由纵梁和横梁组成。

1. 纵梁

车架的纵梁结构根据货台形式要求，相应有平板式、阶梯式、凹梁式等，如图 8-6 所示。

纵梁截面有工字形、槽形、箱形等。槽形截面纵梁

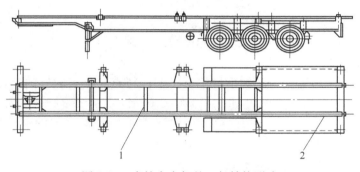

图 8-35　半挂车车架的一般结构形式
1—横梁　2—纵梁

具有较高的抗弯强度，且便于安装各种总成和部件。箱形截面具有较高的抗扭强度，但不便与横梁连接以及安装其他部件。对于大吨位半挂车多采用工字形截面的型钢。

纵梁截面高度根据吨位不同有较大的差异，对于鹅颈处纵梁截面高，平板结构因受货台高度限制，在保证强度的前提下，应尽可能采用小尺寸。如：

装载质量 15t，鹅颈处纵梁高 160mm 左右；

装载质量 20t，鹅颈处纵梁高 160~210mm；

装载质量 20t 以上，鹅颈处纵梁高 210~230mm。

阶梯式、凹梁式半挂车的鹅颈尺寸不受货台高度限制，为保证强度，鹅颈纵梁高度尺寸可适当放宽。

对于纵梁主截面的最大高度，可参考以下尺寸：

装载质量 15t，主截面高 300mm 左右；

装载质量 20~30t，主截面高 350~450mm；

装载质量 40~50t，主截面高 450~550mm。

半挂车车架纵梁沿其长度方向截面尺寸的变化，主要根据弯曲强度计算和总体布置确定。对于平板式结构，鹅颈处的截面高度将影响货台上平面高度。对于阶梯式结构，也是为了降低货台上平面高度，将轮轴上方纵梁部位收缩，保证转盘或悬架系统的活动空间，在纵梁受力较大的区段内可局部增设加强板或采用箱形截面。

车架纵梁均采用高腹板结构，主截面高度和翼板宽度之比为 2.7~4.2。

2. 横梁

横梁是连接左右纵梁组成车架的主要构件，在横梁上还安装有很多主要总成和部件。横梁本身的抗扭性能及横梁在车架的分布，直接影响车架的内应力及车架的刚度。

半挂车车架中的横梁冲压成形或直接采用型材，前者比后者轻 15%~20%。

常采用的横梁结构及特点如下：

（1）圆管形 具有较高的扭转刚度，但因纵梁截面高度较大，为使载荷从整个截面传递到横梁上，必须补焊许多连接板，故增加了车架质量，且成本高、工艺复杂。另外，当扭转较严重时，连接板处应力较大。因此圆管形横梁一般只布置在车架纵梁的两端，靠近下翼板，增强车架整体扭转刚度。

（2）工字形 对载荷传递较为理想，但纵梁翼缘和横梁翼缘连接，对扭转约束较大，因而翼缘产生的内应力较大。

（3）槽形 多用钢板冲压成形，制造工艺简单、成本低，为许多厂家采用，但扭转刚度较差。

（4）箱形 和圆形横梁有类似的特点，具有较好的抗扭性。

横梁的截面尺寸通常用类比法确定。从产品的系列化、标准化和通用化考虑，应采用一、二种规格尺寸的横梁，在布置上采用疏密不同的方式来满足各种吨位级别半挂车的要求。横梁在布置时，其间距为 700~1200mm，一般以 800mm 为宜。

3. 纵梁和横梁的连接

车架结构的整体刚度，除和纵梁、横梁自身的刚度有关外，还直接受节点连接刚度的影响，节点的刚度越大，车架的整体刚度也越大。因此，正确选择和合理设计横梁和纵梁的节点结构，是车架设计的重要问题，下面介绍几种节点结构。

（1）横梁和纵梁上下翼缘连接（图 8-36a） 这种结构有利于提高车架的扭转刚度，但在受扭严重的情况下，易产生约束扭转，因而在纵梁翼缘处会出现较大内应力。该结构形式一般用在半挂车鹅颈区、支承装置处和后悬架支承处。

（2）横梁和纵梁的腹板连接（图 8-36b） 这种结构刚度较差，允许纵梁截面产生自由翘曲，不形成约束扭转。这种结构形式多用在扭转变形较小的车架中部横梁上。

（3）横梁和纵梁上翼缘和腹板连接（图 8-36c） 这种结构兼有以上两种结构的特点，故应用较多。

（4）横梁贯穿纵梁腹板连接（图 8-36d） 这种贯穿连接结构是目前国内外广泛采用的半挂车车架结构。它在贯穿处只焊接横梁腹板，其上下翼板不焊接，并在穿孔之间留有间隙。当纵梁产生弯曲变形时，允许纵梁相对横梁产生微量位移，从而消除应力集中现象。但车架整体扭转刚度较差，需要在靠近纵梁两端处加横梁来提高扭转刚度。贯穿横梁式结构，由于采用了整体横梁，减少了焊缝，使焊接变形减小。同时还具有腹板承载能力大，并且在偏载较大时，能使车架各处所产生的应力分布较均匀的特点。

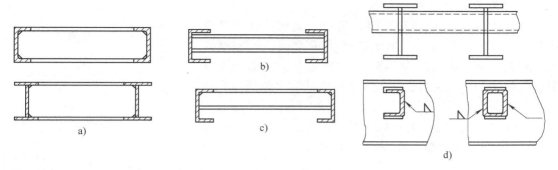

图 8-36 半挂车纵梁和横梁的连接方式
a) 横梁和纵梁上下翼缘连接 b) 横梁和纵梁的腹板连接 c) 横梁和纵梁上翼缘和腹板连接
d) 横梁贯穿纵梁腹板连接

4. 车架宽度

车架的宽度与挂车整车的宽度、前后轮距、轮胎数量及宽度、钢板弹簧位置与片宽等有关。为了提高车架的横向刚度以及减小车架纵梁外侧横梁的悬伸长度,希望车架尽可能宽一些。从简化制造工艺的角度考虑,车架两纵梁间最好采用前后等宽结构。车架宽度的选择可采用图 8-37 和表 8-4 的推荐尺寸。

5. 车架底板结构

半挂车车架底板主要由车架纵梁、横梁、边缘、面板等组成。而面板结构根据不同货物运输的要求有不同的结构。图 8-38 所示为常见的几种半挂车车架底板结构。

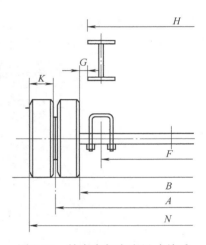

图 8-37 挂车车架宽度尺寸关系

表 8-4 挂车车架宽度尺寸 (单:mm)

轮轴负荷 /t	轮胎型号	轮距 A	车轴总宽 N	轮胎内沿宽度 B	车架宽度 H	钢板弹簧中心距 F	双联轮胎间距 L
8~9	9.00—20	1820	2390	1250	1190	980	310
	9.00—20	1920	2490	1350	1290	1100	310
11~12	10.00—20	1820	2430	1210	1150	980	330
	10.00—20	1820	2450	1190	1130	940	330
13~14	11.00—20	1820	2450	1190	1130	940	340
	11.00—20	2390	3020	1760	1700	1450	340
	12.00—20	2390	3060	1720	1660	1400	360

(二)车架设计

车架是半挂车的主要部件,连接着各个主要总成,承受着复杂空间力系的作用。随着高速公路的发展,车速不断提高,要求车架具有足够的强度和刚度。作为一种简化问题的方法,设计半挂车车架时可以只考虑车架受静载时的弯曲强度和刚度。

1. 受力分析

图8-39所示为半挂车车架。车架两纵梁简化为简支梁，且左右对称受载，车辆的整备质量及载荷（包括乘员）都只由两根纵梁按均布载荷分别承担，即每根纵梁承受总载荷的1/2。各总成、部件的质量以集中载荷方式按其质心作用在纵梁上。

为简化计算，设计时作以下几点假定：

1) 纵梁为支承在前牵引销（车架纵梁对应点）和挂车双桥中心线上的简支梁。

2) 车架空车时和满载时的受力分析简图分别如图8-40a和8-40b所示。图中 F_q 为牵引销支反力，F_h 为后桥支反力，G_e 为载质量，G_s 为空车簧载质量。空车时簧载质量 G_s 均布在左右纵梁的全长上；满载时有效载荷 G_e 均布在车架纵梁凹部。q_s 和 q_e 的计算式为

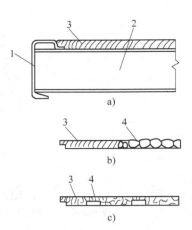

图8-38 半挂车车架底板结构
1—边梁 2—横梁 3—木底板
4—铁底板

图8-39 半挂车车架

$$\begin{cases} q_s = \dfrac{G_s}{2L} \\ q_e = \dfrac{G_e}{2l'} \end{cases} \tag{8-14}$$

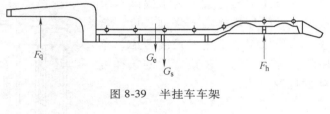

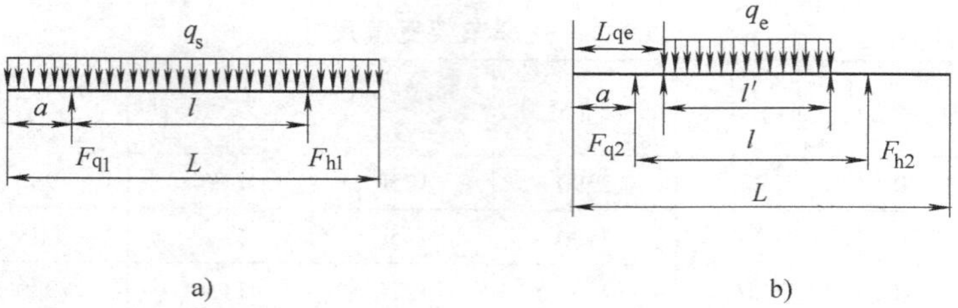

图8-40 半挂车受力分析简图
a) 空车时车架纵梁的受力简图 b) 满载时车架纵梁的受力简图

3) 所有作用力均通过截面的弯心（忽略局部扭转的影响）。

2. 弯矩计算

计算弯矩时，把空车时的簧载质量对车架纵梁的弯矩与满载时的簧载质量对车架纵梁的弯矩进行叠加，即可得到总的弯矩，从而可求出车架所受到的最大弯矩值 M_{max}。

3. 强度验算

弯曲应力为

$$\sigma = \frac{M_{max}}{W} \leq [\sigma] \tag{8-15}$$

如果所用纵梁的截面为工字形（图8-41），其抗弯截面系数为

$$W = \frac{BH^3 - bh^3}{6H} \tag{8-16}$$

式（8-16）中，$h = H - 2\delta_1$，$b = B - \delta_2$。

汽车列车的车架常常是上下翼缘面和腹板上有加强板，或其中的一面有加强板，此时的抗弯截面系数就可以一部分一部分地求得。

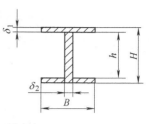

图8-41 纵梁断面示意图

车架的许用应力$[\sigma]$可按下述公式计算

$$[\sigma] = \frac{\sigma_s}{n_1 n_2} \tag{8-17}$$

式中 σ_s——强度基准，与材料的力学性能有关；由于半挂车车架为轧制材料，故应以材料的屈服强度为强度基准；目前国内半挂车车架纵梁的材料多为Q235，其$\sigma_s = 240$MPa。

n_1——疲劳系数，半挂车车架在车辆行驶过程中，由于交变应力的作用而产生疲劳破坏，从这种观点出发，取疲劳系数$n_1 = 1.3$；

n_2——动载荷系数，半挂车车架的动载荷系数主要考虑车辆在不平地面行驶所引起的载荷增加，取$n_2 = 2.5 \sim 3$。

4. 刚度验算

车架的挠度对于长轴距的挂车来说，是应该予以考虑的。半挂车车架纵梁的弯曲变形，取决于纵梁刚度，在静载情况下，允许纵梁的最大变形量y_{max}为

$$y_{max} = (0.002 \sim 0.003)L \tag{8-18}$$

式中 L——半挂车轴距。

应当指出，挂车在汽车列车起步、转向、制动等工况下，所引起的纵、侧向水平力对车架产生的各种附加应力，除对铆接车架槽钢翼缘铆钉孔外侧主构件的屈服点、铆钉横截面的切应力和铆钉杆侧面的挤压应力进行验算外，对焊接车架可不另作验算。但这些工况却是挂车栏板，特别是剪栏板，栏板中心立柱等构件进行强度计算的主要依据。

第四节 全挂车的结构与设计

一、全挂车的总体结构与设计

1. 全挂车的总体结构特点

全挂车的总体结构如图8-42所示。全挂车和半挂车的最大不同是汽车列车在运输作业时，挂车的全部载荷由挂车承载，牵引车只起牵引的作用。因此，全挂车的前支承为轮轴结构，且通常前轴设有转向装置，以减小轮胎的侧滑、磨损和汽车列车的转向阻力。

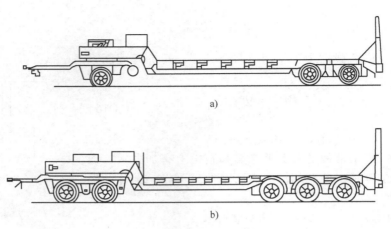

图 8-42 全挂车的总体结构
a)单轴单排全挂车 b)双轴双排全挂车

2. 全挂车的总体尺寸及轴载质量分配

全挂车的总体尺寸应符合 GB/T 6420—2017《货运挂车系列型谱》和 GB/T 17275—1998《货运全挂车通用技术条件》中所提出的要求。此外，在进行总布置时，还应考虑以下参数的确定。

(1) 总体尺寸 全挂车总体尺寸如图 8-43 所示。对于装载质量为 8t 或 8t 以下的全挂车，其车架两纵梁宽度 $B=1100\mathrm{mm}$，前、后轮距系列尺寸 $B_1=B_2=1740\mathrm{mm}$ 或 $1800\mathrm{mm}$，钢板弹簧中心距 $B_f=1046\mathrm{mm}$ 或 $1106\mathrm{mm}$。车厢宽 $B_a=B_3-2a$，其中 a 为车

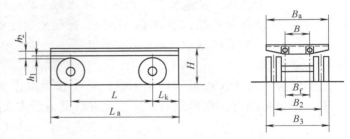

图 8-43 全挂车总体尺寸

厢宽度缩小值，可取 8~15mm。满载时轮胎和车架底面之间的距离 $h_1 \geqslant 30\mathrm{mm}$；满载时轮胎的净跳动距 $h_2 \geqslant 130\mathrm{mm}$（9.00—20 轮胎）或 $h_2 \geqslant 120\mathrm{mm}$（7.50—20 轮胎）。

(2) 前轴质量 前轴质量 m_1 可依据前轴质量分配系数来确定，即

$$m_1 = \mu m_b \tag{8-19}$$

式中 m_b——全挂车总质量（kg）；

μ——前轴质量分配系数，可取 $\mu = \dfrac{(L_a - 2L_k)}{2L} = 0.45 \sim 0.47$；

L_a、L_k 和 L 如图 8-43 所示。

二、全挂车的转向装置

全挂车的转向方式有两种：一种是轮转向式，即转向时，车轮绕转向主销转动，而车轴不转动；另一种是轴转向式，即转向时，车轮除绕其中心旋转外，还与车轴一起绕车轴中心中点垂直线转动，轴转向式转向通常有单转盘转向和双转盘转向。

（一）轮转向式转向装置

图8-44所示为一种简单的挂车轮转向式转向装置。挂车的牵引杆1通过一个摆臂2将牵引车转向的摆动转变为直拉杆4的推拉运动，然后再通过一个转向拐臂6拉动转向梯形机构的横拉杆9使挂车随牵引车一起转向。采用轮转向式转向装置的挂车的主要优点是货台或车厢的地板离地面较低，且左右轮可以获得正确的转向角度，车轮磨损较小，但对杆系的传动比精确度要求较高。

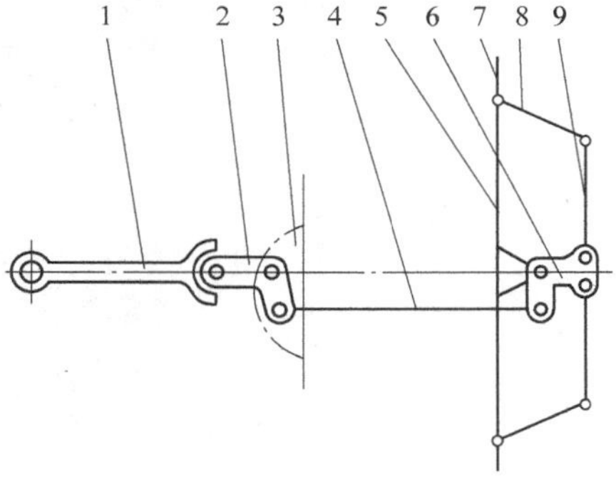

（二）轴转向式转向装置

轴转向式转向装置一般为转盘转向方式。转盘转向方式又可分为有主销式转盘转向和无主销式转盘转向。

1. 有主销式转盘转向装置

有主销式转盘转向装置的特点是水平方向的作用力由主销承受，垂直方向的作用力则由转盘承受。由于主销和主销座孔间有间隙，挂车行驶时会产生振动和冲击，目前基本上不再允许使用主销式转盘转向装置。

2. 无主销式转盘转向装置

无主销式转盘转向装置如图8-45所示，其特点是：水平和垂直方向的力都由转盘或座圈承受。由于滚球与滚道之间间隙小，所以有利于承受动载荷和提高行驶稳定性。

无主销式转盘转向装置上所承受的载荷与全挂车的最大总质量有关。设计时，建议根据JT/T 651—2006《牵引杆挂车转盘》规定的转盘基本系列参数初选转盘的主要尺寸，然后再根据挂车的有关尺寸做最后的选择。

根据转向轮的布置情况，挂车可采用单转盘转向方式或双转盘转向方式。

（1）单转盘转向方式 单转盘转向挂车转向轴一般为长轴式，如图8-46所示，转向轴可以是一排一根，也可以是二排二根。

（2）双转盘转向方式 当挂车的一根车轴上车轮较多时，如图8-47所示，列车转向半径加大，车轮磨损加剧，转向阻力增加，采用双转盘式便可改善列车的转向性能。双转盘转向的全挂车，其转向轴为短轴式。两转盘间用拉杆进行控制和调节。

图8-44 轮转向式转向装置
1—牵引杆 2—摆臂 3—牵引座
4—直拉杆 5—梯形臂 6—转向拐臂
7—前轴 8—转向节 9—横拉杆

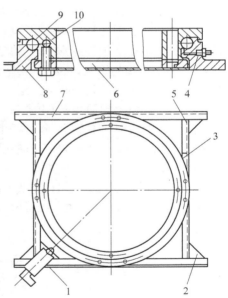

图8-45 无主销式转盘转向装置
1—锁止机构 2—加强板 3—定位支承块
4—注油嘴 5—转盘架横梁 6—锁圈
7—转盘架纵梁 8—下转盘
9—滚珠 10—上转盘

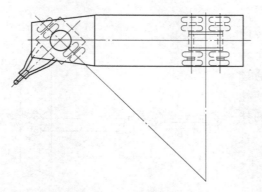
图 8-46 全挂车的单转盘转向方式

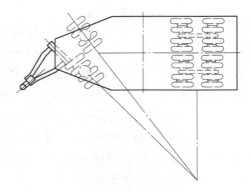
图 8-47 全挂车的双转盘转向方式

三、全挂车的牵引连接装置

1. 牵引钩及挂环

全挂车的拖挂牵引连接装置以牵引钩-挂环为主,牵引钩安装在牵引车车架后横梁及附加支承(以下简称车架)上,挂环安装在全挂车的牵引架上。通过牵引钩与挂环使牵引车和全挂车连接。

牵引钩常见的有钩环式(或钩扣式)、插销式和铰链式等,如图 8-48 所示。目前钩环式牵引连接装置已不允许在我国新设计的车型上采用。但在用车上仍普遍采用可拆卸的带有缓冲金属弹簧或缓冲橡胶弹簧的连接装置。我国主要推荐使用插销式的牵引连接装置。牵引销的名义直径为 50mm,其结构和尺寸符合 GB/T 4781—2006《道路车辆 50 毫米牵引杆挂环的互换性》中的规定。

插销式牵引钩结构简单,如图 8-48b 所示,开口的喇叭式装置本体上有一个与插销相配的穿孔,插销通过该孔穿过牵引杆上引环的环孔以达到连接的目的。铰链式牵引钩如图 8-48c 所示,它通过由两个不在同一个平面上的互相垂直的水平销和垂直销组成的十字铰链将牵引车的车架与挂车上的牵引杆连接起来,实现无间隙连接。

挂环结构较简单,挂环孔可镶套或不镶套。挂环的形式与尺寸及牵引钩和挂环之间机械连接装置的尺寸参见 GB/T 4781—2006《道路车辆 50 毫米牵引杆挂环的互换性》中的规定。

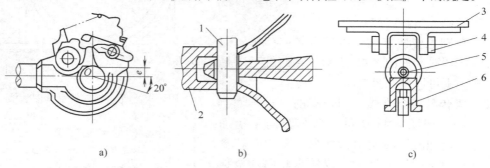

图 8-48 牵引钩结构形式
a) 钩环式 b) 插销式 c) 铰链式
1—轴销 2—装置本体 3—车架 4—水平销 5—垂直销 6—牵引杆

2. 牵引架的长度和离地高度

牵引架是牵引车和挂车之间的连接构件总成。全挂车牵引架向上或向下倾斜时，均产生垂直分力，因此连接装置必须保证牵引力能以最小角度传到挂车上，从而获得最好的牵引效果；另外，挂钩和牵引架的结构参数也关系到汽车列车的纵向越障能力，要求牵引架在垂直平面内的允许摆角为160°~180°。一般牵引架的长度为1500~1800mm，重型全挂车为1800~2300mm。

牵引架在挂车满载时应平行于路面，对于中小吨位的挂车，牵引装置的离地高度为600~900mm，大吨位挂车为650~1100mm。

牵引架上牵引杆的摆动角（包括回转角、纵摆角、侧摆角、水平间隙角）以及牵引装置的前置距、挂车前端回转面距离等，参见GB/T 4781—2006的规定。

3. 牵引拖台

牵引拖台是半挂车和全挂车的转换装置，它由全挂车用的牵引架和前轴总成与半挂车用的牵引座一起构成。

半挂车与牵引拖台连接组成全挂式挂车。半挂车的连接、分离可通过牵引拖台的转换来实现，如图8-49所示，这种装置可用普通载货汽车牵引半挂车。图8-50所示为一种牵引拖台的总体尺寸。

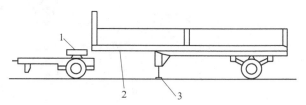
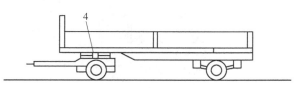

图8-49 牵引拖台的连接方式
1—牵引座　2—牵引销　3—支承装置　4—牵引拖台

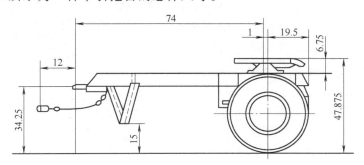

图8-50 牵引拖台的总体尺寸
注：图中单位为ft，1ft=0.3048m。

四、全挂车车架设计

（一）车架的结构形式

中、小吨位全挂车车架由两根纵梁和若干根横梁组成，常见的结构形式如图8-51所示。为了简化工艺和布置方便，车架纵、横梁多采用槽形等断面结构；为减小结构质量，一般用钢板冲压成形。两根纵梁前后等宽布置，使车架具有较强的抗弯性能。

车架纵梁和横梁的连接形式,可参照前面半挂车纵梁和横梁的连接结构。要指出的是,车架在连接处大都设有辅助加强板,如图 8-52 所示。在设计中,车架上平面一般用分块补角式,下平面则用整体承托式。

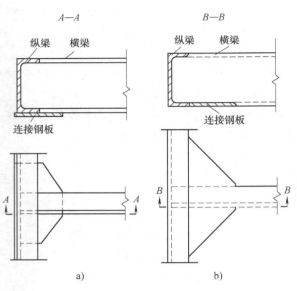

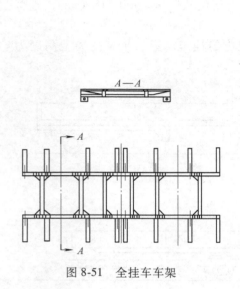

图 8-51 全挂车车架

图 8-52 纵梁和横梁的连接结构
a) 整体承托式连接钢板　b) 分块补角式连接钢板

重型全挂车的车架和半挂车的一样,按结构也可分为平板式、阶梯式和凹梁式三种。

平板式车架纵梁的上翼面是平直的。其优点是货台底板平整,制造工艺简单。国产 150t 大型平板全挂车就是一例,其车架结构如图 8-53 所示。车架由主梁、横梁、支承梁和边梁组成。整车通过横梁间的支承梁、悬架轮轴和车轮传到地面。车架主梁、支承梁和边梁为箱形断面的焊接件,具有较大的抗扭刚度。连接主梁的横梁向两侧伸出,为变截面的工字形焊接结构,具有较高的抗弯强度。各支承梁的下面连接转盘的悬架机构,以实现挂车的全轮转向。经焊接组合的主梁、横梁、支承梁和边梁构成了大型平板车的骨架。为装卸货物设置的起重绞盘安装在牵引车上,并兼起牵引车的配重作用。

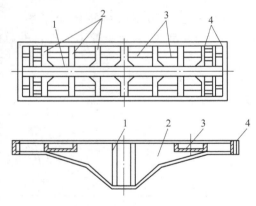

图 8-53 大型平板车车架
1—主梁　2—横梁　3—支承梁　4—边梁

阶梯式车架纵梁的上翼面是弯曲的,前段较高,这是为了安装转向机构。其后部的货台较低,便于装卸货物,增加挂车的稳定性。阶梯式车架的前部一般设有起重绞盘,车架后端搭接可拆卸的跳板,供装卸货物使用,机动车辆也可借助跳板直接驶上货台。

凹梁式车架纵梁的前后两段均高于中段,形成中间低沉的货台,便于在挂车两侧装卸货物。另外,由于前后两段抬高,使挂车前后车轮有足够的转向空间,利于全轮转向挂车的总布置设计。

车架纵横梁的材料通常采用优质低碳钢板或低碳合金钢板,这是由于上述材料的抗拉强度和屈服强度比普通碳素结构钢的高,且冲压工艺性较好,有利于构件成形。表8-5所示为挂车车架的常用材料。

表 8-5 挂车车架的常用材料

材料	Q345	25 钢	Q235
抗拉强度 R_m/MPa	450~630	≥450	370~500
屈服强度 R_{eL}/MPa	≥265	≥275	235

(二) 车架的载荷及强度计算

1. 载荷确定

全挂车车架载荷的计算需考虑以下工况:

(1) 满载均布载荷 如图 8-54 所示,$L_1 = L - L_2/2$,$L_3 = L_c - L_2/2$,车架承受纵向单位线长度均布载荷 q_n,其计算式为

$$q_n = \frac{W}{L_a} = \frac{W_0 + W_e}{L_a} \quad (8\text{-}20)$$

式中 L_a——车架全长(m);
  W——车架总的均布载荷(N);
  W_0——车架自身重力(N);
  W_e——车架满载时所受到的均布外载(N)。

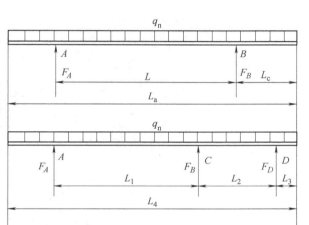

图 8-54 车架均布载荷图

根据图 8-54 所示的载荷可求得支反力分别为

$$F_A = \frac{q_n L_a (L_a - 2 L_c)}{2L} \quad (8\text{-}21)$$

$$F_B = q_n L_a - F_A \quad (8\text{-}22)$$

$$F_C = F_D = \frac{F_B}{2} \quad (8\text{-}23)$$

式中 F_A——前支承反力(N);
  F_B——后支承反力(N);
  F_C——后钢板弹簧前支承反力(N);
  F_D——后钢板弹簧支承反力(N)。

(2) 跨中对称均布载荷 如图 8-55 所示,车架承受的自身纵向单位长重力线载荷 q_0 和车架纵向单位长跨中(车架中部)均布外载荷 q_e 为

$$q_0 = \frac{W_0}{L_0} \quad (8\text{-}24)$$

$$q_e = \frac{W_e}{L_e} \quad (8\text{-}25)$$

图 8-55 中所示的支反力可按如下步骤计算：

先按上述公式求出支反力 F_A 和 F_B，再根据跨中对称均布载荷左端 k—k 线的位置决定 F_A 作用点 A 和 m—m 截面（靠跨中一侧，转盘外边缘在车架纵梁垂直方向的切线）的距离 c，有以下三种情况：

1) k—k 线和 m—m 线截面重合，如图 8-55b 所示，有

$$c = \frac{d}{6} \qquad (8\text{-}26)$$

2) k—k 线在 m—m 线截面右侧，如图 8-55c 所示，距离为 a 时，有

$$c = \frac{d}{6} - \frac{a}{2} \geq 0 \qquad (8\text{-}27)$$

3) k—k 线在 m—m 线截面左侧，如图 8-55d 所示，距离为 a 时，有

$$c = \frac{d}{6} + \frac{a}{3} \leq \frac{d}{2} \qquad (8\text{-}28)$$

然后可分别求出钢板弹簧的支承反力 F_C 和 F_D，即

$$F_C = \frac{W(L_a - 2L_3) - 2F_A(L_1 + L_2)}{2L_2}$$

$$(8\text{-}29)$$

$$F_D = F_B - F_C \qquad (8\text{-}30)$$

式 8-29 中，$W = W_0 + W_e$。

2. 强度计算

当求出车架所受的全部外载后，可根据结构尺寸计算出车架的内力和弯矩图，分析车架内力变化的规律，找出危险截面，从而确定纵梁的合理结构尺寸。

图 8-56 所示为某装载质量为 6t 的全挂车车架纵梁的切应力 Q 和弯矩 M 图，计算得到 A 点到 m—m 截面的距离为 540mm，$Q_{m-m} = 13.09\text{kN}$，$M_{m-m} = 4.33\text{N} \cdot \text{m}$。

按照"最大静弯曲法向应力控制车架纵梁设计强度"的理论，车架的危险截面是最大静弯矩截面，即 O—O 截面，只要该截面的弯曲法向应力小于许用应力，则认为车架的设计强度满足要求。而车架整体设计理论认为，全挂车车架的危险截面不是 σ—σ 截面，而是 m—m 截面，它在支承转盘后半圆的横梁和纵梁连接处，靠跨中一侧的纵梁横截面，也称为有刚性支点截面。因此该理论要求：不仅要验算 O—O 截面的弯曲应力，还必须根据总体布置，以前轴质量分配系数 μ 值来控制 m—m 截面的切应力，验算 m—m 截面的切

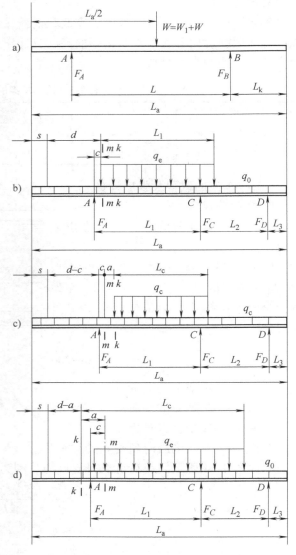

图 8-55　车架跨中对称均布载荷图

应力以及纵梁刚度有显著变化的各 ω—ω 截面的切应力（图 8-57）。在变截面纵梁的车架中，还需要对具有不同抗弯截面系数和抗剪截面系数的截面进行强度校核。只有在上述各截面的计算应力均小于许用应力后，该车架的强度才被认为是安全的。

在弯曲许用应力的安全系数选用上，对以材料屈服强度为依据的许用应力，应取安全系数 $k=4.5\sim 6$，而整体设计理论认为 $k=4$ 即可。强度条件为

弯曲应力：

$$\sigma = \frac{M}{W_x} \leq [\sigma] \quad (8-31)$$

剪切应力：

$$\tau = \frac{Q}{W_\tau} \leq [\tau] \quad (8-32)$$

式中　M——车架 O—O 截面或其他需验算截面的静弯矩；

　　W_x——车架需验算截面的抗弯截面系数；

　　Q——车架 m—m 截面或其他需验算截面的切应力；

　　W_τ——需验算截面的抗剪截面系数；

　　$[\sigma]$——车架材料抗弯许用应力，其值为 R_{eL}/k（R_{eL} 为材料的屈服强度，k 包括了各种动载因素在内的安全系数，取 $k=4$）；

　　$[\tau]$——材料的抗剪许用应力，对有刚性支点处或纵梁刚度有显著变化的截面，$[\tau]=0.8\text{kN/cm}^2$（Q235 钢），无刚性支点处，$[\tau]=0.9\text{kN/cm}^2$（Q235 钢）。

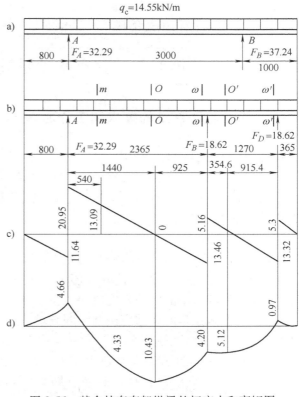

图 8-56　某全挂车车架纵梁的切应力和弯矩图

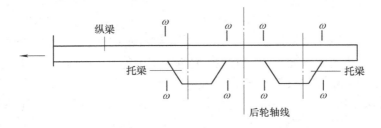

图 8-57　全挂车车架切应力验算截面

应当指出，挂车在汽车列车起步、转向、制动等工况下，所引起的纵、侧向水平力对车架产生的各种附加应力，除对铆接车架槽钢翼缘铆钉外侧主构件的拉应力、铆钉横截

面的切应力和铆钉杆侧面的挤压应力进行验算外，对焊接车架，可不另做验算。但这些工况却是挂车栏板，特别是前栏板、栏板中心立柱等构件进行强度计算的主要依据。

第五节　挂车制动系统的结构与设计

一、挂车制动系统的要求和工作原理

1. 制动系统的要求

汽车列车的制动系统由牵引车制动系统和挂车制动系统两大部分组成，每一种制动系统又由制动器、制动传动和控制装置组成。挂车制动器通常和牵引车制动器相同，其结构及调整方法可参考有关汽车设计的文献；制动传动和控制装置则取决于牵引车的制动形式和拖挂的载荷。

挂车的制动系统除必须具备对一般汽车制动系统要求的减速、驻车等功能和制动力大、制动平稳、散热性好等性能外，还必须满足以下要求：

1）挂车和牵引车的制动系统应相互关联，工作可靠。

2）牵引车和挂车的制动应协调，即满足一定的制动顺序。例如半挂汽车列车的制动顺序是牵引车前轮、半挂车车轮及牵引车后轮；对于全挂汽车列车，希望挂车制动略早于牵引车，以免因挂车滞后制动造成列车折叠及甩尾等现象。

3）当挂车意外自行脱挂，制动管路切断时，挂车制动系统应能立即使挂车自行制动。

4）汽车列车满载拖挂时能在16%的坡道上停住；此外，挂车应另设驻车制动系统，以保证脱挂停放时可靠制动。

2. 制动系统的工作原理

目前，汽车均要求采用双回路制动系统，即用一个双回路保护阀，将空气压缩机产生的压缩空气分别充入两个独立的储气罐（压力源）中，然后一个回路到前制动气室，另一个回路到后制动气室实施制动。当某一个回路发生故障失效时，另一个回路仍能继续工作，使制动系统维持一定的制动能力，保证汽车行车制动的安全性。

汽车列车的双管路双回路气力制动系统的工作原理图如图8-58所示。在双管路双回路气力制动系统中，挂车的一条主制动管路由牵引车储气筒引出，对挂车的储气筒充气，称为供气管路，管接头通常涂成红色。另一条管路由牵引车的制动控制阀引出，操纵挂车制动阀（又称继动阀或分配阀），通过挂车储气管供给挂车制动气室实现制动，这一管路称为操纵管路，管接头一般涂成蓝色。正常行驶时，空气压缩机产生的压缩空气经调节阀2、双回路保护阀3充入牵引车储气筒4Ⅰ和4Ⅱ。前者的压缩空气一路进入牵引车前制动控制阀5，另一路经双管路分别进入挂车制动阀11和充气管路7、紧急制动阀9、挂车储气筒8。牵引车储气筒4Ⅱ的压缩空气则进入牵引车制动控制阀5。若有一条回路漏气，双回路保护阀3可使另一条回路保持一定的气压。进行制动时，踩下牵引车制动控制阀5的踏板，压缩空气经牵引车制动控制阀5进入牵引车制动气室15，同时进入挂车制动阀11的上腔，经操纵管路12，打开紧急制动阀9的进气门，使挂车储气筒8的压缩

空气经紧急制动阀 9 和调载阀 10 进入挂车制动气室 13，实施制动。

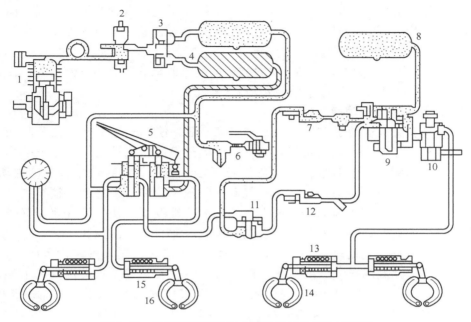

图 8-58　双管路双回路气力制动系统的工作原理图

1—空气压缩机　2—调节阀　3—双回路保护阀　4—牵引车储气筒（Ⅰ、Ⅱ）　5—牵引车制动控制阀（前、后）
6—压力保护阀　7—充气管路　8—挂车储气筒　9—紧急制动阀　10—调载阀　11—挂车制动阀　12—操纵管路
13—挂车制动气室　14—挂车制动器　15—牵引车制动气室　16—牵引车制动器

双管路双回路气力制动系统在驾驶室内设有驻车制动阀，实施挂车的驻车制动。若需要单独解除挂车制动，则要将调载阀放在"松开"位置。挂车意外脱挂时，该系统能使挂车自行制动。压力保护阀 6 可防止储气筒压缩空气外泄。

汽车列车无论是在行驶时还是在制动时，双管路双回路气力制动系统的挂车储气筒均处于充气状态，在列车下长坡连续制动时压缩空气也能得到及时的供应，使制动连续、可靠，保证了车辆的安全行驶，这是双管路双回路气力制动系统的主要优点。

二、制动系统的阀

气力制动传动和控制装置中采用了许多阀，如牵引车制动控制阀、挂车制动阀、驻车制动阀、紧急制动阀、调载阀、调节阀、压力保护阀、双回路保护阀等。下面介绍几种与挂车制动有关的主要阀门的作用原理。

1. 双管路挂车制动阀

双管路挂车制动阀是控制挂车管路在制动时充气的，其作用原理图如图 8-59 所示。当汽车列车行驶时，活塞 2 和阀总成 4 处于右端位置，使进气门 5 关闭，排气门 3 打开，此时牵引车储气筒的空气被关闭在 V 口处，而挂车制动控制管路由 Z 口放气。

制动时，踩下牵引车制动阀，牵引车制动管路的压缩空气由该阀经 S 口进入 a 腔，推动活塞 2 向左移动，关闭排气门 3，并通过阀总成 4 打开进气门 5，使牵引车储气筒的空气由V口过进气门5经Z口充入挂车制动管路并进入b腔。若b腔压力高于a腔，则活塞2立即右移，阀总成4随之右移并关闭进气门5，挂车制动控制管路即被切断。而当牵引车制动压力继续增大时，a腔压力大于b腔，挂车制动控制管路继续接通，挂车制动压力将进一步增大，对挂车施加更为有效的制动。

解除制动时，S口压力下降，活塞2被较高的挂车制动管路压力推到右边，使排气门3打开，制动管路空气通过排气门3经排气口E放出。

2. 双管路挂车紧急制动阀

双管路挂车紧急制动阀是在挂车控制管路充气时，使挂车储气筒向挂车制动气室充气，从而实现制动。这是在制动阀到制动气室和储气筒的距离较远时，增设的第二级控制元件，也称加速阀，其作用原理图如图8-60所示。在双管路系统中，无论制动与否，挂车储气筒一直处于充气状态；且当该储气筒内气压未达到要求之前，挂车制动器一直处于制动状态，汽车列车不能起动，这一作用称为反馈控制。挂车储气筒充气时，牵引车储气筒的空气由充气管路进入H口后分为两路：一路打开单向阀8，经气门G、B腔、K口充入挂车储气筒，同时经L口、气门F、C腔、J口充入制动气室，实现反馈制动，保证汽车列车在未达到起步气压前不能起动；另一路进入A腔，推动活塞3下移，使气门F的开度逐渐减小，当A腔气压达到0.3~0.35MPa时，气门F关闭；气压达到0.4MPa时，活塞3推动活塞5继续下移，使气门E开启，此时制动气室的压缩空气经J口、C腔、气门E、M口通大气，解除反馈控制，汽车列车不能起步。

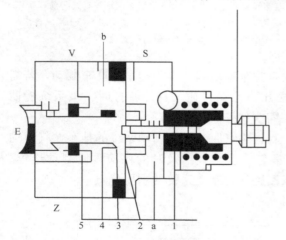

图8-59 双管路挂车制动阀作用原理图
1—阀体 2—活塞 3—排气门 4—阀总成 5—进气门

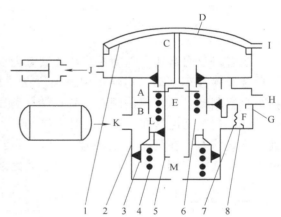

图8-60 双管路挂车紧急制动阀作用原理图
1、3、5—活塞 2—阀体 4、6、7—弹簧 8—单向阀
I—控制管路 H—充气管路

汽车列车制动时，踩下牵引车制动阀，因挂车制动阀的作用使挂车控制管路充气，该压缩空气由I口进入D腔，推动活塞1下移，导致气门E先行关闭，然后推动活塞5继续下移，使气门F打开，挂车储气筒中的压缩空气经K口、L口、气门F、C腔、J口充入制动气室。另外，充气管路的空气也可由H口进入后，经B腔直接充入制动气室。

解除制动时，控制管路及D腔压力消失，活塞1在C腔气压的作用下上移，活塞5在弹簧6的作用下也上移，使气门F关闭，气门E打开，制动气室的压缩空气由J口、C

腔、气门 E、M 口通大气。

当挂车意外脱挂，且充气管路和控制管路均断裂，H 口和 A 腔、I 口和 D 腔气压均小时。此时，单向阀 8 在 B 腔压力和弹簧 7 的作用下关闭气门 G，防止了挂车储气筒压缩空气的泄漏。同时，活塞 3、5 分别在弹簧 4、6 及 B 腔压力的作用下迅速上移，使气门 F 开启，气门 E 关闭，挂车储气筒的压缩空气经 K 口、B 腔、L 口、气门 F、C 腔、J 口充入制动气室，实现断气紧急制动。

3. 调载阀

挂车调载阀可根据挂车轴载质量的变化，通过调节挂车制动气室的管路压力来调节制动力。调载阀有手动和自动之分，手动调载阀作用原理图如图 8-61 所示，制动时，压缩空气由紧急制动阀进入 S 口，经进气门 1、Z 口充入制动气室。同时，活塞 2 承受此气压，但可由弹簧 3 平衡。当气压达到要求数值时，活塞 2 将克服弹簧 3 的弹力而下移，阀门总成 5、6 就可在弹簧 7 的作用下下移，使进气门 1 关闭，从而阻止制动气室压力的进一步增加。弹簧 3 的载荷随操纵杆 4 的 "满载" "半载" "空载" 位置得到不同的调节，从而实现按挂车载荷来调节挂车制动力。

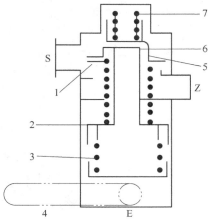

图 8-61　挂车手动调载阀作用原理图
1—进气门　2—活塞　3—弹簧　4—操纵杆
5、6—阀门总成　7—弹簧

三、制动系统的其他元件

1. 气路接头

气路接头将牵引车和挂车的气制动管路连接起来，它由前后两部分组成，如图 8-62 所示。前半接头固定在牵引车车架尾端，后半接头装在半挂车气制动管路的端头上。

两部分连接时，先将两者的防尘盖转到一边，再将后半接头中心的销钉 9 对准前半接头的单向阀 3，用手加力将阀压开，并将后半接头转过一个角度，使前半接头的托架 I 与后半接头的凸缘 II 互相嵌合。放手后，后半接头凸缘 II 上铆钉 10 的头部便嵌入前半接头托架 I 上的通孔 III 中，将两接头锁住，即完成连接操作。然后，打开前后两车上的分离开关，牵引车储气筒的压缩空气经打开的单向阀，通过滤网充入挂车管路，且气压将使气路接头前后两部分接合得更为紧密。

分离气路接头时，必须先关闭牵引车上的分离开关，使气路接头内腔与牵引车气源隔绝，并与大气相通。消除气压后，即可旋转后半接头，脱离嵌合状态。

2. 制动气室与驻车制动

制动气室与制动器的凸轮轴、调整臂相连，在气压的作用下，使制动器接合和分离。制动气室分为膜片式、活塞式和弹簧储能式 3 种。

图 8-63 所示为膜片式制动气室，其进气口 1 与制动管路连接，夹布橡胶膜片 3 右方与大气相通。制动时，压缩空气进入膜片 3 与盖 2 之间的工作腔，推动膜片克服弹簧 5 的

弹力向右运动,通过推杆 8、连接叉 9 使制动器的调整臂和制动凸轮转动。

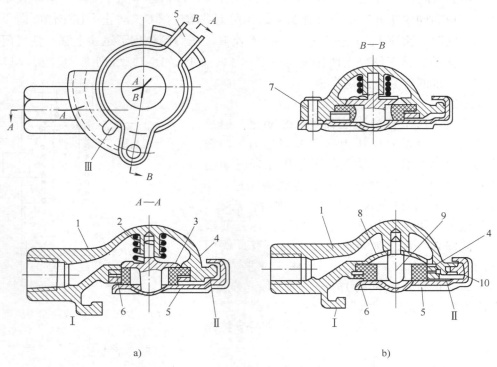

图 8-62 气路接头
a) 前半接头 b) 后半接头
1—壳体 2—弹簧 3—单向阀 4—橡胶密封垫 5—防尘盖 6—环状螺母 7—销轴
8—铜丝滤网 9—销钉 10—铆钉 Ⅰ—托架 Ⅱ—凸缘 Ⅲ—通孔

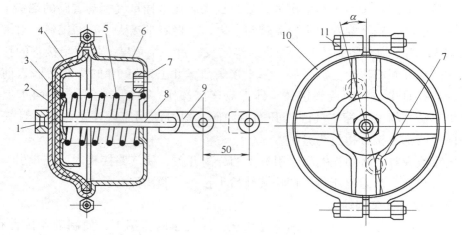

图 8-63 膜片式制动气室
1—进气口 2—盖 3—膜片 4—支承座 5—弹簧 6—壳体 7—固定用螺钉孔
8—推杆 9—连接叉 10—卡箍 11—螺栓

活塞式制动气室如图 8-64 所示，与膜片式相比，其推杆行程较大，活塞工作寿命较长，但结构较复杂。

弹簧储能式双腔制动气室及其管路系统如图 8-65 所示，它可用于行车制动，也能用于驻车制动。进入制动气室的压缩空气分为两路（图 8-65），一路经紧急制动阀 13、调载阀，通过 B 口与行车制动腔 D 相连，起一般制动气室的作用。另一路由挂车储气

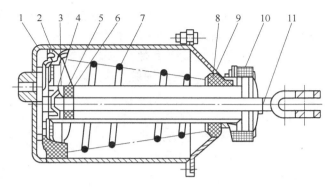

图 8-64　活塞式制动气室
1—缸体　2—活塞防尘圈　3—活塞　4—支承盘　5—导管　6—毡圈
7—弹簧　8—密封圈　9—缸盖　10—防护套　11—推杆

筒 14 经分离开关 17，通过 A 口与驻车制动腔 C 相连，作为驻车制动气室。当汽车列车起步时，必须先解除驻车制动。此时应将制动管路中的分离开关 17 处于接通位置，C 腔充气，当气压达到 40kPa 时，驻车制动活塞 3 和中心轴 5 在气压作用下向左运动，压缩储能弹簧 2，使之处于储能状态。中心轴 5 不再顶住行车制动活塞 6，由于 B 口不充气，C 腔无压力，行车制动活塞 6 在回位弹簧 7 的作用下带动推杆向左运动，使制动解除，汽车列车进入正常行驶状态。当汽车列车需要制动时，通过前述制动操作程序，由挂车储气筒 14 经紧急制动阀 13 通过 B 口向 D 腔充气，即可克服回位弹簧 7 的压力，推动推杆 8，实现挂车行车制动。

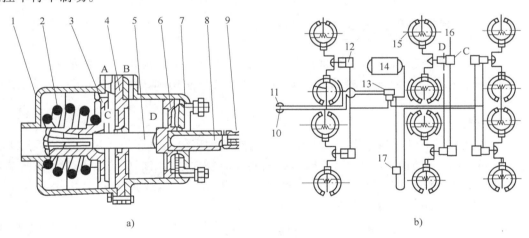

图 8-65　弹簧储能式双腔制动气室及其管路系统
a) 储能制动气室　b) 相应管路系统
1—驻车制动缸体　2—储能弹簧　3—驻车制动活塞　4—隔板　5—中心轴
6—行车制动活塞　7—回位弹簧　8—推杆　9—连接叉　10—充气管路　11—控制管路
12—制动气室　13—紧急制动阀　14—储气筒　15—制动器　16—储能制动气室　17—分离开关
A、B—进气口　C—驻车制动腔　D—行车制动腔

在需要实施驻车制动时，将分离开关 17 的手柄转动 90°，C 腔供气被切断而与大气相

通，压力消失，储能弹簧 2 推动驻车制动活塞 3、中心轴 5 向右运动，顶住行车制动活塞 6 和推杆 8，使制动器制动。此时，即使行车制动无效（如挂车与牵引车分离，或制动系统故障等），驻车制动仍能借助弹簧张力实施有效制动。若无气源时要解除手制动，则需旋松传力螺杆，使中心轴 5 退到驻车制动活塞 3 的中心空管中，从而放松行车制动活塞 6，解除制动。

3. 分离开关

分离开关如图 8-66 所示，其 A 口与挂车储气筒相连，压缩空气进入 C 腔。当手柄 5 与 AB 轴线垂直时，单向阀 4 在弹簧 3 和 C 腔压力的作用下使气门 E 关闭，分离开关处于关闭状态。此时驻车制动气室经 B 口，通过顶杆 2 顶部和单向阀 4 构成的气门 F、顶杆 2 的中心小孔、D 腔与大气相通。当手柄 5 转过 90°后，顶杆 2 下移，顶开单向阀 4，使气门 F 关闭，气门 E 打开，A 口与 B 口相通，分离开关处于打开状态，驻车制动气室充气。

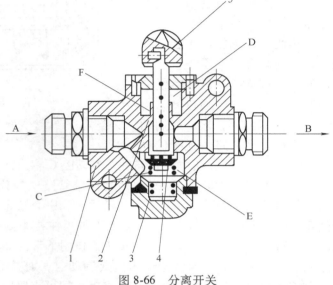

图 8-66　分离开关

1—壳体　2—顶杆　3—弹簧　4—单向阀　5—手柄

四、气压制动系统的驱动机构设计

汽车列车的牵引车和挂车一般采用气压制动。气压制动的驱动机构主要包括两大部分：一是储存压缩空气的气源的部分，即储气筒；二是使用和消耗压缩空气的部分，即制动气室。

1. 储气筒设计

储气筒容积大小应适当，容积过小会导致每次制动后筒中气压下降过大；容积过大会使充气时间过长。一般储气筒的总容积为所用制动气室总容积的 20 倍以上，储气筒的最高压力不大于 0.9N/mm^2。

制动前后，气路系统的气压变化关系为

$$p_t V_t + p_0 V_g = p(V_t + V_g + \sum V) \tag{8-33}$$

式中　p_t——制动前储气筒的气压；

p_0——制动管路中空气的绝对压力；

p——制动时整个气路系统的气压；

V_g——制动管路的容积；

V_t——储气筒容积；

$\sum V$——制动气室总容积。

$$p = p_t - \Delta p \tag{8-34}$$

式中　Δp ——制动一次后储气筒的气压降。

将式（8-34）代入式（8-33）可求得

$$\Delta p = \frac{p_t \sum V + (p_t - p_0) V_g}{\sum V + V_g + V_t} \tag{8-35}$$

经过一次完全制动后，储气筒的压力降 Δp 应不超过 $0.03\text{N}/\text{mm}^2$。若储气筒压力降到最小安全压力 $p_{\min}$（即制动气室所需压力），则其值为

$$p_{\min} = p_t \left(\frac{V_t}{\sum V + V_g + V_t} \right)^n \tag{8-36}$$

式中　n ——有效制动次数，是衡量储气筒容量大小的一个指标，制动法规规定为 8 次。

2. 制动气室设计

制动气室输出的推杆推力 F 应满足所需的制动蹄张开力。若用非平衡式凸轮张开装置，不考虑凸轮与蹄之间的摩擦，则推力 F（N）的计算式为

$$F = \frac{a}{2h}(F_1 + F_2) \tag{8-37}$$

式中　F_1、F_2 ——凸轮对两蹄的张开力（N）；

　　　$a/2$ ——张开力对凸轮中心的力臂（mm）；

　　　h ——推力 F 对凸轮轴轴线的力臂（mm）。

由于凸轮形状不同，a 和 h 可能随凸轮转角而变化。当制动气室所需的工作压力为 p_w 时，气室作用的面积 A（mm^2）为

$$A = \frac{F}{p_w} = \frac{a(F_1 + F_2)}{2h p_w} \tag{8-38}$$

对于膜片式制动气室，A 为膜片的有效承压面积，其近似计算式为

$$A = \frac{\pi}{12}(D^2 + Dd + d^2) \tag{8-39}$$

式中　D ——膜片可弯部分的外径（mm）；

　　　d ——推杆夹盘直径（mm）。

膜片式制动气室工作容积 V_s（mm^3）的计算式为

$$V_s = 2LA = \frac{\pi L}{6}(D^2 + Dd + d^2) \tag{8-40}$$

式中　L ——气室推杆行程（mm）。

将推杆行程加倍计算是考虑到在压缩空气作用下，膜片弯曲，所需的空气量增大。对于活塞式制动气室，$A = \pi D^2/4$，D 为活塞或气缸直径，其工作容积按下式计算

$$V_s = LA = \frac{\pi D^2 L}{4} \tag{8-41}$$

若给出制动蹄端部行程，并已知制动凸轮轮廓几何参数，便可求得制动时所需的凸轮转角，并据此求得 a 和 h 的值，则气室推杆行程为

$$L = \frac{2\lambda h}{a} \tag{8-42}$$

式中　λ——行程储备系数,对推杆行驶实际上不变的刚性中间传动机构,取 λ = 1.2~1.4。

第六节　挂车悬架的结构与设计

一、挂车悬架的结构

挂车悬架是将挂车车架与车轴相连的全套装置的总称。其主要功用是传递作用在车轮和车架之间的各种载荷,并减小或消除由不平路面通过车轴传给车架的冲击和振动,以改善挂车行驶的平顺性。

挂车的悬架由弹性元件、减振器和导向装置三部分组成。悬架弹性元件很多,但挂车常用的弹性元件主要有钢板弹簧、空气弹簧、液压弹簧以及它们的组合。挂车的悬架应用最普遍的是纵置钢板弹簧非独立悬架、独立的或非独立的空气弹簧悬架、钢板弹簧平衡悬架和液压弹簧平衡悬架等。我国现生产使用的通用型挂车半挂车大部分都装用钢板弹簧,它的优点是结构和工艺简单,安装维修方便,价格低廉,在缓冲功能方面也能基本满足要求。在一些装载质量较大的挂车上,因其具有多轴承载,为保证各轴车轮与地面均有良好的接触及使悬架系统的载荷均匀,多采用钢板弹簧平衡悬架;进入20世纪90年代后期,空气弹簧的结构更加成熟,并且功能多样化,空气弹簧悬架装置的使用性能优点越来越得到认同。但是由于对空气囊的折叠疲劳寿命、抗老化性能、上下盖板的黏结强度和气密性都要求甚严,同时对托臂的板材质量及变截面成形工艺设备也要求很高,因此使得空气弹簧的成本很高。液压悬架主要用于运载大吨位成套设备的低速、超宽、超重吨位的挂车。除了一些客车挂车外,一般挂车悬架很少采用横向稳定装置。

（一）钢板弹簧平衡悬架

为了保证汽车列车各轴的车轮能与地面保持良好的接触,避免因个别车轮悬空而造成其他车轮的超载,多轴汽车列车常采用平衡悬架。图8-67所示为推力杆式双轴钢板弹簧平衡悬架,其特点是在前后两组钢板弹簧之间装有平衡臂和推力杆,并用支架固定在车架上。推力杆的作用是传递作用在悬架上的各种力矩,并通过其杠杆作用使其连接的两轴车轮保持与地面接触,并使其载荷均匀。车轴的牵引由推力杆承受,并可利用推力杆长

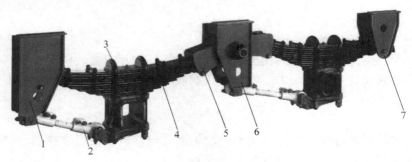

图8-67　推力杆式双轴钢板弹簧平衡悬架
1—弹簧前支架　2—推力杆总成　3—骑马螺栓　4—钢板弹簧　5—平衡臂　6—平衡支架　7—后滑板支架

度的调整,将车轴中心线调到与车架对称线垂直的理想位置,从而减小车轮侧滑所引起的磨损。

通过采用不同轴数的悬架匹配,可以满足装载质量 10~45t 挂车弹性悬架的要求,图 8-68 所示为三轴钢板弹簧平衡悬架。按钢板弹簧和对车轴的位置,又有上置式(图 8-68)和下置式(图 8-69),后者可降低挂车货台的高度,尤其是质心离地面的高度,但会影响车辆的最小离地间隙。

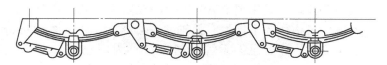

图 8-68 三轴钢板弹簧平衡悬架

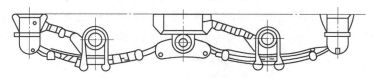

图 8-69 下置式钢板弹簧平衡悬架

悬架装置的钢板弹簧有多片等截面的,也有单片或三片变截面的。变截面抛物线形钢板弹簧与等截面多片钢板弹簧相比,在承载能力相同的情况下,自身质量小,但制造工艺较复杂。

(二)液压悬架

液压悬架利用液压缸来实现传力和减振功能。在液压半挂车上,它还与挂车的转向横拉杆连接,起到转向作用。摆臂式液压悬架(图 8-70)液压缸置于轮轴的前方或后方。悬架轴 11 用螺栓 5 和螺钉 3 固定在车架支承梁 6 上,并用定位销 4 定位,悬架支架 1 用

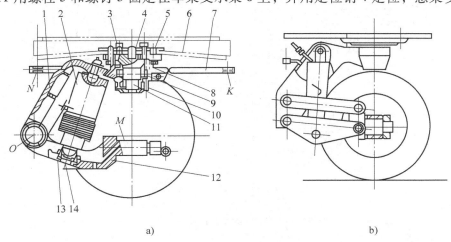

图 8-70 摆臂式液压悬架
a)单摆臂式 b)双摆臂式
1—悬架支架 2—液压缸 3—螺钉 4—定位销 5—螺栓 6—车架支承梁 7—接长臂 8—平面轴承
9、10—球轴承 11—悬架轴 12—平衡臂 13—油嘴 14—螺钉 M—平衡臂轴头 N、K—悬架吊耳

两个球轴承9、10及平面轴承8安装在悬架轴11上。支架1下方与平衡臂12铰接,二者之间安装着液压缸2。一组两对车轮的轴套装在平衡臂12的轴头M处。车轮借助悬架支架1与平衡臂12的铰接和轴头M获得上下和横摆的自由度,以适应地面的不平。

单摆臂式液压悬架,如图8-70a所示。其平衡臂是绕O点运动的,这就使轴头M的中心线仅在挂车货台处于中间高度时(图示位置)与货台平行,在其他位置时该中心线不是水平的。此时,一组两对车轮的轮轴将绕倾斜的轴头摆动,造成轮胎的折皱变形,加剧了在不平路面上的磨损。若采用图8-70b所示的双摆臂式液压悬架,则避免了上述问题。该悬架用平行四连杆机构作为平衡臂,使轴头中心线在车轮上跳动时始终保持水平。

下面以一种6轴线挂车的液压悬架系统(图8-71)为例介绍液压悬架系统的布置方法和工作原理。图8-71中元件2~8是转向回路元件。图中1是牵引车集中泵站,供油管为红色,回油管为蓝色,控制油管为橙色。多路换向阀9控制悬架液压缸16供、放油。此阀采用三联阀,可分别对三条油路供放油。第一联阀与白色管相通,控制右侧的悬架液压缸16(泵站方为前方);第二联阀与黄色管相通,控制全部悬架液压缸,第三联阀与灰色管相通,控制左侧的液压缸。3个压力表10分别测量3条油路的油压。截止阀11用来在供放油完毕,挂车行驶时保证完全封闭油路。悬架液压缸与黄色管路的通断由截止阀13控制,与白色管路的通断由截止阀14控制。安全阀15到悬架液压缸间的软管若破裂,此阀可切断该油路。悬架液压缸与轮轴悬架和车轮共为一个总成,如图8-72所示,此挂车每根轴线上有两根短轴,每根短轴上有四个车轮和一个液压缸。立轴固定在车架上。悬架支架可绕立轴转动,实现车轮偏转。悬架液压缸两端为球铰,可使车架升降,悬架摆臂保证了悬架液压缸与悬架支架的连接,共同实现升降。

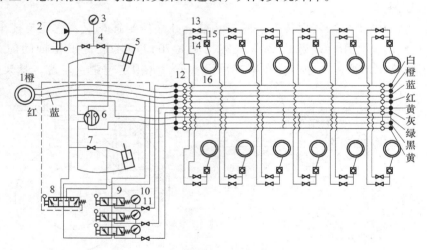

图8-71 液压悬架系统原理图

1—泵站 2—手动泵 3、10—压力表 4、7、11、13、14—截止阀 5—转向液压缸 6—转阀
8—手动转向阀 9—多路换向阀 12—自封式快换接头 15—安全阀 16—悬架液压缸

该液压悬架系统具有以下功能:

1)对于多轴线车辆的载荷均分布在各轴线上,特别是在凹凸不平路面行驶或车轮越过障碍时,是非常重要的。否则,将出现有的车轮超载,而有的车轮悬空现象,使车架

承受极大的扭曲应力。为此，可打开截止阀 13（图 8-71），使所有悬架液压缸与黄色管路相通，各缸压力相同，就不会产生超载或悬空现象。

2) 为保持挂车货台始终处于水平状态，可通过白、黄、灰 3 条管路系统把悬架液压缸连接成 3 条回路，每个回路构成一个力的支点，从而形成一个支持挂车货台的三支点的力三角形（图 8-73）。

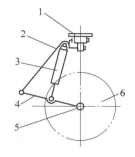

图 8-72　悬架总成结构
1—立轴　2—悬架支架　3—液压缸
4—悬架摆臂　5—车轴　6—车轮组

对此六轴线车，可将第 1、2 轴线上的四个悬架液压缸全部通黄色管，形成一个力支点 A；再使 3~6 轴线右侧四个悬架液压缸全部通白色管，形成力支点 B；最后使左侧的四个悬架液压缸全部通过灰色管，形成力支点 C。这样，挂车货台相当于由 A、B、C 三点构成的平面支承，保持水平状态，而不管轮胎在地面上的滚动状态如何。

3) 当挂车在横坡上行驶时，如图 8-74a 所示，若重心 G 的垂线超出 O_1O_2 线（O_1、O_2 是过挂车重心 G 垂线与 AB 和 AC 的交点），挂车便要翻车。此时，可使 B 回路（白色管）放油，而 C 回路（灰色管）充油，从而使挂车货台保持水平状态，重心 G 的垂线不会超出 O_1O_2，如图 8-74b 所示，避免挂车翻车。

4) 压力表 10 的量程为 0~35MPa，分别测量三条管路中的油压。该油压与对应的载荷值已绘成曲线表，可方便地知道载货总量和各轴线载荷分布均匀情况，便于纠正偏载，确保运行安全可靠。

5) 通过对悬架液压缸供、放油，可调节挂车货台高度。悬架液压缸总行程可达（540±270）mm。

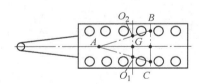

图 8-73　六轴线挂车的三支点

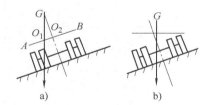

图 8-74　挂车在横坡上行驶

（三）空气弹簧悬架

空气弹簧悬架由于具有较理想的弹性特性和结构简单、减振效果较好等优点，其在挂车上的应用已越来越普遍。空气弹簧系统一般由空气弹簧、高度控制阀和气压系统组成。气压系统包括空气压缩机、储气筒、单向阀、压力调节阀、安全阀、水油分离器和辅助室等，空气弹簧悬架的管路布置如图 8-75 所示。空气弹簧有囊式和膜式两种。挂车上多用两节的囊式空气弹簧结构。

与钢板弹簧悬架相比，空气弹簧悬架的横向尺寸较大，垂直刚度又比较低，如果按传统方法把空气弹簧布置在车架纵梁下方，则悬架的侧倾角刚度就会太低，车辆车身在转向时会产生很大的侧倾运动。因此，在布置时总是尽量将空气弹簧安排得跨度大一些，有的则是将空气弹簧安排在车架的外侧，有的则用专门的杆架。如果两侧都有两个空气弹簧，为了分散作用在车架上的受力，建议将它们在纵向分散布置。

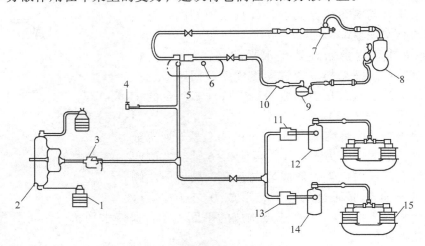

图 8-75 空气弹簧悬架的管路布置

1、15—空气弹簧 2、12、14—辅助气室 3、11、13—高度控制阀 4—气压表
5—储气筒 6—安全阀 7—压力调节阀 8—空气压缩机 9—分水排水器 10—单向阀

后轴空气弹簧悬架布置图如图 8-76 所示。图中，在车轴的左右两侧各设有 2 个空气弹簧，它们分别安置在车架左右纵梁的托架之间，同时还有 2 个纵向推力杆和 2 个横向推力杆，以传递相应的力和力矩。

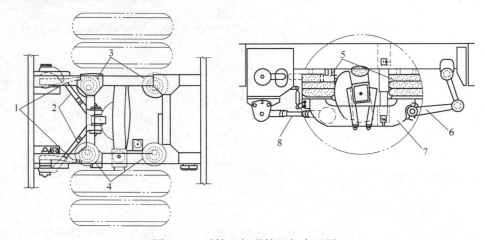

图 8-76 后轴空气弹簧悬架布置图

1、8—纵向推力杆 2—横向推力杆 3、4、5—空气弹簧 6—横向稳定杆 7—托架

二、挂车车轴

挂车的车轴是非驱动轴，可看作是刚性横梁，支点位于轮胎中心，载荷作用于钢板弹簧座，如图 8-77 所示。最大应力通常发生在悬架的弹簧座附近。

挂车轮轴的质量属于非悬挂质量，对车辆行驶的平顺性不利，所以在设计车轴时，应尽量减小结构质量，并与合适的悬架匹配。

（一）强度计算

挂车车轴的强度计算可按以下几种工况考虑。

1. 紧急制动

1）由垂直载荷所引起的钢板弹簧座之间的弯矩 M_v 和应力 σ_v（图8-77）为

$$M_v = \frac{\delta_m}{2}(G_2 - G_w)\frac{B-s}{2} \quad (8-43)$$

$$\sigma_v = \frac{M_v}{W_v} \quad (8-44)$$

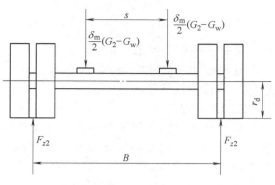

图 8-77 挂车车轴的受载

式中　G_2——轮轴上的载荷；
　　　δ_m——质量转移系数；
　　　G_w——车轮自重力；
　　　B——轮距；
　　　s——钢板弹簧座间的距离；
　　　W_v——车轴危险断面垂直方向的抗弯截面系数。

2）由最大地面制动力在水平面内产生的弯矩 M_h 和应力 σ_h 为

$$M_h = \delta_m G_2 \varphi \frac{B-s}{4} \quad (8-45)$$

$$\sigma_h = \frac{M_h}{W_h} \quad (8-46)$$

式中　φ——地面附着系数，取 $\varphi = 0.7 \sim 0.8$；
　　　W_h——车轴危险断面水平方向的抗弯截面系数。

3）由最大制动力所产生的反作用力矩 T_r 和应力 τ_r 为

$$T_r = \frac{1}{2}\delta_m G_2 \varphi r_d \quad (8-47)$$

$$\tau_r = \frac{T_r}{W_r} \quad (8-48)$$

式中　r_d——车轮动力半径；
　　　W_r——车轴危险断面的抗扭截面系数。

这样，可计算出该工况的合成应力。

2. 通过不平路面

汽车列车通过不平路面时，挂车轮轴会受到最大垂直动载荷作用，危险断面仍然在钢板弹簧座附近，其弯矩 M_s 和应力 σ_s 为

$$M_s = kG_2\frac{B-s}{4} \quad (8-49)$$

$$\sigma_s = \frac{M_s}{W_r} \tag{8-50}$$

式中 k——动载荷系数,取 $k = 2 \sim 2.5$。

车轴的许用弯曲应力为 $300 \sim 500 \text{N/mm}^2$,许用扭转应力为 $150 \sim 400 \text{N/mm}^2$。锻铸铁轴取小值,钢板冲压焊接轴取大值。

(二)结构设计

车轴由轴管和轴头两部分组成,轴管与悬架连接,轴头上安装车轮总成。轴管有无缝钢管、铸造轴管及钢板冲压成槽形后焊接成矩形管等形式。图 8-78 所示为两种典型车轴总成的结构:一种是圆管轴,另一种是方管轴,两种轴管的断面形状及尺寸如图 8-79 所示。重型挂车大多采用矩形断面轴管。

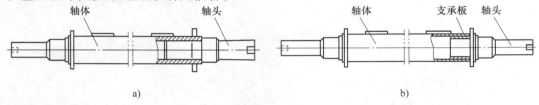

图 8-78 车轴总成
a)无缝钢管式 b)钢板冲压焊接式

轴管和轴头的连接形式如图 8-80 所示,对于小吨位的车轴可以采用整体式结构,如图 8-80a 所示;其余的为分段式车轴,其轴管和轴头的连接采用镶焊或对焊方式,如图 8-80b、图 8-80c 所示;图 8-80d 所示为用法兰盘和螺栓与车轴连接的方式,已被淘汰。

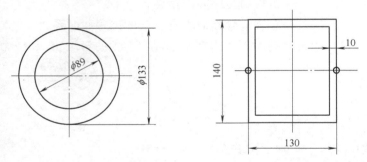

图 8-79 轴管的断面结构

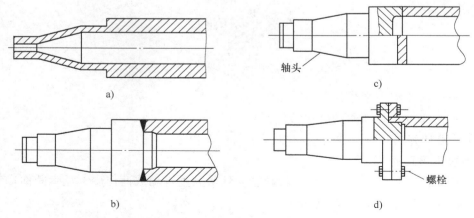

图 8-80 轴管与轴头的连接形式
a)整体式 b)镶焊分段式 c)对接分段式 d)螺栓连接式

挂车车轴的基本结构应相同,以系列化来满足不同轴载质量的要求。例如约克公司的挂车车轴总成有两个系列:一个是160系列,即标准系列,轴载质量为6.5~11t;另一个是800系列,即重型系列,轴载质量为11~20t。约克轮轴160系列如图8-81所示,表8-6列出了它的主要技术参数。

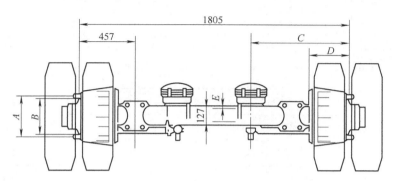

图 8-81　约克轮轴 160 系列

表 8-6　挂车车架宽度尺寸

设计承载/t	车轴型号	制动器尺寸 直径×宽度 /(mm×mm)	车轮螺栓 数量×尺寸× 分布直径 A /mm	车轮定位直径 B/mm	车轮中心至调整臂中心距离 C/mm	车轮中心至防尘盖间距 D/mm	轴管壁厚 E/mm	质量标准（1805轴距）/kg
装用标准盘式车轮的车轴,轮辋直径15″、16″、17″								
8	167	311×187	$8\times\frac{7}{8}$BSF×275	219	650	210	14	225
9	213	311×178	6×22×2×275	217	697	263	14	238
10	204	311×178	10×22×2×225	171	697	263	14	240
11	257	311×209	10×22×2×225	171	740	213	16	250
6.3	245	394×178	10×M22×235	281	822	279	14	300
8	162	394×178	$10\times\frac{7}{8}$BSF×335	276	694	275	14	305
装用标准盘式车轮的车轴,轮辋直径20″、22″、24″								
9	165	394×178	$8\times\frac{7}{8}\times275$	219	694	275	14	297
10	161	394×209	$10\times\frac{7}{8}$BSF×335	276	694	292	14	314
10	163	419×178	10×M22×2×335	276	694	275	14	305
10	164	419×178	10×M22×2×335	276	694	292	14	314

（续）

设计承载/t	车轴型号	制动器尺寸 直径×宽度 /(mm×mm)	车轮螺栓 数量×尺寸× 分布直径 A /mm	车轮定位直径 B/mm	车轮中心至调整臂中心距离 C/mm	车轮中心至防尘盖间距 D/mm	轴管壁厚 E/mm	质量标准（1805 轴距）/kg
装用标准盘式车轮的车轴，轮辋直径 20″、22″、24″								
10	205	419×178	$10 \times \frac{7}{8} BSF \times 335$	276	708	292	14	333
10	243	419×178	10×M22×2×335	276	708	292	14	333
10	244	419×178	10×M22×1.5×335	281	708	292	14	335
11	234	419×219	10×M×2×335	276	708	380	16	347
11	251	419×219	$10 \times \frac{7}{8} BSF \times 335$	276	708	320	16	347

参 考 文 献

[1] 徐达,丛锡堂. 专用汽车构造与设计[M]. 北京:人民交通出版社,2008.
[2] 乔维高. 专用汽车结构与设计[M]. 北京:北京大学出版社,2010.
[3] 冯晋祥. 专用汽车[M]. 北京:机械工业出版社,2009.
[4] 徐达,陆锦荣. 专用汽车工作装置原理与设计计算[M]. 北京:北京理工大学出版社,2002.
[5] 明平顺. 汽车运输专用车辆[M]. 北京:人民交通出版社,1998.
[6] 程书良,贾毓川. JC7E混凝土搅拌运输车[J]. 建筑机械,1999(3):45-46.
[7] 程书良,姚莉莉,李全勤. 混凝土搅拌运输车搅拌筒设计概述[J]. 建筑机械化,2002(1):38-40.
[8] 程书良,姚莉莉. 混凝土搅拌运输车搅拌叶片的设计[J]. 建筑机械化,2002(2):12-35.
[9] 张介民. 剪叉式升降机构液压缸驱动力计算[J]. 工程机械,1990(12):18-22.
[10] 张国忠,周淑文,姜雪梅. 混凝土泵车臂架布料机构及其运动学仿真方法的研究[J]. 沈阳大学学报,2004(6):27-31.
[11] 郭正康. 现代汽车列车设计与使用[M]. 北京:北京理工大学出版社,2006.
[12] 姜校林,欧泂滨. 混凝土泵车支腿展开角度的优化设计[J]. 建筑机械,2005(5):75-76.
[13] 郑清晨,周景松,叶海南. CLY5110XCQ客车型畜禽运输车设计[J]. 客车技术与研究,2009,31(1):17-18.
[14] 谭德淼,刘建书. 液化石油气汽车罐车的设计与开发[J]. 化工装备技术,2001,22(3):21-27.
[15] 黄睿,刘春辉. 2017年厢式车市场回顾及2018年1~2月份市场分析[J]. 专用汽车,2018(4):46-49.
[16] 曾天灵. EQ5141X系列厢式货车车厢的设计[J]. 汽车科技,1997,(4):17-1923.
[17] 周保理. JQC系列厢式车[J]. 广东公路交通,1994(3):79-86.
[18] 饶良星. 厢车运输车车顶防雨密封性的改进措施[J]. 汽车实用技术,2014(11):85-86.
[19] 董大为. Simon-Cella高空作业车的自动调平机构[J]. 筑路机械与施工机械化,2004,21(6):33-34.
[20] 王举,佟庆雨,姚志辉,等. 一种小吨位随车起重机回转机构设计及有限元分析[J]. 机械制造,2014,52(3):36-38.
[21] 雷琼红,赵晶,张奎. 凹梁式车辆运输半挂车的设计[J]. 汽车科技,2001(4):13-15.
[22] 卞学良. 专用汽车结构与设计[M]. 北京:机械工业出版社,2007.
[23] 冯晋祥. 专用汽车设计[M]. 2版. 北京:人民交通出版社,2013.
[24]《汽车工程手册》编辑委员会. 汽车工程手册[M]. 北京:人民交通出版社,2001.
[25] 刘惟信. 汽车设计[M]. 北京:清华大学出版社,2001.
[26] 王望予. 汽车设计[M]. 4版. 北京:机械工业出版社,2017.
[27] 余志生. 汽车理论[M]. 6版. 北京:机械工业出版社,2018.